中国旅游经济增长质量及其空间分析

The Evaluation and Spatial Analysis of the Tourism Economic Growth Quality in China

刘佳　著

中国财经出版传媒集团

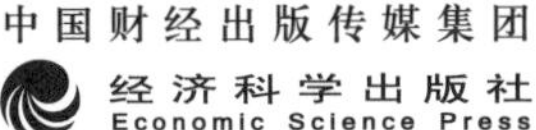

国家社科基金后期资助项目
出版说明

后期资助项目是国家社科基金设立的一类重要项目，旨在鼓励广大社科研究者潜心治学，支持基础研究多出优秀成果。它是经过严格评审，从接近完成的科研成果中遴选立项的。为扩大后期资助项目的影响，更好地推动学术发展，促进成果转化，全国哲学社会科学工作办公室按照“统一设计、统一标识、统一版式、形成系列”的总体要求，组织出版国家社科基金后期资助项目成果。

全国哲学社会科学工作办公室

前　言

增长质量是旅游经济发展的关键因素，其高低势必会引起旅游经济格局的改变。当前，中国旅游经济增长空间不均衡发展和空间异质性特征较为显著，同时不同地区之间旅游经济发展存在相互依存、相互作用和相互影响的空间依赖关系。本书综合经济学、旅游学、区域经济学和管理学等多学科理论和研究范式，规范分析和实证分析、理论分析和政策设计相结合，系统分析与比较研究、定性分析与定量研究、静态分析和动态研究贯穿始终，鉴于旅游经济增长问题本身的复杂性，同时采用计量经济模型、空间计量经济理论和社会网络分析理论等理论与方法进行分析，对中国旅游经济增长质量水平时空差异、空间演化机理、优化调控机制、提升路径与政策设计等问题进行系统研究。本书的主要内容为：

（1）廓清旅游经济增长质量概念、本质内涵等基本理论问题。立足区域经济增长理论、新经济地理学理论、产业结构理论和可持续发展理论，科学界定旅游经济增长质量的理论内涵，明确了增长效率提升、结构调整优化和资源环境约束是影响旅游经济增长质量的关键因素，提出了旅游经济增长质量研究的基本假设、基本命题与理论框架。

（2）深入分析中国旅游经济增长基本状况、演进轨迹与存在的问题。主要采用数据包络分析方法、偏离－份额分析法和生态足迹模型等，分析判定了旅游全要素生产率、旅游产业结构、旅游环境承载力的现实特征和发展轨迹，归纳总结出包括有效性、协调性和持续性在内的增长特性。

（3）评价并识别中国旅游经济增长质量时序变化与区域差异特征。整合效率、结构、环境等多维度特征，构建旅游经济增长质量综合评价指标体系，运用多目标线性加权函数法、标准差、变异系数、泰尔指数和差别动态指数等方法，对中国旅游经济增长质量水平进行定量测度与评价，以刻画多尺度地区差异及动态演变特征。

（4）深入分析中国旅游经济增长质量的空间格局、演化特征及其基本规律。通过分析中国旅游经济增长质量空间特征，探讨了其空间集聚格局与演化规律，并运用区域重心理论模型，探索了中国旅游经济增长质量区域变化的迁移轨迹与具体过程。

（5）系统分析中国旅游经济增长质量空间演变的影响因素及其形成机理。通过理论假设、面板数据模型构建与计量经济检验，探讨了影响中国旅游经济增长质量系统特征、地区差异及空间分异格局演化的主要因素，明确了多维因素交互作用下的影响机制。

（6）系统阐述中国旅游经济增长质量的空间关联效应与溢出机制。结合新经济地理学研究范式，运用探索性空间分析技术，从全局和局域视角探究不同省份旅游经济增长质量在空间上的相关性和依赖性，进一步构建纳入地理因素的空间面板数据模型，探索中国旅游经济增长质量的空间关联程度与溢出作用效应。

（7）深入分析中国旅游经济增长质量的空间优化调控机制。探讨了“效率－结构－环境”作用下旅游经济增长质量调控机制，确定了不同省份旅游经济增长功能类型，提出了不同区域旅游经济增长模式与优化路径。

（8）系统提出中国旅游经济增长质量提升政策与建议。基于发挥旅游经济增长空间关联与溢出效应、推进旅游产业效率整体提升、旅游产业结构稳定均衡、旅游环境系统可持续承载等方面，提出了旅游经济稳定增长与高质量发展的实现路径和相关建议。

本书在以下方面进行了探索性与创新性研究：第一，明确界定了旅游经济增长质量的内涵和外延。全面整合效率提高、结构优化和环境提升三大维度，构建系统的旅游经济增长质量理论分析框架，揭示了旅游经济增长的内在本质与发展规律，明确了各子系统对旅游经济增长的贡献度，拓展了旅游经济增长研究视角。第二，全面系统地研究了中国旅游经济增长质量的时序分异特征与空间演化态势。定量判别中国旅游经济增长质量整体与子系统的状态水平与动态趋势，探索其空间格局、关联作用与演化过程，研究发现近年来中国旅游经济增长质量呈现出波动上升的基本特征，从东部沿海逐步向内陆腹地递减，空间集聚特征呈现出阶段性演化特征，丰富了旅游经济增长理论与实践的系统性研究。第三，深入探讨了旅游经济增长质量的空间溢出、作用效应、优化机制与提升路径。受空间依赖和空间异质的影响，区域旅游经济增长具有多重关联性、存在协同共进的空间作用关系，通过识别提升演化的空间路径，协调旅游经济增长质量的空间均衡，促进旅游经济增长质量的全域提升，并形成内容全面、操作性强的旅游经济增长质量优化机制、提升路径与调控方案，能够拓展和增强旅游经济理论应用范围和指导意义。

目　录

第一章　绪　　论

第一节　研究背景与意义

一、研究背景

旅游经济增长是旅游经济发展的基础和核心。改革开放四十多年来中国旅游业自起步发展到实现事业性质再到经济产业性质的转变，始终保持着规模发展与快速增长。2009 年中国旅游业发展被提升到国家战略高度，其战略性产业地位得以确立和巩固，旅游经济增长态势愈发凸显。截至 2017 年，我国国内旅游收入达到 4.57 万亿元，国际旅游外汇收入达到 1234 亿美元①，旅游经济总量保持高速增长，旅游市场规模实现了快速扩张，但与此同时也伴随着区域旅游经济非均衡发展与低效运行、结构不合理、资源消耗、生态破坏与环境污染等诸多问题，表现出低经济效益、低增长质量和片面追求增长速度的粗放型发展模式。因此，审视和思考如何实现我国旅游经济的长期可持续稳定增长是十分必要的。

针对中国旅游产业发展过程中的问题，政府与相关管理部门积极探索旅游产业转型发展与可持续增长问题。2008 年全国旅游工作会议提出旅游产业发展要坚持深化改革，首次从国家层面提出旅游产业“转型升级”“转型增效”等政策。旅游业的高品质与高效率发展也在政策层面受到广泛重视。2016 年全国旅游工作会议明确优化旅游发展方式，提质增效，提出要实现由“粗放型”向“集约型”的跨越。2016 年《“十三五”全国旅游业发展规划》进一步提出“以创新推动旅游业转型升级，

① 《2017 年全年旅游市场及综合贡献数据报告》。

推动旅游业从资源驱动和低水平要素驱动向创新驱动转变”。2017 年全国旅游工作会议提出“旅游业转型升级的内在要求为产业发展积蓄了强大的发展动能”，积极“实施三步走战略”以建设“世界旅游强国”；在此基础上，2018 年全国旅游工作会议提出要“准确把握高速旅游增长阶段转向优质旅游发展阶段的发展路径，坚持走中国特色内涵式旅游发展之路、高渗透融合发展之路、依法治旅之路、科技创新发展之路和全方位开放开拓之路”。“十三五”时期中国旅游业处于黄金发展、结构调整与矛盾凸显期，因此，增强旅游经济持续增长的动力，有效提高旅游供给体系质量和效率，是当前和今后一段时间中国旅游业发展面临的重要课题。

与此同时，伴随中国经济增长步入“新常态”，特别关注经济增长质量，质量成为新常态下经济增长的新动力，提升质量成为经济增长的新向度（叶初升，2015）。2017 年中央经济工作会议指出：“我国经济发展基本特征就是我国经济已由高速增长阶段转向高质量发展阶段”，中共十八大提出“将提高经济发展质量和效益作为推动经济发展的新立足点”，中共十九大报告进一步指出：“我国经济已经由高速增长阶段转向了高质量的发展阶段”，“必须坚持质量第一、效益优先”，阐明了遵循经济发展规律，重视经济增长质量，减少经济增长过程中突出矛盾与问题，是未来我国经济增长的重要走向（魏敏等，2018）。进入新时代，根据国家整体经济提质增效转型升级的战略发展要求，在中国经济由高速增长阶段转向高质量发展阶段的背景下，促进旅游经济由粗放式到集约式发展、数量规模向内涵增长转变，从适应高速增长的传统经济体系转换到适应高质量发展的现代经济体系（高培勇等，2019），对推动新时代我国旅游经济高质量与可持续发展具有重要意义。

区域旅游经济的高质量发展依赖于高质量的区域旅游经济增长。值得注意的是，由于不同地区旅游发展的基础条件、阶段水平、结构状况与承载能力等方面不同，中国旅游经济增长速度、水平和质量均存在显著的区域非均衡特征，不同地区旅游经济增长模式存在显著差异，空间分异特征较为突出。事实上，相邻地区在空间上存在密切的旅游经济联系，区域间的相互影响和作用使得旅游经济增长的空间联动性进一步增强。而经济、社会、环境等要素与旅游经济增长的作用关系与变化趋势逐渐显现，相关要素在旅游经济增长过程中的空间响应推动了其增长质量目标提升的实现。中共十九大报告提出“实施区域协调发展战略”

“建立更加有效的区域协调发展新机制”，明确阐释了新时代区域协调发展的方向和任务。同时，受新时代中国经济政策调整、产业转型需要等多重因素的影响，我国区域旅游业发展不平衡呈现出更为复杂的特征。因此，科学合理地判定我国旅游经济增长质量水平、阶段与态势，选择适宜的旅游经济发展道路，更需要通过深入分析和把握旅游经济增长质量的区域差异、演变态势和内在规律等问题，有助于增进对我国现阶段旅游经济增长质量现状、基本特征以及区域格局演化的宏观认知，也对探索统筹推进省域间、区域间旅游经济高质量发展与协同提升路径等具有政策启示。

系统构建旅游经济增长质量的理论体系与分析框架，是揭示旅游经济内在本质与发展规律的核心基础，是分析旅游经济持续增长和效率平稳提高、旅游产业结构升级优化及旅游资源环境承载力有效提升的综合表征。其中，技术进步、效率提升和集约型发展是旅游经济可持续高质量增长的重要保障；旅游产业结构变迁、优化升级，可以改变旅游经济增长的动力机制；旅游资源的合理开发和有效利用、生态系统保持良性循环和旅游环境承载力的提升，有助于旅游经济增长质量的稳定提高。因此，本研究综合运用区域经济增长理论、新经济地理学、可持续发展等领域前沿的理论成果，以及多学科的研究方法和工具，系统解析旅游经济增长质量的基本概念、本质内涵与主要特征，基于效率、结构与环境三个维度构建科学、合理与系统的旅游经济增长质量评价指标体系，探讨中国旅游经济增长质量的整体程度和发展水平，辨析区域内与区域间的发展差距和存在问题；分析中国旅游经济增长质量空间演变与基本规律、影响因素与驱动机理、空间关联与溢出效应等，在此基础上提出促进中国旅游经济长期可持续增长的空间优化机制、调控方案、主要路径与政策建议。本研究有利于拓展旅游经济理论应用范围、丰富旅游经济研究方法，能够为我国旅游经济长期可持续发展进程制定有效的指导政策提供参考和借鉴。

二、研究意义

本书的学术价值与应用价值：

（一）学术价值

系统构建旅游经济增长质量的理论体系与分析框架，具有重要的学术价值和理论意义。

（1）国内外既有研究主要从“数量”视角展开旅游经济增长的理论分析和实证检验，“质量”视角的相关研究较为匮乏。系统考察和深入剖析旅游经济增长质量的本质内涵、形成机制、测度体系与衡量标准等基本理论问题，探索旅游经济增长质量的空间格局与形成原因、空间关联与优化机制，可拓展旅游经济理论的研究视角和应用范围，丰富旅游经济研究方法，完善和补充旅游经济理论的研究成果。

（2）当前研究对于旅游经济增长质量尚未形成统一认识，缺乏较为深入的系统性研究，理论分析与产业实践结合并不紧密。本研究发现旅游经济增长是一个复杂、综合、动态的系统过程，技术进步、全要素生产率增长与旅游产业效率提升，要素重置、结构变迁与旅游产业结构优化，资源约束、环境优化与旅游环境承载力提高，均对旅游经济增长质量产生影响、驱动与调控作用。因此，基于效率、结构、环境维度构建旅游经济增长质量的理论假设和实践检验更为科学和客观，具有较强的现实性和必要性，能够为有针对性地探寻旅游经济增长质量的提升路径提供参考依据。

（3）不同地区旅游经济增长的空间差异与关系是客观存在的，但已有研究往往忽视了区域旅游经济增长的空间联动性，对其空间关联与溢出机制也尚未展开深入研究，难以全面精准把脉中国旅游经济增长现状、特征与态势，需要对其进行更为深入的拓展性研究。本研究纳入空间交互作用探讨中国旅游经济增长质量的空间分异格局与演化过程、空间效应、空间优化机制与调控路径，能够为旅游经济区域均衡增长奠定理论基础。

（二）应用价值

（1）经过改革开放四十多年的高速增长和转型发展，当前中国旅游经济发展总体上从起飞阶段进入了加速发展的新阶段，在这一阶段旅游经济增长中的一些矛盾和问题也逐渐暴露出来，在旅游经济增长过程中片面追求增长速度，增长模式还没有真正实现由粗放型、数量型向集约型、质量型转变。因此，有必要重新审视和认真思考如何实现我国旅游经济的长期稳定与可持续增长，而这从根本上来看是与旅游经济增长的质量问题密切相关的。

（2）贯彻中共十八大以来的文件精神与《中华人民共和国国民经济和社会发展第十三个五年规划纲要》的战略目标，满足旅游经济发展要求，从质量提升视角研究中国旅游经济转型发展问题，深入分析产业效率、产业结构、环境承载对旅游经济增长质量的作用机理，并在此基础上提出具有针对性、前瞻性和可操作性的政策建议，从战略层面为中国旅游经济转型发展决策提供参考依据。

（3）新时代中国社会主要矛盾转化为人民日益增长的美好生活需要和不均衡不充分的发展之间的矛盾，旅游经济增长不均衡不充分发展问题也较为突出，影响了旅游经济的稳定与可持续发展。本研究立足中国旅游经济增长过程中的复杂性问题，对中国旅游经济增长质量水平、地区差异、空间演变、作用机制进行定量评价与定性剖析，以期明确旅游经济增长的区域作用模式，探索空间效应下旅游经济增长的内在规律，为促进中国旅游经济持续稳定发展和区域均衡增长提供政策模拟和决策支持。

第二节 国内外研究进展与述评

一、国外旅游经济增长研究进展

在经济增长理论的发展演化中，古典经济学家亚当·斯密（Adam Smith）、大卫·李嘉图（David Ricardo）、托马斯·马尔萨斯（Thomas Malthus）关注的是经济增长的源泉、动力和形成机制，其本质是一种数量型的增长理论。国外学者首先认识到旅游业在区域经济发展中发挥着重要作用，研究重视旅游经济发展对本国经济的贡献程度（Henry and Deane，1997），结果表明旅游经济增长对国民经济影响的范围不断扩大（Rodenburg，1980），且旅游经济发展或与国民经济增长存在长期均衡关系（Tisdell and Wen，1991；Oh，2005）。与此同时，旅游发展所产生的“示范效应”等社会问题也受到关注（Briedenhann and Wickens，2004），旅游业不再以“无烟产业”的姿态呈现，研究发现旅游发展产生的碳排放对经济增长有显著的相关性影响（Lee and Brahmasrene，2013），旅游经济增长与生态环境保护之间存在矛盾。因此，国外研究重视探讨旅游发展带来的生态破坏（Tang，2015）、文化冲突（Canavan，2016）、发展不公（Schéou et al.，2013）等问题的解决途径，并通过文献分析和相关性检验等定性和定量方法加以检验，在加快旅游产业结构调整、合理配置旅游投资要素、提高旅游创新能力等方面提出建议。具体而言，国外关于旅游经济增长的相关研究领域集中在以下方面：

（一）旅游经济增长的概念界定

经济增长是指一个国家或地区在长期内人均产出的持续增长。不同的经济学家对经济增长规律与源泉有不同的理解。古典经济学家亚当·斯密（Adam Smith）在1776年出版的《国民财富的性质和原因的研究》一书中指出经济增长表现为社会财富或国民财富的增长。美国经济学家保罗·萨缪尔森（Paul A. Samuelson，1999）认为经济增长代表一国潜在国内生产总值或者国民产出的增加，是一国生产可能性曲线的向外推移。经济学家西蒙·库兹涅茨认为，经济增长不仅仅在于生产能力的增长，更强调在于技术改进、制度和意识形态调整方面的进步（徐睿，2009）。两个世纪以来，在经济增长理论研究中，数量问题一直是研究的核心内容，发展实践中出现的结构不合理、贫富差距扩大、资源短缺以及生态破坏、环境污染等一系列问题，使得国外学者开始把这些问题纳入经济增长的分析当中，不再单纯以经济增长数量上的提高作为研究对象。总体来说，有关经济增长数量的相关研究起步较早，经济增长质量的相关研究起步较晚，且对其内涵的理解尚未达成一致。与经济增长内涵研究一样，国外学者对旅游经济增长概念与内涵研究尚无一致的定论。罗登伯格（Rodenburg，1980）提出旅游经济增长是指不同规模旅游企业获得的收益。亨利和迪恩（Henry and Deane，1997）认为旅游经济增长是指旅游对地区经济增长的贡献度。安东纳基斯等（Antonakakis et al.，2015）认为旅游主导型经济增长和经济驱动型旅游增长具有时间依赖性，在幅度和方向上均不稳定。索汗哈瓦等（Sokhanvar et al.，2018）则指出旅游业发展可能会通过诸如改善国际收支和增加就业机会、提高政府收入和家庭收入等多种渠道来促进经济增长。综上，国外学者对旅游经济增长概念的理解主要包含两个方面：一是旅游产业发展所产生的经济效益，涵盖由食、住、行、游、购、娱等各旅游行业部门自身产生的经济效益；二是旅游产业发展带动地区经济的增长，包括增加地区就业、带动其他产业部门的发展等。

（二）旅游经济增长的效应研究

随着20世纪70年代旅游业对社会经济产生的推动作用日益显著，国外学者关于旅游经济效应相关研究成果不断涌现。旅游经济效应反映了旅游业发展对区域经济、社会、文化、环境以及政策的影响，其中旅游发展和经济增长之间的关系是效应研究长期关注的焦点问题。首先，旅游经济增长在推动国家和地区经济发展中发挥着日益重要的作用已得到广泛共识。梅耶尔（Meyer，1976）阐述了明尼苏达州的旅游业在区域经济发展中的重要作用。罗登伯格（Rodenburg，1980）研究了巴厘岛旅游经济增长的影响范围，分别探讨了大型旅游业、小型旅游业和手工业旅游等不同规模旅游企业的社会和经济影响。提斯德尔和温（Tisdell and Wen，1991）分析了入境旅游与中国经济发展策略的关系。亨利和迪恩（Henry and Deane，1997）则探讨了 1990～1995 年旅游业发展对爱尔兰经济的贡献程度。其次，在国家尺度上，旅游业与国民经济发展之间的长期均衡与因果关系得到实证检验。例如，巴拉格尔和坎塔维拉（Balaguer and Cantavella，2000）采用约翰森（Johansen）技术对西班牙 1975～1997 年国内生产总值及国际旅游收入进行协整分析，验证了旅游业扩张与经济增长之间存在着长期稳定的关系；索汗哈瓦等（Sokhanvar et al.，2018）则运用格兰杰（Granger）因果关系分析，研究了新兴市场经济中旅游与经济发展的关系；道格鲁和布卢特（Dogru and Bulut，2018）则发现欧洲 7 个国家的旅游收入增长与经济增长之间存在双向因果关系，旅游发展刺激经济增长，反之亦然。再次，研究重视应用多学科理论与方法对旅游经济增长效应进行评价。例如，利恩和宋（Lin and Sung，1984）运用投入产出分析法判别了旅游对我国香港地区经济多样性的作用；利和常（Lee and Chang，2008）等运用异构面板协整模型分析了经济合作与发展组织（OECD）国家和非 OECD 国家在 1990～2002 年旅游发展与经济增长之间的联系；普拉特（Pratt，2015）采用一般均衡模型讨论了旅游支出增加对不同小岛屿国家的经济影响不同；道格鲁和西拉卡亚（Dogru and Sirakaya，2017）运用偏离份额回归分析得出旅游业对美国整体经济的贡献呈逐年下降的态势；古古什维利等（Gugushvili et al.，2017）运用扎根理论方法研究发现旅游业与国家经济体内的其他行业有着紧密的联系，能够产生增加贸易机会、促进地方发展等显著的间接效益；鲁滨逊等（Robinson et al.，2017）通过构建 IMPLAN 投入产出模型分析了密西西比州和亚拉巴马州墨西哥湾游客消费的经济影响。最后，相关研究也认识到旅游经济增长消极影响。例如，沃兹尼亚克和麦克尼尔（Wozniak and Macneill，2018）采用多方法自然实验验证了在低税收和监管环境下，由于缺乏社区发展和参与计划，大型邮轮旅游项目可能无法为当地居民提供福利；克罗兹等（Croes et al.，2018）评估了生活质量、旅游专业化和经济增长与小岛屿目的地之间的关系，指出旅游专业化与经济增长的关系是相对片面的，旅游专业化只在短期内改善了居民的生活质量。综上，国外相关研究集中于旅游与地区经济之间的作用关系和影响程度，旅游经济增长对整体经济运行产生直接、间接和诱发性效应，且因地区差异而不同，整体上有正向促进作用，但负向影响也不容忽视。

（三）旅游经济增长的空间分析研究

第二次世界大战结束后，旅游业进入快速发展期，旅游经济的研究范围和研究视角不断扩大。由于新经济地理学的产生，空间因素被纳入西方主流经济学体系。例如，希尔斯和伦德根（Hills and Lundrgen，1977）、布里顿（Britton，1980）等在研究经济活动时分析了不平衡发展、区域扩散、空间结构及共同发展等问题。旅游经济增长的空间差异问题也成为旅游领域的研究焦点。例如，辛普森斯和沃尔（Simpsons and Wall，1999）比较分析了北苏拉威西道两个邻近旅游景区的发展异同；乌伊萨尔等（Uysal et al.，2000）采用感知地图分析弗吉尼亚的旅游竞争力，探讨旅游者对本地与其他地区旅游印象的差异性特征，提出基于区域内互补的角度开发旅游产品、促进旅游经济的发展；古奥丘尔姆和苏吉亚尔托（Gooroochurn and Sugiyarto，2005）将空间集聚纳入不同区域旅游竞争力影响因素的数学模型中；斯滕温克尔等（Stenvinkel et al.，2005）分析了南非西开普旅游业的空间结构特征以及影响机制，以期实现政府以旅游为基础社会经济转型发展。程和朱（Cheng and Zhu，2013）则研究了中国皖南地区国际旅游文化示范区旅游经济发展的空间结构与分异特征。

基于空间视角下旅游经济增长问题也得到关注。20 世纪 90 年代以来，以克鲁格曼（Krugman，1991）为代表的新经济地理学派，把主流经济学长期忽视的空间因素纳入一般均衡的分析框架中，研究经济活动的空间分布规律，解释现实中存在的不同规模、不同形式的生产的空间集中机制，并通过这种机制的分析探讨区域经济增长的规律与途径。鲍德温等（Baldwin et al.，2001）发现经济活动的地方集中和经济增长是相互强化的过程，经济增长效应影响了经济活动的地理集中，经济活动的地理集中效应进一步促进了经济增长。鲍德温等（Baldwin et al.，2003）又提出经济增长和空间集聚是两个难以分离的变化过程，在本质上是相互影响的内生化过程。城市旅游经济增长表现为显著的空间结构特征与溢出效应（Tao et al.，2015），高铁加强了城市间以旅游为基础的经济关系，展示了旅游对外经济关系变化的空间分布的“走廊”效应（Wang et al.，2018）。总体而言，基于空间视角下的旅游经济增长问题在研究方法上主要采用经济学和地理学学科方法和技术手段，在研究尺度上考虑国家、区域、城市等多个层次，旅游经济增长空间分异现象是客观存在的，不可忽视空间因素的影响。

（四）旅游经济增长的影响因素研究

旅游经济增长受到多重因素的影响。蒂斯（Teas，1993）、泰勒和贝克（Taylor and Baker，1994）及贝克和克里普顿（Baker and Crompton，2000）分别提出旅游服务质量的优劣程度直接影响了游客对旅游目的地的最终选择、旅游购物体验满意度、旅游饭店经营绩效以及游客在异地开展旅游活动过程中的主观情感，在此基础上进一步分析影响旅游经济增长的主要因素。其中，制度和政策因素是影响旅游经济增长的重要方面，阿利普尔和基利奇（Alipour and Kilic，2005）以塞浦路斯为例，分析了基本制度和国家组织在旅游发展中所起的作用，以此促进塞浦路斯经济的复兴和发展。乔舍维奇和林奇（Causevic and Lynch，2013）以波黑为研究对象，认为稳定的政治环境有利于旅游业的发展，恶劣的政治环境则会阻碍旅游产业顺利发展，提出要加强与邻国旅游合作的政策以促进旅游经济增长。信息技术的进步和技术创新的影响日益重要。布哈里斯和劳（Buhalis and Law，2008）认为可以通过信息技术进步、技术创新等措施促进旅游产业内部结构升级和旅游产业效率提升，从而促进旅游经济增长。当然劳动力因素对旅游经济增长的约束作用也不容忽视，科南（Konan，2010）指出劳动力不足限制了夏威夷实际游客支出的增长。此外，鲍彻等（Boucher et al.，2018）以南非纳尔逊·曼德拉湾为例，指出居民的积极态度将促进当地旅游业的开展。总体而言，政治制度、技术因素及劳动力因素等外部条件对区域旅游经济增长产生影响与作用。

综上所述，国外旅游经济增长相关研究集中在旅游经济增长概念内涵界定、效应评价和影响因素分析等多个方面。

二、国内旅游经济增长研究进展

（一）旅游经济增长的概念界定

20 世纪 90 年代中国经济增长的问题陆续显现，国内学者从不同视角对经济增长概念和内涵进行界定。武义青（1995）认为国家或地区经济增长要从数量增加和质量提高两个方面着手，后者采用产出效率来进行衡量，当产出效率较高时，即可认为经济增长质量较高。钟学义（2001）提出经济增长质量提高的过程就是经济增长方式由粗放式增长向集约式增长的过程，在此过程中，伴随经济结构的优化升级、生活质量的提高和生态环境的改善。李发昇和张维（2011）提出经济增长是指物质财富的增加，在知识经济时代经济增长将受人力资本累积的影响。韩燕雄等（2014）认为经济增长是指一个国家或一个地区生产商品和劳务能力的增长，集中表现在国内生产总值的增加上，其中制度与意识的相应调整是经济增长的充分条件，技术进步是经济增长的必要条件。徐升艳等（2018）则认为经济增长的重要源泉在于资源配置效率的提高。在旅游研究领域，主要是借鉴经济增长相关概念并结合旅游业的特殊性对旅游经济增长概念进行界定，例如，邹树梅（1998）提出旅游经济增长是指旅游目的地在一定时期内旅游产品总量的增长，以及旅游业内部结构的变化和自身的健康发展以及对社会进步所做出的贡献；罗明义（2004）认为旅游经济增长是指一个国家或地区在一定时期内旅游经济在数量上的增加和规模上的扩大，其反映了旅游经济发展的变化状况；胡庆龙（2009）从狭义与广义视角理解旅游经济增长的含义，前者主要指旅游收入的增长，后者则考察旅游产业结构构成、产业布局以及产业关联度等；罗富民（2009）把旅游经济增长界定为通过资源、资本、人才等旅游生产要素的投入，不断提高产业效率生产更多旅游产品的过程；生延超等（2014）认为旅游经济增长呈现出扩张、衰退、收缩与复苏等周期性特征，而稳定增长是影响区域旅游经济增长质量的关键因素；陈祖龙（2018）则指出旅游经济增长是旅游产业信息化的重要表现，信息技术与旅游业相互融合能够促进区域旅游经济增长。综上，不同学者对于旅游经济增长的概念有不同的理解，且在内涵上未达成一致和形成认同。

（二）旅游经济增长的测度与评价研究

国内学者从省域、城市等尺度展开旅游经济增长测度研究。一方面，重点探讨了旅游业与国民经济之间的互动关系。例如，潘建民等（2002）运用旅游卫星账户测算了广西旅游业增加值以及对其社会经济的贡献；张帆等（2003）采用旅游乘数效应、旅游增加值经济贡献率等探讨了旅游业对秦皇岛市经济发展的作用；李兴绪等（2004）根据云南省 1997 年投入产出表测算了旅游产业关联度及带动效应；袁虹等（2006）运用灰色关联法测度了中国旅游业发展与居民收入、家庭恩格尔系数、交通环境等因素的关联度；张信东（2008）等利用事件研究法分析“黄金周”效应对旅游经济增长的影响；李秋雨等（2015）将旅游收入作为内生变量研究了广东省经济发展对旅游产业的依赖度；孙晓等（2017）利用单位根检验、协整分析和格兰杰因果检验等计量经济学方法验证了旅游总收入、旅游外汇收入与黑龙江省国内生产总值之间均存在着长期协整关系。另一方面，研究重视探索旅游经济增长促进区域发展的作用路径。例如，雷汝林等（2002）指出旅游经济增长通过带动第三产业的发展，缩小地区间经济发展差距；罗文斌等（2012）、张攀等（2014）通过明确旅游业在城市经济发展中的定位，寻求旅游经济与城市进步的协调发展路径；侯立春等（2017）认为旅游圈是推进旅游经济发展的有效载体，会对区域发展产生重要影响；赵传松和任建兰（2018）则指出全域旅游是新常态下促进旅游经济发展的重要模式，能充分发挥旅游业作为资源节约型和环境友好型产业的优势，促进区域绿色发展。综上所述，国内学者从多个视角、多个维度探讨了旅游经济增长对地区发展的作用关系，作为衡量和反映旅游经济增长效应的重要手段。

（三）旅游经济增长的空间分析研究

受资源禀赋、开发条件、政策支持等多种因素的影响，旅游经济增长普遍存在空间差异现象，且这种增长的不均衡性特征呈现不断加重的态势。既有研究重视探讨旅游经济增长的空间差异及其差异形成的原因，例如，曹芳东等（2013）运用地理信息系统（GIS）技术分析了长江三角洲地区城市旅游经济增长空间格局集聚态势，认为旅游经济会随着区域旅游合作机制的不断深入，异质性格局将呈现弱化态势；冉鑫（2017）分析了中国旅游经济发展的总体水平与空间分布特征；李秋雨等（2017）探讨了我国 31 个省（区、市）入境旅游经济增长效应及其时空演变趋势。既有研究尺度集中于具有较强经济联系的区域，如对沿海与内陆（唐留雄，2003）、长三角（黄雪莹等，2014）等旅游经济增长的空间结构进行分析，探讨区域内部以及不同区域之间的空间差异特征。

与此同时，国内诸多学者将地理因素引入旅游经济活动过程进行分析，重视旅游经济增长在不同地区之间的空间相似性（集聚）或差异性研究（徐伟等，2010；孙钰霞，2007；郭为和何媛媛，2008）。近年来中国旅游经济增长的空间分异特征、演化规律及对行业发展重要性的研究成果不断增多（夏赞才等，2016；苏建军和孙根年，2017；陈刚强和李映辉，2017）。随着基于面板数据的空间计量模型和估计方法日渐成熟（柳思维和周洪洋，2016；张学波等，2016），纳入空间效应的旅游经济增长相关问题得到较为深入的探讨。例如，刘佳等（2013）研究了中国旅游产业集聚与旅游经济增长的空间相关，明确了产业集聚促进旅游经济增长的空间传导机制，后续也验证了旅游能源消耗与旅游经济增长呈现显著的正向空间相关性（刘佳和赵金金，2013）。此外，有关旅游地空间效应的相关研究成果也不断涌现。例如，郭文（2016）通过“空间的生产”的新马克思主义理论内涵的解析，提出了旅游“社会－空间”辩证分析范式，确立了旅游空间的概念体系；杨兴柱等（2016）梳理了旅游地聚居空间演化过程、驱动机制及其社会效应的研究进展。综上，空间分析是旅游经济增长研究的热点问题，围绕旅游经济增长的空间差异现状、演变态势、差异形成的原因以及空间关系等取得了较为丰富的研究成果，为从宏观上把握现阶段中国旅游经济增长格局提供了有益的启示。

（四）旅游经济增长的影响因素研究

影响旅游经济增长的因素具有多重并发性。根据既有研究成果，可以将旅游经济增长的影响因素归纳为产业内部因素和产业外部因素两个方面。

首先，产业内部因素涵盖资源禀赋、产业结构等方面。既有研究发现旅游资源禀赋和旅游经济一般呈正相关关系，但是资源禀赋和旅游经济增长速度之间呈负相关关系，即一个地区旅游资源越丰富，旅游经济发展水平越高，但旅游资源禀赋优势区的旅游经济增长速度相对较低，劣势区的增长速度却相对较快（韩春鲜，2009；闫静静等，2013）。陈太政（2013）探讨了1983～2011年旅游产业结构和旅游经济增长之间的关系，提出2004年以前旅游经济增长促进了旅游产业结构高级化，之后旅游产业结构高级化促进了旅游经济增长。于伟等（2015）研究提出软环境对中国旅游经济发展的作用正在逐渐增加，而旅游固定资产、旅游交通设施等硬件环境的影响不断减少。杨天英等（2017）通过拓展新古典经济增长模型，实证检验了旅游自然资源、旅游文化资源和旅游服务资源均对旅游经济增长具有显著促进作用。

其次，在产业外部因素方面，研究主要关注技术进步、经济发展和制度因素等对旅游经济增长的影响。例如，黄秀娟（2009）利用C－D生产函数模型分析，认为1996～2001年和2001～2006年两个阶段中国旅游产业经济增长主要来自资本和劳动要素的增长，技术进步的贡献很小。伴随中国城镇化进程的推进，城镇化对旅游经济增长的影响受到越来越多学者的重视。例如，刘佳等（2014）采用面板数据模型，分析了我国沿海地区旅游业、城镇化及区域经济发展的时序演化和空间差异特征，探讨了在城镇化进程中沿海地区旅游业与区域经济增长的关联性；高维忠（2016）提出城镇化建设是促进我国旅游经济发展的基本因素，区域旅游经济增长在很大程度上取决于城镇化模式的选择与城市旅游功能的确定。关于制度政策，余凤龙等（2013）提出 1997 ~ 2009 年我国各省份市场化程度越高，旅游经济增长效果越明显，而制度对旅游经济增长的影响具有显著的区域差异性；刘瑞明等（2018）借助于国家级风景名胜区这一“准自然实验”研究了“景点评选”对地区旅游经济发展的影响，认为由于缺乏后期的考评机制，并未对地区旅游经济的发展产生显著的促进作用；李光勤等（2018）则采用双重差分的方法考察旅游局变更为旅游发展委员会对旅游经济增长的影响，认为“局改委”确实显著促进了地区旅游经济的增长，这种影响机制是通过提高地区旅游资源禀赋实现的。综上，国内学者聚焦内因和外因视角探究影响地区旅游经济增长的主要因素及其作用机制。

（五）旅游经济增长的多视角研究

整体而言，国内学者关于旅游经济增长的相关研究虽然起步较晚，但涉及的研究领域和研究视角较为广泛，除了采用旅游产业增加值（林刚和龙雄彪，2000）、社会就业贡献率（王雷震，2006）等指标定量测算旅游经济对地区发展的影响，在旅游发展实践中出现的一系列诸如传统旅游发展方式滞后、旅游资源不合理利用以及旅游环境污染等问题，使得学者不仅单纯以旅游经济总量的提高作为研究对象，也开始关注旅游经济增长的质量问题，并认识到效率、结构和环境与旅游经济增长之间存在相互作用的关系。

第一，基于效率视角下的旅游经济增长研究。随着旅游产业要素投入规模不断扩大，旅游经济增长过程中的效率问题受到关注。左冰和保继刚（2008）探讨了全要素生产率的变化与旅游经济增长之间的关系，研究表明中国旅游业总体效率偏低，旅游投入总量处于规模不经济状态。罗富民（2009）提出可以通过节约旅游生产要素的投入量、提高闲置旅游生产要素的使用率、提高旅游生产要素的生产效率和旅游市场的交易效率来推动旅游经济增长。吴玉鸣（2014）研究发现 2001 ~ 2009 年我国省域尺度的旅游经济增长主要依赖于资本要素投入驱动，呈现出资本密集型特征，但劳动力要素的贡献尚未充分发挥出来。查建平等（2017）分解并测算了旅游经济增长源泉，提出全要素生产率对旅游经济增长的贡献正逐步超过资源要素投入，成为推动中国旅游经济增长的主要源泉。需要注意的是，提高经济增长质量的一个核心问题是实现资源的有效配置，而全要素生产率的增长并不能保证资源的有效配置。对旅游产业发展的思考，除了进一步转变旅游经济增长方式，还必须强调市场在资源配置中的基础作用，培育市场主体在推动旅游经济持续健康发展中的关键作用（王爱民和陈苏，2011）。

第二，基于结构视角下的旅游经济增长研究。结构主义经济增长理论把结构变动纳入经济增长的分析中，认为现代经济增长本质上是由部门变化引起增长的过程，即由于结构变化带来生产要素从低收益部门向高收益部门的流动产生了结构收益（钞小静和惠康，2009）。麻学锋（2010）利用旅游产业结构升级系数指标揭示了旅游业带动张家界国民经济发展的演进轨迹及特征。生延超（2012）从部门结构视角，提出旅游产业结构是影响区域旅游经济增长的关键因素。卞显红（2008）从空间结构视角，分析了集聚引起部门结构发生变化、促进旅游经济增长的机理。刘春济等（2014）从产业结构合理化和高级化两个维度进行考察，提出旅游产业结构变迁对我国旅游经济增长的影响具有区域普遍性和持久性，但影响力在下降。闫颖等（2017）以世界遗产地山东曲阜为例，考察得出旅游产业结构变动对旅游经济增长存在显著的贡献，且随着旅游产业成熟度不断提高，旅游产业结构变动对旅游经济增长的贡献趋于稳定。需要注意的是，我国旅游业正在经历从资源要素驱动向技术创新驱动转变的过程，推动旅游产业结构优化与转型升级是促进旅游经济增长的重要方面。

第三，基于资源环境约束视角下的旅游经济增长研究。旅游业是资源依托型和环境依托型的产业，二者存在复杂的对立统一的辩证关系，如何在旅游发展过程中协调二者的关系，实现旅游业的可持续发展，一直是旅游学界研究的热点（张广海等，2013）。当前，对旅游与生态环境关系的研究已经从最初的单向影响分析转向互动共生和耦合协调关系的研究。例如，王辉等（2006）、庞闻等（2011）分别探讨了大连、上海、西安城市旅游发展与生态环境共生互动与耦合协调状况；王中华（2015）通过探讨徐州市旅游经济和生态环境的协调发展水平，发现生态环境的保护总是被动地适应旅游经济的发展；汤姿等（2018）指出旅游经济对生态环境具有促进和胁迫效应，而生态环境对旅游经济也具有承载和制约效应。除此之外，当前针对资源环境与经济增长之间关系的研究主要是从经济增长数量视角展开的，在旅游环境承载力与旅游经济增长作用（刘佳和于水仙，2013）、旅游经济脆弱性问题（李锋，2013）等方面也取得较为丰富的成果。

综上所述，国内学者关于旅游经济增长研究视角愈加多样化，产业效率提升、产业结构变动、资源环境变化均会对旅游经济增长产生显著的影响；研究内容从单一因素研究向多重因素研究转变，并由因素间的单向影响研究向互动影响研究转变；研究方法也从定性归纳与实践经验总结转向统计检验、计量分析、空间分析，国内旅游经济增长的研究在广度和深度上不断的完善和提高。

三、国内外研究评述

尽管以上研究取得了丰富和建设性的成果，但还需在以下方面进一步探索：

第一，从“质量”视角展开的旅游经济增长的理论架构和经验验证明显不足。以往研究重点关注旅游经济增长“数量”视角下的研究，作为旅游产业发展阶段的重要表征，旅游经济增长质量的本质内涵、形成机制、测度体系与衡量标准等方面的理论探讨和实践应用研究还处于探索阶段，尤其缺乏比较深入与细致的系统性探索，相关理论研究远远滞后于中国旅游业蓬勃发展与快速增长的态势。

第二，旅游经济增长是一个复杂、动态的系统，旅游经济不仅要追求平衡持续的增长，更应注重从效率提升、结构转变和环境优化等多视角对旅游经济增长进行综合测度和评价。基于效率、结构、环境多维视角下旅游经济增长质量的理论假设和实践检验更为科学和客观，也能够为有针对性地探寻旅游经济增长质量的提升路径提供参考依据。但已有研究较少从这三个维度对旅游经济增长质量进行综合和系统研究，因此有必要对其进行深入的拓展性研究。

第三，已有研究多数针对研究单元本体，忽视了不同地区旅游经济增长的空间联动性特征，运用空间统计分析方法，探讨全国多尺度、多指标表征的旅游经济增长空间格局与演化特征的研究明显不足，基于问题导向和作用导向的旅游经济增长质量空间演变研究将是今后的研究重点。同时，旅游经济增长质量提升是经济、社会、环境多要素共同影响和作用的结果，但既有研究主要运用传统计量经济模型，往往忽视空间单元的关联与作用，使得估计结果容易产生偏差。

第四，旅游经济增长质量可以反映地区旅游产业发展的综合水平，但需要明确旅游经济增长质量不是单一的旅游规模变动和旅游经济增长水平的提高。既有研究缺乏系统全面地衡量地区旅游经济增长质量的演变过程，难以全面精准把握中国旅游经济增长的现状与基本特征，如何根据地区旅游经济增长质量水平差异、演变特征，确定旅游经济增长类型、推进模式、调控机制及其提升路径也是今后关注的重要问题。

因此，基于国内外研究现状与发展动态的回顾与梳理，本专著融合多学科理论与方法，全面深入研究基于结构、效率与环境视角下旅游经济增长质量综合测度、空间格局与演化特征、影响因素与作用机理，进一步考虑区域之间旅游经济增长的空间相互作用，并通过建立空间计量模型识别和度量旅游经济增长空间格局演化的规律与空间模式的决定因素，更加深刻地揭示旅游经济增长质量水平提升的调控方案和基本路径，以期为推动我国旅游经济长期可持续增长提供系统的理论支撑和科学的决策参考。

第三节　研究思路、方法与内容

一、研究思路与方法

本研究综合运用区域经济增长理论、新经济地理学理论、产业结构理论和可持续发展理论等多学科理论与方法，融合系统与比较分析、归纳与逻辑演绎、定性与定量分析、静态与动态分析等路径展开研究。基于旅游经济增长质量内涵与外延的界定，构建旅游经济增长质量的理论分析框架，整体剖析中国旅游经济增长质量的基本状况和演变趋势，深入探讨中国旅游经济增长质量的空间格局、演化机理及优化调控机制，进而提出促进我国旅游经济增长质量提升的基本路径与对策建议。本研究的技术路线和实施方案如图 1 – 1 所示。

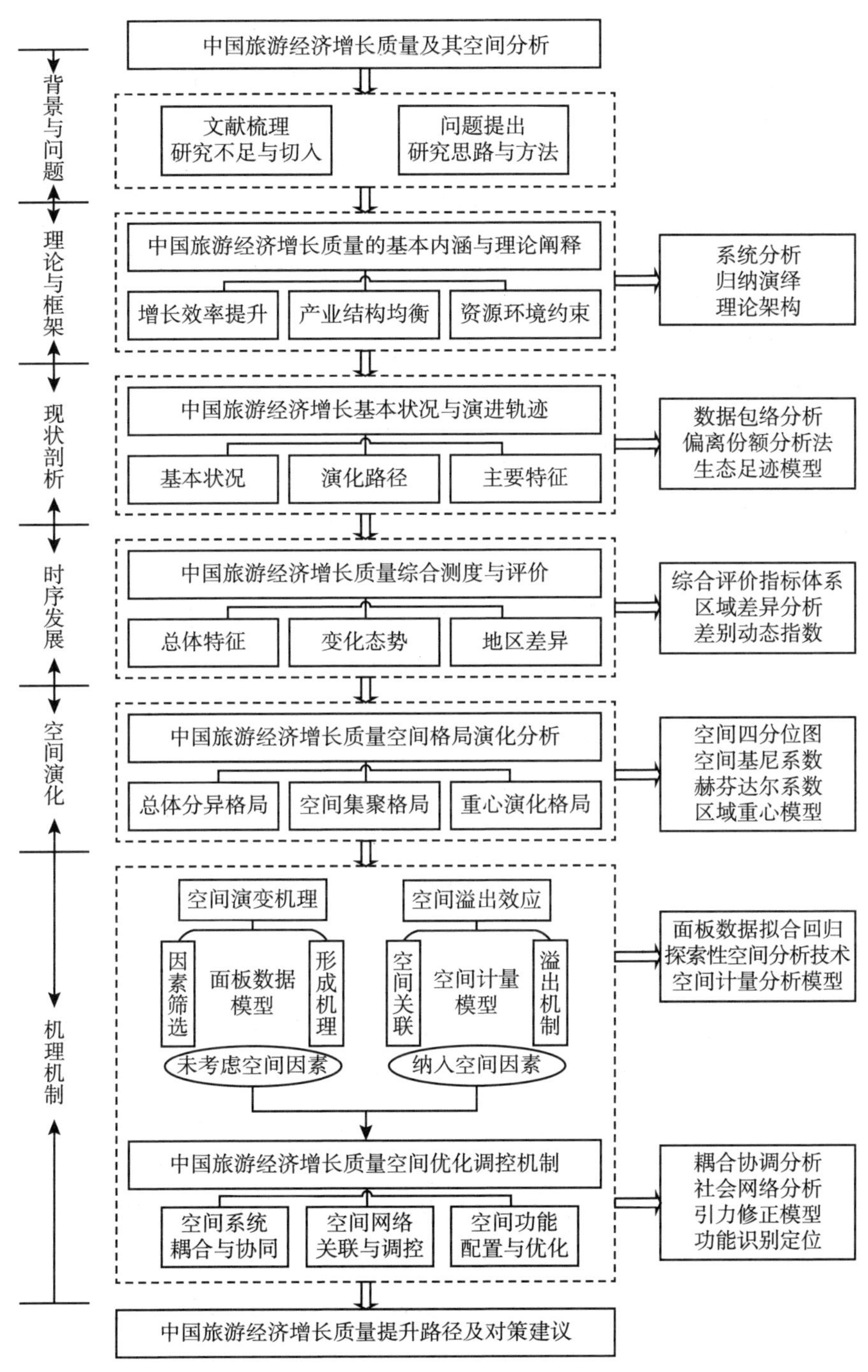

图1－1 研究技术路线

旅游经济增长问题本身的复杂性决定了研究必须交叉运用相关学科理

论和多种数理模型。在研究方法上，采用计量经济模型、空间分析理论、地理信息系统技术等进行建模和分析，对中国旅游经济增长质量进行系统研究。具体研究方法包括：

（1）文献整合、理论构建与逻辑推演。梳理国内外相关研究成果与研究动态，分析当前的研究热点与研究不足，确定本研究切入点。综合运用多学科理论，采用归纳演绎与逻辑推理等定性方法，确定研究的始发点，界定中国旅游经济增长质量的本质内涵，构建出基础理论体系与研究框架，系统阐释旅游产业效率、旅游产业结构和旅游环境承载力与旅游经济增长质量的内在逻辑与作用关系。

（2）实地调研、数理统计与实证分析。为保证研究资料和数据的可靠性，采用实地调研、深度访谈、发放问卷、电话询问、查询统计资料等多种方式，进行数据收集、处理和系统性整理。采用数据包络分析方法、偏离－份额分析法、旅游生态足迹模型等数理模型，分别判别中国旅游经济增长过程中的全要素生产率、产业结构与旅游环境的基本状况和发展轨迹；采用多目标线性加权评价模型、熵值法与层次分析法结合的联合评价方法，运用标准差、变异系数及泰尔指数等研究方法，对中国经济增长质量水平特征、动态变化趋势与地区差异进行量化测度与实证研究。

（3）空间技术、计量模型与机理分析。综合运用区域重心分析模型、探索性空间数据分析方法（ESDA）等分析技术与理论方法，对中国旅游经济增长质量的空间分异格局、演化过程与主要特征、空间作用与关联机理等进行系统研究；运用面板数据模型、平稳性检验、协整检验等计量经济方法，探讨中国旅游经济增长质量空间格局的影响因素和形成机理；构建空间滞后模型（SLM）、空间误差模型（SEM）、空间杜宾模型（SDM），结合工具变量法（IV）、极大似然法（ML）、广义最小二乘法（GLS）和广义矩（GMM）等估计技术实证检验中国旅游经济增长质量的空间依赖性、空间异质性及其空间关联与溢出效应；采用耦合协调模型、修正的空间引力模型和社会网络分析理论模型，深入探究实现中国旅游经济增长的空间耦合与优化调控机制。

二、主要研究内容

本研究首先对旅游经济增长质量的内涵与外延进行界定和剖析，阐释全要素生产率增长与旅游产业效率、旅游产业结构调整与要素重置、资源环境约束与综合承载力对旅游经济增长质量的作用机制，系统架构旅游经济增长质量的理论分析框架。其次，组合运用相关数理模型，从旅游产业效率、旅游产业结构与旅游环境承载力三个视角，分析中国旅游经济增长的基本状况和演进轨迹。再次，构建科学合理、准确全面的旅游经济增长质量综合评价指标体系，对中国整体及各省份的旅游经济增长质量展开测度和识别，从时序变化视角探讨其总体水平、子系统特征以及地区差异演化态势，从空间演变视角对中国旅游经济增长质量水平进行空间测度，揭示其空间差异格局、区域关联作用以及演化特点与基本规律。再其次，采用传统面板数据模型和计量方法，探讨影响旅游经济增长质量的主要因素和动力机制，并进行区域差异比较，在此基础上进一步运用空间面板数据模型，探索中国旅游经济增长质量的空间依赖性与空间溢出效应，同时综合运用耦合协调度模型和社会网络理论方法，分析中国旅游经济增长质量空间优化与调控机制。最后提出促进我国旅游经济增长质量提升的基本路径与对策建议。

本研究框架和主要内容为：

第一章：绪论。本章主要分析研究背景和研究意义，对国内外旅游经济增长的相关文献进行了回顾、梳理和评述，指出当前旅游经济增长研究存在的不足和缺陷，提出基于效率、结构与环境视角下旅游经济增长质量研究的立足点。

第二章：旅游经济增长质量的内涵阐释与基础理论。立足区域经济增长理论、新经济地理学理论、产业结构理论和可持续发展理论，科学界定旅游经济增长质量的理论内涵，明确增长效率、结构均衡和资源环境约束是影响旅游经济增长质量的关键因素，提出旅游经济增长质量研究的基本假设、基本命题与理论框架，深入阐释在旅游经济增长过程中技术进步与全要素生产率提升、要素配置与产业结构变迁、承载潜力与旅游环境优化内在关系的基础理论。

第三章：中国旅游经济增长的基本状况与演进轨迹。系统梳理 21 世纪以来中国旅游产业发展过程，对中国旅游经济增长状况和问题进行回顾和总结，采用数据包络分析方法、偏离 - 份额分析法和生态足迹模型，对旅游全要素生产率、旅游产业结构、旅游环境承载力的现实特征和发展轨迹进行识别，把握中国旅游经济增长过程中的基本状况、演进路径与存在的问题，归纳总结出包括有效性、协调性和持续性在内的增长特性。

第四章：中国旅游经济增长质量综合测度与评价。整合效率、结构、环境系统三个维度，构建旅游经济增长质量的综合评价指标体系，运用多目标线性加权函数法，对 2003 ~ 2016 年中国旅游经济增长质量进行测度评价与实证分析。分析其总体水平及各子系统质量水平的动态变化特征，揭示中国旅游业未来的发展方向及趋势；采用标准差、变异系数、泰尔指数等地区差异分析方法，对中国旅游经济增长质量的区域差异进行多尺度分析，分别从沿海与内陆腹地，东部、中部、西部三大地区，东部、中部、西部和东北老工业基地四大区域视角，刻画分析旅游经济增长的地区差异及其差异变化特征。

第五章：中国旅游经济增长质量空间格局演化分析。采用空间聚类分析、空间基尼系数与和赫芬达尔指数，从类型差异、总体分异与空间集聚视角，探究 2003 ~ 2016 年中国旅游经济增长质量空间分异与格局特征；运用区域重心理论与分析模型，分析中国旅游经济增长质量变化的迁移轨迹、具体过程与区域特征，探究基于重心演变视角下旅游经济增长质量的整体空间格局演化规律。

第六章：中国旅游经济增长质量空间演变机理分析。旅游经济增长质量状况受到多重因素的综合影响，各种因素以直接或间接的方式作用于旅游经济增长质量，推动或制约旅游经济增长质量水平的提升。通过理论假设、构建面板数据模型与计量检验方法，分析影响中国旅游经济增长质量水平空间格局形成与演化的主要因素与作用机理。

第七章：中国旅游经济增长质量空间溢出效应分析。在新经济地理学研究框架下，基于空间计量经济学理论与方法，运用探索性空间分析技术，从全局和局域空间自相关视角探究不同省份旅游经济增长质量在空间上的相关性和依赖性，进一步构建纳入地理因素的空间面板数据模型，探索中国旅游经济增长质量的空间关联程度及其溢出作用效应。

第八章：中国旅游经济增长质量空间优化调控机制。探讨“效率 - 结构 - 环境”作用下旅游经济增长质量子耦合协调机制，刻画旅游经济增长质量空间网络构建与协作机制，明确旅游经济增长功能类型与特征，探索不同区域旅游经济增长模式、发展方向与优化路径。

第九章：中国旅游经济增长质量提升路径及对策建议。从发挥旅游经济增长空间关联与溢出效应、推进旅游经济效率整体提升、旅游产业结构稳定均衡、旅游环境承载能力提高、系统协同、空间网络及功能定位等方面，分析中国旅游经济增长质量优化调控的基本路径，提出促进中国旅游经济由粗放型增长方式向集约型增长方式转变的相关政策建议，为推动中国旅游经济高质量与可持续增长提供决策依据。

第二章　旅游经济增长质量的内涵阐释与基础理论

经济增长理论用以分析国家或地区的经济发展水平状况以及影响经济发展变化的各种因素。遵循“均衡”和“最优”，“旅游经济增长的动力”和“旅游经济增长的收敛性”问题是经济研究过程中的重点，前者在于刻画和诠释经济发展的源泉和不同要素对经济增长的影响程度，后者在于揭示经济增长在不同国家或地区间的分布状况。社会快速发展所引起的资源紧缺、生态环境恶化等现象日益严重，不少经济学家们逐渐将研究重点转向如何实现经济的可持续增长和经济增长的质量等问题。本章在对经济增长理论演化阶段和经济增长质量的理论内涵进行系统性梳理的基础上，结合旅游经济的本质特征，界定旅游经济增长质量的概念，深度剖析增长效率、结构优化以及资源约束条件下的旅游经济增长质量的理论内涵，同时深入阐述区域产业结构优化理论、经济增长理论、新经济地理理论、空间结构理论和旅游可持续发展理论等基础理论，为本研究的理论探讨与实证检验提供坚实的理论基础。

第一节　旅游经济增长质量的概念界定

一、经济增长质量的理论内涵

经济增长理论研究最早可追溯到18世纪中后期，以1776年亚当·斯密所提出的分工观点作为经济增长理论的起点，在其所著《国民财富的性质和原因的研究》中，国民财富的增长问题是其阐述的中心问题。基于这一理论，诸多具有代表性并影响深远的经济增长理论和模型相继被提出，经济学家围绕经济增长及驱动经济增长的影响因素探讨了两个多世纪。根据历史发展历程，可将经济增长理论发展划分为古典经济增长理论阶段、新古典经济增长理论阶段和新经济增长理论阶段。

第一阶段为古典经济增长理论阶段。其主要的代表人物是亚当·斯密、大卫·李嘉图等。亚当·斯密试图从资本主义发展过程中，找寻出经济稳定增长、国民财富增加的决定因素。亚当·斯密认为国民财富的增加需要建立在劳动生产率的提高、劳动分工的加强以及生产性劳动数量增加的基础之上。同时他还提出资本积累对于增加雇佣劳动数量，促进经济增长具有重要作用。另一位具有代表性的人物是大卫·李嘉图，他基于收入分配角度展开对经济增长的分析，指出作为生产要素的土地、资本和劳动产出的边际报酬是递减的，且这种边际报酬递减将会最终导致一个国家经济增长的停止。随后在古典经济学家哈罗德和多马通过构建数量模型，系统地论述了国民收入增长率及其相关变量的关系，因此现代经济增长理论研究以哈罗德-多马模型为起点（Harrod，1939；Domar，1946）。

第二阶段为新古典经济增长理论阶段。20世纪50年代后期兴起的新古典经济增长理论是真正现代意义上的经济增长理论。美国经济学家索洛以资本边际收益递减、完全竞争经济和外生技术进步及其收益不变为理论假设，研究了美国的经济增长状况，构建了著名的索洛-斯旺经济增长模型（又称外生经济增长模型），该模型明晰了经济增长的定性分析，同时对各种因素变化对经济增长的影响进行定量分析（Solow，1956）。新古典经济学家将经济增长的影响因素归结为资本积累、劳动生产率和技术水平，并对其作用机理进行分析，为经济增长理论的发展和完善做出巨大的贡献。然而，新古典经济增长理论在分析经济政策对经济增长率效应方面以及国家经济增长差异原因方面存在着一定的局限性（文要武，1995），虽然理论研究和实践经验都验证了技术进步对经济增长质量具有决定性影响，并将技术进步作为外生变量，但却尚未对技术进步的源泉进行解释，使相关研究缺乏理论适用性。基于此，技术进步作为内生化因素被予以重视，推动了新经济内生增长理论研究。

第三阶段为新经济增长理论阶段。该理论也被称为内生增长理论，代表人物是阿罗（Arrow，1962）、罗默（Romer，1986）、卢卡斯（Lucas，1989）等，这一阶段的研究克服了新古典经济增长理论模型的局限性，提出经济增长取决于经济系统本身，经济增长是由内生因素解释的，人力资本投入、技术进步水平等这些要素内生化，从而实现经济的稳态增长，保持长期经济增长率为正。该理论的核心内容包括AK模型、知识尾部效应与“知识溢出”模型（“边干边学”模型）、研发模型、卢卡斯人力资本模型（陆静超，2004）。阿罗提出“干中学”模型，指出技术进步是增长模型的内在因素，在知识水平既定的条件下，劳动力和资本投入的倍增将会导致生产倍增（杨凤林和陈金贤，1996）。罗默在阿罗“干中学”模型的基础上探讨了新知识是影响经济长期增长的重要因素，进一步完善了经济增长理论的内容。新经济增长理论更加趋于科学合理性，推动了技术进步内生化的研究，更为合理地探讨了经济增长中技术知识、人力资本作为经济系统的一个中心部分和其在经济增长过程中所起到的促进作用，从而有利于国家经济政策的制定。

纵观经济增长理论从古典经济增长理论到新经济增长理论的发展过程和阶段特点，可以发现经济增长的决定因素及其驱动机制分析是经济增长理论研究的核心问题，经济增长理论的发展历程也可看作是研究各个生产要素对经济增长作用的分析过程。在各个发展阶段，不同的经济增长理论都给出了相应的变量因素用来解释和支撑理论分析的计量模型。其中经济增长模型中将技术进步、人力资本等外生变量内在化，同时该理论广泛地应用于市场结构、政治政策、产业组织形态、金融贸易、产业生产周期等多个方面的研究，极大地提高了经济增长理论对现实经济的解释能力（李月，2014）。经济增长理论为经济增长质量方面的相关研究提供了理论指导和方法支撑，成为经济增长研究过程中最具有解释力和说服力的理论。另外，不同的经济增长理论对要素投入和技术进步的内生性和外生性两个方面提出了不同的学术观点。例如，哈罗德－多马模型被认为是单要素增长理论，而新古典增长理论被认为是多要素增长理论，索洛模型被认为是技术进步外生化理论，而新增长理论则被认为是技术进步内生化理论。综上所述，经济增长过程中的影响因素和经济的可持续发展问题一直是经济增长质量理论探讨的核心问题。借鉴现有增长理论对于理解旅游经济增长质量的研究至关重要。

经济增长是指一个国家或地区在长期内人均产出的持续增长。不同的经济学家对经济增长规律与源泉有不同的理解。古典经济学家亚当·斯密认为经济增长本质上就是一个国家国民财富的增加，也就是经济增长中实际产量的增加。美国经济学家萨缪尔森提出，经济增长是一国生产可能性曲线的向外推移，表征其潜在国内生产总值或者国民产出的增加状况（Samuelson and Nordhaus，1999）。总体来说，经济增长质量的研究起步相较经济增长数量的研究较晚，对其内涵的理解尚未达成一致。通过梳理相关研究成果，本研究对经济增长质量概念的理解如下：

（1）经济增长质量的内涵丰富且外延不断拓展。从狭义和广义视角来看，狭义上经济增长质量可理解为经济增长的效率，体现的是经济增长方式的转变问题，广义上界定是相对经济增长数量而言的，属于一种规范性的价值判断（惠康和钞小静，2010；任保平，2013）。马卡耶夫（1983）提出对经济增长问题的研究只考虑数量增加是不够的，更应关心经济增长速度与质量相结合。经济增长质量是从经济增长的纵深方向探究经济增长的内在性质与规律，在运行过程中，强调经济增长结构不断优化与经济运行的稳定，从运行结果来看，强调经济增长所带来的居民福利变化以及资源利用和生态环境的代价（赵宁，2012）。经济增长质量的提出把传统经济增长理论中最优路径选择扩展到了社会效应和环境效应的实现上（任保平，2013）。

（2）经济增长质量提升的前提和条件之一是经济增长数量扩张。数量扩张和质量提升相互作用、相互依存，共同实现了地区经济增长。前者侧重基于“量”的视角衡量经济增长的水平高低，突出的是经济增长的数量规模与速度快慢（任保平，2013），后者则基于“质”的视角反映经济增长的品质优劣（钞小静和惠康，2009）。经济增长质量是经济增长数量达到一定阶段的产物，没有经济增长的数量的积累，不可能谈及经济增长的质量提升（任保平，2012）。质量的高低也决定着经济增长总量与速度，在其他条件相同的情况下，不同的经济增长质量水平可以产生不同的增长规模与增长速度。因此，在经济增长过程中，量变和质变是辩证统一的，量变是经济增长的目的，而质变是本质要求（魏敏和李书昊，2018）。

（3）经济增长质量表征与衡量问题至关重要。经济增长是生产要素积累和资源利用的改进或要素生产率增加的结果（多恩布什等，1998；沈坤荣，1998；康梅，2006），生产要素的增加即资本和劳动力在投入数量上不断积累的过程，是实现经济数量式增长的基础，要素使用效率的提升则是指资本、劳动和土地等生产要素使用效率与配置效率提高的过程，是实现经济增长质量提升的主要途径（王积业，2000）。依靠要素积累为主的增长称为粗放型增长方式，依靠全要素生产率提高为主的增长称为集约型增长方式，因此，经济增长质量的提升一般会伴随着经济增长方式的转变，即经济增长由粗放式增长模式向集约式增长模式转变。全要素生产率作为提高经济增长质量的重要支撑，成为学者普遍采用的单一表征指标（刘文革，2014；蔡跃洲和付一夫，2017）。鉴于单一指标反映经济增长质量存在一定的局限性，如何构建多维度、多视角、系统性的测度指标体系对于精准刻画某一地区经济增长质量状况与特征具有重要的意义。

二、旅游经济的本质及其特点

旅游是综合现象的反映，它既表征了一种社会文化现象，也是一种经济现象，旅游的经济现象构成了复杂的旅游经济问题。由于旅游经济问题多种多样，再加上旅游业本身是一个新兴产业，相比其他的学科起步较晚且研究内容不够深入、研究方法不够完善。因此，各学者对旅游经济概念的认识存在较大差异。旅游经济是在旅游活动有了一定的发展并具备了一定物质条件的前提下才产生的一种社会经济活动（朱伟，2015），人们参加旅游活动时带来了消费需求，旅游发展由这些消费需求带动，进而形成一种经济产业（季琼，2015）。因此，总体而言，旅游经济是以旅游活动为前提，以商品经济为基础，依托现代科学技术，反映旅游活动过程中旅游者和旅游经营者之间各种经济活动和经济关系的总和（李航，2011；田里，2016）。

旅游经济是人们生活水平和经济发展水平提高的必然产物（原梅生和郭梅军，2002）。改革开放以来，我国对于旅游经济本质的认识，先从经济事业过渡到经济产业，进一步过渡到综合性产业，即认为旅游业是经济事业和经济产业融合的综合产业（罗明义，2009）。本研究从旅游经济性质、地位和作用三方面进行系统阐述。首先，要想有序开展旅游活动、满足旅游者的各种旅游需求，离不开食、住、行、游、购、娱等各种综合性服务，旅游经济是一种综合性服务经济。其次，旅游经济作为经济性产业，是国民经济的重要组成部分，对经济增长的综合贡献能力不容忽视（赵磊，2019）。最后，旅游经济的作用主要体现在：可以通过创造就业机会、带动相关产业发展、增加政府税收等手段促进地区经济发展；可以通过弘扬民族文化、推动科学技术的交流和发展等途径产生良好的社会文化影响；还可以通过改善交通基础设施、保护景区生态环境等方面对环境产生积极影响（李天元，2013）。

旅游经济的特征包括周期性、脆弱性、文化性和区域差异性。首先，旅游经济的周期性是指在旅游经济运行与发展过程中，受到季节变化、经济波动等因素的影响，使旅游经济增长呈现出一定的周期性增长趋势（罗明义，2010）。其次，旅游业的高度关联性与综合性在本质上决定了旅游经济脆弱性是客观存在的，容易受外部环境和突发事件的冲击以及旅游消费能力、旅游需求变化的影响。例如，2008 年“5·12”汶川大地震对四川省旅游业造成了沉重打击，以九寨沟为例，其 2008 年游客接待量较 2007 年减少了 74.5%（李宜聪等，2016）。再次，旅游经济不同于一般意义上的经济活动，它是一种文化与经济结合密切的、典型的文化经济活动（秦永红，1998）。最后，旅游经济发展的区域不均衡性特征较为突出，受旅游资源分布、旅游市场开发基础、政策支持等诸多因素的影响，我国东部、中部和西部（蔡碧凡等，2016）、省际之间（杨天英等，2017）、沿海与内陆地区之间（杨望等，2016）等旅游经济发展均存在较大差异。

三、旅游经济增长质量的概念界定

新经济增长理论认为，生产效率的提高主要是通过科学技术进步与内生经济增长和产业结构变迁等。科学技术进步和内生经济增长主要通过提高部门全要素生产率水平来实现；产业结构变迁对生产率增长的影响是将生产要素从低生产率水平或低生产率增长的部门向高生产率水平或高生产率增长的部门流动来实现的（赵春雨，2012）。可持续发展在发展经济的同时要保持环境的可持续发展，在满足当代人发展的同时要不损害后代人满足其利益的要求，兼顾经济、社会、生态可持续发展三大内涵（宁凌，2016）。旅游经济增长是旅游经济发展的本质，一切旅游经济活动都是为了实现旅游经济的增长，旅游经济增长不仅包括规模数量的增长，而且更注重质量水平的提升。现实旅游经济活动总是在特定的时间阶段内进行的，呈现为一个连续推进、不断变化的动态过程。在不同的发展阶段，旅游经济增长和发展的方式与状态水平不同，表现为不同的质态特征。进入新的经济发展阶段，由于经济环境和质态的变化，发展的质量要求也会改变。在新时代高质量发展的背景下，国家提出了创新、协调、绿色、开放、共享等新发展观。新时代的这些要求的实现也内在地决定了经济运行必须是效率和质量导向的，即体现效率优先、质量第一，以实现更有效率、更高质量、更加可持续的发展（金碚，2018）。因此，旅游经济增长质量提升本质上是促进旅游经济朝着高质量方向发展。基于新经济增长理论、产业结构理论和可持续发展理论等理论基础，结合旅游经济的概念、构成和本质特点，旅游经济增长质量提升的重要衡量依据是旅游经济增长是否实现了从粗放型向集约型的转变，旅游发展方式的转换是旅游经济增长质量提升的基本要求，旅游经济的增长依赖于旅游效率的提升和旅游全要素生产率的改善，可以通过采用先进的科学技术和科学的管理方法，提高旅游产业发展效率，促进旅游产业结构调整、协调与优化，以及旅游环境保护、旅游承载能力提升与可持续性开发，实现旅游经济效益、旅游社会效益和旅游生态效益的综合与协调。

旅游经济增长质量这一概念富有内涵和规律，是一种科学性、规范性和客观性的价值判断，其从纵深方面揭示了旅游经济增长的内在本质与发展规律。区别于传统的旅游经济增长主要追求旅游经济总量，旅游经济增长质量涉及旅游经济增长的效率、结构、环境、协调等多个方面，其考察的重点在于旅游经济的本质属性。总体而言，旅游经济增长质量包括旅游经济平稳持续的增长和效率提高、旅游产业结构优化与消费结构的合理协调以及旅游资源环境承载力有效提升。技术进步与创新、效率提升、集约型发展是旅游经济可持续、高质量增长的重要保障，旅游产业效率指一个地区在运用一定的成本之后所能获得的经济效益，反映了旅游经济活动的投入和产出之间的内在联系与比率关系，是衡量旅游资源合理利用、旅游经济发展水平的重要依据；旅游产业结构优化和转型，可以改变旅游经济增长的动力机制，注重资源要素在旅游产业间的配置和再配置，寻求最优的、整体效益最大的旅游产业结构，实现旅游产业结构升级；旅游资源和旅游环境共同构成了旅游资源环境，旅游资源的合理开发和有效利用、生态系统保持良性循环和旅游环境承载力的提升，有助于旅游经济增长质量的稳定提高。因此，效率提升、结构均衡和资源环境良好是促进旅游经济持续稳定增长的重要因素，也是旅游经济由高速增长转向多维度高质量发展阶段的内在要求。

第二节　旅游经济增长质量理论分析与内涵阐释

一、旅游产业效率、技术进步与旅游经济增长质量

要素投入量的增加和全要素生产率的增长是决定经济增长的两个直接影响因素（熊俊，2005），是决定经济长期可持续增长的前提和基础。现有的经济增长理论在要素投入与要素生产效率、技术进步的内生性和外生性等方面提出了相关的理论观点。首先，在古典经济理论中，亚当·斯密（Adam Smith，1776）提出生产要素主要包括土地、物质资本和劳动力，

他认为经济增长的源泉是物质资本和劳动力要素的投入，同时也注意到分工能够提高劳动力生产效率，并对经济增长产生作用，但其忽略了包括劳动、物质资本、土地等全部生产要素总效率的提高；哈罗德-多马模型（Harrod-Domar model），从资本和劳动两种投入要素视角解释了经济增长的源泉（Harrod，1939；Domar，1946），但假定模型中没有技术进步，也就是要素生产率在模型中是不变的，要素生产率的增长率为零，这影响了对经济增长源泉的客观解释。其次，新古典经济学派通过利用生产函数测算投入要素在对经济增长的贡献时，提出除资本和劳动等投入要素外，还有促进经济增长的其他因素。索洛（Solow，1956）提出了引入外生技术进步的长期增长模型，1957 年又进一步详述了经济增长因素分析模型。从这个角度看，索洛模型认为外生技术进步对经济增长具有决定性作用，即全要素生产率对经济增长具有重要意义，但这一假设也削弱了索洛增长模型的实际解释力。最后，新经济增长理论提出生产要素不仅包括劳动力和物质资本，还将知识资本作为生产要素纳入模型分析中，并将技术进步内生化，技术进步是决定经济增长的关键性因素，其把知识存量增长率和人力资本增长率视为技术进步，在一定程度上也解释了技术进步是全要素生产率增长的直接源泉。但是新经济增长理论也存在将经济制度外生化、没有重视资源配置改善问题等缺陷。综上，对要素生产效率的研究是经济增长质量与影响因素研究的基础与前提，对经济增长的研究即是通过要素生产效率、技术进步与经济增长的关系。

经济增长从粗放型向集约型转变是经济增长质量提升的重要表征，其更多反映的是效率提升的问题（史清琪，1996）。效率的概念源于物理学，用来表征能量损耗程度，随后在其他学科领域中被广泛应用。管理学认为，在实际管理工作过程中，效率水平可以用以判别输入的成本是否得到最大化的有效利用，一般而言采用降低成本、扩大产出等途径方法提高效率（张文江，2014）。经济学认为效率是用以表征投入与产出（成本与收益）之间的比率关系的重要指标（陈文，1999）。经济增长效率通常指投入要素的利用效率，主要表现为投入不变条件下产出增加，或产出不变条件下投入减少（傅元海等，2016）。资源的稀缺性是促进经济活动提高效率的主要动力，因此，效率是实现资源有效配置的重要反映。经济效率高低与科技创新、技术进步密切相关，而经济效率的高低也直接影响经济增长质量的优劣程度。与此同时，全要素生产率可用来衡量一个地区经济增长质量、技术进步和管理效率，识别地区经济增长的方式与特征，其是指在某一时期或某一时点生产活动的效率，可用生产活动的总产量与全部要素投入量之间的比值加以表征（武义青和窦丽琛，2016）。测算和分解全要素生产率指数，能够用来确定经济增长过程中各类投入要素对经济增长的贡献水平，且全要素生产率的增长率可以反映经济产出增长率超出要素投入增长率的部分，通常可以有效地反映地区或产业科技进步的程度。全要素生产率是中国未来经济增长的决定因素（胡鞍钢，2003），在经过"刘易斯转折点"并且"人口红利"面临消失的情况下，必然要把经济增长转到主要依靠技术进步和提高全要素生产率上来（蔡昉，2013），中共十九大报告首次提出"提高全要素生产率的紧迫要求"，这意味着生产率改善将成为维系经济持续增长的主动力（查建平，2019），提高全要素生产率是推动经济高质量发展的重要路径。

在旅游领域，关于效率及生产率刻画与评价的相关研究成果也较为丰富。在研究尺度上，既有研究聚焦在以下方面：第一，在宏观层面国家尺度上，研究关注旅游效率构成、演化及提升对策。陶卓民等（2010）、梁流涛和杨建涛（2012）分别测度了中国旅游业效率问题；方叶林等（2013）、杨春梅和赵宝福（2014）分别从旅游资源角度对中国旅游效率进行了实证分析；孙盼盼和夏杰长（2017）将旅游质量纳入旅游产业效率测度体系分析其空间格局演化。第二，在中观区域尺度上，既有研究分别从区域、省域与城市不同视角展开研究。例如，杨荣海和曾伟（2008）、于秋阳等（2009）、刘改芳和杨威（2013）、龚艳和郭峥嵘（2014）、胡亚光（2017）、王松茂等（2016）分别以云南省、山西省、江苏省、江西省、新疆维吾尔自治区和长三角地区为研究区域，进行了旅游效率测度，揭示旅游效率动态变化特征、地区差异以及形成原因，研究认为城市是区域旅游发展的重要载体和区域旅游效率提升的关键；马晓龙（2009）从经营绩效角度对我国城市旅游的发展阶段进行判定；梁明珠和易婷婷（2012）、王坤等（2013）、李瑞等（2014）、钟敬秋等（2016）分别选取广东省、长三角地区、环渤海地区以及东北三省的代表性城市为研究单元，对各区域内部各城市旅游效率进行测度评价，明确了不同城市旅游效率存在区域差异、空间分布及溢出效应。第三，在微观层面企业尺度上，研究关注旅游企业微观主体的效率提升问题。许陈生（2007）、谭伟和张建升（2010）、吉生保等（2011）、麻学锋和刘雨婧（2015）、任毅等（2017）等均以旅游上市公司为研究对象，测度并分析其技术效率、规模效率等；旭楠和特毅（Shiuh-Nan and Te-Yi，2003）、罗泽恩等（Rozenn et al.，2009）、英华等（Yinghua et al.，2012）、阿里等（Ali et al.，2013）、欧奇等（Oukil et al.，2016）、阿里亚德那等（Ariadna et al.，2017）分别以法国、中国、新加坡、阿曼及西班牙等国家和地区为研究对象，对其酒店行业的规模效率、管理效率、资源利用效率及影响因素等进行测度与评价。此外，沙滩（Medina and Gómez，2012）、文化遗产（Herrero-Prieto，2017）等旅游目的地的效率测度问题也得到研究。

以上文献表明，数据包络分析（data envelopment analysis，DEA）方法在旅游产业效率、旅游企业技术效率、旅游上市公司运营效率等领域已得到普遍应用和实证检验，能够较好地分析旅游产业要素的利用状况。但既有研究已认识到DEA方法不能清晰地反映旅游产业效率在时间维度上的变动趋势以及其引起变动的主要因素，旅游产出是投入增加和全要素生产率增加共同作用的结果，Malmquist生产指数方法在深入分析旅游产业全要素利用效率变化问题上得到广泛应用（刘佳等，2015）。李和韩（Lee and Han，2002）对中国国家公园的全要素生产率进行了评价分析，马丁内斯等（Martínez et al.，2006）将旅游全要素生产率的增长归因于技术进步、资源配置的效率、入住率的变化、技术效率和规模效率，其中酒店入住率是全要素生产率提升最重要的因素。近年来，在旅游全要素生产率相关研究中，国内相关研究成果不断涌现，但受数据可获得性等因素的限制，研究侧重于宏观尺度的探讨。例如，朱承亮等（2009）基于随机前沿模型探究了中国旅游业全要素生产率；刘建国和刘宇（2015）基于对2006～2013年期间杭州市旅游全要素生产率进行测算，探讨分析了城市旅游发展效率及其空间分布格局。此外，研究者也综合运用DEA-Malmquist指数进行系统分析。例如，赵磊（2013）对2001～2009年中国各省份旅游全要素生产率进行测度和收敛性分析；刘佳等（2015）分析了1999～2012年中国沿海地区旅游产业全要素生产率演化与影响因素；查建平等（2018）对2000～2015年中国旅行社、星级酒店与旅游景区三种类型企业的全要素生产率进行比较。既有研究表明提高生产率是转变旅游经济增长方式与提高旅游经济增长质量的关键路径。

中国是旅游资源大国，旅游经济保持强劲的增长态势，旅游业在国民经济中的战略性支柱产业地位稳定提升。但是，在旅游产业发展过程中往往存在产业要素配置不合理，过分重视旅游景区数量增加及相关固定资产投资扩大等规模性扩张，旅游资源粗放型开发、旅游能源消耗较高等问题也较为突出，同时随着资源短缺等现象愈演愈烈，资源“诅咒”现象日益恶化，转型升级成为我国旅游业发展亟待解决的问题。根据 2014 年《国务院关于促进旅游业改革发展的若干意见》要求，旅游业发展应“以转型升级、提质增效为主线”。2017 年、2018 年全国旅游工作会议进一步强调“旅游主动与其他产业融合，促进产业结构调整、转型升级”“推动旅游业发展方式转变、产品结构优化、增长动力转换”。毫无疑问，大力提升旅游产业效率是推动集约发展和促进旅游产业转型升级的重要途径，生产率提升成为旅游产业转型升级的核心问题。转变旅游经济增长的传统理念，摒弃原有的、粗放型的发展方式和模式，实现旅游产业由注重规模扩张向扩大规模和提升效益并重转变，要求在旅游产业生产经营过程中注重效率提升带动产业发展而非依赖资源过度投入。当前，全球分工体系正在发生深刻变化，世界各国的旅游需求和供给更为匹配，旅游业各板块间及板块内的分工与合作更为密切，以中国为代表的金砖国家的旅游业发展进一步推动了新兴国家旅游业的转型与升级，促进旅游业各要素的区域流动与重新配置（金准和廖斌，2016）。根据新经济增长理论和内生增长理论，效率改善和技术进步是推动经济增长的关键因素，也是影响产业竞争力的重要因素，旅游业发展也势必要通过提高旅游产业效率来增强其社会经济综合功能（赵磊，2013）。从生产率构成来看，技术进步能够在理论上阐释旅游经济发展的内在机制，旅游经济不能仅仅依靠旅游产业要素积累实现规模式扩张，这种增长模式是粗放式的，有可能导致持续性衰退的问题，只有依靠技术进步和技术效率驱动的旅游经济增长才是可持续性的，才是有质量的增长。技术进步能够促进一个国家和地区旅游产业结构优化升级、旅游经济增长方式转变，提高旅游产业效率水平（张海燕和王忠云，2010；粟娟，2011）。旅游产出是通过追加要素投入和效率提升共同作用的结果，全要素生产率的提升是旅游经济增长的根本动力与源泉，能够有效反映技术、管理、知识等高端生产要素的增长态势及对旅游经济发展的贡献（刘佳等，2018），从而有效提升旅游经济增长质量。

二、旅游产业结构、要素重置与旅游经济增长质量

现代经济增长是一个经济结构不断调整的过程，经济增长能够带来各种社会结构的变化，如地域结构、生产结构和收入分配结构等发生变化。经济增长动力问题更应建立在一国特定经济环境和经济结构的基础上（Stiglitz，2004）。结构主义理论在对经济增长的研究中引入了产业结构因素，认为长期经济增长与产业结构变迁密切相关，劳动、资本等要素的重

新配置是由产业结构变迁引起的，能够实现效率提升，促进经济增长、质量提升（赵春雨，2012）。经济增长过程中往往伴随着产业结构的变迁，经济增长是产业结构不断优化的结果，不合理的产业结构无法保证经济稳定增长和可持续发展的目标，而产业结构的不断调整和优化既能够保证经济增长的“量”的需要，也可推动经济增长的“质”的提高。因此，产业结构变迁、要素重置问题是经济增长质量研究的重要维度。

产业结构变迁对经济增长的作用和影响是非常复杂的。在经济思想史上，很多经济学家提出一系列产业结构变迁与演进的相关理论。“配第－克拉克定理”首先提出经济增长劳动力从第一产业向第二、第三产业流动的规律（Clark，1951）。钱纳里和克拉克（Chenery and Clark，1959）提出产业结构变迁引起的要素重置效应在各个发展阶段大致经历了一个由最初加速而后放慢的过程，即在工业化加速阶段达到最高水平，然后开始逐步减弱直至消失。赛尔奎因和钱纳里（Syrquin and Chenery，1989）则强调要素重置对经济增长的贡献，结构变化可以解释经济增长速度与质量，是经济发展过程的重要特征。库兹涅茨（Kuznets，1998）认为经济结构的转变是促进发达经济增长的又一重要源泉，他着重强调了产业结构变化对经济增长的影响和贡献效应。佩雷德（Peneder，2003）提出基于要素流动而形成的产业结构变迁对生产率增长具有积极贡献的“结构红利假说”，即由于不同生产部门间生产率和增长率不同，投入要素从低生产率水平或者部门流向高生产率水平或部门时所产生的“结构红利”保证了经济的高速增长。

产业结构反映的是一个国家和地区不同产业之间、产业内部不同部门之间的比例关系和变化趋势，表征了不同产业、产业内部不同行业之间的结构关系（宋涛，2002）。在要素禀赋结构决定的技术条件下，通过专业化和社会分工就会形成相应的产业结构（刘伟，2002）。产业结构从“量”的角度静态地研究和分析一定时期内产业间联系，即产业间投入与产出的比例关系，直接涉及产业结构协调化问题，从“质”的角度动态地揭示国民经济发展过程中起主导作用和支柱作用的产业部门不断更替，直接涉及产业结构高度化的问题（王磊和徐涛，2008）。产业结构调整或者优化升级使得要素在不同产业部门之间流动和重新配置，进而推动经济全要素生产率的提高，促进经济的增长。生产力要素涵盖多个方面，包括劳动者、劳动资料和劳动对象，其中起主导作用的因素是劳动者，生产工具部分属于劳动资料，其是生产力发展水平和性质的主要标志。所以要素重置对产业结构变动有很大的影响，特别是劳动力从第一产业向第二、第三产业转变的过程中，带动产业结构的变动，较大地推动经济增长（Dowrick and Gemmell，1991）。科学技术作为劳动资料的重要生产工具，在生产过程中得以广泛应用，渗入劳动力、劳动资料以及劳动对象之中，从而引起这些要素发展质的变化，产生巨大的物质能量，进而转化为直接的、高效的生产力。所以，在产业结构变动中，要素重置推动经济增长，对经济发展做出重要贡献（顾乃华，2006；张翼和何有良，2010）。同样，在旅游业发展过程中，旅游产业结构的调整或者优化升级也离不开要素重新配置，其中旅游技术进步和科技创新、旅游人力资本素质的提升等都会对旅游产业结构产生影响，进而推动地区旅游经济的增长。

旅游产业结构是实现区域旅游产业要素合理有效配置的重要载体，其在一定程度上影响着区域旅游经济的发展方向、发展速度和发展水平（刘佳等，2015）。关于旅游产业构成与结构划分问题，克里斯等（Chris et al.，1993）认为旅游业主要由饭店住宿、旅游娱乐、旅游购物、餐饮及其他服务组成。乔斯林和杜安（Jocelyn and Duane，1994）基于旅游消费的角度将旅游业分为交通业、住宿业、食品与饮料业、其他旅游商品业四个产业。迪米特里等（Dimitri et al.，1998）则认为旅游业是包括住宿业、商品服务业、房地产、交通及货栈业等多产业在内的综合产业。哈罗德（2003）在其著作《旅游经济学》一书中将旅游产业结构分为垄断、寡头垄断和垄断竞争三种类型。雷沛（Leiper，2008）认为旅游业不是单一的产业，而是多个产业的集合，包括“食、住、行、游、购、娱”多个部门。弗雷希特林（Frechtling，2010）将旅游产业划分为长途交通、游览、住宿、餐饮、娱乐、购物、邮电通信、市内交通、其他九个部分。由于旅游产业的综合性以及受所在区域旅游产业不同发展阶段的影响，研究者对旅游产业结构问题有着不同见解，但在国际上对旅游产业构成逐渐达成共识，也就是狭义视角上旅游产业构成包括餐饮、住宿、交通、游览、购物和娱乐等行业部门，旅游产业结构表征的是旅游产业内部各个行业部门之间的经济技术联系与比例关系问题（王兆峰，2009）。当然，旅游产业结构并不是静止概念，动态上，旅游产业结构反映了旅游产业各要素投入与产出的过程。在旅游产业的不同发展阶段，旅游产业结构所处的状态不尽相同，技术进步、政策支持、发展模式等不同因素引起旅游产业结构的变动，而结构的长期变动也呈现一定的规律性。

旅游产业结构是实现旅游经济持续增长的关键要素。在区域旅游经济运行和实现增长的过程中，各行业部门在旅游经济发展中所占的比例不断调整，旅游产业结构趋于合理化，技术进步要求推动了资源与产业要素在旅游产业各个行业部门之间的积极流动和有效配置，达到结构最优、效益最大、竞争力最强，产生和形成“结构红利”效应，从而实现旅游产业结构优化和转型升级，进而推动地区旅游经济的持续增长。那么，如何实现旅游产业结构优化升级是旅游经济增长过程中的关键问题。事实上，旅游产业结构优化升级是一个复杂的动态的系统过程，其综合了旅游产业结构合理化和高度化的重要环节。因此，旅游产业结构的合理化和高度化是实现旅游经济增长质量提升的客观要求。一方面，合理化推动促进旅游产业各行业部门协调发展，实现了旅游产业结构的静态优化。这是因为资本、劳动力、技术等要素的不断投入和有效配置实现了旅游经济长期持续的增长，而旅游产业结构很大程度上决定了资源配置的效果，当旅游产业结构比较合理，各类要素在旅游产业内部各个行业部门之间形成横向协调，具有较为客观的比例关系和构成关系，并与旅游市场需求变化和技术发展水平相适应，各类资源要素就会实现合理有效的配置，一定的旅游投入增加会带来相应的旅游产出增加。另一方面，受旅游经济发展目标变化、市场需求转变和技术创新等因素的影响，旅游产业结构也会发生变迁，实现动态优化。在旅游产业结构合理化基础上，充分利用科技进步和社会分工的优势，追求实现资源与产品深度开发，提升产出高附加值，需要不断提高旅游产业的技术构成、生产要素的综合利用率，推动旅游产业结构纵向深入发展，带动了旅游产业结构高度化的演进过程（刘佳，2018）。综上，促进旅游产业部门之间资源要素的有效配置，从而实现旅游产业结构在横向上的协调发展、纵向上的深度发展，进一步提升旅游产业结构的合理化与高度化水平，促进高附加值开发和高效率发展，从而实现旅游产业结构优化升级，是推动旅游经济增长质量提升的重要方面。当然，不容忽视的是，不同地区旅游产业结构会存在显著的差异，这种差异会造成不同地区旅游经济增长速度、产业效率的差异，旅游经济增长质量的状况与态势也表现为突出的区域差异性特征。

三、旅游资源环境、承载潜力与旅游经济增长质量

资源环境约束是经济发展中不可回避的难题。其中环境污染和生态破坏成为地区、国家乃至全球共同面对的重要话题。卡马耶夫（В. Д. Камаев，1983）认为在发展经济的进程中，不仅需要追求经济数量指标上

的增长，还需要充分考虑经济增长的质量问题及其所付出的代价。资源要素是否得到有效利用和环境要素是否得到有效保护会对经济增长质量的提高水平与速度产生直接影响，因此，从经济增长的成本角度对经济增长质量进行综合考察，主要包括资源利用的效率和生态环境的代价两个方面（钞小静和任保平，2012）。中国经过改革开放四十多年的发展，通过发挥资源、劳动力、制度和市场比较优势，成为重要的世界旅游目的地大国，旅游经济获得了快速的发展，却在一定程度上造成了环境的压力。尤其是当前我国旅游消费潜力不断释放，在黄金周和节假日期间，各地居民出游热情高涨，出游人数、旅游收入不断增长，国内旅游市场需求旺盛。加之，当前我国正在从景点旅游向全域旅游发展模式转变，城市旅游、乡村旅游市场火爆。然而，与居民广泛、持续的出游需求相比，旅游资源破坏与环境污染等问题日益突出，旅游产业发展中兼顾质和量的问题显得尤为重要。因此，促进旅游经济可持续增长必然要求考虑资源环境约束与旅游环境承载潜力问题。

从经济学角度分析，经济增长对资源具有依赖性，经济增长速度、经济结构等因素决定了资源开发的规模、利用效率（郭军华，2010）。同样，旅游资源的开发、利用程度与趋势要以旅游经济增长为前提，旅游经济增长与旅游环境承载力之间存在较强的交互响应作用，即二者之间存在着双向的作用关系。旅游业是生态性和经济性高度融合的产业（陈玲玲等，2011），但旅游业赖以生存的自然与人文环境是一个不断变化与演替的动态复合系统，当外界的“刺激”超出了旅游环境系统维持其动态平衡与抗干扰的能力时，旅游环境就逐渐呈现逆向变化的趋势（张广海和刘佳，2008）。旅游环境承载力既能反映旅游环境的自我组织协调能力，还能揭示旅游产业与生态环境的耦合机理，成为衡量旅游可持续发展的重要指标。旅游环境承载力理论研究与实践探讨已得到学术界的长期关注，瓦尔和赖特（Wall and Wright，1977）将旅游环境承载力定义为旅游目的地在尚未受到损害时所能承受的最大旅游活动量。20 世纪 80 年代之后，游客、当地居民等因素被纳入承载力的概念体系中。世界旅游组织（UNWTO，1992）把旅游环境承载力界定为游客在旅游目的地达到最高满意度，同时对环境的影响降到最少。嘉瑞格等（Garrigós et al.，2004）将游客的满意度指标也纳入旅游环境承载力的综合测度与衡量体系中，认为旅游环境承载力是指在保证自然生态环境没有发生让居民难以接受的变化以及游客旅游体验质量尚未出现不可接受的损害与下降的双重前提下，一定时期内特定景区所能容纳的游客人数最大值；普拉托（Prato，2009）提出旅游资源环境承载力是在保证自然环境、经济环境以及社会文化环境等诸多要素没有遭到损坏，游客旅游体验满意度没有出现不可接受的下降时，特定时期的某一旅游目的地空间范围内所能容纳承载的最大游览人数。卡斯特拉尼和萨拉等（Castellani and Sala et al.，2012）强调旅游环境承载力的动态性，即旅游环境承载力会随着环境发生改变。马利克和巴特（Malik and Bhat，2015）则认为不仅要从自然、经济、社会多方面理解，还要考虑自然、经济、社会环境之间的相互作用以及管理政策等对旅游环境承载力的影响。有效确定旅游环境的承载阈值，合理调控旅游环境的承载能力，包括可接受改变的极限理论（limits of acceptable change，LAC）、游客体验与资源保护理论（visitor experience & resource protection，VERP）等在内的承载力理论已成为旅游开发与规划过程中的有效管理工具。

旅游环境承载力的高低与区域旅游资源及生态环境状况密切相关，旅游环境承载力的大小、资源环境状况与旅游经济增长质量有着密不可分的关系。旅游资源禀赋和旅游生态环境共同构成了旅游资源环境，旅游资源环境是旅游产业发展的基础与条件，良好的旅游资源环境能够保障旅游环境承载阈值，有利于促进旅游经济增长质量的提升。首先，旅游资源是旅游活动实现的载体，以各类旅游资源为依托发展旅游业是区域旅游经济发展的重要领域。对区域旅游资源进行合理的开发和利用需要对旅游资源禀赋状况进行综合评价和全面衡量，除了考虑旅游资源开发的经济效益之外，旅游资源质量也是评价的重要方面。旅游资源质量是指旅游景观的美学特性、知名度以及可开发利用的条件（方有为，2007），是旅游资源的自然属性、社会属性及文化属性的综合体现（龚辉文，1998）。旅游资源质量等级较高就意味着该区域旅游资源拥有较高的社会知名度与品位度，旅游资源的开发利用条件较好，旅游经济的发展程度自然就提升。其次，旅游生态环境是进行旅游开发直接作用的对象，旅游地及其周围生态环境的优劣直接影响着旅游经济发展的可持续性。旅游生态环境本身就是旅游资源的重要组成部分，高质量的旅游生态环境会增强旅游地资源的吸引力和市场竞争力，提高旅游资源的经济价值，从而进一步促进区域旅游经济的增长（刘佳等，2017）。与此同时，经济效益与社会效益的不断提高又会为改善自然生态环境及增加旅游环境质量不断累积资金和社会支持，加大生态环境的建设与保护力度，有助于实现旅游经济增长与生态环境保护的协调发展。因此，旅游资源和旅游生态环境是旅游资源环境的两大组成部分，旅游资源质量和旅游生态环境质量是作用于旅游经济增长质量的两个重要因素。

旅游资源合理开发、旅游生态环境优良以及旅游环境承载力提升，与旅游产业结构优化、旅游经济增长之间存在相互作用的关系，它们是旅游经济发展与环境系统演进长期相互作用的结果，是一定地理范围内旅游产业环境建设与旅游产业结构调整、旅游经济增长过程中的双向互动，既包括旅游产业结构调整、旅游经济增长对旅游环境承载力的胁迫效应，也包括旅游环境承载力对二者的反馈作用。旅游环境承载力反映了旅游目的地人口对自然资源的利用状况和生态环境的容纳能力，是发展旅游业的基础和条件，旅游资源合理开发和有效利用，旅游生态环境优良，旅游目的地对游客的吸引力越强，旅游环境承载潜力和承载空间越大，表明旅游目的地在不影响旅游质量下降的情况下同一时间所能容纳的旅游者相对较多，有助于促进旅游经济的快速增长。同时实现有效的环境规制，加快生态文明制度建设，通过技术、需求等传导机制可以促进旅游产业结构的升级，使得资源配置向高技术和高附加值旅游产品倾斜，达到旅游环境保护与旅游经济增长的双赢。此外，旅游产业结构合理化和高度化能够使得旅游目的地在“食、住、行、游、购、娱”各个方面基础设施更加完善，通过优化交通、供水、供电、通信等基础设施和游客中心、购物点、休憩点、餐饮点、住宿点、交通集散点等旅游服务设施，有助于提高旅游相关基础设施的利用效率；通过旅游与体育、航空、养老、农业等产业的融合发展，拓展旅游产业发展空间、发展模式，尤其是我国全域旅游发展战略的实施，能够有效拓展传统旅游景区的游客承载空间，有助于进一步促进区域旅游环境承载力的提升，推动旅游经济的质量型增长。

四、“效率 - 结构 - 环境”系统耦合协调与旅游经济增长质量

旅游经济增长质量是旅游产业效率提升、结构优化和承载能力提高的有机统一。其中，旅游产业效率是旅游经济可持续增长的根本保障，旅游产业结构优化，可以改变旅游经济增长的动力机制，旅游环境承载力的提升改善旅游资源与生态环境，进而提高旅游经济增长质量。这三大要素不仅是影响旅游经济质量的重要因素，彼此之间也存在复杂的作用关系，因此，有必要从理论上阐述三者之间的耦合协调关系。

（一）旅游产业效率与旅游产业结构的作用关系

现代经济增长过程表明，产业结构变迁与经济效率演进密不可分。改

革开放以来，我国的产业结构不断演进，在经济发展阶段上表现为基本完成了从传统农业大国到工业大国，并且开始向服务业大国的转变（李汝资等，2017）。资本、劳动、技术等生产要素在特定的产业结构作用下组织生产，在其投入既定的情况下，产业结构决定经济产出且对经济增长效率产生重要影响（吴旺延和魏明亮，2013），但随着要素成本的上升，过度依赖要素投入来实现经济增长，从长期看是不可持续的，未来经济增长的可持续性更多地取决于全要素生产率的提高以及产业结构的转型升级。产业结构与全要素生产率相互影响、相互促进。一方面，产业结构调整对全要素生产率增长具有促进作用，能够带动整体生产率的提高（Liang，2009；张学威，2010；刘赢时等，2018），并且产业结构变动的当前期和滞后期对全要素生产率增长的作用都较为显著，但是从结构升级到效率提升存在一定时间差（余泳泽等，2016）；另一方面，全要素生产率增长对产业结构调整产生推动作用，生产率增长的差异是产业结构变迁的一个重要动力（Hansen and Prescott，2002；胥爱欢，2012；曾国平等，2015），全要素生产率提升不仅是化解产业结构调整对经济增长负向影响的主要途径，也是未来我国经济增长的主要动力（于斌斌，2015）。

旅游产业效率是衡量旅游资源合理利用、旅游经济发展水平的重要依据，而旅游全要素生产率可以有效地反映旅游产业效率（申鹏鹏等，2018）。旅游产业结构与旅游产业效率具有双向互动关系。首先，旅游产业结构对旅游产业效率具有显著正向影响，旅游收入占 GDP 比重越大，即旅游产业地位越高，对旅游产业效率的提升越能起到促进作用（龚艳等，2016），旅游业具有高关联度，能与其他产业融合实现资源共享、互促发展，其他产业也能为旅游业发展带来新的机遇，同样能够提高产业效率。其次，旅游产业效率提升能够加快旅游产业结构优化升级进程，旅游产业发展的综合效率、规模收益、纯规模效率、纯技术效率等可以用于揭示旅游产业结构水平，并可以从这些方面来提升产业效率，从而优化旅游产业结构（陈淑兰等，2011）。此外，旅游产业集聚对促进旅游业技术效率、旅游业规模效率的提升有着重要的积极影响，能够进一步推动旅游产业结构优化升级，有利于旅游产业健康有序快速发展（李姝姝等，2017）。

（二）旅游产业效率与旅游环境承载之间的作用关系

产业效率探讨了有限资源下的最优配置问题，以期达到效率最大化（覃伟芳和廖瑞斌，2015）。旅游产业效率表征一个地区在运用一定成本之后所能获得的经济效益，反映了旅游经济活动的投入和产出之间的内在联系与比率关系（刘佳等，2015）。然而，当前我国旅游发展模式粗放、区域旅游发展非均衡等问题凸显，部分地区旅游产业效率低下，不仅导致旅游资源与环境承载压力加大，也使得人们对旅游业与环境关系的认识发生转变。旅游业是融合性的新经济产业，其系统内部或与相关系统之间存在着一定的动态耦合关系，一般而言，旅游业发展效率越低，其对相关环境系统的影响越大，当旅游业发展造成的“干扰”超出了旅游环境系统的自我恢复能力，旅游环境系统将呈现逆向发展趋势（翁钢民等，2015）。另外，旅游环境承载力是旅游环境系统支持旅游活动的能力阈值，即在旅游地的发展应以该地区的环境现存状态不发生显著恶性变化为前提，在一定时期内该地区所能承受的旅游活动强度与最大旅游者人数（董成森，2009）。旅游产业效率决定了其对外部环境的影响程度，而旅游环境承载力水平的限制则对旅游产业效率的提高提出了更多的要求。

产业效率提升对旅游环境具有较强的影响和作用。产业效率提升是促进产业转型升级的重要途径，转型升级就是要转变旅游业的发展方式、模式和形态，通过转型升级，促进旅游产业要素集约利用，能够减小旅游产业发展对环境的副作用，从而提高环境利用率，进而实现旅游经济与生态环境的协调发展。产业效率提升也有助于降低旅游能源消耗和污染排放。旅游娱乐、旅游吸引物是最主要的能源消耗部门（Becken，2002），游客停留时间是影响能源消耗总量的主要因子（Becken et al.，2003），交通也是构成旅游能耗与碳足迹的重要因素（吴普，2014）。因此，为了提升旅游产业效率，旅游产业应积极改变原有的能源消耗模式。例如，在住宿部门，通过增加单位住宿人数，提高能源利用效率，通过增加清洁能源使用率以减缓对环境的负面效应（Bhatt and Sachan，2004）；在交通部门，推行旅游业节能减排战略，鼓励旅游者采用能源利用效率更高的交通模式，则是降低旅游交通的能耗强度的重要渠道（姚治国和陈田，2016）。另外，旅游环境主要对旅游经济增长稳定性及旅游经济增长效率产生影响。首先，环境治理对旅游经济增长稳定性具有正向影响。过低的环境治理投入比例，将会破坏环境均衡增长的稳态，从而引起环境中污染物存量的不断积累，当污染物存量超过环境承载力阈值时，将会诱发环境危机，进而导致直接或间接的经济损失（李金铠，2009）。我国正处于环境治理的初级阶段，必须继续加大环境治理投入，提升环境规制强度，进而实现环境治理与经济增长的“双赢”（王洪庆，2016）。其次，环境建设行为对旅游经济增长效率具有正向促进作用。中国地方政府的自然生态环境建设和基础设施建设行为均通过对旅游产业效率和技术进步的积极作用而推动旅游产业全要素生产率的提升（孙盼盼和夏杰长，2016）。同时，外部环境作为旅游投入要素之一，其改善本身是旅游效率提升的重要源泉。2005～2009年我国旅游产业效率的提升主要是依赖外生环境的改善（王慧英，2014）。2009年以后，环境对城市旅游业发展效率依然影响较大（黄莉芳和杨向阳，2015）。

旅游产业效率与旅游环境之间存在着较为显著的耦合关系。旅游产业效率的提升不仅能够显著提高环境利用率，实现旅游业可持续的发展，还会引起环境污染排放降低，产业发展带来的环境副作用较少等，进而使产业经济进入良性循环。而旅游环境质量是旅游产业优质发展的前提，良好的旅游环境有助于旅游产业技术效率的提升，进而促进旅游产业效率的整体增长。同时，旅游环境质量作为旅游产业系统的一部分，其改善也是提升旅游效率的路径之一。因此，旅游产业效率和旅游环境质量间存在着密切的耦合关联与作用关系，二者相互影响、彼此制约。当二者协调互动时，将增强旅游产业可持续发展的能力，反之，会使旅游产业陷入环境污染、效率低下的困境。只当二者处于良好的协调状态时，旅游产业才能够健康持续发展，因此研究旅游产业效率与旅游环境质量间的耦合协调关系，对于透析我国旅游业发展现状、明确未来发展路径均具有重要意义。

（三）旅游产业结构与旅游环境承载力之间的作用关系

产业结构指农业、工业和服务业在一国经济结构中所占的比重（吴长顺，2001）。环境问题是关系全人类生存和福祉的重大问题。当前，我国国民经济在逐渐增长的同时，伴随着环境问题加剧，产业结构趋同、产能过剩、恶性竞争、资源浪费等一系列问题未得到有效解决（原毅军和谢荣辉，2014）。而环境方面也存在着包括生物多样性的破坏、环境污染、废物增加、自然资源枯竭等不同问题（Stefănica and Butnaru，2015）。产业结构是经济活动与环境之间的一个重要桥梁，人类的经济活动是通过产业结构作用于环境的（刘画洁，2012）。一方面，产业结构对环境的影响可以归结为利用效应和破坏效应（刘承俊，2017）。利用效应体现为在产业结构的转型及调整升级过程中，对所需资源环境的依赖性；破坏效应体现为产业结构中重污染行业的比例过高及处理污染的能力较低所造成的环境恶化问题。另一方面，环境问题对产业结构的影响主要体现为约束和规制作用（郑加梅，2018）。其直接作用体现为，环境规制强度的提高，可形成绿色进入壁垒，推动产业结构向绿色发展方向转变。其间接效应为促进绿色消费需求，推动清洁型产业发展，进而推动产业结构向高级化转变。此外，从环境容量的角度而言（万年青和马忠玉，2010），环境承载力与产业结构之间可能存在着一定的耦合关系，环境承载力制约着区域的产业结构调整进度，产业结构不合理、经济增长模式粗放和区域经济发展质量不高可能造成环境质量下降、生态系统遭到破坏（邢秀凤，2015）。

旅游产业结构与旅游环境之间存在着一定的促进与制约关系，旅游产业结构调整对旅游资源与环境有一定的促进和改善，从而可为游客提供优质旅游环境。而旅游环境的约束和规制对区域间旅游产业结构的调整和转型可以起到制衡作用，促使其朝着绿色、可持续方向发展。随着大众旅游市场的发展，旅游产业与资源、生态、社会等环境问题之间的矛盾开始凸显。环境条件对旅游产业发展的影响更为突出，旅游产业的扩张和优化受到诸如资源环境、基础设施、生态系统、社会环境等外部环境以及政府、企业、旅游者等构成的内部环境的制约（Gössling，2002；孙盼盼和夏杰长，2016）。同样的，旅游产业的发展对旅游环境质量也有直接影响，如旅游交通、旅游酒店等若管理不当也会产生废气污染、废水排放等破坏自然景观（张海峰等，2008），导致地区环境质量下降。旅游环境作为生态环境中的重要组成，同时保持与旅游产业结构高度相关关系，旅游产业结构因其污染较小而成为协调区域生态环境的关键链接，发展生态旅游、科教旅游等可对自然环境起到保护利用的作用（周成等，2016）。此外，旅游环境承载力是衡量一个地区旅游可持续发展水平的指标之一，旅游产业结构和旅游环境承载力之间也存在着一定的耦合关系，旅游产业结构是区域旅游资源环境有效配置、旅游生态环境改善的重要载体，衡量区域旅游产业结构水平和旅游环境承载力，需要认清旅游产业结构调整潜力和旅游环境承载空间（刘佳和周长晓，2015）。

在旅游经济增长质量的复合系统中（见图 2 - 1），旅游资源与环境要素是旅游经济增长可持续发展的物质基础，旅游产业结构的优化升级是未来旅游业持续发展的动力源泉，而推动旅游产业效率的提升则是保护环境、优化结构、可持续发展的根本保障。同时，效率、结构和环境三个子系统之间密切关联、相互促进、彼此制约。

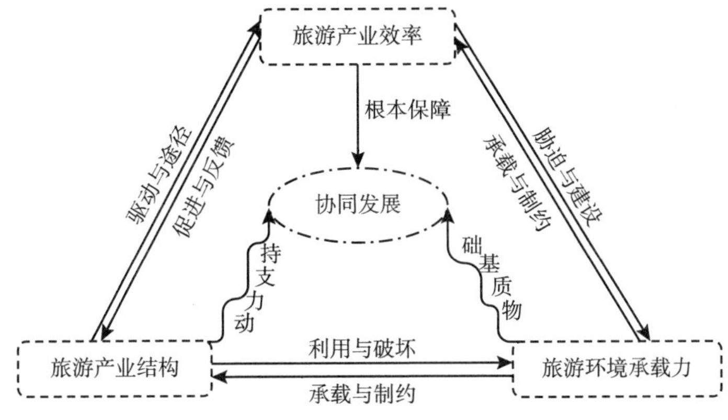

图2-1　“效率-结构-环境”系统耦合协调发展机理

（1）旅游产业效率的提升是旅游产业结构调整的重要推动因素和有效反馈环节。产业效率增长的差异是产业结构变迁的重要动力，全要素生产率的提升不仅能缓解当前我国旅游业因产业结构调整带来的经济负向增长效应（Hansen and Prescott，2002；于斌斌，2015），也是衡量产业结构调整是否合理有效的重要标准。同时，在追求旅游产业效率增长过程中不可避免会引起了资源消耗、生态破坏与环境污染等一系列问题（马勇和刘军，2016），对旅游环境承载力的胁迫程度不断加深，但在市场经济的运行规律下，旅游企业为降低成本，会对环境资源进行优化和调节，提高环境资源利用率（肖平和明庆忠，2008）。此外，旅游经济增长也会使得相关环保设施的投资增加。

（2）旅游产业结构优化升级为效率提升提供了动力和途径。通过带动国际旅游市场及高弹性旅游消费比例的扩大，以及与其他产业的融合发展，为旅游业注入新的契机与活力，进而促进旅游产业效率的提升，且旅游产业结构的合理化与高级化会推动旅游产业集聚化程度同向变动（胡悦等，2018）。旅游产业结构的转型升级需依赖旅游资源环境，以旅游环境承载力为基准，同时可在一定程度上改善旅游活动对生态环境的胁迫程度。

（3）旅游资源、环境要素是旅游活动的基础条件，决定了旅游产业发展规模，对其产业结构调整产生约束和规制，促使旅游经济向绿色、可持续的方向发展。综上所述，旅游产业效率、旅游产业结构与旅游环境承载力提升是互嵌发展的过程，三者相互作用、相互渗透与相互制约，共同构成了旅游经济增长质量复合系统的耦合、协同与演进。

第三节 旅游经济增长质量的理论基础分析

一、区域经济增长理论

区域经济增长与经济发展有本质区别，区域经济增长是指在一定时期内包括产品和劳务在内的总产出的区域增长，广义的区域经济增长包括人口数量的控制、人均国民生产总值的提高以及产品的增加等，但经济增长只是强调数量的扩张。一般情况下，一个地区要想实现从落后经济向发达经济的转变，需要经历“增长为主—发展为主—增长为主—发展为主”的多次循环，区域经济增长与区域经济发展彼此互动，相互联系（谷国锋，2015），共同作用于整个区域的经济运行过程。

区域经济增长是多种影响因素相互作用的必然结果，基于不同视角可以将区域经济增长要素划分为不同类型：首先，基于要素性质、特征和作用的差异分为“一般性要素”和“区域性要素”，一般性要素是国家和区域共有的增长要素，如劳动投入量、技术进步等，反映区域经济增长的共性；区域性要素是区域独特的增长要素，如资源禀赋与配置、国家投资的区位偏好等，反映了区域经济增长的独特性（陈栋生，2005）。其次，基于各要素的区域来源可以将其分为内部要素和外部要素，内部要素包括供给要素、需求要素与区域空间结构，供给要素就是指生产要素，如劳动力、资本、技术等，是衡量一个区域经济增长潜力的基本指标；需求要素包括消费与投资，由于需求的变动具有乘数效应，因此会带动区域经济的倍数增长；区域空间结构影响着经济活动在空间上的效率分布，即良好的区域空间结构可以使经济效率在空间上达到最大，产生聚集经济。外部要素主要包括区域间生产要素流动和区域间贸易，生产要素流动主要包括劳动力迁移、资本流动、知识传播等，经济发达与居民高收入区域往往会吸引劳动力与资本等生产要素的主动流入。最后，基于要素与社会生产过程的相关程度将其分为“直接影响要素”和“间接影响要素”，直接影响要素指直接参与社会生产的要素，包括劳动力、资本、技术等，会对区域经济增长产生决定性作用。间接影响要素是指那些通过直接影响要素对社会生产产生间接作用的要素，包括区位条件、自然资源、人口、教育、产业结构、经济体制、经济政策等，间接要素一般是通过改善生产条件与劳动力素质等来影响区域经济增长。区域经济增长的影响要素是多样的，因此，研究影响旅游经济增长质量的主要因素时应重点关注生产要素、制度要素和结构要素。

根据区域经济增长的历史发展进程，区域经济增长理论经历了三大主要阶段：新古典经济均衡增长理论阶段、区域经济非均衡增长理论阶段和区域经济新增长理论阶段（安虎森，2015）。第一，新古典经济均衡增长理论。在新古典经济学的基本理论框架下，索洛（Solow，1956）对区域经济增长进行了研究，假设区域经济发展对外开放且生产要素自由流动，随着区域经济增长，一个国家内部不同区域经济增长间差距将会逐渐缩小，区域经济增长会在空间上趋同，呈收敛趋势。威廉姆森（Williamson，1956）经过实证研究发现经济发展过程中区域差异会经历先异后同的不同阶段，在经济发展早期，一个国家内部资源在不同区域间发生的流动会导致经济差距拉大，但随着经济进入快速发展阶段，区域间经济联系不断加强，资源的流动将会促使区域间经济差距有所缩小。该阶段的区域经济增长理论强调空间上的均衡性，即通过发挥市场宏观调节机制作用实现区域间经济增长的有效均衡。第二，区域经济增长非均衡理论。区域经济理论是在新古典经济学框架下，基于规模报酬不变和完全竞争的假设前提出发对区域经济问题进行研究，假设要素流动是瞬间的、无成本的、劳动力是不完全流动的，规模经济和完全竞争的矛盾则无法解决，此种背景下的新古典均衡增长理论得不到现实经济的实践检验。20 世纪 50 年代以后，发达国家与发展中国家经济差异日趋增大，国家为追求经济高速增长，把大量生产要素集中投入到经济发展较好的地区，从而导致发达地区与落后地区间的两极分化现象日益严重，即区域经济未能按照均衡增长理论向均衡态势发展，至此区域经济非均衡增长思想开始出现萌芽，该思想下的理论有效解决了经济问题，并为发展中国家和欠发达地区经济增长提供科学参考。主流理论包括米达尔（Myrdal，1957）的“循环积累因果理论”、赫希曼（Hirschman，1958）的核心－边缘理论、弗朗索瓦（Francois，1950）的增长极理论等。虽然这些理论强调的重点不尽相同，但都强调区域之间的经济增长存在不平衡性，市场在很大程度上扩大而非缩小了区域间存在的差异尺度，尤其体现在发展中国家的经济增长过程中，因此，政府的介入及其政策引导是必不可少的。第三，区域经济新增长理论。随着社会经济的加速发展和知识经济时代的到来，经济发展中更多的投资流向高新技术产品与服务，研究开发与教育培训投资占比增大且发挥着越来越重要的作用。为更好地解释现实经济现象，经济学家打破了技术进步是外生变量的假设，提出内生技术进步是经济持续增长的决定性因素，并把知识纳入生产函数中，因此新增长理论又称内生增长理论（李红锦，2007）。以杨小凯和张永生（2003）、卢卡斯（Lucas，2003）和巴罗（Barro，2010）等为代表的经济学家们分别从技术、人力资本、分工演化等角度，提出了新的经济增长模型，改变了经济增长理论研究的重点和方向。虽然新增长理论并未提出基本理论模型，但该理论对经济增长源泉的认识更加深入，并且指出了经济增长内在原因，打破了新古典区域经济增长理论的局限性（冯邦彦和李红锦，2006）。

随着市场经济的发展，区域经济增长的互动关系必然更加复杂，区域经济增长理论也随之不断创新，为解决现实区域经济问题提供了更多有益参考。一方面，当前我国旅游经济增长空间不均衡，区域差距较大。其中东部地区地理区位优越，旅游资源丰富，旅游经济发展迅速；中西部地区基础设施、资本投入等方面都存在许多欠缺，旅游经济增长缓慢，与东部地区差距较大，旅游经济效应明显低于东部地区（张岚，2011）。造成这种悬殊的原因是多元的，如包括地区经济发达程度、交通可达性、产业建设资金投入、基础设施完善程度、旅游专业院校数等。另一方面，中国属于发展中国家，符合区域经济增长理论主要用于解决不发达地区经济增长的条件，因此区域经济增长理论对研究旅游经济增长质量有很强的指导意义，有必要将区域经济增长理论灵活运用到旅游发展实践中，促进中国旅游经济的高质量与可持续发展。重点根据区域经济增长理论的要素思想和新增长理论初步确定影响中国旅游经济增长质量水平的主要因素，探讨如何引导政府干预去合理配置旅游产业生产要素、制度要素与结构要素，在促进旅游经济持续稳定发展的同时，避免不同地区旅游经济发展差异的进一步扩大，并结合区域经济新增长理论的知识模型，充分发挥知识要素在提高中国旅游经济增长质量过程中的重要作用。

二、旅游产业结构优化理论

产业结构优化理论是产业结构理论研究的核心内容，是实现区域经济稳定持续发展的基础理论。产业结构优化目标是促使国民经济效益最优化，通过合理与有效的调整产业结构，推动产业结构向效益提升、技术进步和协调融合方向转变。产业结构优化即为资源重新配置的过程（曹新，

1996)，宏观层面上产业结构优化反映了不同产业的组成及相互关联关系的变化（简新华和于波，2001），在微观层面上，则表现为要素在产业内部和产业之间的流动和扩散，最终使集约生产逐渐取代粗放生产（薛白，2009）。在当前旅游经济增长发展中，旅游产业结构直接反映的是某区域旅游经济的发展方向与发展水平，产业结构的合理与否、高度化程度是影响区域旅游经济增长与旅游产业效益的重要因素，旅游产业发展规模延伸不再只是追求高速度、高质量的产业效益，还包括在旅游产业结构内部实现创新（田纪鹏，2012；林琼利，2018）。旅游产业结构优化是权衡区域旅游经济增长质量的重要标准，指各个产业要素协调发展以保持合理的比例关系，从而促进旅游产业可持续发展、产业比重不断扩大以及满足不断增长的旅游需求的过程（麻学峰等，2010）。

旅游产业结构优化升级本身是个复杂系统，是在旅游产业发展过程中，将旅游资源与旅游产业要素、旅游相关的社会、信息、技术等各种影响旅游产业发展的资源，通过相互依存、相互制约，影响旅游产业资源配置效果的动态关联关系，从而形成的具有特定功能的聚合体。优化升级过程就是这些关系随着旅游经济的发展产生规律性地变动，表现为在各种关系协调化过程，通过有效协调，使各类旅游产业生产要素之间产生较强的相互转换能力和互补关系，充分有效地发挥旅游业的产业功能和经济优势，形成产业结构新格局，从而实现整个旅游产业的协调运行（刘佳，2018）。产业结构合理化和产业结构高度化是产业结构优化理论的两个基本点（贺丹，2012），它们作为衡量产业结构发展水平的两个方面受到主流经济学家的认同。合理化是指遵循再生产过程对比例性的要求，追求产业规模适度、增长速度均衡和产业联系协调的过程（黄继忠，2002）。高度化是在遵循产业结构演化规律的基础上，通过技术进步，使产业结构整体素质和效率从低层次向高层次不断演进的趋势和过程（杨建文等，2004），产业结构高度化是一国经济发展取得实质性进展的重要体现，包括在三产结构中由第一产业占优势逐渐向第二产业、第三产业占优势演进，在部门结构中由劳动密集型产业占优势逐渐向资本密集型、技术（知识）密集型产业占优势演进，在产品结构中由制造初级产品的产业占优势逐渐向制造中间产品、最终产品的产业占优势演进（周林等，1987）。合理化和高度化同样是旅游产业结构优化的基础，合理化演化与高度化转型共同构成了旅游产业动态优化的过程。合理化程度随着旅游产业结构变迁不断调整，影响地区旅游经济增长速度。当旅游产业结构不合理而盲目追求先进水平时，将导致旅游产业结构“空洞化”，可能引起旅游产业发展的倒退（麻学峰，2009），因此，旅游产业结构合理化要求产业内部各行业部门之间构成比例关系合理，实现层次结构有序，不同行业部门实现相互配合、相互协调与相互促进等静态协调，以及实现旅游发展规模与速度实现内外部的动态协调，包括旅游行业部门之间增长速度的内部协调，旅游产业发展与地区经济发展保持合理比例的外部协调（刘佳，2018）。旅游产业结构高度化是在合理化的基础上，充分利用科技进步和社会分工的优势，实现向旅游资源深度开发、旅游产出高附加值的转化，从而不断提高旅游产业的技术构成、旅游生产要素的综合利用率以及旅游经济效益（李云霞，2017）。当旅游产业结构高度化不能及时实现时，将导致其产业结构“时滞化”，阻碍旅游产业的进一步发展（杨公仆，2005）。因此，在旅游经济增长的研究中需重视产业结构的合理化与高度化程度，注重不同要素在部门之间的不断投入、有效配置和有序协调，同时通过旅游产业结构高度化水平的不断提高实现资源增值，从而实现旅游经济健康稳定发展、旅游产业效率的不断提升。

三、旅游可持续发展理论

1987 年世界环境与发展委员会（WECD）在东京召开的环境特别会议上发表的报告《我们共同的未来》中首次提出了“可持续发展”的概念，即在满足当代人基本需求的同时，并不损害下一代人满足其需求的基本能力。因此，对应经济的发展历程中，需要注意的是不仅需要追求经济增长的数量，更应当重视经济增长的质量，要求兼顾经济增长进程中的长远利益和眼前利益，局部利益与整体利益，具体内容包括发展的可持续性、高效性、高质性、协调性以及代内代际间的公平性，充分体现并满足了新常态背景下的经济发展要求，有助于转变经济发展方式，实现绿色发展，是保证国民经济又好又快发展的根本途径。

随着旅游业的快速发展，旅游经济增长与环境保护之间的矛盾日益突出，学界与业界日益重视审视旅游产业发展与生态环境保护和谐共生的重要性。1995 年，世界旅游组织在西班牙召开的“可持续发展会议”中正式并明确地提出了旅游可持续发展的概念内涵与基本理论，《旅游可持续发展宪章》与《旅游可持续发展行动计划》成为旅游可持续发展的纲领性文件。旅游可持续发展是指在保持文化原真性与完整性、维护旅游自然生态环境的同时，满足游客对经济发展、社会进步与审美享受的多重要求

(郑耀星和储德平，2004)。旅游可持续发展目标主要包括社会、经济和环境三方面，如促进区域旅游的公平发展、提高旅游目的地居民的生活水平、增强区域旅游目的地的旅游经济效益与收入、向外来旅游者提供高质量令人满意的旅游体验与经历、保护旅游目的地的生态环境。其中，实现对旅游环境承载力的有效约束是旅游可持续发展道路的关键，旅游环境承载力基于旅游环境系统之上（它是一个集旅游自然、经济和社会环境于一体的复杂性系统），不仅具有自然过程的性质特征，同时还具有社会人为过程的性质特征。旅游者在开展旅游活动的过程中会对旅游环境系统产生一定压力，主要的衡量指标即旅游环境承载力（戴学军等，2002)。旅游环境承载力不仅仅是指旅游目的地能够容纳的最大游客数量，同时还需要综合考虑到旅游目的地当地居民的心理承受能力等要素，主要由旅游经济承载力、旅游生态环境承载力、旅游资源环境承载力以及旅游社会环境承载力等子系统构成（吴净和李好好，2003)。因此，在充分掌握旅游环境系统自然运动规律的前提下，可以充分根据自身需求对旅游环境承载力的限制性因子进行有效的改善、管理与调控，以此来降低它对旅游活动的限制程度（黄震方等，2008)。

环境是人类发展的前提，是社会实现安定的条件（曹光杰，1999)。中共十八大以来推动生态文明建设的政策先后出台，“十三五”规划发展战略将生态文明建设明确纳入，环境保护问题已引起普遍关注。随着社会的进步、经济的发展，旅游者人数增长迅猛，开展旅游活动的时间尺度与地域范围的广泛性与不均衡性，使得旅游环境问题日益突出。目前我国已进入大众旅游时代，城镇化水平不断提高，居民生活水平大幅度提升，与此同时旅游消费需求逐渐加大，旅游市场规模庞大，因此呈现粗放式的旅游发展模式与区域旅游非均衡发展等问题，旅游产业要素在空间上的集聚与资源环境的承载压力明显加剧，旅游业在其快速发展带来经济效益的同时，因游客超载与不合理过度开发所导致的资源破坏与生态恶化等系列环境问题日趋严峻，“旅游业无污染”的传统观念受到挑战，社会有关旅游经济增长与旅游发展环境间关系的认识发生转变（罗高飞，1996；周振东，2001；苏艳蓉等，2008)。当外界施加的“刺激”超出了旅游环境维持其动态平衡与抗干扰能力，旅游环境便呈现出逆向变化，阻碍旅游业的可持续发展。

旅游经济增长是一个综合性动态的持续发展过程，其发展涉及经济、社会、生态环境等多方面因素，各因素共同引导并约束着旅游经济增长的未来发展方向、水平及速度。旅游环境是涵盖旅游产业要素与影响因子的综合性体系，持续增长的产业经济、完善的旅游服务、丰富的旅游资源与良好的生态环境吸引大量游客，以此增加以旅游业为代表的第三产业服务业发展，提供大量的就业机会，基础设施条件的不断完善不仅满足了游客的旅游需求，同时也提高了旅游经济增长总体水平。随着当今社会生产、生活等空间日趋拥挤，并出现许多资源浪费与破坏现象，使得经济增长对区域旅游产业环境产生负面影响时，环境不但无法为旅游经济增长提供持续供给，而且还会对区域经济发展、产业投资环境竞争力以及政策法规干预等多重因素对其产生负向结果，妨碍其良性均衡发展。旅游环境保护工作的不断完善有利于提升环境建设工作的水准与质量，优化居民生活环境，提高游客旅游满意度，促进人口全面发展与综合素质的有效提高。作为一种全新的发展思路与开展模式，可持续发展不同于以往仅仅追求单一方面的数量或速度增长而忽视环境的影响，可持续发展的思维模式更加强调系统的整体性与完整性，注重结构内部多个子系统的和谐共生与共同发展，在追求多元化发展目标的基础前提下，保持各子系统之间的公平性、有效性与持续性，实现在稳定中求发展。应用到旅游产业领域中，旅游可持续发展是旅游经济增长的直观反映与有效体现，为旅游经济增长方式的转型升级提供指导与帮助。

四、新经济地理理论

新经济地理理论（new economic geography theory，NEG 理论）于 1991 年首次由克鲁格曼（Krugman）提出，该理论补充并发展了传统区域经济理论和区域增长理论。由于区域经济理论建立的前提条件是无差异空间、无运输成本等，随着社会的发展，传统区域经济理论已不能完全适用于区域经济研究中。克鲁格曼在规模报酬递增和垄断竞争的假设前提下，将空间要素差异引起的运输成本纳入产业区位研究框架中（刘长全，2009），阐述了规模经济、垄断竞争和交通成本是如何作用到空间经济的演变与发展（宋英杰，2013）。中心－外围模型是新经济地理理论的核心理论。克鲁格曼（Krugman，2006）首次将该理论应用于国家经济集聚分析过程中，该模型认为制造业处于经济核心位置，外围区域为农业地区，区位因素主要取决于规模经济与交通成本的相互影响，该模型的建立基础主要涉及了本地市场效应、价格指数效应与市场拥挤效应，其中前两种效应是集聚力，第三种效应是分散力，当集聚力大于分散力时会形成产业集聚力，从而形成相应的区域空间集聚；当集聚力小于分散力时，会形成产业分散力，从而形成相应的区域空间分散。新经济地理理论不仅在研究视角上突破了传统区域经济理论，在研究内容上也实现了进一步的扩展。通过利用中心－外围模型，新经济地理理论将研究重点集中于经济活动的空间集聚和区域增长集聚的动力两个方面，分别解释了城市和区域的演化过程以及空间集聚、区域增长的主要动力。旅游产业涉及了旅游景区业、旅游住宿业、旅行社业、旅游交通业、旅游购物业以及旅游娱乐业六大主要产业及其他相关产业，综合性的特征要求旅游产业在地理空间分布上相对集中，进而为旅游区域经济集聚提供基础条件。随着近年来全域旅游发展战略的提出与实施，促进区域旅游经济的均衡增长与协调发展日益重要。具体阐释如下：

（1）经济活动的空间集聚。新经济地理理论中的经济报酬递增是指在经济上相互联系的生产活动，会因为地理空间上的接近而使得企业成本减少，或者说由于规模的扩大而给企业带来生产成本的减少。新经济地理学认为当一个区域的规模报酬递增时，便会吸引更多的人、财、物力，从而促进新经济地理学用报酬递增解释了空间上的集聚，克鲁格曼认为经济活动的空间集聚实质上是规模报酬递增的表现形式，是各类生产经营活动向某一特定区域不断靠近的结果。同时克鲁格曼利用报酬递增模型解释了城市成长和发展的动力机制，认为空间集聚是城市或区域形成的动力。旅游业也正是通过将人、财、物力不断地向主要旅游资源集中地聚集，最后形成了不同的旅游区域，同时又由于中国旅游资源的不均衡分布，使得旅游资源对于人、财、物力的吸引力大小不同，即任何旅游区域是以旅游资源为核心区域、以其他五大要素所形成的产业为外围区域而形成的中心－外围典型模型。中国旅游资源分布呈现出沿海地区较内陆地区丰富、东部地区较中西部地区丰富，因此，本研究分别按沿海与内陆，东、中、西三大地区，东、中、西与东北老工业区四大地区不同维度的划分，对每个区域的旅游经济增长质量差异性进行系统分析。

（2）区域增长集聚的动力。在解释了经济活动的空间集聚现象后，新经济地理理论进一步解释了区域的长期增长与空间集聚之间的关系。根据新经济地理理论的观点，资本的外部性、劳动力市场以及交通成本的高低在很大程度上决定了一个城市或区域的生产经营活动的集聚程度。当资本外部性和劳动力市场的可迁移性随着空间集聚增加时，将会出现更大规模的空间集聚；当区域间存在着不可流动性，那么区域内的中心点也会因为过于拥挤和劳动力过于集中而使得成本增加，从而促进区域集聚力减小。旅游业虽不同于一般行业，但是区域增长集聚的动力也进一步解释了不同区域间经济增长质量的差异性及其原因。旅游目的地的资源禀赋、基础设施与经济发展状况的差异是形成旅游发展实力与竞争力差异的主要因素，同时也是旅游核心区域形成的关键要素。本研究通过分析各个区域旅游经济增长的要素特征，以此构建旅游经济增长质量评价指标体系，并对各地区经济增长质量差异性的影响因素以及影响程度进行深入分析，明确各区域旅游经济增长质量形成和演化的主要动力。

当前各国家和区域之间的经济一体化程度日益加深，新经济地理理论为世界各国和地区的经济发展提供了理论基础和实践依据。首先，对于企业来说，新经济地理理论阐述了国家和地区可以建立区域经济一体化，通过一体化，实现供应商—企业—销售商的产业链，在区域内进行生产经营活动的整合与集聚，从而降低交通运输成本、实现规模经济。其次，从国家层面来说，新经济地理理论为国家和地区的政策制定指明了方向。旅游在某一国家或地区经济发展过程中扮演着越来越重要的作用，旅游经济增长质量的好坏会在很大程度上影响地区经济的增长质量，基于此，本研究以新经济地理理论为基础，分析不同空间尺度下区域旅游经济增长质量形成和演化的机理，并提出优化旅游地域结构、加强区域合作、加快发展旅游核心区域等政策建议。

第四节 本章小结

本章在阐释经济增长理论发展演化阶段特征、经济增长质量基本理论的基础上，客观、科学的界定了旅游经济增长质量的概念含义和理论内涵，并阐述了区域经济增长理论、产业结构优化理论、旅游可持续发展理论、新经济地理理论等基础理论，为本研究的系统探索奠定理论基础。旅游经济增长是一个复杂、综合、动态的系统过程，通过提高全要素生产率水平实现旅游经济总体效率的提升，生产要素从低生产率水平的部门向高生产率水平的部门流动，推动了旅游产业结构演变与优化，旅游环境承载力的有效提升是旅游经济长期可持续增长的重要保证。旅游经济增长质量的提高具体表现为技术进步与创新、效率提升与旅游经济集约型发展，要素重置、结构变迁与旅游产业转型升级，以及资源有效利用、生态环境约束与旅游环境承载潜力的提升。整合效率提高、结构优化和环境提升维度，构建一个系统的旅游经济增长质量的理论分析框架，揭示了旅游经济增长的内在本质与发展规律，明确了各子系统对旅游经济增长质量的作用影响，拓展了旅游经济增长理论研究视角。

第三章　中国旅游经济增长的基本状况与演进轨迹

习近平总书记在中共十九大报告中指出："中国社会主要矛盾已经转化为人民日益增长的美好生活需要和不平衡不充分的发展之间的矛盾"，人民群众对美好生活和品质旅游的追求，更需要中国旅游业由高速增长向高质量发展转变。此外，《国民旅游休闲纲要（2013—2020 年）》（2013 年）、《中华人民共和国旅游法》（2013 年）、《国务院关于促进旅游业改革发展的若干意见》（2014 年）等一系列政策法规，在全方位地促进旅游产业繁荣和发展的同时，也加快了中国旅游经济质量提升的进程。近年来，国家不断推进供给侧结构性改革、新型城镇化战略、全域旅游示范区、旅游小镇和中国美丽乡村建设，为旅游产业发展提供了良好的政策环境。与此同时，中国经济增长步入新时代应特别关注经济增长质量，供给侧结构性改革关键是提高经济增长质量和效益。在经济新常态背景下与供给侧结构性改革进程中，发展旅游经济是经济结构调整、补短板的重要内容，而当前旅游经济增长质量是制约旅游消费和进一步发展的短板。

第一节　中国旅游经济增长的基本状况

一、旅游经济增长过程中旅游产业全要素生产率变化特征

（一）旅游产业全要素生产率测度方法

旅游经济活动中包含着复杂的投入产出要素，旅游产出是相关产业要素投入增加和全要素生产率提升共同作用和相互关联的结果。全要素生产率能够反映技术、管理、知识等高端生产要素的增长态势及其对经济发展的贡献，作为判别经济增长方式的核心变量（张海洋和金则杨，2017），

可以有效表征旅游经济增长过程中旅游产业效率态势。Malmquist 指数模型为分析区域旅游产业全要素生产率变化提供了有效的手段。本研究采用数据包络分析理论与方法对旅游产业全要素生产率进行测度和分析。数据包络分析（data envelopment analysis，DEA）是由美国著名运筹学家查恩斯（Charnes）和库珀（Cooper）首先提出的评价具有多个投入和产出决策单元相对有效的方法（魏权龄，1988）。瑞典经济学家和统计学家曼奎斯特在 1953 年首次提出 Malmquist 指数，Malmquist 指数与 DEA 方法相结合，在生产率的测算中被广泛应用（赵磊，2013）。经过对 DEA 方法进行改进和修正，Malmquist 生产率指数具备以下优点：第一，不需要明确价格信息，因为在一般情况下，数量信息容易获得，而价格信息容易变动，获得的难度较大；第二，此方法适用于多个地区、多个时期的大样本分析；第三，Malmquist 指数可以分解为技术效率变化和技术进步指数，从而避免分析过程中函数的确定对结果带来的不利影响。

假设在旅游经济增长过程中，旅游产业有 n 个决策单元（$j=1, 2, \cdots, n$），每个决策单元有 m 种资源投入和产生 s 种产品或服务所带来的价值量，将旅游产业各部门数量作为输入指标。定义第 j 个决策单元的旅游产业效率指数为：

$$\max \frac{\sum_{r=1}^{s} u_r y_{rj}}{\sum_{i=1}^{m} v_i x_{ij} + \sum_{r=s+1}^{s+k} u_r y_{rj}} \leqslant 1 \tag{3-1}$$

$j=1, 2, \cdots, n$; $v \geqslant 0$; $i=1, 2, \cdots, m$; $r=1, 2, \cdots, s, s+1, \cdots, s+k$

则其 t 时期技术、产出角度表示为：

$$M_0^t(X_t, Y_t, X_{t+1}, Y_{t+1}) = \frac{D_0^t(X_{t+1}, Y_{t+1})}{D_0^t(X_t, Y_t)} \tag{3-2}$$

其中，(X_t, Y_t) 和 (X_{t+1}, Y_{t+1}) 分别表示时期 t 和时期 $t+1$ 的投入和产出向量，$D_0^t(X_t, Y_t)$ 和 $D_0^t(X_{t+1}, Y_{t+1})$ 表示以 t 和 $t+1$ 时期技术为参照的 t 时期投入产出向量的产出距离函数，则其 $t+1$ 时期技术、产出角度表示为：

$$M_0^{t+1}(X_t, Y_t, X_{t+1}, Y_{t+1}) = \frac{D_0^{t+1}(X_{t+1}, Y_{t+1})}{D_0^{t+1}(X_t, Y_t)} \tag{3-3}$$

则两个时期技术几何平均值表示为：

$$M_0(X_t, Y_t, X_{t+1}, Y_{t+1}) = \sqrt{\frac{D_0^t(X_{t+1}, Y_{t+1})}{D_0^t(X_t, Y_t)} \times \frac{D_0^{t+1}(X_{t+1}, Y_{t+1})}{D_0^{t+1}(X_t, Y_t)}} \tag{3-4}$$

Malmquist 生产率指数模型将全要素生产率进一步分解为各个效率指数的乘积，有助于加强分析结果的理论解释能力，进一步分析生产率变化背后的原因（刘存斌，2012）。Malmquist 生产率指数（*TFPch*）可以被分解为技术效率变化指数（*Effch*，即 efficiency change）和技术进步指数（*TEch*，即 technical change）。假设规模报酬不变时，技术效率变化指数又可进一步分解为纯技术效率变化指数（*PEch*，即 pure efficiency change）和规模效率变化指数（*SEch*，即 scale efficiency change）（马海良等，2012），即：

$$TFPch = Effch \times TEch = PEch \times SEch \times TEch \tag{3-5}$$

其中，*TFPch* 大于 1 表示从 t 期到 $t+1$ 期的生产率水平提高，反之相反。*Effch*、*TEch*、*PEch* 或 *SEch* 大于 1 时，表明促进 *TFPch* 的提升，反之则有阻碍作用（常建新等，2011）。*Effch* 代表技术效率变化，是在给定一组投入要素不变的情况下，一个被评价对象的实际产出与假设同样投入情况下的最大产出之比，反映在给定投入的情况下被评价对象的最大产出能力，若 *Effch* 大于 1，表示技术效率提高，反之则为技术效率降低。*TEch* 为技术进步指数，反映了生产前沿面的移动对生产率变化的贡献程度，若 *TEch* 大于 1，表示技术进步，反之则为技术退步。*PEch* 为纯技术效率变化，是在变化规模报酬假定下的技术效率变化，若 *PEch* 大于 1，代表技术运用水平的提高，反之则为下降。*SEch* 为规模效率变化，表明规模经济对生产率的影响，若 *SEch* 大于 1，代表规模的优化，反之则为规模恶化。

根据 Malmquist 生产率指数方法，得到中国旅游产业技术效率，技术效率越大，表明旅游产业在发展过程中效率越高，旅游产出与投入的比例就越高，对旅游资源有较高的利用效率和配置能力，即旅游产业生产过程中能够将旅游资源、人力、物力、财力高效率地转化为旅游产品和服务。技术效率又可以分解为纯技术效率和规模效率之积，其中，纯技术效率用以表征旅游经济在增长过程中旅游产业各部门对于景区、旅行社和酒店的管理水平和控制能力；规模效率用以反映旅游产业在发展过程中的规模收入状况，表示在当前的技术支持下，旅游产业发展到何种规模才能保证效益最大化。规模效益又可以分为三种情况：规模效益递增、规模效益递减和规模效益不变，其中规模效益递增和规模效益递减均需要旅游产业管理部门对其进行改进，从而实现规模效益最优化。

酒店、旅行社、景区等是旅游产业的主导部门和主要构成部分，旅游产业的发展程度和酒店、旅行社、景区的发展程度息息相关，更与其规模和经济总量具有直接关系。旅游总收入用以衡量旅游产业各部门通过销售旅游产品而获得的经济总量，旅游总人数用以表征旅游产业的规模总量及其变动情况。以上各个指标对于旅游产业的投入和产出因素具有较强的代表性，并且相对而言比较容易获得，因此，本研究采用星级酒店、旅行社、景区数量作为旅游产业效率的投入指标，以旅游总收入和旅游总人数作为产出指标。本节所涉及的指标数据均来自 2004 ~2017 年《中国旅游统计年鉴》《中国区域经济统计年鉴》。由于西藏自治区的数据较难获得，即使获得也具有较大的误差，故将西藏自治区在样本数据收集时排除，采用 2003 ~2016 年我国 30 个省份的旅游投入和产出数据指标样本（不包括西藏和港澳台地区），运用 Malmquist 生产率指数方法测算和分析中国旅游产业全要素生产率及分解效率，揭示近年来中国旅游产业效率的发展速度与增长幅度，有助于把握旅游经济增长过程中旅游产业效率的现实状况，促使各地区制定符合各自需要的旅游产业发展策略，探索自身效率提升的模式和途径。

（二）旅游产业全要素生产率时序变化分析

根据 Malmquist 生产率指数模型，结合我国 30 个省份相关指标数据，通过测算得到全国整体、各个区域及省份旅游产业效率的时序变化态势。其中，东部地区包括北京、天津、河北、上海、辽宁、江苏、浙江、福建、山东、广东、广西、海南，中部地区包括山西、吉林、黑龙江、安徽、江西、河南、湖北、湖南，西部地区包括内蒙古、重庆、四川、贵州、云南、陕西、甘肃、青海、宁夏、新疆。

由表 3 -1 可知，在全国整体视角上，2003 ~2016 年我国旅游产业全要素生产率（Malmquist 生产率指数）呈不断增长态势；在区域差异视角上，我国东部、中部和西部地区旅游产业全要素生产率存在较大差异。

表 3 -1 2003 ~2016 年中国三大地区旅游产业全要素生产率指数变化值

年份	东部地区	中部地区	西部地区	全国
2003 ~2004	1. 094	1. 206	1. 029	1. 067
2004 ~2005	1. 082	1. 060	1. 184	1. 101
2005 ~2006	1. 140	1. 133	1. 037	1. 093

续表

年份	东部地区	中部地区	西部地区	全国
2006 ~ 2007	0. 967	0. 831	0. 907	0. 908
2007 ~ 2008	1. 170	1. 236	1. 035	1. 130
2008 ~ 2009	0. 996	1. 172	1. 161	1. 096
2009 ~ 2010	1. 428	1. 388	1. 689	1. 439
2010 ~ 2011	1. 058	1. 227	1. 068	1. 132
2011 ~ 2012	1. 094	1. 224	1. 259	1. 186
2012 ~ 2013	1. 096	1. 077	1. 128	1. 083
2013 ~ 2014	1. 093	1. 150	1. 114	1. 104
2014 ~ 2015	1. 057	1. 152	1. 121	1. 088
2015 ~ 2016	1. 084	1. 172	1. 476	1. 232
均值	1. 005	1. 149	1. 155	1. 122

说明：统计年份数据为相较上一年的变化值。
资料来源：根据全要素生产率指数模型计算而得。

从全国范围来看（见表 3 －2），东部地区只有辽宁和天津旅游产业全要素生产率处于均衡水平，其他各个省份处于较低水平；中部和西部地区各省份旅游全要素生产率基本处于均衡水平，其中陕西处于较高水平。具体而言，东、中、西三大地区旅游产业 Malmquist 生产率指数总体呈现波动增长趋势，且它们的波动趋势基本一致，表明全国旅游产业全要素生产率水平整体上在提高。值得注意的是，由于改革开放政策的实施，我国经济、社会、政治等各方面对外开放程度较大，对外依赖程度明显增加，一旦遇到突发事件，旅游经济系统较为脆弱，2003 年全国三大地区全要素生产率值显著下降且小于 1，均出现负增长，分别降低 3. 3% 、16. 9% 和 9. 3% 。另外，旅游产业全要素生产率存在显著地区差异，西部地区全要素生产率整体上要高于东部和西部地区，年均增长速度较快（15. 5% ），中部地区次之（14. 9% ），东部地区增长较慢（0. 5% ），受国家相关政策的引导和支持，西部地区旅游发展过程中的技术实力和综合管理能力不断增强，而东部地区仅依靠科学技术力量不足以带动生产力的显著提高。因此，旅游产业发展除了持续加强旅游科技投入和推广，有效发挥科学技术推动作用，更应重视先进管理方法在旅游产业发展中的实施和应用，促进产业要素的有效配置和组合优化，从而实现旅游产业综合技术效率的有效提升。

表 3－2　　　　中国旅游产业全要素生产率空间分布情况

旅游全要素增长率水平	省份
较低水平	黑龙江、吉林、北京、山东、江苏、上海、浙江、江西、福建、广东、海南、宁夏、重庆、云南、青海
均衡水平	新疆、内蒙古、甘肃、山西、河北、天津、辽宁、河南、湖北、安徽、湖南、贵州、广西、四川
较高水平	陕西

资料来源：根据 Malmquist 生产率指数模型计算而得。

就各区域旅游产业全要素生产率及其分解效率差异而言，呈现出以下特征（具体数据见表 3－3）：

（1）东部地区：2003～2016 年旅游产业全要素生产率不断增长，而规模效率却呈现负增长，远低于技术进步增长值，表明该地区旅游产业正在面临由技术进步引发的转折点，即处于旅游产业转型发展阶段。北京、河北和山东虽然拥有丰富的旅游资源、专业的旅游管理人才和优厚的发展资金，但是旅游产业投入和产出的效率较低，可能是由于旅游产业监管不到位，无法实现规模效益。辽宁、上海、江苏、浙江、福建、广东和海南技术效率值处于一般水平，主要原因是旅游产业管理水平虽然较高，但现有的发展规模无法实现由规模化带来的收益。广西旅游产业规模效率较高，就目前发展规模而言能够实现较大的产出，但是广西能够培养旅游管理高素质人才的基地、机构、高等院校较少，专业旅游管理人才较少，对旅游产业的管理程度不够，无法保证旅游产业的最优化发展。

（2）中部地区：2003～2016 年，旅游产业全要素生产率不断增长，表明中部地区旅游产业呈现较快的增长态势。技术进步值为 9.5%，远远高于旅游产业技术效率值，表明技术进步对旅游产业发展起到极为重要的作用。黑龙江、安徽、河南和山西旅游产业效率较高，表明这些省份对于旅游资源的利用和配置能力较高，能够较好地将旅游资源转化为旅游产品和服务，并且转化效率较高；但是，就目前的管理水平而言，旅游产业的发展还未达到规模效益最大化。中部地区其他省份纯技术效率和规模效率均不高，表明这些省份旅游产业发展规模未能达到实现规模效益最优的程度，旅游产业管理水平相对较低，无法为旅游产业发展提供后续力量。

（3）西部地区：作为我国旅游产业发展较为落后的地区，2003～2016年西部地区旅游产业全要素生产率为12.5%，技术进步值为10.5%，表明技术进步主导着旅游产业的发展，且为旅游产业的发展提供直接动力。四川、贵州和云南三省作为西部地区旅游产业全要素生产率较高的省份，其技术效率、纯技术效率、规模效率与西部其他省份相比较高。西部地区旅游资源较为丰富，能够为旅游产业发展提供充足动力，但其技术效率值相较全国平均水平而言偏低，表明在旅游业下一步发展过程中，需将科技渗透运用到旅游产品生产和服务供给中去，以推动西部地区旅游产业的深化发展及旅游产业技术效率的全面提升。

表3-3　2003～2016年中国旅游产业Malmquist生产率变化率及其分解

地区	省份	全要素生产率变化率	技术效率变化指数（*Effch*）	纯技术效率变化指数（*PEch*）	规模效率变化指数（*SEch*）	技术进步变化指数（*TEch*）
东部地区	北京	1.021	0.964	0.968	0.996	1.058
	天津	1.132	1.000	1.000	1.000	1.132
	河北	1.153	1.056	1.044	1.011	1.092
	辽宁	1.142	1.041	1.028	1.012	1.097
	上海	1.083	1.000	1.000	1.000	1.083
	江苏	1.106	0.999	1.000	0.999	1.107
	浙江	1.118	1.001	1.013	0.988	1.118
	福建	1.106	1.026	1.029	0.997	1.078
	山东	1.116	1.019	1.032	0.987	1.095
	广东	1.103	1.006	1.000	1.006	1.097
	广西	1.149	1.013	1.033	0.981	1.134
	海南	1.099	1.011	1.043	0.970	1.087
	均值	1.111	1.011	1.016	0.996	1.098

续表

地区	省份	全要素生产率变化率	技术效率变化指数（*Effch*）	纯技术效率变化指数（*PEch*）	规模效率变化指数（*SEch*）	技术进步变化指数（*TEch*）
中部地区	山西	1.177	1.116	1.100	1.015	1.055
	吉林	1.111	1.025	1.029	0.996	1.084
	黑龙江	1.074	0.987	0.983	1.003	1.088
	安徽	1.225	1.086	1.090	0.996	1.127
	江西	1.083	1.012	1.011	1.001	1.071
	河南	1.154	1.032	1.056	0.978	1.118
	湖北	1.166	1.036	1.053	0.983	1.125
	湖南	1.126	1.031	1.045	0.986	1.093
	均值	1.140	1.041	1.046	0.995	1.095
西部地区	内蒙古	1.148	1.041	1.053	0.989	1.103
	重庆	1.076	1.000	1.000	1.000	1.076
	四川	1.134	1.009	1.000	1.009	1.123
	贵州	1.153	1.026	1.010	1.016	1.123
	云南	1.109	1.013	0.996	1.017	1.095
	陕西	1.170	1.06	1.062	0.998	1.104
	甘肃	1.184	1.083	1.087	0.996	1.094
	青海	0.994	0.922	1.000	0.922	1.078
	宁夏	1.095	1.012	1.000	1.012	1.082
	新疆	1.183	1.011	1.007	1.004	1.171
	均值	1.125	1.018	1.022	0.996	1.105
全国均值		1.123	1.021	1.026	0.996	1.100

资料来源：根据全要素生产率指数模型计算而得。

二、旅游经济增长过程中旅游产业结构及其演化特征

（一）旅游产业结构测度方法

产业作为经济增长的关键要素，其增长实质是产业规模、质量和结构

不断发展并逐渐优化的过程（杨文凤等，2015）。产业结构用以表征一个国家或地区各产业部门之间及其内部不同行业之间的关系结构。通过从“量”的角度分析产业间“投入”与“产出”的静态比例，从“质”的角度探讨产业间联系的动态变化，进而揭示经济发展过程中支柱产业部门不断被替代的规律及其结构效益（苏东水，2000）。产业结构是影响旅游经济增长的关键因素，反映了某一国家或地区的经济发展目标、方向及水平。旅游产业结构一方面是指旅行社业、旅游住宿业、餐饮业、旅游交通业、旅游景观业等行业部门在规模上的比例关系，另一方面是指旅游产业各要素之间投入产出的关联关系（刘佳等，2012）。旅游产业状态会随其发展阶段的演进产生调整，各旅游产业部门在旅游经济中所占的比例处于动态变化状态，旅游产业结构呈现逐步向合理优化状态转变的趋势。旅游经济增长的本质要求是旅游产业结构优化、产业升级与发展转型，结构优化有助于实现旅游产业要素和资源的优化配置，实现旅游产业与相关产业以及旅游产业内部的协调发展，满足游客日益增长的旅游需求。

当前用来测度旅游产业结构状况的方法较多，比如多指标综合评价、旅游产业合理化、高度化分析。为获得各部门在旅游经济发展过程中的关联程度，认识我国旅游经济发展过程中旅游产业结构的发展变化特点，本研究采用偏离－份额分析法（shift-share method，SSM）对旅游产业各要素之间的关系进行效益分析，明确各要素之间的比例和关联关系，用以揭示中国旅游产业结构的基本状况与特征。偏离份额分析法（SSM）是将区域经济的变化看作一个动态的综合过程，是揭示区域经济发展与衰退的原因，评价区域经济结构优劣和自身竞争力强弱以及确定区域未来主导发展方向的有效方法（袁晓玲等，2008）。其主要思路是将区域研究变量在一定时期和范围内的变化看作一个动态过程，以该区域所在上级区域研究变量为参照，将该变量的变化分解为增长份额、结构偏离和竞争偏离三个分量（刘玉等，2017）。该方法被广泛应用于区域经济学中，20 世纪 80 年代开始成为分析旅游产业结构效益的常用方法。SSM 方法具有较强的综合性和动态性，能够有效测度旅游产业部门结构变化原因，是确定未来发展主导方向的有效方法。本研究以中国为参照区、全国 30 个省份（不包括西藏和港澳台地区）为标准区，基于指标数据的客观性和可获得性，选取交通、游览、住宿、餐饮、购物、娱乐、邮电通信和其他服务 8 个主要旅游产业部门作为研究对象，以 2003 年和 2016 年各部门旅游外汇收入为基础数据，以此来反映旅游产业构成要素的优劣和竞争力的强弱，揭示旅游产业部门结构的变化原因，进而确定旅游产业结构调整与发展方式转变的方向。

具体而言，分别以 b_{j0} 和 b_{jt} 表示某一地区旅游产业 j 部门基期和 t 期的旅游外汇收入，以 B_{j0} 和 B_{jt} 表示全国旅游产业 j 部门基期和 t 期的旅游外汇收入。各地区与全国旅游产业 j 部门旅游外汇收入在［0，t］的时间段内变化率分别是：

$$r_j = \frac{(b_{jt} - b_{j0})}{b_{j0}} \tag{3-6}$$

$$R_j = \frac{(B_{jt} - B_{j0})}{B_{j0}} \tag{3-7}$$

以全国各旅游产业部门所占份额将区域各旅游产业部门规模标准化，得到：

$$b'_j = b_{j0} \times \frac{B_{j0}}{B_0} \tag{3-8}$$

则在［0，t］的时段内，旅游产业第 j 个部门总的偏离分量 PD_j 等于第 j 个部门总的旅游产业结构偏离分量 P_j 和第 j 个部门总的旅游产业竞争力偏离分量 D_j 之和，其反映了区域旅游产业第 j 个部门总的增长优势，其值越大，表明区域旅游产业结构对经济增长的促进作用越大，计算公式为：

$$P_j = (b_{j0} - b'_j) \times R_j \tag{3-9}$$

$$D_j = b_{j0} \times (r_j - R_j) \tag{3-10}$$

$$PD_j = P_j + D_j \tag{3-11}$$

其中，P_j 表示第 j 个旅游产业部门的结构偏离分量，即某一个地区旅游产业部门比重与全国相应部门比重的差异引起的该地区旅游产业第 j 个部门增长相对于全国标准所产生的偏差，反映其结构效益状况，$P_j > 0$ 的部门增长速度超过整体产业的增长速度，产业效益相对较优，且其值越大，表明旅游产业部门结构对区域旅游外汇收入增长的贡献越大。D_j 指某一区域第 j 个旅游产业部门的增长速度与全国相应部门增长速度的差异引起的偏差，反映区域第 j 个产业部门的竞争能力，当 $D_j > 0$ 时其值越大，则表明区域旅游产业相应 j 部门增长率越高，竞争优势越大。PD_j 称为总偏离分量，反映某一区域旅游产业第 j 个部门总的增长优势。

为判断中国旅游产业结构效益及其竞争优势，在各部门结构效益计算结果基础上，进一步测算各地区旅游产业各部门的整体结构效果指数 W、竞争力效果指数 U，总的结构偏离分量 P 以及总的竞争力偏离分量 D。计算公式如下：

$$P = \sum_{j=1}^{n} (b_{j0} - b'_j) \times R_j \tag{3-12}$$

$$D = \sum_{j=1}^{n} b_{j0} \times (r_j - R_j) \tag{3-13}$$

$$W = \frac{\sum_{j=1}^{n} K_{j0} \times B_{jt} / \sum_{j=1}^{n} K_{j0} \times B_{j0}}{\sum_{j=1}^{n} B_{jt} / \sum_{j=1}^{n} B_{j0}} \tag{3-14}$$

$$U = \frac{\sum_{j=1}^{n} K_{jt} \times B_{jt}}{\sum_{j=1}^{n} K_{j0} \times B_{j0}} \tag{3-15}$$

$$L = W \times U \tag{3-16}$$

其中，$K_{j0} = \frac{b_{j0}}{B_{j0}}$，$K_{jt} = \frac{b_{jt}}{B_{jt}}$。$L$ 为旅游产业相对增长率，当 L 大于 1 时，表示某一区域旅游产业增长水平高于全国平均水平。当 P 较大，W 大于 1 时，表明某一区域内增长较快的旅游产业部门占比也较大，区域旅游产业结构整体上较好，对旅游经济增长的贡献作用较大，目前的结构不必做大规模调整；当 P 较大，W 小于 1 时，则表明区域内旅游市场衰退，旅游产业结构处于劣势，需进行调整。当 D 较大，U 大于 1 时，则表明区域旅游产业各部门整体增长较快，具有很强的竞争优势。

（二）旅游产业结构效益测度结果分析

如表 3－4 所示，我国旅游产业结构效益呈现出较为显著的区域差异。其中东部地区相对于全国增长率 L 为 1.191，结构偏离分量 P 为 －2008.255，结构效果指数 W 为 1.003，表明东部地区旅游产业总体发展速度快于全国平均水平。主要原因是我国东部地区良好的经济基础、环境优势以及资源禀赋、对外开放水平等，为该地区旅游业的发展提供了必要条件，使得东部地区旅游产业的结构效益高于全国旅游产业部门的平均水平，相较于我国其他地区而言，竞争优势明显，旅游产业各部门发展速度相对较快，其中交通、餐饮、住宿等传统部门竞争力较强，对旅游外汇收入的贡献率也较大，表明消费弹性较小的部门仍是东部地区旅游产业发展中的主导力量；东部地区购物部门竞争力强，但对旅游外汇收入的贡献率相对较小，作为旅游产业核心部门的游览部门竞争力却较弱，贡献率也小，表明东部地区面临旅游产业结构调整优化和提升部门竞争力的压力，亟待转变旅游发展方式，充分发挥部门优势，促进旅游经济高质量增长。

表 3 - 4　　2003～2016 年中国旅游产业结构效益分析结果

地区	省份	U（区域竞争效果指数）	W（结构效果指数）	P（结构偏离分量）	D（总的竞争力偏离分量）	L（相对增长率）	PD（总偏离分量）
东部地区	北京	2.905	1.007	1219.478	332133.962	2.925	333353.440
	天津	2.440	1.003	503.742	210151.900	2.449	210655.642
	河北	0.632	0.983	-1523.641	-32196.436	0.621	-33720.076
	山东	1.545	1.004	777.422	108184.436	1.551	108961.858
	海南	0.509	1.008	537.244	-33784.191	0.513	-33246.947
	广东	0.732	0.984	-41649.250	-680298.009	0.720	-721947.259
	辽宁	0.762	0.997	-832.002	-57001.335	0.759	-57833.337
	上海	0.634	1.001	1127.608	-370863.314	0.635	-369735.706
	江苏	0.829	1.011	4916.429	-78631.745	0.838	-73715.317
	浙江	0.957	1.012	3949.584	-13925.589	0.969	-9976.005
	福建	1.174	1.005	2912.071	98285.657	1.180	101197.729
	广西	1.104	1.021	3962.251	20339.435	1.126	24301.686
	均值	1.185	1.003	-2008.255	-41467.102	1.191	-43475.358
中部地区	山西	1.017	0.996	-139.287	536.145	1.013	396.858
	江西	1.465	1.020	789.558	18557.485	1.495	19347.043
	安徽	4.658	1.009	498.702	199656.278	4.701	200154.980
	黑龙江	0.365	1.057	6772.391	-79561.717	0.386	-72789.326
	吉林	2.118	1.025	902.289	41730.097	2.171	42632.386
	河南	0.821	1.016	1205.843	-14151.150	0.833	-12945.307
	湖北	2.078	0.985	-1387.122	97026.213	2.046	95639.092
	湖南	0.721	1.006	871.994	-38914.096	0.725	-38042.102
	均值	1.655	1.014	1189.296	28109.907	1.671	29299.203

续表

地区	省份	U（区域竞争效果指数）	W（结构效果指数）	P（结构偏离分量）	D（总的竞争力偏离分量）	L（相对增长率）	PD（总偏离分量）
西部地区	内蒙古	1.332	1.080	6360.107	28446.433	1.439	34806.540
	重庆	1.908	1.018	1590.140	80271.153	1.943	81861.293
	四川	2.069	1.001	87.773	81787.242	2.071	81875.015
	贵州	0.650	1.017	652.268	-13622.706	0.661	-12970.438
	云南	1.444	1.001	312.309	94491.597	1.446	94803.907
	西藏	0.613	0.968	-1064.245	-12260.915	0.594	-13325.160
	陕西	1.313	1.013	2340.357	55708.984	1.330	58049.341
	甘肃	0.056	0.996	-143.455	-32212.887	0.056	-32356.341
	青海	1.002	0.976	-109.379	8.695	0.978	-100.684
	宁夏	2.399	0.991	-14.611	2366.308	2.378	2351.697
	新疆	0.809	1.077	4573.432	-12257.931	0.871	-7684.500
	均值	1.236	1.013	1325.882	24793.270	1.251	26119.152

资料来源：根据SSM公式计算而得。

与东部沿海地区相比较而言，中部与西部地区经济基础较为薄弱，但近年来，旅游业发展速度较快，对中、西部地区的经济贡献率逐渐增大。中部地区相对于全国增长率 L 为1.671，结构偏离分量 P 为1189.296，结构效果指数 W 为1.014大于1，表明中部产业结构优势有所上升。西部地区相对于全国增长率 L 为1.251，结构偏离分量 P 为1325.882，结构效果指数 W 为1.013大于1，表明西部地区旅游产业发展速度有所提升，具有较大的发展潜力。近年来国家、政府和社会给予了中、西部地区旅游产业发展大量的人力、物力、财力以及政策支持，推动了旅游投资与旅游从业人员增加、交通基础设施改善和旅游产业的快速发展，有助于促进我国东、中、西部旅游业的均衡发展，保证我国旅游经济高质量的持续增长。

综上所述，旅游经济增长过程中旅游产业结构及其演化特征主要呈现出以下特点：东部沿海地区旅游产业各部门发展速度较快，综合竞争力强，其中交通、餐饮、住宿等传统部门竞争力较强，而购物部门虽然竞争力强，但是贡献率较小，在未来的旅游部门竞争力提升过程中，还需进一步提高消费弹性较大的游览部门的竞争力。中部和西部地区旅游基础较为薄弱，但旅游产业发展势头足、潜力大，是未来旅游经济的增长点，需要投入较多的资金、技术、设备、人才来扶持其发展，以实现中国旅游经济各区域各部门的协调均衡发展。

三、旅游经济增长过程中旅游资源环境及其承载状况

（一）旅游生态足迹研究方法

旅游资源环境是旅游业稳定发展的基本保障，是旅游经济持续增长的物质基础。旅游资源环境的优劣影响着旅游经济增长的质量，同时旅游经济增长过程中旅游资源的消耗会对其环境产生破坏，使旅游生态承载力由可持续发展状态向不可持续发展状态转变。科学合理地测度旅游环境承载力对于揭示某一地区旅游可持续发展态势提供参考和依据，既有研究采用多种数理模型和经验公式，主要基于游客承载力、相对承载力和生态足迹视角展开探讨（刘佳和李莹莹，2017）。其中游客承载力是指一定时空范围内景区能够容纳的最大游客量，对于确定景区容量有重要指导作用。线路容量法、面积容量法与瓶颈容量法是普遍认同的测度方法（Saveriades，2000；王晓燕和王晨，2007；刘炳献和孙巧耘，2015；熊鹰和杨雪白，2014），研究认识到承载力取决于承载系统中生态、资源、经济、心理等要素的综合最小承载量，限制性因素分析法也得到广泛应用（崔凤军和杨永慎，1997；全华和杨竹莘，2002；孙道玮等，2002；李偲等，2007）。相对承载力视角的评价主要构建旅游环境承载力的多维和系统的评价指标体系，基于综合指数评价（Navarro et al.，2012）、系统动力学理论（Salerno et al.，2013）、经验量测法、理论推测法和综合推测法（李茂春和胡笃冰，2000）、风险评价及帕累托最适度分析（戴学军等，2002）、模糊线性规划、模糊综合评价与物元理论（杨林泉和郭山，2003；刘云国等，2005）等多学科视角，构建旅游环境承载力测度模型和确定承载能力表征标准。值得重视的是，作为定量评估旅游环境影响的重要工具，足迹方法在旅游领域已得到广泛应用。旅游生态足迹模型从旅游资源的供给及需求双重角度出发，既有研究主要测度旅游业发展对资源消费需求（生态足迹）与自然供给（生态承载力）间的差距，以衡量旅游目的地的资源供给能力（戴科伟等，2007；贾宁和金玲，2007；褚英敏等，2014）。生态足迹分析法是一种度量生态承载力和生态发展状况的研究方法，旅游生态足迹为客观衡量旅游产业可持续发展状态提供了新的研究视角（徐秀美和

郑言，2017）。

本研究基于生态足迹理论对 2003～2016 年中国 30 个省份旅游生态足迹和旅游生态承载力进行测算，揭示其旅游资源环境承载状况及其动态演变特征。生态足迹理论是 1992 年加拿大生态经济学家里斯（Rees）提出，生态足迹表明人类在地球上所创造的物质文明是以人类自身赖以生存的生态系统的占用为代价（杨建明，2010）。生态承载力是生态足迹的对应概念，是地球资源供给能力的直接反映。两者间的关系包括生态盈余和生态赤字，生态盈余表示生态足迹小于生态承载力，即生态是可持续的；生态赤字则是指生态足迹大于生态承载力，表明生态是不可持续的。一般而言，盈余越多，则生态环境越好；赤字越多，则生态环境越恶劣（史丹和王俊杰，2016）。英国学者亨特较早将生态足迹理论引入旅游研究中（Hunter，2002），旅游生态足迹指通过测度旅游活动过程中的能源资源消耗以及废弃物排放数量，依据均衡因子和产量因子转化形成的生物生产性土地面积的总和（王淑新，2019）。

一般而言，空间小尺度上的旅游生态足迹计算方法可采用成分法，具体分解为旅游餐饮业、旅游住宿业、旅游交通业、旅游游览业、旅游购物业以及旅游娱乐业等六个子系统模型，但该方法较为烦琐且数据获取较为困难（杨桂华和李鹏，2005），而区域尺度的生态足迹研究通常采用贡献率法进行诠释（赵珊珊和刘玲，2008）。贡献率法主要用旅游生态足迹反映旅游生态的利用程度，人均旅游生态足迹越大，旅游生态的利用效率就越低。本研究采用旅游业对国内生产总值的贡献率进行换算，即旅游生态足迹采用生态足迹与贡献率的乘积加以表征。其计算步骤为：

首先，计算旅游生态足迹，其计算公式为：

$$TEF = EF \times r \tag{3-17}$$

$$EF = N \times \sum_{i=1}^{n} \left(\frac{c_i}{p_i} \times r_i \right) \tag{3-18}$$

$$tef = \frac{TEF}{n} \tag{3-19}$$

其中，TEF 表示某一地区旅游生态足迹（公顷），EF 表示某一地区生态足迹（公顷），N 表示地区总人数，c_i 表示第 i 种消费商品的人均消费量，p_i 表示第 i 种消费商品的平均生产能力，r_i 表示均衡因子，tef 表示人均旅游生态足迹，n 表示旅游总人数，r 表示旅游总收入与 GDP 的比值。

其次，计算旅游生态承载力，其计算公式为：

$$TEC = EC \times r \tag{3-20}$$

$$EC = N \times \sum_{j=1}^{n} \left(a_j \times \frac{r_j}{y_j} \right) \tag{3-21}$$

$$tec = \frac{TEC}{n} \tag{3-22}$$

其中，*TEC* 表示某一地区旅游生态承载力，*EC* 表示某一地区生态承载力，a_j 为第 j 种消费商品的人均生态生产性面积，y_j 为第 j 种消费商品的产量因子，其他符号含义同上。

最后，采用人均旅游生态承载力与人均旅游生态足迹之差反映生态盈亏状况，表征旅游资源消耗状况与旅游环境系统承载能力的差距。如果二者之差为正，表示处于生态盈余状态，生态资源供给可以满足旅游活动的消耗，反之则产生生态赤字，区域旅游环境系统已经超载，由此判断和衡量旅游可持续发展的程度。

资源消费分为生物资源消费和能源资源消费两大类，本研究中生物资源消费采用小麦、稻谷、玉米、谷子、高粱、油料、棉花、甜菜、烟叶、蔬菜、水果等 11 项指标表示，能源资源消费主要采用煤炭、焦炭、原油、燃料油、汽油、煤油、柴油、天然气和电力等 9 项指标表示，全部数据来自国家统计局和中国统计数据库，由于不同类型的生物生产性土地的生产能力不同，在此引入均衡因子将不同的生产性土地面积转化为具有可比性的土地面积。另外，由于同一种类型的土地在不同的地区其生产能力也有一定的不同，所以采用产量因子对不同类型的土地面积进行调整。均衡因子和产量因子每年会有一定的变化，本研究从统一采用 2002 年计算的中国生态足迹标准：均衡因子——耕地 2.8、草地 0.5、林地 1.1、水域 0.2、化石能源地 1.1；产量因子——耕地和建筑用地 1.66、草地 0.19、林地 0.91、水域 1.00。

（二）测度结果分析

2003～2016 年中国旅游生态足迹、旅游生态承载力、旅游生态赤字变化情况，如图 3－1 所示。

首先，2003～2016 年中国人均旅游生态足迹呈现总体波动但平稳递增的态势。整体来看，尽管 2008 年金融危机造成我国旅游生态足迹小幅下降，但之后又进入上升趋势，2010 年我国人均旅游生态足迹超过 1。伴随旅游业国民经济战略性产业地位的巩固与稳定，近年来国家鼓励民间资本进入文化、旅游等休闲产业，大力推进旅游产业与其他产业的产业融合，倡导和推进旅游可持续发展、文明旅游和优质旅游等，大众旅游需求日益

图 3-1　2003～2016 年中国旅游生态足迹、旅游生态承载力、旅游生态赤字变化情况

说明：根据生态足迹、生态承载力、生态赤字相应公式计算而得。

增长和丰富，旅游资源开发与游客旅游活动大规模增加，对资源和能源的消费量不断增加，人均旅游生态足迹年均增长率达到 5.630%。

其次，我国人均旅游生态承载力呈现小幅度的逐年下降趋势，由 2003 年 0.0297 公顷下降到 2016 年 0.0196 公顷，年均下降速度高达 4.232%。可能原因是在我国旅游资源赋存度有限的情况下，旅游投资力度不断增大，旅游资源过度开发与利用问题较为突出，对旅游资源与环境造成一定影响，加之我国文明旅游与环境保护意识明显不足，旅游活动所造的资源消耗与环境污染问题严重超过了环境自身的分解能力，使得我国旅游生态环境承载力下降。

最后，2003～2016 年我国人均旅游生态赤字约为 1.0782 公顷，表明我国旅游生态需求始终大于旅游生态供给，旅游活动对我国生态环境影响超过旅游生态承载力，旅游业处于不可持续发展状态。同时旅游生态足迹的增长幅度越来越大，旅游生态承载力整体上呈现下降趋势，旅游生态赤字增长的幅度越来越大，旅游发展对生态环境的影响不容忽视。当前，中国正处于宏观经济增速整体放缓的新常态时期，旅游业进入了转型升级和提质增效的关键阶段，“旅游供给侧改革”“厕所革命”“全域旅游”等新政策理念不断涌现（夏杰长和裴文婧，2018），而资源永续利用和生态环境保护成为旅游转型发展的核心，倡导低碳旅游与绿色发展，提高旅游生态承载力，是促进我国旅游经济可持续增长的关键。

第二节 中国旅游经济增长的演进路径

一、旅游经济增长要素变化与中国旅游经济增长

自改革开放以来，中国旅游产业由特殊的外事接待旅游逐渐转变为全民参与的大众旅游，自 1999 年国家实行黄金周假期等一系列休假制度，伴随居民收入水平的提高以及闲暇时间的增多，中国旅游业保持规模增长和高速发展的态势，中国由此迅速成长为世界第四大接待入境游客最多的国家和亚洲最大的出境旅游国家。如表 3－5 所示，除受全球金融危机影响，2008 年中国旅游总收入增幅仅为 6. 54%，2003～2016 年旅游总收入年均增长率达到 17. 26%，保持持续增长态势。从宏观上来看，旅游产业发展速度迅猛，推动了我国国民经济结构的调整，为国民经济的增长提供动力；从微观来看，旅游业发展容易受到外界环境的影响，表现为一定的波动性，抵御风险的能力有待提升。

表 3－5　　2003～2016 年中国旅游经济变化状况

项目	2003 年	2004 年	2005 年	2006 年	2007 年	2008 年	2009 年
旅游外汇收入（亿美元）	174. 06	257. 39	292. 96	339. 49	419. 19	408. 43	396. 75
国内旅游收入（亿元）	3442. 27	4710. 71	5285. 86	6229. 74	7770. 62	8749. 30	10183. 69
旅游总收入（亿元）	4882. 91	6841. 00	7650. 11	8880. 72	10832. 64	11540. 76	12892. 78
汇率	8. 28	8. 28	8. 07	7. 81	7. 30	6. 83	6. 83
增长率（%）	－12. 30	40. 10	11. 80	16. 09	21. 98	6. 54	11. 72
项目	2010 年	2011 年	2012 年	2013 年	2014 年	2015 年	2016 年
旅游外汇收入（亿美元）	458. 14	484. 64	500. 28	516. 64	1053. 80	1137. 00	1200. 00
国内旅游收入（亿元）	12579. 77	19305. 39	22706. 22	26276. 12	30312. 00	34195. 00	39390. 00
旅游总收入（亿元）	15613. 89	22359. 06	25850. 73	29426. 02	36748. 20	41278. 51	47358. 00
汇率	6. 62	6. 30	6. 29	6. 10	6. 12	6. 23	6. 64
增长率（%）	21. 11	43. 20	15. 62	13. 83	24. 88	12. 33	14. 73

资料来源：笔者根据公式计算整理而得。

根据旅游产业全要素生产率及分解结果可知（见图3－2），我国旅游产业全要素生产率的增长绝大部分是得益于技术进步。全要素生产率与旅游经济增长表现出相同的态势，在2003年和2008年均表现出波动性。2003年旅游产业全要素生产率的贡献绝大多数是来自纯技术效率，这表明旅游业在遭受"非典"冲击时，旅游企业管理人员极大地发挥了管理才能，保证了旅游产业能够正常的运行；2008年，我国经济受到世界金融危机的影响，我国旅游产业仍然能够保持增长的态势，可能原因在于旅游管理部门及相关政策对旅游业发展的合理和高效管理。例如，2003～2016年，我国旅游企业的发展规模和旅游产业的合理程度在一定程度上能够抵御外界影响，维持旅游产业发展的稳定性。

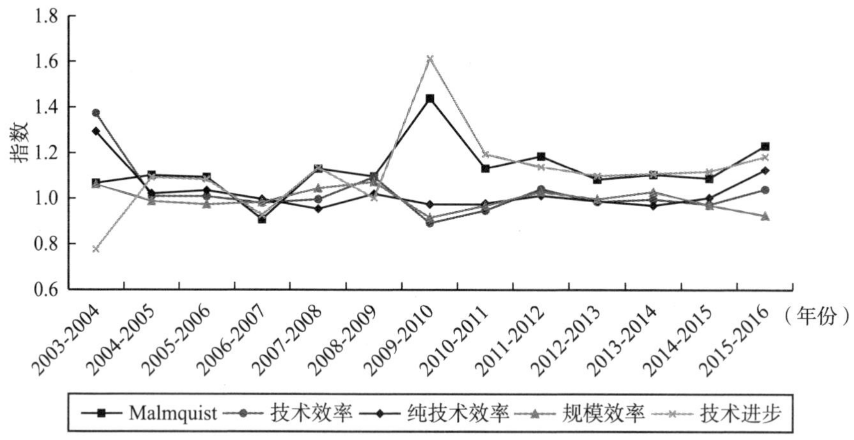

图3－2　2003～2016年中国旅游产业全要素生产率及分解效率变化情况

资料来源：笔者根据生产率指数计算整理而得。

二、旅游产业结构变化与中国旅游经济增长

合理的旅游产业结构能够更好地促进旅游经济增长，增加旅游经济效益。有效认识到地区旅游产业结构变化对旅游经济增长的影响，对于把握旅游经济增长规律具有重要作用。改革开放以来我国旅游产业经过四十多年的发展，产业地位以及在国内生产总值中所占比重都有所提升，如表3－6所示，我国旅游产业规模不断扩大，旅游总收入由2003年4883亿元增长到2016年的47368亿元，旅游总收入在2008年全球金融危机期间有所下降，但由于旅游产业极强的恢复性，因此总体上旅游总收入占GDP的比重有所增加。在旅游产业总体规模不断变化的同时，旅游产业结构也在不断的变化，以更好地适应旅游者不断增长的旅游需求，我国旅游

产业结构由起初的规模扩大到产业结构优化再到旅游产业中各个组成部分水平的提高。

表3－6　　2003～2016年中国旅游产业发展规模

项目	2003年	2004年	2005年	2006年	2007年	2008年	2009年
旅游总收入（亿元）	4883	6841	7686	8881	10847	11584	12894
占GDP比重（%）	3.59	4.28	4.16	4.11	4.08	3.69	3.78
项目	2010年	2011年	2012年	2013年	2014年	2015年	2016年
旅游总收入（亿元）	15681	22435	25848	29475	36728	41275	47368
占GDP比重（%）	3.91	4.74	4.97	5.18	5.77	5.99	6.37

资料来源：2004～2017年《中国旅游统计年鉴》和《中国城市统计年鉴》。

2003～2016年我国旅游企业的数量变化如表3－7所示，研究期间我国旅行社数量由13361家增加到27939家，增长率为109%，说明我国旅行社规模整体上呈现扩大趋势，主要是因为旅行社的进入门槛低且注册及经营资本比较少，并且随着我国旅游业的发展，对旅行社的需求也相应增加。星级饭店数量由9751家增加到9861家，增长率较低，主要原因在于我国饭店业正处于数量扩张向质量取胜的转型阶段。旅游景区数量由3901家增到8659家，增长率为122%，增长速度较快，主要是因为旅游景区是旅游产业结构中的核心企业，是保证旅游业持续发展的必要条件。

表3－7　　2003～2016年中国旅游企业数量变化　　单位：家

年份	旅行社	星级饭店	旅游景区
2003	13361	9751	3901
2004	14927	10888	3834
2005	16245	11828	4392
2006	17957	12751	4584
2007	18943	13583	8266
2008	20110	14099	7844
2009	20399	14237	7775

续表

年份	旅行社	星级饭店	旅游景区
2010	22691	11779	—
2011	23690	11676	1767
2012	24944	11367	1964
2013	26054	11687	6604
2014	26650	11180	7359
2015	27621	10550	8954
2016	27939	9861	8659

资料来源：2004～2017年《中国旅游统计年鉴》（正副本）。

旅游产业结构的变化不仅包括旅游景区业、旅游住宿业、旅行社业、旅游交通业、旅游购物业等旅游产业部门在旅游经济增长过程中的规模变化，还包括整个旅游产业中各个部门所占比重的变化。旅游产业结构变化和旅游经济增长相互促进，旅游经济增长能够推动旅游产业结构的变化，而旅游产业结构是旅游经济稳定增长的保障。我国在旅游经济增长过程中产业结构向着合理化和高级化变化，旅游产业结构合理化是指产业与产业之间协调能力的不断加强并且各产业之间关联水平提高，合理化不仅包括各种产业要素的数量比例关系还包括质量协调关系。旅游产业结构高级化指在旅游产业结构合理化的基础上，充分发挥科技进步和社会分工的优势作用，将科技融入旅游产业、使高附加值旅游产业部门所占比重不断提高。随着我国经济的发展和技术的不断进步，旅游产业结构的整体效率向更高层次演变，主要体现在旅游者对旅游娱乐和购物的需求不断增加，由于旅游娱乐业和旅游购物业的边际利润相对较大，因此应该不断提高二者的比重。对于旅游产业发展相对落后的地区，旅游产业结构合理化仍是首要目标。总之，国家应根据旅游者需求和旅游产业结构状况推出相应的旅游产业政策，以更好地促进我国旅游业可持续发展，保障我国旅游经济的可持续增长。

三、旅游环境承载力变化与中国旅游经济增长

旅游环境是由自然生态环境和人文社会环境构成的复合环境系统，以旅游者为中心，以旅游目的地为空间范围。旅游目的地的环境是其吸引力之一，随着经济的发展和社会的进步，人们的旅游需求越来越旺盛，旅游

人数急剧增加，使得我国旅游经济得到了突飞猛进的发展。但由于我国旅游业兴起相对较晚，且对生态环境具有较强的依赖性，旅游资源的开发与规划以及旅游基础设施供给的速度已经远远落后于旅游需求，部分景区在破坏环境的情况下盲目追求经济效益，导致我国旅游经济增长的同时旅游环境承载力却不断下降，旅游生态赤字越来越大。2003～2016 年人均旅游收入由 337.86 元增加至 2848.75 元，年均增长率高达 15.18%，而人均旅游生态承载力由 0.0297 公顷下降至 0.0196 公顷，旅游生态赤字愈渐加重，表明我国旅游环境承载力不仅没有随着旅游经济的增长有所改善，反而旅游生态赤字越来越大。

进一步绘制人均旅游收入和旅游生态赤字关系的散点图，以更加直观地分析 2003～2016 年我国人均旅游收入和旅游生态赤字的关系。如图 3－3 所示，人均旅游收入与人均旅游生态赤字之间呈现出上升趋势的线性相关关系，可见我国人均旅游生态赤字的形成与旅游经济的持续增长是密不可分的。基于此，人均旅游收入与人均旅游生态赤字两个变量之间可以建立线性回归模型。

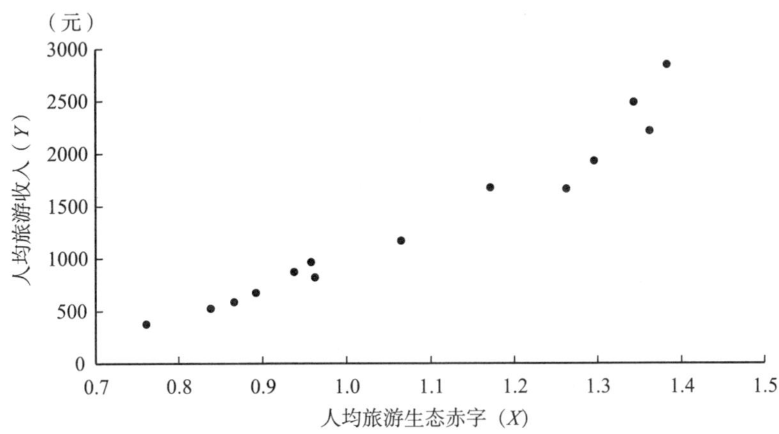

图 3－3　2003～2016 年人均旅游收入与人均旅游生态赤字散点图

资料来源：根据前文计算结果绘制所得。

我国人均旅游收入与人均旅游生态赤字的一元线性回归模型为：$Y=\alpha X+\beta$，其中，Y 为被解释变量，表示人均旅游收入，X 为解释变量，表示人均旅游生态赤字，α 为回归系数，表示人均旅游生态赤字对人均旅游收入的影响程度，β 为常数项。回归结果表明，α 与 β 均通过 1% 的显著性水平检验，且 $\alpha=3072.279$，$\beta=-1958.064$，表明人均旅游收入与人均旅游生态赤字呈正相关关系，且人均旅游生态赤字每提高 0.01 个单位，人均旅游收入将增加 30.72 元。此外，利用拟合优度 R^2 检验回归模型对观测值的拟合程度，R^2 值越接近于 1，数据拟合度越好，说明人均旅游生态赤字对人均旅游收入的解释力越强。根据拟合结果，$R^2=0.913$，表明回归模型的解释能力约为 91.3%。拟合程度较高，表明人均旅游收入与人均旅游生态赤字呈正相关关系。

旅游业的发展对旅游目的地的经济、社会、生态等具有一定的依赖性，旅游环境承载力的大小直接制约着旅游经济的增长。在旅游业发展过程中出现旅游生态赤字，表明我国旅游发展出现不可持续状态，资源消耗促进了旅游业的发展。例如，不合理的木材砍伐、开采等活动对旅游景区资源和环境造成较为严重的破坏，因此，旅游经济的持续增长伴随着旅游生态赤字增大。在旅游活动过程中，旅游者会产生大量的垃圾、污水等废弃物，尤其是在旅游旺季处理不及时，会对旅游目的地环境产生污染，从而影响目的地形象。同时，事件旅游、专题旅游等大规模旅游活动在短时间内会对旅游目的地环境造成大量的污染，往往超出旅游环境的自我净化能力，加之旅游景区景点排污能力和处理垃圾的能力有限，因此使得旅游目的地资源与环境受到破坏，导致旅游环境承载力的下降。例如，在旅游旺季，我国近岸海域生态环境长时间处于临界超载状态，致使其支撑滨海旅游发展的能力开始弱化，沙滩垃圾、海岸侵蚀加剧和生态恶化等也在一定程度上影响滨海旅游目的地的环境质量，降低了其吸引力和竞争力。而在我国经济发达地区，旅游产业的发展程度较高，这就对旅游资源环境有了更高的要求，如何能够有效地将旅游环境和旅游资源转换成旅游经济成为旅游经营者追求的目标。

当前我国对旅游资源的利用效率有待提升，由于自然资源环境的季节性特征，许多资源依托型旅游景区存在较为显著的季节性，使得旅游资源的年利用率不高。例如，香山赏枫叶对季节具有极强的依赖性，而在其他季节旅游人数相对于秋季有一定程度的下降。2013 年国庆期间，九寨沟游客滞留事件是旅游景区超载的重要表现。2018 年春节期间海口市大量游客滞留，是由于交通承载能力弱、区域发展不均衡等造成的。旅游景区超载会导致短期经济利益的增加和旅游环境系统的破坏，而在旅游淡季景区游客规模较小也会造成资源的闲置和浪费，降低旅游资源利用效率。因此应重视多元市场推广、可持续营销等措施进行“引风”工作，以充分调控和利用旅游环境承载力，促进旅游资源利用效率的提升。综上所述，面对我国旅游经济增长过程中出现的资源消耗与环境污染等问题，应遵循可持续发展原则，大力发展绿色旅游，有效提升旅游环境承载力和降低旅游生态赤字。

第三节　中国旅游经济增长的主要特征

一、中国旅游经济增长的有效性

旅游经济增长是各种投入要素综合作用的结果，是以一定的投入获得最大的产出。旅游经济增长的有效性是评价旅游经济增长质量的核心要素，在一定程度上代表着旅游经济增长质量的优劣，主要是指旅游经济增长的效率，即旅游要素投入与产出的比率，它的高低是影响旅游经济增长质量的决定要素，主要体现在旅游产业要素利用效率、旅游技术效率及旅游规模效率。旅游经济增长越有效，旅游经济增长质量越高，旅游经济增长的有效性是保证我国旅游经济高质量增长及其持续性的重要条件。

（一）旅游产业要素利用效率

旅游产业要素利用效率是指在特定条件下，以一定的投入获得最大的产出，从而达到经济效益的最大化。由于旅游业属于综合性产业，我国旅游经济的增长主要以旅游资源开发和旅游产业服务为引擎，尽可能获得最大的产业要素利用效率。因此，提高旅游产业要素的利用效率是提高我国旅游经济增长有效性的必要条件。作为旅游产业六大要素（食、住、行、游、购、娱）之一，旅游饭店既属于劳动密集型行业，也属于资金密集型行业，同时依托于管理要素，因此提高旅游饭店要素利用效率的关键在于提高资金的利用率，加强科学管理，提高管理效率。而旅行社依托于人才和知识，属于知识密集型行业，更要注重知识的更新利用效率。总之，只有旅游产业各行业部门的整体效率都提高才能促进我国旅游经济的有效增长。另外，我国不同地区由于旅游发展程度不同，对旅游要素的利用能力也有所不同，部分地区旅游经济的发展仍属于粗放型，忽视了旅游发展的质量和效益而盲目投入过多要素，在一定程度上降低了旅游产业要素的利用效率，导致产出降低，旅游经济呈现低效率增长。例如，很多地区在主题公园的开发和旅游购物商业街的改造上投入了大量资本要素，实践证明，大量的雷同建设不仅未能取得预期的效益，还造成了资源的浪费。

（二）旅游产业结构的外部协调性

旅游产业结构的外部协调性是指旅游产业与其他相关产业的互动与融合发展。首先，是指旅游业与第一产业的协调配置。例如，旅游业与农业、林业进行融合发展乡村旅游、建造旅游度假区、疗养区以满足人们休闲疗养，回归大自然的需求等；旅游业与渔业进行结合发展休闲渔业，开发特色新型旅游产品，发挥和挖掘渔村的休闲旅游功能，并有助于促进乡村振兴。其次，是指旅游业与第二产业的协调配置，旅游业与工业融合而形成的新型旅游业态。例如，依托国家重大工程项目和现代化工业生产而开发的工业旅游项目。作为工业资源与旅游产业交叉融合形成的一种新型旅游业态，工业旅游具有显著的“旅游+”作用，在融合过程中不仅带给其他产业新市场和新方向，也从中汲取了全新的运作模式、经营理念和资本力量。最后，是指旅游业与第三产业服务业的协调配置及融合。例如，科普旅游、体育旅游、医疗旅游、奖励旅游、会展旅游、修学旅游、自驾车旅游、公务旅游、节事旅游、文化创意旅游等。随着信息技术的发展进步，旅游业与信息产业的协调融合愈加凸显，信息技术在旅游业中的应用可以提高旅游产业经营和管理效率，实现旅游管理信息化，主要表现在旅游电子商务及智慧旅游的发展。例如，与“智慧旅游”相呼应的“智慧景区”与“智慧酒店”的打造，“智慧景区”的提升体现在电子门票与电子门禁、门户网站、通信网络等方面的应用，“智慧酒店”体现利用智能化的酒店管理与运营体系，以提高酒店的管理效率。总体而言，旅游产业与其他产业的融合发展和协调促进，有利于实现我国旅游经济高质量的增长。

综上所述，地区旅游产业结构合理，资源配置有效，能够促进旅游产业结构的内部协调和外部协调，也是保证旅游经济增长协调性的重要方面。

二、中国旅游经济增长的持续性

旅游经济增长的持续性是指旅游经济保持持续增长的能力，旅游经济能否持续增长不仅和旅游产业要素的投入量有关，同时和旅游环境承载力有紧密的联系。旅游环境包括旅游目的地的生态环境、文化环境以及社会环境等多个方面，旅游环境是多个承载要素与承载功能交互作用下形成的复合系统，本质是对旅游环境系统组成与结构特征的综合反映。旅游环境承载力是在一定时空范围内，在确保旅游资源合理开发利用和生态环境良性循环发展前提下，旅游环境复合系统能够承载的最大旅游活动强度，包括游客密度、土地利用强度与经济发展强度等。其表征了由经济、社会、资源以及生态等多重要素构成的旅游环境系统对旅游产业发展的最大承受能力，是判断一段时期内不同尺度区域旅游环境可持续承载的综合性指标（刘佳，2007）。各类旅游活动的开展均需良好的生态环境作为支撑。而旅游资源的调查评价、旅游产品的开发设计以及旅游产业的综合管理皆离不开旅游环境的监测与保护，且对自然环境、文化环境以及社会环境都具有很强的依托性。因此提升旅游环境的整体承载力对我国旅游经济增长的持续性起着至关重要的作用。

（一）旅游生态环境因子与持续性

旅游是游客离开常居地惯常环境到异地情境进行的具有休闲与消遣属性的一段短暂经历，干净舒适的自然环境与安全有序的社会环境不仅是高品质旅游产品的组成内容，更是顺利开展旅游活动的重要保障，以及目的地旅游业持续发展、旅游经济持续增长的首要条件。一般而言，旅游产品分为资源依托型旅游产品和资源脱离型旅游产品，其中资源依托型旅游产品对生态环境具有强依赖性，旅游目的地生态环境的好坏及其承载力直接制约引导着区域旅游业的发展方向与状况。一方面，旅游环境承载力在一定程度上对旅游经济增长的水平产生约束，同时生态环境具有脆弱性，一旦遭到破坏，短时间内无法恢复，进而影响旅游经济的持续增长；另一方面，旅游业的过度开发也会对旅游目的地的生态环境产生一定的消极影响。当旅游产业发展需要的生产、生活及生态空间日趋拥挤，资源的浪费与破坏现象加重，旅游经济增长对区域旅游产业环境产生负面胁迫效应时，环境则无法为旅游经济增长工作提供持续供给，反之还会由于阻碍区域经济发展、排斥外来人口居住、降低产业投资环境竞争力以及政策法规干预等多重因素对旅游经济产生负向反馈，成为其发展道路上的阻碍与瓶颈。因此，在发展旅游业时，要注重当地生态环境的保护，同时要根据旅游环境承载力来接待旅游者，防止接待过多而破坏旅游经济增长的持续性。

（二）旅游文化环境因子与持续性

不同的地域文化为旅游经济增长提供软环境，在旅游业的发展过程中，文化因素在其中具有不可替代的作用，游客对当地文化的满意度更是其旅游业持续发展、旅游经济持续增长的命脉，主要表现为旅游业的各个行业的发展都与当地文化有紧密的联系，在进行旅游资源开发时，除了要考虑自然资源本身的资源禀赋之外，还要与区域文化因素相融合，提高旅游资源及产品的文化附加值，打造能够充分体现区域文化特色的优秀旅游产品，有效地提高旅游目的地对外来居民的旅游吸引力与综合竞争力。例如，随着国民经济的发展与居民生活水平的不断提高，餐饮业已经不单单是提供饮食，满足人们基本生理需求的场所，更加注重文化要素与整体环境的融合，如增加用餐环境的文化要素或开发具有地方特色和文化原真性的菜品等，以满足人们精神追求。值得注意的是，大量涌入的外来游客同样也给区域旅游目的地的本土文化产生一定冲击，这无疑损害了当地旅游文化的原真性与完整性，进而对当地旅游业的可持续健康发展产生不利影响，如果当地文化不能很好地规避同化作用，就会失去当地旅游地方特色，使旅游目的地提早地进入衰退期。因此，加强文化与旅游业的融合性对当地旅游业的可持续发展具有格外重要的意义，各地区发展旅游业时要将文化创意融入旅游活动的各个过程，以保证地区旅游经济的可持续增长。

（三）旅游社会环境因子与持续性

旅游社会环境承载力是指旅游目的地在其旅游业发展某个时间范围内，政治、安全、教育、信息科技等社会环境对旅游及其相关活动的承载能力，主要包括教育素质、社会效应、信息与政策，衡量指标主要包括旅游目的地的社会治安状况与当地居民的友好程度。首先，营造稳定的旅游目的地社会环境是游客前往目的地开展旅游活动的首要条件；其次，是旅游目的地居民对待游客的态度，1975 年国外学者多克赛提出了著名的“愤怒指数”理论，该理论提出随着旅游业的不断发展，旅游目的地居民对外来游客的认知与态度必然会经历愉悦、冷淡、愤怒以及反抗等四大主要阶段，对于以中国为代表的大量发展中国家的旅游发展进程而言，旅游目的地居民对外来游客的反应态度却往往以愉悦、怀疑、防备以及冷漠等一系列的形式出现（保继刚，2014）。即旅游者的到来虽然带动了当地经济的发展，但也带来了很多的消极影响，比如旅游者对当地居民生活环境的侵入导致他们生活空间缩小，有可能造成资源的消耗和环境的污染，旅游者离开后产生的垃圾需要当地居民进行处理。这些消极的影响会导致当地居民对外来旅游者的态度由友好向麻木最后向不友好转变。综上，提高旅游社会环境承载力同样也是实现旅游经济可持续增长的重要内容，这就要求从行政管理上加强规范，重视旅游目的地社区文明建设与发展，推进旅游业发展与旅游目的地居民态度、社区文化环境与社会环境的协调发展与共同进步，不断提高旅游目的地社区居民的经济收入水平与生活质量。与此同时，还需要对旅游者的行为加以规范管理，积极倡导绿色、文明的旅游行为。随着 2013 年《中华人民共和国旅游法》的正式出台与 2016 年 11 月《全国人民代表大会常务委员会关于修改〈中华人民共和国对外贸易法〉等十二部法律的决定》对《中华人民共和国旅游法》作出的修改，有助于在一定程度上有效规范游客行为，缓解旅游目的地居民与外来游客间紧张的主客关系，促进当地旅游业的可持续发展与旅游经济增长的持续性。

综上所述，良好的旅游环境是旅游业生存和发展的基础和条件，旅游社会环境、旅游文化环境与旅游生态环境等，直接影响旅游产业效益与发展质量。

第四节　本章小结

研究中国旅游经济增长质量问题，既需要对过去旅游经济增长的历史经验进行梳理，又需要对未来中国旅游经济增长的潜力进行分析和预测。本章分别采用数据包络分析、偏离－份额模型和生态足迹模型等研究方法，从旅游产业效率、旅游产业结构和旅游环境质量三个维度，对中国旅游经济增长的状况和问题进行回顾与总结，分析旅游经济增长要素转变、旅游产业结构调整与旅游环境承载力变化与中国旅游经济增长的演进轨迹，进而分析中国旅游经济增长的有效性、协调性和可持续性特征。进入 21 世纪以来，中国旅游产业得到了持续快速发展，旅游产业全要素生产率、旅游产业结构水平与旅游环境状况呈现波动变化态势，并形成较大的产业规模和较高的发展水平。但旅游产业仍不能适应经济社会发展新阶段的要求，存在诸如效率低下、结构不合理与发展协调性不强等矛盾和问题，主要原因在于随着我国旅游产业的快速发展与不断完善，传统发展方式已无法满足多样化的旅游需求，产业结构调整和效率提升对旅游产业发展的支持不足，结构不合理、效率不足已成为制约旅游产业进一步发展的瓶颈。当前，中国经济进入新常态，也对旅游产业发展提出新要求，旅游产业适应并使自身转入“新常态”，关键在于“调整结构、转型升级、质效为先”，在今后旅游产业发展的过程中，应当坚持有效性、协调性与持续性等原则，努力推进旅游经济的健康发展与可持续增长。

第四章　中国旅游经济增长质量综合测度与评价

本章在前文理论体系架构的基础上，整合产业效率、产业结构和旅游环境三个维度，构建旅游经济增长质量的综合评价指标体系，选取我国30个省份为研究区域，对中国旅游经济增长质量的总体水平、子系统水平、动态变化特征及其地区差异演化规律进行实证分析。

第一节　旅游经济增长质量评价指标体系的构建

一、指标体系构建的基本原则

建立一套科学合理的评价指标体系是客观评估和有效识别旅游经济增长质量的基础和前提。全面系统地把握并选择具有代表性、可量化的指标是构建评价体系的首要条件，也是旅游经济增长质量状况得以科学衡量的保证。在选取指标和构建评价体系时，需遵循以下四个基本原则：

第一，全面科学性原则。全面科学性是指标体系构建需要遵循的首要原则。用以表征旅游经济增长质量的指标体系应该建立在科学的基础之上，既要符合理论依据，又要反映旅游经济增长质量的基本状况。旅游经济增长质量状况涉及旅游产业增长效率、旅游产业结构状况、旅游资源环境质量等多个方面，这就要求在选取评价指标时，要尽可能保证指标选取的全面性，既要客观地体现旅游经济增长质量的状况，同时也要考虑时代发展背景下的增长态势，选取的评价指标要全面地、客观地、科学地反映旅游经济质量的综合水平。

第二，系统完整性原则。旅游经济增长质量评价体系的构建要保证系统完整性，选取的评价指标要尽可能系统的、完整的反映旅游经济增长质量状况，以便科学、客观、合理地对旅游经济质量状况进行评价。旅游经济活动作为一种较为复杂的经济活动现象，同时也是一个完整的经济运行系统，由众多旅游经济活动组成，其增长质量也受各个子系统增长质量状况的影响。在构建旅游经济增长质量评价指标时，不仅要考虑到旅游经济整体状况，同时也要重视相关子系统的增长质量状况，力求真实、科学地反映旅游经济增长质量水平。

第三，标准通用性原则。影响旅游经济增长质量的因素是复杂多变的，为保证量化指标的可行性和科学合理性，在选取可量化的旅游经济增长质量评价指标时，要保证指标选取的典型性、标准性和通用性。典型性是要确保所选取的评价指标能够在一定程度上反映旅游经济增长质量状况，避免选取过多的或彼此可互相替代的、意义交叠的指标。标准通用性是要求在筛选评价指标时应尽量使选取的评价指标实现标准统一，避免指标无法在同一概念基础上进行量化和比较分析，同时也要保证评价指标的通用性，使评价指标具备广泛适用性。

第四，实用可行性原则。构建评价指标体系是为了正确反映和评价旅游经济增长质量，以客观分析旅游经济的基本状况和发展态势，为旅游经济的长期可持续增长提供理论依据。在构建评价指标体系时，要客观考虑指标的可获取性、实用性，选取的评价指标既要反映旅游经济质量的实际水平，同时也要保证指标的可量化性与可比对性。

二、评价指标体系的要素构成

经济增长数量与质量是经济增长问题的两个方面，数量扩张和质量提高共同构成了经济增长的全过程。增长质量反映的是经济增长的优劣程度（任保平，2012），是指非要素投入而引起的效率提高（Arrow，1962）。新古典经济理论首先将技术进步的因素（Solow，1956）纳入经济增长理论当中，其主要表现在投入要素本身的质量和要素组合的质量，如劳动力知识水平的提高和生产结构的调整和改变，人力资本因素（Uzawa，1965）被引入经济增长的理论当中，人力资本水平的提高反映了技术进步，这一改变将技术进步从外生因素转化为内生因素。在旅游研究领域，旅游经济增长是一个复杂而又多层面的问题。旅游经济增长质量反映了旅游经济增长的内在本质，具有丰富的内涵和规律，是旅游产业效率提高、结构优化和承载力提升的有机统一，其中生产率提高、技术进步与创新是旅游经济可持续高质量增长的根本保障；旅游产业结构转型和优化，可以改变旅游经济增长的动力机制；随着旅游环境承载力的提升和生态环境代价的降低，旅游经济增长质量将会得到提高。因此，增长效率、结构均衡和资源环境约束是衡量旅游经济增长质量的重要维度，基于全面科学性、系统完整性、标准通用性和实用可行性等原则，本研究从旅游产业效率、旅游产业结构和旅游环境质量 3 个层面，构建旅游经济增长质量的综合评价指标体系，包括 3 个准则层、6 个子准则层和 15 个具体指标（见表 4－1）。

表 4－1　　　　中国旅游经济增长质量评价指标体系

<table>
<tr><th>目标层</th><th>准则层</th><th>子准则层</th><th>指标层</th><th>具体含义</th><th>单位</th></tr>
<tr><td rowspan="10">旅游经济增长质量（F）</td><td rowspan="5">旅游产业效率 B_1（0.4905）</td><td rowspan="2">旅游经济增长稳定性 C_1（0.4）</td><td>旅游经济增长率（0.2727）</td><td>旅游总收入的增长率</td><td>%</td></tr>
<tr><td>旅游经济增长波动性（0.7273）</td><td>旅游经济增长率的变动性</td><td>%</td></tr>
<tr><td rowspan="3">旅游经济增长效率 C_2（0.6）</td><td>旅游劳动生产率（0.6768）</td><td>每个旅游业从业人员平均创造的价值</td><td>%</td></tr>
<tr><td>旅游劳动弹性系数（0.1925）</td><td>旅游业投入效率</td><td>—</td></tr>
<tr><td>旅游人均消费（0.1307）</td><td>旅游者对旅游经济增长的贡献</td><td>%</td></tr>
<tr><td rowspan="5">旅游产业结构 B_2（0.3119）</td><td rowspan="2">旅游产业结构合理化 C_3（0.4286）</td><td>旅游收入占第三产业比重（0.7273）</td><td>地区旅游总收入占第三产业生产总值的比重</td><td>%</td></tr>
<tr><td>高星级饭店个数合理度（0.2727）</td><td>区域内高档饭店分布的合理数</td><td>—</td></tr>
<tr><td rowspan="3">旅游产业结构高度化 C_4（0.5714）</td><td>高弹性收入占总收入的比重（0.6194）</td><td>高弹性部门的收入占旅游总收入的比重</td><td>%</td></tr>
<tr><td>旅游创新能力（0.0964）</td><td>科技进步对旅游业的推动作用</td><td>个</td></tr>
<tr><td>入境旅游收入占旅游总收入比重（0.2942）</td><td>高端游客对旅游业的贡献情况</td><td>%</td></tr>
</table>

续表

目标层	准则层	子准则层	指标层	具体含义	单位
旅游经济增长质量（F）	旅游环境质量 B_3（0.1976）	旅游资源质量 C_5（0.625）	旅游资源品位度（0.2923）	旅游资源的美学价值、历史价值和稀有程度	个
			人均公园绿地面积（0.0807）	人均绿地占有量	平方米
			旅游资源知名度（0.6270）	旅游者对区域内旅游资源的认可度	条
		旅游生态环境质量 C_6（0.375）	建成区绿化覆盖率（0.8333）	旅游生态系统质量	%
			生活垃圾处理率（0.1667）	地区对旅游环境的净化能力	%

（一）旅游产业效率 B_1

旅游产业效率指一个地区在运用一定的成本之后所能获得的经济效益，反映了旅游经济活动的投入和产出之间的内在联系与比率关系，是衡量旅游资源合理利用和旅游经济发展水平的重要依据。这里采用旅游经济增长稳定性和旅游经济增长效率两方面加以衡量。首先，稳定性是影响旅游经济增长的重要因素，其与经济增长的持续性之间相互联系。持续增长强调经济增长的连续状态，稳定增长则强调增长过程的平衡状态，稳定增长包含持续增长，而持续增长则不一定表现为稳定增长。这里采用旅游经济增长率和旅游经济增长的波动性指标对旅游经济增长的稳定性进行表征。其次，增长效率是影响旅游产业效率水平的另一个指标。单位投入获得对产出越多，旅游经济增长质量越高，主要依靠科技进步、从业人员素质的提高、政策的投入、良好的金融环境、健康的市场体系等等。这里采用旅游劳动生产率、旅游劳动弹性系数和旅游人均消费来表征旅游经济增长效率水平。

1. 旅游经济增长稳定性 C_1

旅游经济增长率是反映旅游业经济增长稳定性的重要指标。本研究中，旅游经济增长率即为旅游总收入的增长率。其计算公式为：第 t 年的旅游经济增长率 =（第 t 年的旅游总收入/第 $t-1$ 年的旅游总收入 -1）× 100%。旅游经济增长的波动性是指旅游经济增长率的变动性，反映了旅游经济增长的稳定性。计算公式为：第 t 年旅游经济增长波动性 = 第 t 年的旅游经济增长的波动率/第 $t-1$ 年旅游经济增长率，波动率 = 增长率的标准差/增长率的均值。

2. 旅游经济增长效率 C_2

单位投入获得的产出越多，经济增长质量越高。旅游劳动生产率反映了每个旅游业从业人员平均所创造的价值。计算公式为：旅游劳动生产率=旅游业总收入/旅游业从业人数。旅游劳动弹性系数即旅游业要素增长率与地区经济增长率的比值，反映的是投入效率，旅游劳动弹性系数与旅游经济增长质量呈反向关系，其计算公式为：旅游劳动弹性系数=当期旅游业从业人员增长率/同期旅游总收入增长率。旅游人均消费反映了参与旅游活动的主体对经济增长的贡献情况，其计算公式为：旅游人均消费=旅游总收入/旅游总人数。

（二）旅游产业结构 B_2

旅游产业结构指旅游经济各部门、各地区、各种经济成分及经济活动各个环节的构成与相互联系、相互制约的关系，这里从合理化和高度化两个方面综合测度地区的旅游产业结构。

1. 旅游产业结构合理化 C_3

旅游产业结构的合理化是使得旅游产业内部各部门保持符合产业发展规律和内在联系的比例。旅游产业结构实现了合理化，才能促使旅游产业发展既符合经济发展规律，又与国民经济各部门的发展相协调。旅游收入占第三产业比重是指地区的旅游总收入占第三产业生产总值的比重，第三产业对国民生产总值的贡献越大，表明本地区经济发展水平较高，而旅游产业作为第三产业的重要组成部分，其对第三产业的贡献值越大，表明本地区旅游产业与地区经济发展水平越相适宜，旅游产业结构越合理；旅游产业结构的合理化不仅需要与地区经济的发展相协调，同时需要产业内部各部门之间保持一定的比例关系。按照国际上旅游发达国家的饭店结构比例，地区高、中、低档饭店的比例应保持在1∶4∶5的合理范围之内。高档饭店比例合理度是指区域内高档饭店分布的合理程度，其计算公式为：高档饭店比例合理度=地区高档饭店个数/地区饭店总数-1/10。

2. 旅游产业结构高度化 C_4

旅游产业结构的高度化是指新兴旅游景点和服务设施等迅速发展，与旅游产业相关的技术水平不断提高，且旅游产值在国民生产总值中的比重不断提高，能很好地反映旅游产业结构的水平（刘佳和杜亚楠，2013）。在旅游产业各部门中，除食、住、行等基本需求部门之外的部门为高弹性部门，高弹性部门的收入占旅游总收入的比重，反映了旅游产业结构发展的高度化水平；旅游产业结构的高度化还体现在科技进步上，而科技创新能力是科技进步的重要体现方式。专利制度已成为建设创新型国家的重要制度保证，其推动科技进步的作用在实践中已得到充分体现，这里采用旅游专利个数来表征旅游创新能力；入境旅游市场被认为是我国旅游市场中消费潜力较大、消费水平较高的重要部分，因此入境旅游收入占旅游总收入的比重能够较好地反映高端游客对旅游业的贡献情况。

（三）旅游环境质量 B_3

旅游环境质量主要由旅游资源环境质量和旅游生态环境质量来表征。

1. 旅游资源环境质量 C_5

旅游资源环境质量用旅游资源品位度、人均公园绿地面积和旅游资源知名度来表征。其中，旅游资源品位度用国家4A级以上旅游景区个数来进行表征，旅游资源品位度反映了旅游资源的美学价值、历史价值、稀有程度，从景区质量方面反映了地区旅游资源的总体质量；人均公园绿地面积从人均绿地占有量方面反映了旅游资源的总体质量；旅游资源知名度越高，旅游流向该城市的集聚倾向越强，能够承受较多的旅游者和相应的旅游活动，表明旅游者对本地区旅游资源的认可度越高，反映了该地区旅游资源的质量。

2. 旅游生态环境质量 C_6

旅游生态环境质量用建成区绿化覆盖率、生活垃圾处理率来表征。建成区绿化覆盖率反映了旅游生态环境系统的质量，绿化率越高，旅游吸引力越强，其计算公式为：建成区旅游化覆盖率（%）= 建成区范围内各类绿地的总面积之和/建成区土地总面积 ×100%。生活垃圾处理率反映了地区对旅游环境的净化能力，其计算公式为：生活垃圾处理率（%）= 生活垃圾无公害处理量/生活垃圾总量 ×100%。

为了保证相关指标数据在时间上的连续性以及空间上的可比性，本研究未将西藏（部分年份统计数据缺失）地区纳入研究，港澳台地区因统计口径与大陆有较大差别，也未将其纳入研究。故本研究的研究区域为除我国西藏和港澳台地区之外的中国30个省份，以省级行政单位作为空间分析的最小单元，基于指标数据的可获得性、客观性和可比较性，选取2003～2016年相关指标数据作为研究样本，原始数据来源于2004～2017年《中国旅游统计年鉴》《中国经济年鉴》《中国城市统计年鉴》《中国城市建设统计年鉴》《中国区域经济统计年鉴》以及各省市统计网站、旅游政务统计网站等。

三、旅游经济增长质量综合指数模型

首先，进行指标标准化。在多指标综合评价中，由于指标对目标层作用的方向不同，因此需要对指标进行正向化处理。正向指标指的是指标数值越大，旅游经济增长质量水平越高；逆向指标指的是指标数值越大，旅游经济增长质量水平越低；适度指标意味着指标数值接近固定值，旅游经济增长质量水平越高。在综合评价过程中需要对逆向指标和适度指标正向化，处理之后，指标数值越大，旅游经济增长质量水平越高。其次，由于不同评价指标往往具有不同的单位，为了消除原始指标单位的影响，使各指标能够进行比较，还应将各评价指标作无量纲化处理，以方便计算，保证结果评价的准确性。假设有 m 个对象，n 个评价指标，则 x_{ij} 表示第 i 个对象的第 j 项指标值，在这里 i 表示其所在省份，j 表示第 i 省份的第 j 个指标。

适度指标正向化公式：

$$X'_{ij} = -\left|X_{ij} - k\right| \tag{4-1}$$

其中，适度值 k 取各省份该指标值的平均值。

逆向指标正向化公式：

$$X'_{ij} = -X_{ij} \tag{4-2}$$

指标无量纲化公式：

$$X'_{ij} = \frac{X'_{ij} - \min\limits_{1 \leqslant i \leqslant k}(X'_{ij})}{\max\limits_{1 \leqslant i < k}(X'_{ij}) - \min\limits_{1 \leqslant i \leqslant k}(X'_{ij})} \tag{4-3}$$

权重的确定方法大致可以分为三类：一是主观评价法，如德尔菲法、专家会议法等；二是客观评价法，如熵权法、主成分分析、灰色关联法等；三是主客观相结合的评价方法，如层次分析法、ELECTRE 法、证据理论和粗糙集等。主观评价方法往往是评价者根据专家的经验确定评估指标权重，但容易产生主观偏差。而客观评价法主要根据各指标值的数量特征确定权重，能够一定程度上减少人为主观影响的程度，但完全依托客观统计数据可能不能有效反映实际问题。层次分析法是一种主观和客观、定性与定量相结合的多目标决策分析方法，其将决策者和专家的经验判断进行量化，从而确定各层次的权重，进而为判断和决策提供根据。因此，本研究采用层次分析法确定各层次的权重，根据所构建的评价体系，结合德尔菲法，邀请有关专家分别对指标体系的准则层、子准则层及具体指标层进行赋值，对各专家打分情况汇总比较，进而构建出多个比较判断矩阵，并分别进行一致性检验，分别得到如下检验结果：

$$C.R._{C_1}=0.0463<0.1，C.R._{C_2}=0.0824<0.1，$$
$$C.R._{C_4}=0.0747<0.1，C.R._{C_5}=0.0821<0.1$$

根据检验结果，判断矩阵具有满意的一致性，通过一致性检验，最终确定中国旅游经济增长质量评价指标的权重 w_j。

对于无量纲化后的评价指标值以及对应的指标权重，利用多目标线性加权函数法，对 n 个评价指标进行指数加权处理，对中国旅游经济增长质量水平进行综合测度与客观评价，其计算公式为：

$$F_j = \sum_{i=1}^{p} w_{ij} \sum_{i=1}^{m} b_{ij} \sum_{i=1}^{k} a_{ij} \times X''_{ij} \tag{4-4}$$

其中，F_j 表示某一省份第 j 年旅游经济增长质量综合指数；p、m、k 为各指标层因素个数；w_{ij}、b_{ij}、a_{ij} 为第 j 年第 i 个各指标层相应指标的权重；X''_{ij} 表示无量纲化处理后的各项指标。

同样，根据层次分析法所确定的权重与标准化数据矩阵相乘，然后多指标综合加权得到三个准则层：旅游产业效率指数 F_{TIE}、旅游产业结构指数 F_{TISL}、旅游环境质量指数 F_{TEQ}，分别表征旅游经济增长质量三个子系统，描述旅游经济增长质量系统在旅游产业效率、旅游产业结构和旅游环境质量的状况。

第二节　中国旅游经济增长质量总体特征与动态变化

一、旅游经济增长质量的总体特征

（一）总体水平与类型特征

采用多目标线性加权模型对中国旅游经济增长质量的综合水平和各子系统指数进行测度，旅游经济增长质量水平采用 30 个省份的旅游产业效率、旅游产业结构和旅游环境质量三个子系统的综合水平进行衡量。如图 4-1 所示，2016 年各省份旅游经济增长质量综合指数水平有所提升，以天津、吉林、贵州、四川为主要代表，提升速度较快，旅游经济增长质量水平较高，而北京、上海、福建等省份旅游经济增长质量水平增速减缓。主要原因是旅游产业效率的提升、旅游环境质量的不断改善以及旅游产业结构的优化调整促使贵州、四川等省份旅游经济增长质量水平提升，而北京、上海等省份虽然存在旅游产业效率较高的优势，但是环境污染、生态破坏等现象使得旅游环境质量水平下降，从而导致旅游经济增长质量水平有所下降。总体来看，旅游经济增长质量位于前列的省份主要分布在东部地区，这些省份优越的地理位置、适宜的气候环境和发达的经济等因素吸引了大量的国内外游客，旅游经济发展迅速，因而旅游产业效率较高、旅游产业结构合理，进一步促进旅游经济增长质量水平的提高。另外，安徽、湖北、湖南、河南等中部地区旅游经济增长质量水平落后于东部地区，究其原因是中部地区省份旅游业发展受到交通等区位因素的限制，地区经济发展水平相对落后，旅游业基础设施有待进一步完善，旅游产业结构有待进一步优化，旅游经济增长质量水平相对较低。旅游经济增长质量水平较弱的省份主要集中于西北部地区，包括甘肃、宁夏、青海和新疆等。虽然西北部地区旅游资源丰富，但是生态环境较为脆弱，旅游环境质量水平不高，且旅游经济发展较为滞后，旅游产业结构不合理，旅游经济效率低下，因而旅游经济增长质量综合指数不高。

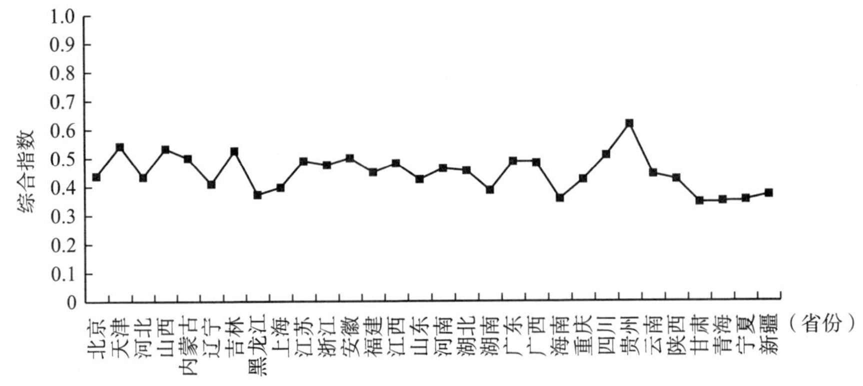

图4－1　2016年各省份旅游经济增长质量综合指数水平

资料来源：根据多目标线性加权模型，结合相关指标数据，计算整理而得。

以2016年中国30个省份的旅游经济增长质量综合指数为基础数据，根据自然断裂点法将其分成五级：第Ⅰ等级：旅游经济增长质量处于低水平（$F<0.39$）；第Ⅱ等级：旅游经济增长质量处于较低水平（$0.39<F<0.43$）；第Ⅲ等级：旅游经济增长质量处于中等水平（$0.43<F<0.48$）；第Ⅳ等级：旅游经济增长质量处于较高水平（$0.48<F<0.55$）；第Ⅴ等级：旅游经济增长质量处于高水平（$F>0.55$）。对不同级别旅游经济增长质量的省份分布状况进行归类总结。由此可知，中国30个省份旅游经济增长质量指数平均值为0.4475，处于中等水平。其中，旅游经济增长质量综合指数最高是贵州，为 0.6156，甘肃旅游经济增长质量综合指数最低，为 0.3443，相对差距较明显。其中贵州具有较高的旅游经济增长效率，虽然经济基础较为薄弱，旅游业起步较晚，但是全省树立了“旅游立省”的目标，良好的政策环境促进了旅游经济增长质量水平的快速提升，优越的资源环境和产业环境也为其旅游经济增长提供了保障。青海旅游资源丰富且独特，但处于西部地区，旅游经济欠发达，增长质量水平较全国来说相对较低。

根据中国各省份的旅游经济增长质量指数和分级标准，确定中国旅游经济增长质量的空间分异状况，如表 4－2 所示。第一，2016 年旅游经济增长质量处于高水平的省份共 1 个，较高水平的省份有 10 个，二者占总数的 1/3，包括浙江、天津、广东等。这些省份旅游资源丰富且旅游资源质量较高，旅游生态环境质量较好，是中国重要的旅游目的地，能够吸引众多国内外游客。随着交通网络的不断完善及互联网等创新技术的应用，旅游产业链不断完善，旅游产业结构优化，旅游经济活力不断增强，旅游经济规模增速提高，旅游产业效率提升，从而促进旅游经济增长质量水平的提高。第二，旅游经济增长质量处于中等水平的省份有 7 个，占总数的 23.33%，主要包括河南、河北和湖北等省份，虽然其旅游经济总量较高，旅游经济增长质量水平还有待提高。部分省份旅游资源品位度较高，且良好的区位和知名度促使入境旅游收入持续增长，旅游经济总量水平较高，但是由于旅游经济产业结构不合理或生态环境的矛盾较为突出，超载的游客接待量以及环境污染等原因降低了旅游者的满意度体验，降低了旅游经济增长质量水平。第三，旅游经济增长质量处于较低水平的省份主要包括辽宁、山东、陕西、重庆等，这些省份旅游经济发展的区位优势不明显，未能充分发挥旅游资源的独特优势，旅游产业增长效率较低，旅游产业结构较为落后，旅游创新活力较弱，使得与其相邻或交通距离较近的中高水平的省份相比，旅游经济增长质量水平较低。第四，旅游经济增长质量处于低水平的省份主要包括黑龙江、湖南、海南、新疆、甘肃、青海以及宁夏，从地理区位上来看，大部分位于西北内陆地区，虽然旅游产业作为新兴产业发展迅速，但是区域经济发展水平相对落后，交通距离远，产业结构和环境承载力等方面的问题凸显，各省份旅游经济增长质量处于低水平状态。

表 4－2　　2016 年中国旅游经济增长质量的空间分异状况

水平分类	省份
低水平	黑龙江、新疆、青海、甘肃、宁夏、湖南、海南
较低水平	辽宁、山东、上海、陕西、重庆
中等水平	河北、北京、河南、湖北、浙江、福建、云南
较高水平	内蒙古、吉林、山西、天津、江苏、安徽、江西、广东、广西、四川
高水平	贵州

资料来源：根据 ArcGIS 计算所得。

从区域差异上看，中国旅游经济增长质量呈现显著的地域分异特征，中、东部地区旅游经济增长质量水平明显高于西部地区（见图 4－2）。处较高水平的省份主要分布在中、东部地区，而处于低水平的省份则主要集中在西部地区。按照不同级别质量水平的省份进行分类，东部、中部、西部各省份的平均旅游经济增长质量指数分别为 0.4486、0.4642、0.4328，较高水平和较低水平的省份在东、中、西部地区各有分布，如图 4－2 所示，较高质量水平的省份有 7 个，主要分布在东部和部分西部地区，中等水平的省份主要分布在中、东部地区；较低水平的省份在东、西部地区都有分布，西部地区占比 40%，低水平的省份集中分布在西部。按照不同区域各级省份的分布来看，东部地区比重最高的是三级和四级省份，共有 8 个省份，占比 67%，其次是二级省份和一级省份；中部除二级省份和五级省份外，各级省份都有分布，四级省份占比较大；西部地区以一级省份为主，占比 57%。总体来看，2016 年东、中、西三大地带旅游经济增长质量的地带间差异明显，东部地区旅游经济增长质量高的省份较多，而西部地区则水平较低的省份较多，表明地区经济发展态势、产业结构的变动和旅游环境质量的影响等因素对旅游经济增长质量差异影响力较大，中国实施“西部大开发”和“中部崛起”战略的效果逐步显现，但优先发展战略和区域差别化政策的实施使得地区间差异影响程度居于主导地位。为此，今后东部地区旅游经济增长应将重点放在改善旅游环境质量，推动产业结构的转变，保持旅游经济持续健康发展；中部地区旅游经济增长应将重点放在政策引导和扶持，通过打造旅游品牌和提高旅游知名度来增强旅游的吸引力；西部地区旅游经济增长应将重点放在通过推出特色旅游和精品旅游路线来吸引游客，转变产业结构，提高旅游业在第三产业中的比重，同时提高旅游景区的环境质量。

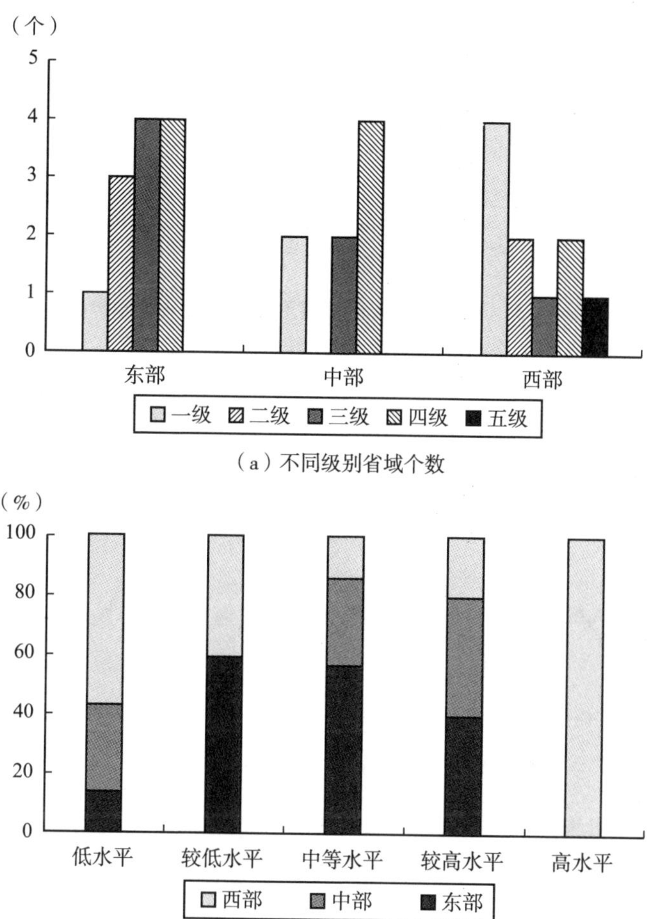

图 4 -2　中国东、中、西部地区不同水平级别的省份分布状况

资料来源：根据中国东、中、西旅游经济综合质量指数整理绘制而得。

（二）各子系统水平与特征

旅游产业效率、旅游产业结构和旅游环境质量是中国旅游经济增长质量的三个子系统，反映了中国旅游经济增长质量的高低。采用 2016 年三个子系统发展水平来解释中国旅游经济增长质量的状况和特征，如图 4 -3 ~ 图 4 -5 所示。

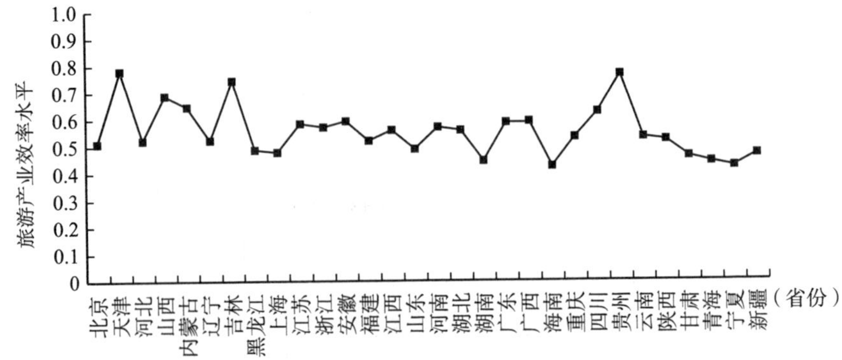

图 4-3　2016 年各省份旅游产业效率差异比较分析

资料来源：根据中国旅游产业效率指数整理绘制而得。

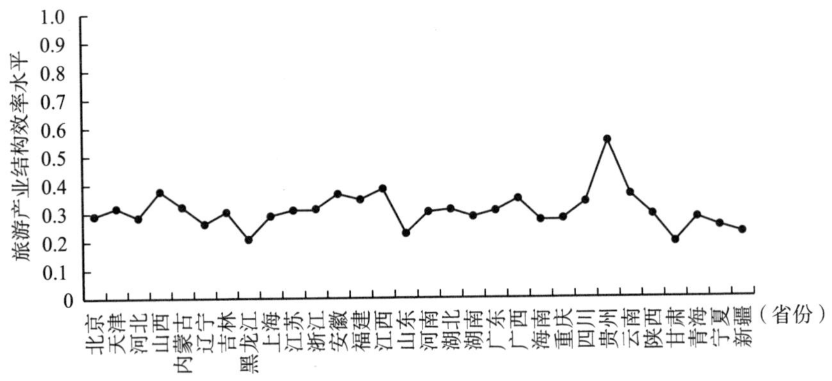

图 4-4　2016 年各省份旅游产业结构差异比较分析

资料来源：根据中国旅游产业结构指数整理绘制而得。

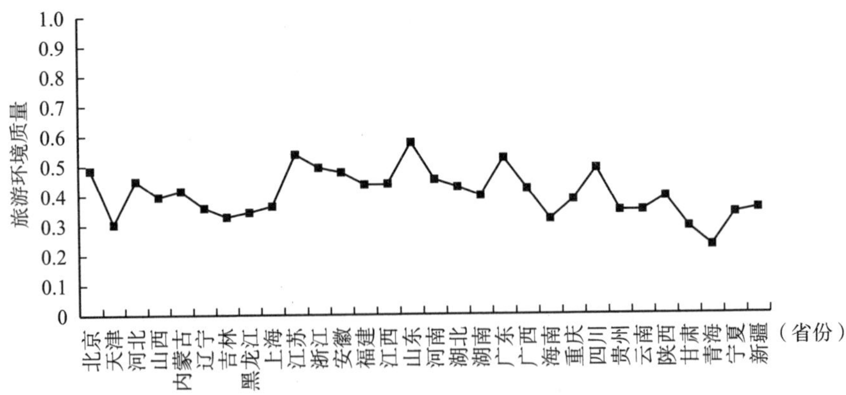

图 4-5　2016 年各省份旅游环境质量差异比较分析

资料来源：根据中国旅游环境质量指数整理绘制而得。

1. 旅游产业效率

旅游经济增长稳定性和旅游经济增长效率共同反映旅游产业效率，而旅游劳动生产率、旅游劳动弹性系数和旅游人均消费三者共同决定经济增长效率。从图 4 – 3 可知，2016 年我国 30 个省份的旅游产业效率处于一般水平，不同省份间旅游产业效率水平差异较为明显。首先，天津最高，为 0. 7810。天津处于环渤海沿海地区，与北京相邻，经济发展水平较为发达，人均可支配收入高，游客旅游出行的频率较高，旅游经济增长速度较快。随着科学技术水平的提高及旅游业从业人员素质的提升，天津作为经济开放区吸引先进的生产技术、设备和科学的管理经验，其旅游劳动力生产率不断攀升，进而促进旅游经济增长效率水平；同时，受北京辐射影响，国内外游客数量保持稳定增长，旅游经济呈现持续稳定的增长态势。因此，天津旅游产业效率保持了较高水平。其次，贵州的旅游产业效率仅次于天津。近年来，贵州颁布了一系列政策积极发展旅游业。例如，2014 年 1 月发布《省人民政府关于深化改革开放加快旅游业转型发展的若干意见》，2016 年 9 月发布《省人民政府关于推进旅游业供给侧结构性改革的实施意见》。贵州对旅游业发展的高度重视以及良好的旅游发展环境吸引了众多旅游企业及国内外游客，旅游人均消费不断提高，带动旅游总收入的增加，旅游经济增长效率随之提高，因此，贵州旅游产业效率呈现高水平发展特征。再次，海南旅游产业效率较之总体水平不高，其原因是旅游劳动生产率较低。海南作为我国旅游大省，旅游从业人员数量较多，但是旅游从业人员素质良莠不齐，旅游收入水平增速减缓，旅游劳动生产率有所降低，旅游产业效率不高。最后，各省份旅游产业效率水平与旅游经济增长质量综合指数水平保持较为一致的发展态势，以甘肃、青海、宁夏、新疆为代表的西北部地区旅游产业效率水平仍较为落后，表明旅游产业效率作为旅游经济增长质量的子系统，对旅游经济增长质量产生了重要影响。其他中东部地区旅游产业效率水平差别不大，旅游经济增长呈现稳定发展状态。

2. 旅游产业结构

旅游产业结构水平采用产业结构合理化和产业结构高度化来衡量。旅游产业结构的合理化是指旅游产业内在联系的比例和内部产业发展的规律，旅游产业结构的高度化是在合理化的基础上，通过创新和技术进步，打破原有行业部门之间的协调，实现旅游资源的深度整合、旅游产业的集约化发展以及旅游经济高效益增长。由图 4 – 4 可知，我国 30 个省份的旅游产业结构总体水平不高，且省份之间存在差异。绝大部分省份旅游产业结构水平大于0.3，而河北、山东、甘肃、宁夏、青海、新疆6个省份旅游产业结构水平相对较低。北京和上海是经济发达地区，其第三产业发达，旅游业繁荣，但旅游收入占第三产业的比重并不高，旅游产业结构合理化程度一般。贵州由于大力发展旅游业的政策环境，吸引了众多旅游者，旅游收入占第三产业的比重远远高于其他省份，其旅游产业结构合理化、高度化水平在30个省份中达到了最高。山西在煤炭业发展陷入困境后，尝试发展旅游业探索替代产业寻求地区经济发展的路径，旅游产业发展迅速。江西历史文化厚重，人文类旅游资源丰富，交通体系日趋完备，产业发展势头强劲，旅游收入占比不断上升，因此旅游产业结构水平较高。虽然安徽处于内陆地区，但其旅游资源丰富，处于中部崛起的核心地带，近年来大力发展旅游业，因此其旅游产业结构水平较高。河北、山东、黑龙江服务业较为发达，旅游业发展较为繁荣，但是相对于其他产业而言，旅游收入占第三产业收入比重相对较低，特别是旅游高弹性收入占旅游总收入比重较低，且旅游创新能力有待提高，因此，其旅游产业结构合理化和高度化程度较低，进一步限制旅游产业结构水平的提升。甘肃、宁夏、青海和新疆等省份由于地理位置偏远，交通设施相对落后导致可进入性差，旅游产业不发达，旅游收入占第三产业收入比重较低，旅游产业结构不合理，旅游产业结构水平居全国末尾。

3. 旅游环境质量

旅游资源环境质量和旅游生态环境质量共同反映旅游环境质量。其中旅游资源环境质量采用旅游资源品位度、人均公园绿地面积和旅游资源知名度来表征，旅游生态环境质量采用建成区绿化覆盖率和生活垃圾处理率来表征。由图4-5可知，首先，旅游环境质量大于0.5的省份有江苏、山东和广东。这些地区属于东部沿海发达地区，旅游资源丰富，旅游资源的品位度和知名度较高，特别是江苏和广东，由于其经济发达，气候适宜，基础设施健全，绿化覆盖率和生活垃圾处理率较高，旅游环境质量较高。其次，北京、浙江、安徽、河南、四川等省份的旅游环境质量大于0.45小于0.5。这些省份旅游资源丰富，特别是北京，旅游资源的品位度和知名度很高，对国内外的潜在游客吸引力较强。最后，陕西、甘肃、青海、宁夏和新疆等省份的旅游环境质量很低。由于这些地区靠近中、西部地区，气候属于大陆性气候，年降水量少且四季降水量不平衡导致的植被稀疏，沙漠化严重使得绿化覆盖率低。虽然一些旅游资源品位度高，但是由于开发不合理导致其旅游知名度不高，且这些地区经济不发达，旅游基础设施比较落后，因此旅游环境质量相对较低。

二、旅游经济增长质量的动态变化态势

旅游经济增长质量的时序特征能够反映出中国旅游业在不同阶段的增长质量状况，这里从总体时序特征和子系统动态变化特征来加以反映，以期为确定未来中国旅游经济增长质量的提升方向提供参考。

（一）整体动态变化特征

如图4－6所示，2003～2016年中国旅游经济增长质量水平整体上呈现显著的波动上升态势，表现为时间变化上的阶段特征。

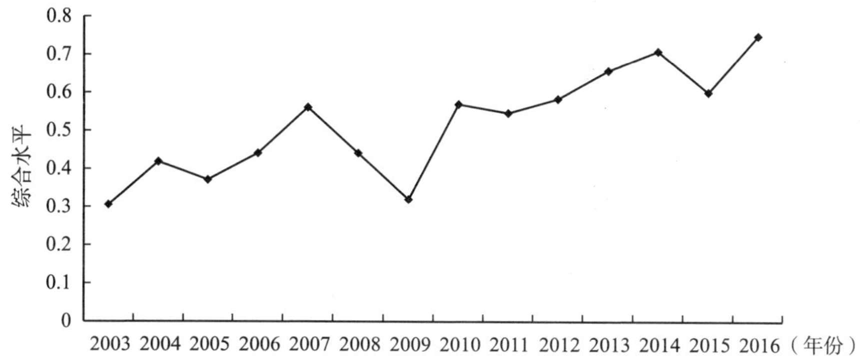

图4－6 2003～2016年中国旅游经济增长质量综合水平时序变化

资料来源：根据中国旅游增长质量指数整理绘制而得。

第一阶段为2003～2005年，中国旅游经济增长质量在2004年出现小高峰。受2003年“非典”疫情影响，中国旅游市场规模、旅游经济水平整体下降，旅游客源市场规模骤减直接影响了旅游产出水平和综合效率。2004年中国旅游业呈现恢复性增长态势，旅游经济增长速度、旅游劳动生产率以及人均旅游消费总量快速提升，各地区采取积极的措施推动旅游业的发展，旅游产业不同行业部门发展实现不断调整和有效协调，旅游产业结构的合理化水平不断提升，因此增长质量提升幅度较大。虽然“非典”之后旅游经济出现短暂的繁荣，但是旅游经济增长受到的冲击并未完全克服，旅游经济发展的热度上升但后劲不足，因此在2005年中国旅游经济增长质量水平出现了回落现象。

第二阶段为2006～2009年，中国旅游经济增长质量水平处于先平稳上升，后逐渐下降的态势。2007年以前，我国经济发展环境不断优化，中

国旅游业稳定发展、有序推进，旅游产业效率、旅游产业结构、旅游环境质量总体上呈现稳步提升的变化趋势。国家提出“推进经济结构调整，转变发展方式”“加大节能减排和环境保护力度”等措施，有效推动了旅游投入产出水平，旅游产业效率得以提升，旅游产业结构向合理化转变，旅游环境得到保护和提升。2008 年之后开始逐渐下降，在 2009 年达到低谷值。2008 年美国次贷危机对中国旅游业发展产生较大影响，入境旅游规模和旅游外汇均呈下降趋势，尤其是北京、上海、广东等旅游经济发达地区入境旅游受到严重影响。

第三阶段为 2009 年以后，中国旅游经济增长质量水平呈现迅速上升的趋势。其中，2015 年出现一个低谷，因为受到我国出入境旅游市场波动的影响，入境人数明显下降，出境游客反而增多，旅游市场不振。但是总体上中国旅游经济增速较为平稳。旅游业作为国民经济战略性产业地位的确立，以及各地区对旅游业发展的政策指引，使得中国旅游经济呈现规模快速增长，资本、劳动、技术等资源在旅游业中的不同环节得到合理配置和有效协调，旅游产业结构不断向合理化和高度化演进，旅游环境质量不断提高，表明我国逐步顺应世界旅游业发展的潮流，依靠旅游科技创新，旅游产业效率稳步提升，旅游环境质量逐步提高。

（二）各子系统动态变化特征

分别对中国旅游产业效率、旅游产业结构和旅游环境质量三个子系统的变化特征进行分析，如图 4 －7 所示。

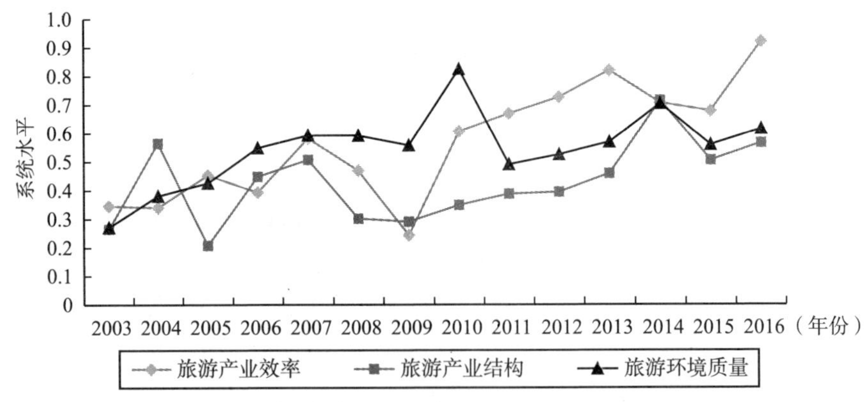

图 4 －7　中国旅游经济增长质量三大子系统时序演化特征

资料来源：根据中国旅游经济增长相关指标指数整理绘制而得。

（1）旅游产业效率波动趋势与中国旅游经济增长质量综合水平的波动

趋势基本一致。由于 2003 年“非典”和 2008 年金融危机的持续性影响，2004 年和 2009 年的旅游产业效率发展水平较低，其他年份旅游产业效率不断提升，从 2003 年的 0.3460 发展到 2016 年的 0.9210，增长幅度较大，究其原因，人均旅游消费以及劳动生产率的提高促使旅游经济增长效率的提升，旅游总收入及其增长率的不断提高增强了旅游经济发展的稳定性，从而推动了旅游产业效率的提升。

（2）中国旅游产业结构水平呈现波动变化的发展趋势，在 2004 年显著提升，表现了“非典”后国家在政策支持、产业结构调整方面做出有效变革，推动了中国旅游业在恢复中的快速发展。旅游收入增加且占第三产业的比重提高，旅游外汇占旅游总收入比重的提高等促使旅游产业结构向合理化和高度化方向转变，推动了旅游产业结构水平的总体提升。受世界经济危机的冲击，中国旅游产业受到不同程度的影响，2007 ~ 2009 年旅游产业结构水平呈下降趋势。到 2012 年，国家关于“调结构、促发展”政策的提出以及旅游创新能力等方面的提高推动了中国旅游产业结构水平的不断提升。2016 年，伴随着我国经济向新常态转变，旅游产业不断转型升级，旅游产业结构水平进一步提高。具体表现为两个方面：第一，我国旅游产业结构合理化程度不断提高。根据 2016 年中国星级饭店统计公报，按注册登记类型划分，在全国 9861 座星级饭店中，国有饭店为 2254 座，占全国星级饭店总数的 22.86%；集体经济饭店为 303 座，占 3.07%；外商投资饭店为 189 座，占 1.92%；港澳台投资饭店为 190 座，占 1.93%。以上四种注册登记类型的饭店，共占全部饭店的 29.77%。此外，联营、股份制、私营等其他注册登记类型的饭店共有 6925 座，占全部星级饭店总数的 70.23%。可以看出，我国星级饭店呈现出多种所有制共同发展的特征，市场的积极作用得到发挥。这有利于吸引外资和先进的酒店管理经验，进而优化和调整我国酒店行业，增强我国酒店发展的竞争力。第二，我国旅游产业结构高度化程度不断提高，包括旅游创新能力提升和入境旅游收入占总收入的比重提高。近年来，国家在人力、物力、财力、技术、政策等方面的大力支持，使得我国旅游业的创新能力大大提高，具体表现在理论创新、制度创新、战略创新、技术创新、组织创新、企业形象创新等多个方面。中国实行改革开放，积极加入世界贸易组织，大力发展中国特色社会主义，使得中国经济快速增长，在世界具有很高的影响力，以此吸引大量的海外游客，到 2016 年，中国入境旅游人次和收入分别达到 1.38 亿人次和 1200 亿美元。

（3）中国旅游环境质量较高，总体上呈增长态势，但在2009～2011年波动幅度较大。首先，中国拥有高品质的旅游资源和优良的旅游环境条件，旅游知名度和吸引力不断提高，旅游资源环境质量水平呈现上升趋势。不容忽视的是，随着旅游业的快速发展，高度集中的旅游经济活动使得旅游生态环境遭到破坏，旅游资源环境质量水平呈现下降趋势。与此同时，国家倡导的“绿色出游”以及“低碳旅游”的理念并采取强有力的环保措施，使得我国旅游资源环境质量水平在下降到低谷值之后又呈现上升趋势。总体看来，旅游资源环境质量已经成为影响中国旅游经济增长质量的主要因素，且影响程度不断增强。其次，我国旅游资源环境质量较高。中国是世界文明古国之一，拥有五千多年的悠久文化与文明史和丰富的自然资源环境，所以旅游资源的美学价值、历史价值、稀有程度较高，因而其旅游资源的品位度较高，2016我国国家4A级旅游景区个数达到3034个①。同时，我国已拥有各类世界遗产50处，其中文化遗产35处、自然遗产11处、文化和自然双重遗产4处②。其中文化和自然双重遗产部分：泰山、黄山、峨眉山—乐山大佛、武夷山；自然遗产部分：武陵源历史风景名胜区、九寨沟历史风景名胜区、黄龙历史风景名胜区、三江并流等；文化遗产部分：长城、故宫、莫高窟、北京人遗址、秦始皇陵兵马俑、洛阳龙门石窟、皖南古村落、明清皇家陵寝、大同云冈石窟等。这些知名度高的旅游资源吸引了大量的国内外游客。此外，我国旅游生态环境质量正在逐渐改善，出台的一系列国家政策也有利于营造高品质的旅游环境。例如，中共十七大报告提出“建设生态文明，基本形成节约能源资源和保护生态环境的产业结构，增长方式，消费模式”；中共十八大进一步加深对生态环境的重视；中共十九大报告中指出“要加快生态文明体制改革，建设美丽中国”。这些政策和措施都能够有效促进我国旅游业的可持续发展。

第三节　中国旅游经济增长质量区域差异及演变

一、区域差异分析方法

衡量区域差异程度的方法主要包括极差、平均差和标准差等绝对差异

---

① 2017年《中国旅游统计年鉴》。

② 2017年《世界遗产名录》。

指标，以及极值比率、变异系数、基尼系数、泰尔指数及差别动态指数等相对差异指标。绝对差异指标体现了极值之间的绝对差额，而相对差异指标消除了基数差异的影响，不同时点之间是可比的（董亚娟，2008）。本研究借鉴区域差异测度方法，综合运用标准差、变异系数、泰尔指数及差别动态指数等指标，对中国旅游经济增长质量的总体差异、区域差异和演变态势进行客观描述和定量分析，探讨中国旅游经济增长质量的空间差异以及时序动态演变的规律与机制。

（一）标准差

标准差是样本中的各变量值与其均值的离差平方平均值的算术平方根，能客观反映各地区的离散程度，各区域旅游经济增长质量指标的标准差越大，其绝对差异也就越大。其计算公式为：

$$S = \left[\sum_{j=1}^{N}(Y_j - \bar{Y})^2/N\right]^{\frac{1}{2}} \tag{4-5}$$

公式（4-5）中，Y_j 为第 j 个区域的旅游经济增长质量，$\bar{Y}$ 为 N 个区域旅游经济增长质量综合指数的平均数，N 为划分区域的数量。

（二）变异系数

变异系数（coefficient of variation）是标准差与平均数的比，反映数据离散程度的绝对值，主要用以衡量相对差异。它不仅能反映相对差异的变动趋势，还可用来对比多个总体相对差异的水平大小（许月卿和贾秀丽，2005）。变异系数越大，表明旅游经济增长的相对差异越大。为此，变异系数用以考察的是各省份旅游经济增长质量偏离全国平均水平的程度。变异系数的计算公式为：

$$C_V = S/\bar{Y} \tag{4-6}$$

其中，C_v 为变异系数，S 为标准差，$\bar{Y}$ 为 n 个区域旅游经济增长质量综合指数的平均数，n 为划分区域的数量。本研究中按沿海和内陆地区划分 n 为 2，按东、中、西部地区划分 n 为 3，按东、中、西和东北老工业基地地区划分 n 为 4。

（三）泰尔指数

泰尔（Theil）指数是一种具有空间可分解性的区域差异分析方法，常用来分析区域差异的变化过程，包括区域相对差异总体变化、地带间差异变化、地带内差异变化，以及地带间差异变化和地带内差异变化对区域总体差异变化的影响（吴殿廷等，2003）。泰尔指数是衡量区域差异的重要指标，泰尔指数越大，表示区域差异越大，反之则越小（Conceicao and Ferreira，2000；康晓娟和杨冬民，2010）。本研究采用 2003～2016 年我国

30 个省份的旅游经济增长质量指数和旅游总收入作为计算泰尔指数的指标，用来反映旅游经济增长质量的地区差异，其中以旅游总收入作为泰尔指数公式的权重，反映旅游经济发展水平对区域旅游经济增长质量差异的影响。泰尔指数的计算公式为：

$$T_{wr} = \sum_{j} \frac{R_{ij}}{R_i} \times \log \frac{R_{ij}/R_i}{I_{ij}/I_i} \tag{4-7}$$

$$T_{br} = \sum_{i} \frac{R_i}{R} \times \log \frac{R_i/R}{I_i/I} \tag{4-8}$$

$$T = \sum_{i} \sum_{j} \frac{R_{ij}}{R} \times \log \frac{R_{ij}/R}{I_{ij}/I} \tag{4-9}$$

式中，T_{wr}表示地带内省份间泰尔指数，用以反映某一区域内各省份间旅游经济增长质量差异程度；T_{br}表示地带间泰尔指数，用以反映区域间旅游经济增长质量差异程度；T 表示总体泰尔指数，用以反映以省份为单元的旅游经济增长质量总差异程度。R_{ij}和 I_{ij}分别表示第 i 个区域内第 j 省份的旅游收入和旅游经济增长质量指数，R_i 和 I_i 分别表示第 i 个区域的旅游总收入和旅游经济增长质量综合指数，R 和 I 分别表示全国的旅游总收入和旅游经济增长质量综合指数。根据泰尔指数的可分解性，T 可分解为地带内差异（T_{wr}）和地带间差异（T_{br}）之和，即 $T = T_{wr} + T_{br}$。泰尔指数的大小介于 0 与 1 之间，数值越趋向于 0，表明区域差距越小，数值越趋向于 1，表明区域差距越大。

（四）差别动态指数

差别动态指数（differential dynamic index，DDI）由静态和动态两项分量构成（Blancas et al.，2017），用以解释区域旅游经济在发展潜力极限与发展演变态势方面的差异，能够弥补标准差、变异系数等指标不考虑区域旅游经济发展特征及潜力的不足。计算公式如下：

1. 静态分量

静态分量（SC）：为区域各指标值与组内最优水平标准化偏差的加权和，表示在某一时刻某区域的旅游经济增长质量水平，其值越大，表明距区域最优水平差距越大，取值范围为［0，1］。

这里分别按照沿海和内陆区域，东、中、西部区域或东、中、西部和东北老工业基地东北区域的划分方式确定聚类小组，求解中国旅游经济增长质量的差别动态指数。假设 g 代表划分后的第 g 个小组；i 代表 g 组中第 i 个省份；j 代表旅游经济增长质量指标体系中第 j 个指标；I_{igj}^{+}则代表 g 组中 i 省份的 j 指标值。为保证数据方向一致性，在进行具体计算之前首先对各指标数据进行正向化，则 g 组中 j 指标的最优值 u_{gj}^{+} 为：

$$u_{gi}^{+} = \max_{xig} I_{igj}^{+} \tag{4-10}$$

针对每一个区域，定义 g 组中第 i 个省份的 j 指标值与相应指标最优值 u_{gi}^{+} 的差值为 n_{igj}^{+}，计算公式如下：

$$I_{igj}^{+} + n_{igj}^{+} = u_{gj}^{+}, \ u_{gj}^{+} \geqslant 0 \tag{4-11}$$

根据以上计算结果，设 w_j 为旅游经济增长质量指标体系中第 j 个指标的最终权重，可以计算 g 组中 i 省份的静态分量 SC_{ig}：

$$SC_{ig} = \sum_{j \in J} \frac{w_j n_{igj}^{+}}{u_{gj}^{+}}, \ \forall_{i} \in \{1, 2, \cdots, n\}, \ \forall_{g} \in \{1, 2, \cdots, G\} \tag{4-12}$$

其中，J 为旅游经济增长质量总体指标数；i 为区域划分后小组内省份数量；G 为区域划分的小组数量。

2. 动态分量

动态分量（DC）：为各指标值与基期指标的标准化偏差的加权和，用来衡量在一定时期内某区域旅游经济增长质量演变态势，其值越大，表明该区域旅游经济增长质量水平提升越高。

以 2003 年为研究期初 t_0，以 2016 年为研究期末 t_n，则 $I_{igjt_n}^{+}$ 代表 2016 年 g 组中 i 省份的 j 指标值，$I_{igjt_0}^{+}$ 代表 2003 年该省份相应的指标值。为保证数据方向一致性，在具体计算之前对各指标数据进行正向化，则 2003～2016 年该省份在该指标值方面的发展变化 n_{igj}^{+} 为：

$$I_{igjt_n}^{+} + n_{igj}^{+} = I_{igjt_0}^{+} \tag{4-13}$$

在此基础上，可计算 g 组中 i 省份的旅游经济增长质量差别动态指数的动态分量 DC_{ig}：

$$DC_{ig} = \sum_{j \in J} \frac{w_j n_{igj}^{+}}{I_{igjt_o}^{+}}, \ \forall i \in \{1, 2, \cdots, n\}, \ \forall g \in \{1, 2, \cdots, G\} \tag{4-14}$$

本研究从不同维度对中国旅游经济增长的地区差异进行分析和比较。其中在沿海和内陆区域差异比较维度中，沿海地区包括辽宁、天津、河北、山东、江苏、浙江、上海、福建、广东、广西、海南 11 个省份；内陆地区包括北京、山西、吉林、黑龙江、安徽、江西、河南、湖北、湖南、内蒙古、重庆、四川、贵州、云南、陕西、甘肃、青海、宁夏、新疆 19 个省份。

在东、中、西部区域差异比较维度中，东部地区包括北京、天津、河北、辽宁、上海、江苏、浙江、福建、山东、广东、广西和海南 12 个省份，中部地区包括山西、吉林、黑龙江、安徽、江西、河南、湖北、湖南 8 个省份，西部地区包括内蒙古、重庆、四川、贵州、云南、陕西、甘肃、青海、宁夏、新疆 10 个省份。

在东、中、西部和东北老工业基地区域比较维度中，东部地区包括北京、天津、河北、上海、江苏、浙江、福建、山东、广东、广西和海南 11 个省份，中部地区包括山西、安徽、江西、河南、湖北、湖南 6 个省份，西部地区包括内蒙古、重庆、四川、贵州、云南、陕西、甘肃、青海、宁夏、新疆 10 个省份，东北老工业基地包括吉林、黑龙江和辽宁 3 个省份。

二、沿海地区与内陆腹地差异演变

（一）沿海地区与内陆腹地旅游经济增长质量总体差异特征

运用标准差、变异系数指数分别描述沿海地区及其内陆腹地旅游经济增长质量的绝对差异和相对差异（见图 4－8）。

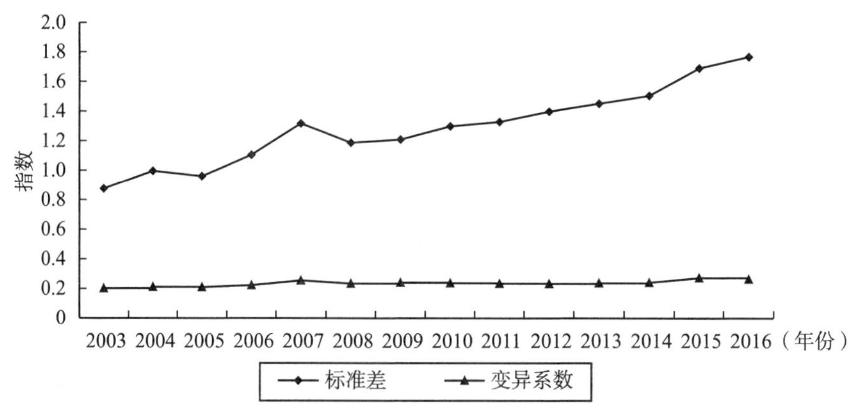

图 4－8　2003～2016 年我国沿海地区和内陆腹地旅游经济增长质量绝对差异与相对差异演化

资料来源：根据标准差和变异系数公式整理绘制而得。

从绝对差异标准差上来看，沿海地区和内陆腹地旅游经济增长质量的地区差异呈现出波动中扩大的趋势，标准差由 2003 年的 0.83 上升到 2016 年的 1.77。值得注意的是，2008 年以来，沿海地区和内陆腹地绝对差异呈现不断上升趋势。究其原因是沿海地区旅游经济发展依托的经济环境和资源环境优于内陆腹地；旅游产业结构较为合理，表现在星级饭店的合理度优于内陆腹地，旅游创新能力较高，入境旅游收入占旅游总收入比重较高；旅游资源环境质量和旅游生态环境质量较高，使得沿海和内陆腹地旅游经济增长的绝对差异不断扩大。

从相对差异变异系数上来看，沿海和内陆省份旅游经济增长质量的变异系数波动幅度较小，这表明沿海地区和内陆腹地旅游经济增长质量相对差异变化不明显。随着旅游经济的发展，沿海地区和内陆腹地旅游发展依托的经济基础条件、资源环境条件、生态环境条件、交通条件均在不断发展、完善，沿海和内陆之间的相对差异呈现小幅度上升态势。

（二）沿海地区与内陆腹地旅游经济增长质量地带间差异分析

基于沿海地区和内陆腹地划分维度探讨我国旅游经济增长质量总体差异的形成特征和规律，利用泰尔系数的可分解性，将我国旅游经济增长质量总体差异分解为沿海地区与内陆腹地地带间和地带内差异，并且采用泰尔指数折线图来反映旅游经济增长质量的空间差异（见图4－9），泰尔指数总体呈现下降的态势，且由沿海地区和内陆腹地旅游经济增长质量地带内和地带间差异贡献率对比分析来看，除2003年之外，地带内差异是造成总体差异的重要原因，而地带间差异是造成总体差异的次要原因。

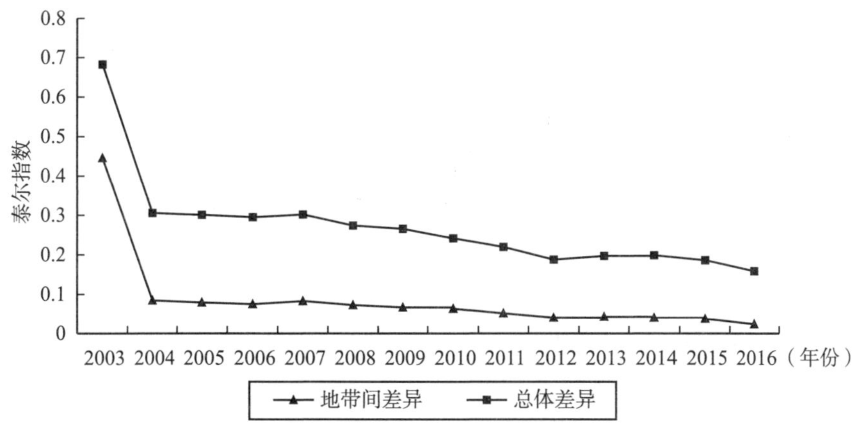

图4－9　2003～2016年我国沿海地区和内陆腹地旅游经济增长质量地带间差异分析

资料来源：根据泰尔指数整理绘制而得。

2003～2016年间，沿海地区和内陆腹地旅游经济增长质量的地带间差异变化较小，在2003年地带间差异最大，2004年骤减，之后变化幅度较小。究其原因可从国家政策和经济发展水平进行分析。改革开放以来，沿海地区旅游业发展依托优越的地理位置、便利的交通条件以及发达的经济，使得其旅游业发展较为迅速。2004年之后，沿海地区入境旅游和国内旅游因受“非典”的影响，旅游经济发展环境受到一定的影响，而内陆地区旅游业受到国家相关政策指引和扶持增长幅度较大。例如，2009年国务院颁布了《关于加快旅游业发展意见》，提出“把旅游业培育成国民经济的战略性支柱产业和人民群众更加满意的现代服务业”。2010年之后，沿海地区和内陆腹地旅游经济增长质量的地带间差距平稳发展。这一时期，国家进入“十二五”发展时期，明确提出积极发展旅游业，良好的经济发展态势为旅游业的发展提供了优越的宏观环境。2016年，沿海地区和内陆腹地旅游经济增长质量的地带间差异降低到了0.024，总体差异降低到了0.159。

（三）沿海地区与内陆腹地旅游经济增长质量地带内差异分析

根据泰尔指数的可分解性，进一步探讨我国旅游经济增长质量省与省之间的差异，分别对沿海地区和内陆腹地各区域内旅游经济增长质量的差异进行分解，反映区域内空间差异的动态演化过程，如图4－10和表4－3所示，沿海地区和内陆腹地旅游经济增长质量内部差异均呈现出波动下降的趋势。

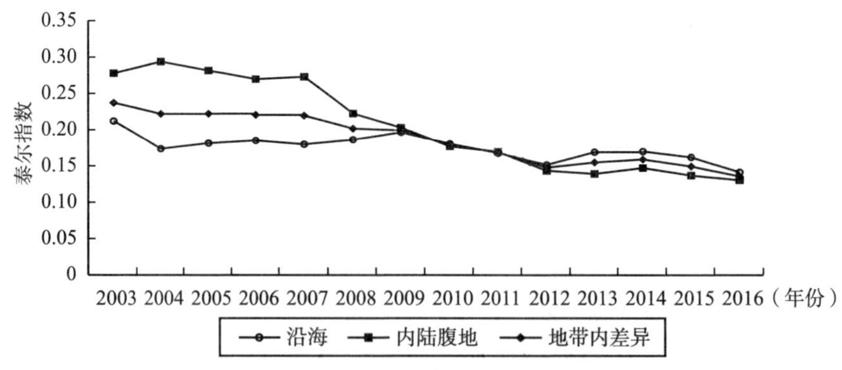

图4－10　2003～2016年我国沿海地区和内陆腹地旅游经济增长质量地带内差异分析

资料来源：根据泰尔指数整理绘制而得。

表 4-3 2003~2016 年我国沿海地区和内陆腹地旅游经济增长质量区域差异贡献率分解

年份	沿海地区		内陆腹地		地带内		地带间	
	泰尔指数	贡献率	泰尔指数	贡献率	泰尔指数	贡献率	泰尔指数	贡献率
2003	0. 21	0. 19	0. 28	0. 15	0. 24	0. 35	0. 45	0. 65
2004	0. 17	0. 34	0. 29	0. 39	0. 22	0. 72	0. 08	0. 28
2005	0. 18	0. 36	0. 28	0. 38	0. 22	0. 74	0. 08	0. 26
2006	0. 18	0. 36	0. 27	0. 38	0. 22	0. 75	0. 08	0. 25
2007	0. 18	0. 34	0. 27	0. 38	0. 22	0. 73	0. 08	0. 27
2008	0. 19	0. 39	0. 22	0. 35	0. 20	0. 73	0. 07	0. 27
2009	0. 20	0. 41	0. 20	0. 33	0. 20	0. 75	0. 07	0. 25
2010	0. 18	0. 41	0. 18	0. 32	0. 18	0. 74	0. 06	0. 26
2011	0. 17	0. 41	0. 17	0. 35	0. 17	0. 76	0. 05	0. 24
2012	0. 15	0. 42	0. 14	0. 36	0. 15	0. 78	0. 04	0. 22
2013	0. 17	0. 45	0. 14	0. 33	0. 15	0. 78	0. 04	0. 22
2014	0. 17	0. 44	0. 15	0. 35	0. 16	0. 80	0. 04	0. 20
2015	0. 16	0. 43	0. 14	0. 37	0. 15	0. 80	0. 04	0. 20
2016	0. 14	0. 42	0. 14	0. 47	0. 13	0. 85	0. 02	0. 15

资料来源：根据泰尔指数计算整理而得。

总体来看，2003~2016 年间，沿海地区和内陆腹地旅游经济增长质量的内部差异均逐渐缩小。这表明沿海地区和内陆腹地旅游产业发展、旅游产业结构以及旅游环境质量不断提升，各省份均重视旅游业的发展，发展态势较好。此外，从沿海地区和内陆腹地内部差异对比分析来看，2003~2010 年间，沿海地区地带内差异低于内陆腹地地带内差异，2010 年之后，沿海地区地带内差异高于内陆腹地地带内差异。究其原因，沿海地区在旅游业发展初期，不同省份优势条件不明显，但随着经济发展的差距凸显，其地带内差异逐渐凸显；而内陆腹地旅游发展依托的资源环境条件、经济发展基础、交通便利程度以及生态环境条件等差异较大，故其地带内差异较为明显，随着国家重视内陆地区旅游业的发展，以及依托各省份旅游发展的优势条件，旅游经济增长质量的差异逐渐缩小。综上，沿海地区和内陆腹地旅游经济增长质量的地带内差异均不断缩小。

借助差别动态指数，进一步基于沿海和内陆地区不同的旅游发展基础，对各省旅游经济增长质量的地带内差异进行探讨。图 4－11 显示了 2016 年沿海地区各省份旅游经济增长质量的发展水平，其内部出现了一定的发展差异。从静态分量看，数值最小的广东仅为 0. 29，表明其旅游经济增长质量水平较高，较为充分地发挥了其竞争优势，而数值最大的海南则达到了 0. 64，表明海南较其最优水平存在一定的差距，其旅游经济增长质量水平仍有较大提升空间。从动态分量看，沿海地区各省份同样出现较大差距。2003～2016 年间，广西旅游经济发展取得了较大的进展，动态分量数值达到 10. 09，而进展较小的海南省动态分量数值仅为 2. 22。综合来看，沿海地区各省份整体呈现出动态分量与静态分量数值反向变动的特征，发展态势较为合理。

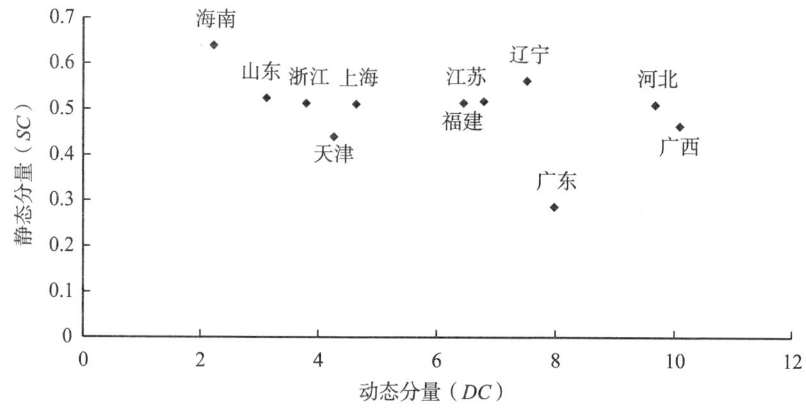

图 4－11　中国沿海地区旅游经济增长质量综合评估

资料来源：根据差别动态指数计算公式整理绘制而得。

图 4－12 显示了我国内陆省份旅游经济增长质量的发展水平。相对于内陆省份的旅游发展潜力，2016 年其各省份整体水平与沿海省份相差不大，但 2003～2016 年，其动态分量整体水平高于沿海省份平均水平，表明研究期内，我国内陆地区旅游经济增长质量提升较大。从静态分量看，内陆各省份旅游经济增长质量水平同样存在一定差距。其中贵州静态分量数值最小，表明内陆各省份中，贵州旅游经济增长质量综合水平相对较高，距最优值差距最小。而宁夏静态分量数值达到了 0. 64，较最优值差距较大。

从动态分量看，内陆各省份则表现出较大的差异。例如，山西 2003 ~ 2016 年动态分量数值为 29.21，而同时期湖南、北京等省份动态分量数值仅小于 4。一方面，由于北京等省份在研究期初的旅游经济增长质量水平相对较高，较难取得重大突破；另一方面，则体现了这些省份在研究期内旅游经济增长质量发展有所停滞。

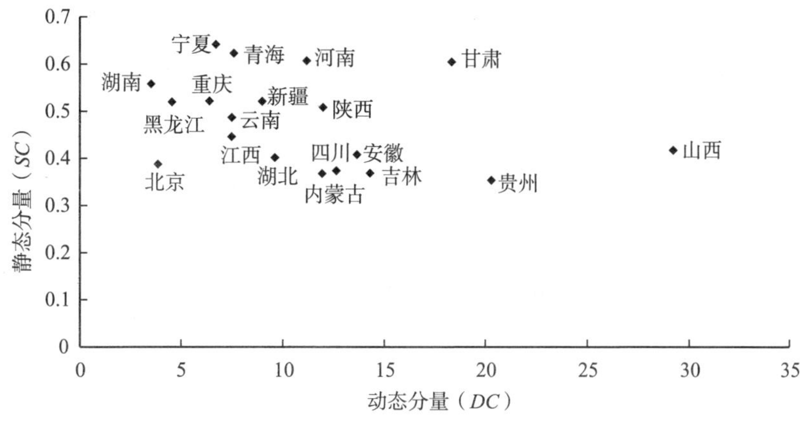

图 4－12　中国内陆地区旅游经济增长质量综合评估

资料来源：根据差别动态指数计算公式整理绘制而得。

根据沿海地区和内陆腹地两大地带 2003 ~ 2016 年的旅游经济增长质量的绝对差异和相对差异可知，沿海地区和内陆腹地总体空间绝对差异在波动中扩大而相对差异变化不明显。根据泰尔指数差异分解可知，我国旅游经济增长质量表现出明显的区域差异性，而这种差异性主要是由区域地带内差异造成的，且地带间差异呈现小幅度扩大趋势，相反，地带内差异呈现缩小趋势。根据差别动态指数静态分量和动态分量可知，两大地带内各省份的旅游经济增长质量均显现出一定的差异性，此外各省份在研究期内旅游经济增长质量提升程度则显现出较大的差异性。

三、东、中、西部三大地区差异演变

（一）三大地区旅游经济增长质量总体空间差异特征

基于东、中、西部三大地区划分维度，分析我国旅游经济增长质量总体空间差异特征（见图 4－13）。从绝对差异（标准差）上来看，东、中、西部旅游经济增长质量的标准差在波动中增大，表明三大区域旅游经济增长质量的离散程度在提高。大体上以2009年为分界点，可分为2个阶段：2009年之前呈“M”形波动状态，标准差值保持在0.65左右。2009～2012年呈稳定上升态势，表明2009年之后三大地区旅游经济增长质量的绝对差异在逐渐增大，反映了旅游对地区经济具有较强的推动作用，区域差异性较为显著。2013～2016年三大地区旅游经济增长质量的绝对差异总体上则呈现波动下降态势。从相对差异（变异系数）上来看，东、中、西部地区旅游经济增长质量变异系数曲线与绝对差异相比较平稳且呈现下降态势，表明三大地区旅游经济增长质量的相对差异在缩小，旅游业的带动作用较为明显。

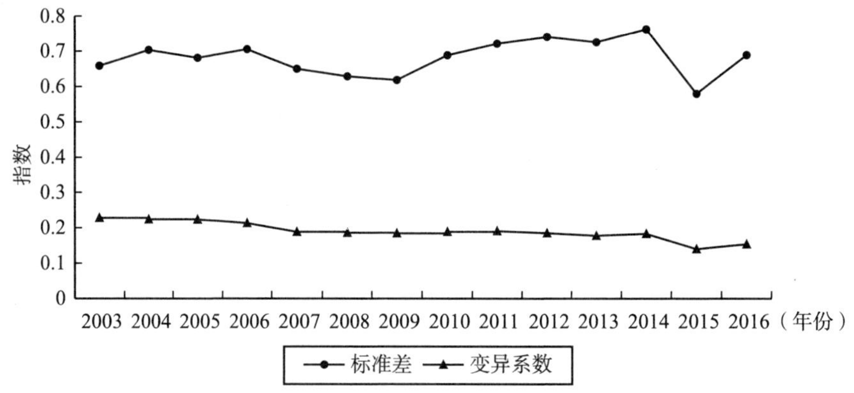

图4－13 2003～2016年我国东、中和西部地区旅游经济增长质量绝对差异和相对差异演化

资料来源：根据标准差和变异系数计算公式整理绘制而得。

（二）三大地区旅游经济增长质量地带间差异分析

为深入探讨我国旅游经济增长质量总体差异的形成，将我国30个省份划分为三大地区即东、中、西部三大地区，利用泰尔系数的可分解性，将全国旅游经济增长质量总体差异分解为地带间差异和地带内差异，采用泰尔指数折线图来反映旅游经济增长质量空间差异的变化过程（见图4－14），泰尔指数总体呈现波动下降态势，东部、中部和西部旅游经济增长质量的地带间差异构成我国旅游经济增长质量总体差异的次要组成部分，且呈现出在波动中减小的趋势（见表4－4）。

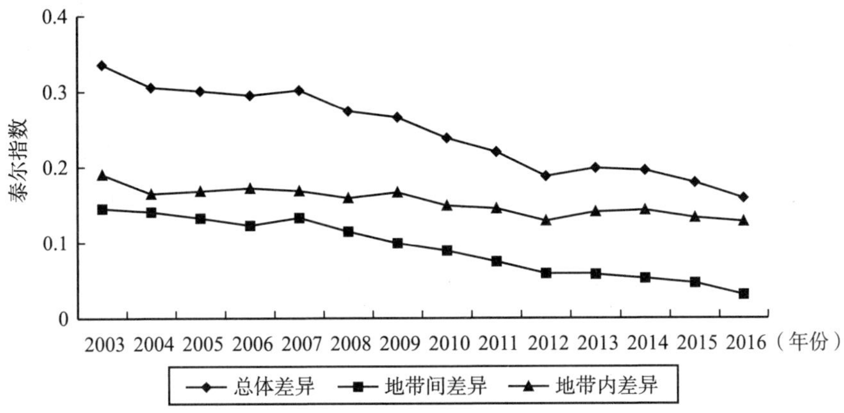

图 4－14　2003～2016 年我国东、中、西部地区旅游经济增长质量的区域差异

资料来源：根据泰尔指数整理绘制而得。

表 4－4　2003～2016 年我国东、中、西部地区旅游经济增长质量区域差异贡献率分解

年份	东部		中部		西部		地带间		地带内	
	泰尔指数	贡献率	泰尔指数	贡献率	泰尔指数	贡献率	泰尔指数	贡献率	泰尔指数	贡献率
2003	0. 19	0. 40	0. 06	0. 03	0. 35	0. 14	0. 15	0. 43	0. 19	0. 57
2004	0. 16	0. 36	0. 09	0. 05	0. 30	0. 13	0. 14	0. 46	0. 16	0. 54
2005	0. 17	0. 38	0. 07	0. 04	0. 29	0. 14	0. 13	0. 44	0. 17	0. 56
2006	0. 17	0. 38	0. 07	0. 05	0. 31	0. 16	0. 12	0. 42	0. 17	0. 58
2007	0. 16	0. 35	0. 07	0. 05	0. 31	0. 16	0. 13	0. 44	0. 17	0. 56
2008	0. 17	0. 40	0. 05	0. 04	0. 26	0. 14	0. 11	0. 42	0. 16	0. 58
2009	0. 18	0. 42	0. 07	0. 06	0. 25	0. 15	0. 10	0. 37	0. 17	0. 63
2010	0. 16	0. 41	0. 06	0. 05	0. 24	0. 16	0. 09	0. 37	0. 15	0. 63
2011	0. 15	0. 41	0. 06	0. 07	0. 23	0. 18	0. 07	0. 34	0. 15	0. 66
2012	0. 14	0. 42	0. 06	0. 07	0. 20	0. 19	0. 06	0. 31	0. 13	0. 69
2013	0. 16	0. 46	0. 05	0. 06	0. 21	0. 19	0. 06	0. 29	0. 14	0. 71

续表

年份	东部		中部		西部		地带间		地带内	
	泰尔指数	贡献率	泰尔指数	贡献率	泰尔指数	贡献率	泰尔指数	贡献率	泰尔指数	贡献率
2014	0.16	0.45	0.05	0.06	0.23	0.22	0.05	0.27	0.14	0.73
2015	0.15	0.44	0.03	0.04	0.22	0.26	0.05	0.26	0.13	0.74
2016	0.13	0.42	0.05	0.08	0.21	0.31	0.03	0.19	0.13	0.81

资料来源：根据泰尔指数计算公式整理而得。

三大地带间差异整体较为平稳，而2007年是一个小幅度转折点，在转折点处，东、中、西部三大地带旅游经济增长质量地带间差异先扩大后减少。这可能与各地区经济发展水平和旅游发展的速度和质量相关，2008年全球金融危机对旅游产业结构和旅游经济造成了诸多负面影响，但通过市场机制的调整和政策的扶持与引导，东部、中部和西部经济恢复能力不同，造成了东、中、西部各地区旅游经济增长质量地带间差异出现较高值，尤其是2009年，经过一年的经济恢复期，东部地区自身旅游资源丰富和基础设施完备，旅游业的发展态势较中部和西部较好。但2010年之后，东、中、西部三大地带旅游经济增长质量地带间差异呈现出平稳趋势。综上所述，2003~2016年东、中、西部地区旅游经济增长质量地带间差异逐渐缩小，表明三大地区旅游业的发展具有互动协调趋势。

（三）三大地区旅游经济增长质量地带内差异分析

根据泰尔指数的可分解性，分别对东、中、西部三大地区内旅游经济增长质量的差异进行分解，反映旅游经济增长质量区域内空间差异的动态演化过程（见图4-15），2003~2016年，东部、中部和西部地区地带内泰尔指数曲线均呈现出波动中下降的趋势，且西部地区地带内泰尔指数曲线波动最大。

具体而言，从三大地区旅游经济增长质量地带内差异来看，西部地区地带内差异最大，东部地区其次，中部地区再次。究其原因，西部地区各省份之间旅游经济、资源禀赋和交通便捷度等差异均较大，在旅游业发展过程中有优先之分，故地带内差异较东部和中部地区较大。东部地区泰尔指数波动较为平稳，总体呈小幅度下降态势，这主要是东部地区旅游发展较其他地区差别较小，使得其地带内差异较不明显。中部地区泰尔指数较小且较为平稳，表明该地区旅游经济增长质量地带内差异不明显。究其原因是中部地区连接贯通性好，东临长三角经济发达区，西连西部大开发区，北接环渤海经济圈，南靠珠江三角洲，是承东启西的重要位置（张慧霞和刘斯文，2006）。特别是自国家实行“中部崛起”战略以来，中部地区充分发掘各省份优势，打造核心旅游产品。西部地区旅游经济增长质量地带内差异大于中部和东部地区地带内差异，波动较大且较为明显，2003～2005 年、2006～2012 年、2014～2016 年三个阶段下降幅度较为显著。

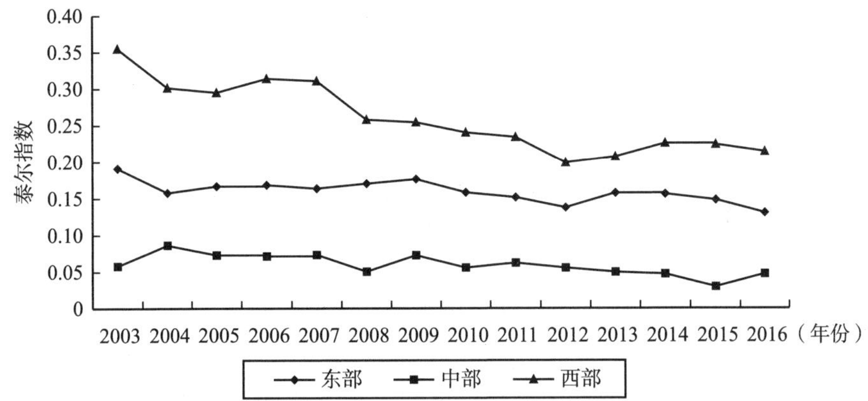

图 4－15　2003～2016 年我国东、中、西部地区旅游经济增长质量地带内差异

资料来源：根据泰尔指数计算公式整理绘制而得。

在地带内差异中，东部地区旅游经济增长质量差异的贡献率大于与中部和西部旅游经济增长质量差异地带内差异，且中部地区地带内差异贡献率最小。这表明东部和西部地区内部差异是导致地带内差异的重要影响因素，也是引起东、中、西部地区旅游经济增长质量总体差异的主要来源，东部和西部地区差异贡献率历年来均在 80% 左右，但波动性较大。

借助差别动态指数，研究进一步基于东、中、西部地区不同的旅游发展基础，对各省旅游经济增长质量的地带内差异进行探讨。图 4－16 显示了我国东部地区各省份的旅游经济增长质量水平。从静态分量看，东部各省份研究期末的旅游经济增长质量水平相对集中。主要由于旅游经济的发展受区域经济发展水平影响较大，而东部地区省份经济发达，能够对旅游产业的发展提供较好的经济支持，旅游产业发展受到的限制相对较小，因此，整体发展水平差异不大。从动态分量看，研究期内各省份发展进展差距较大。这主要是由于各省份对旅游业发展的政策重点不同。例如，山东是我国传统的旅游大省，但近年来旅游产业亟待转型发展，导致其旅游经济增长质量提升相对缓慢。

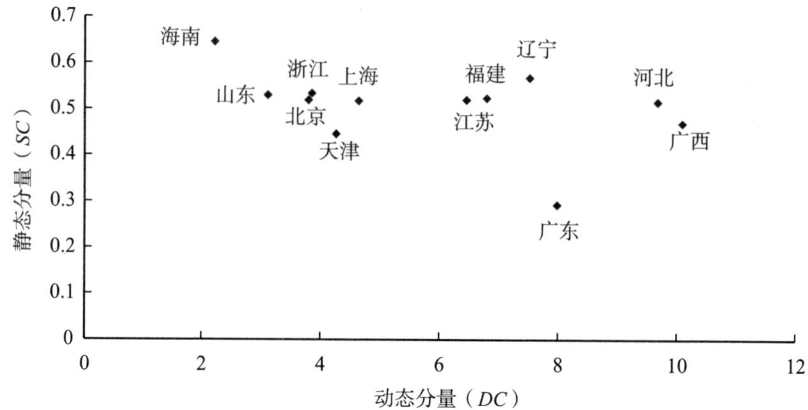

图 4-16　东部地区旅游经济增长质量综合评估

资料来源：根据差别动态指数整理绘制而得。

图 4-17 显示了中部地区各省份旅游经济增长质量的发展水平。从静态分量看，各省份仍然存在一定的差距，其中静态分量数值最小的为吉林，仅为 0.27，而河南静态分量数值则达到了 0.67，相差较大。从动态分量看，中部地区内部差距较大，主要受到山西等个别省份的拉动。山西旅游资源十分丰富，具有一定的发展潜力。且近年来，为促进山西旅游经济的发展，政府提出了老年免票游等一系列措施，较大地推动了山西旅游经济增长质量的提升。其他省份动态分量数值相差则相对较小，表明其发展潜力有待进一步挖掘。

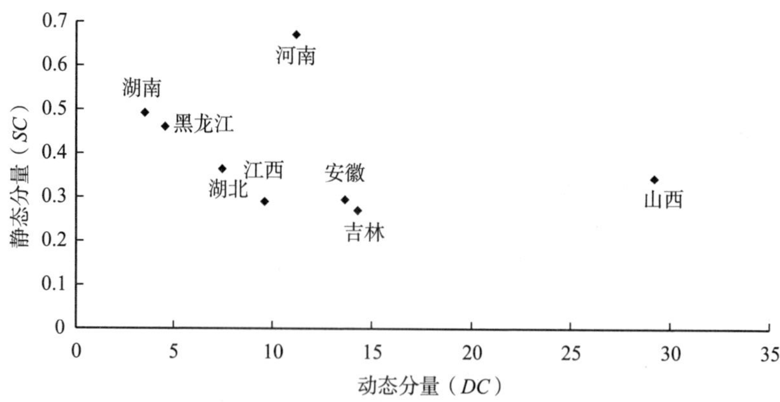

图 4-17　中部地区旅游经济增长质量综合评估

资料来源：根据差别动态指数整理绘制而得。

图4－18显示了西部地区各省份旅游经济增长质量的水平。从静态分量看，各省份发展水平同样存在差距。西部地区经济发展相对落后，旅游业发展受区域经济、交通条件等限制较大，旅游经济增长质量水平受限。从动态分量看，西部各省份旅游发展均取得一定的进步，但同样存在差距。贵州是西部地区中旅游经济增长质量提升最多的省份，主要受近年来区域交通发展、相关政策的大力扶持、市场开发与旅游知名度快速提升的影响。

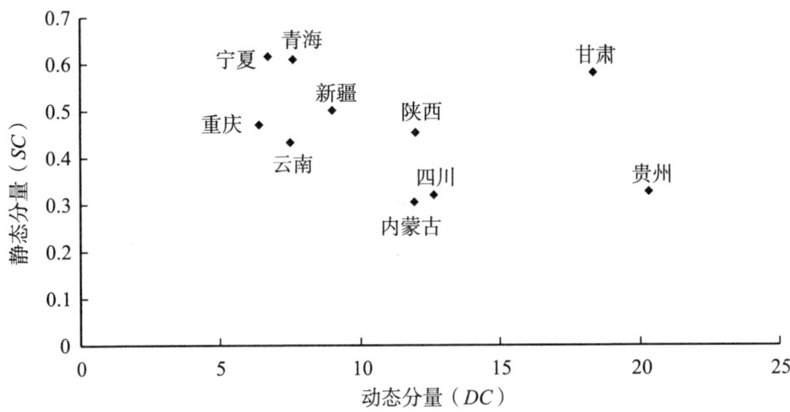

图4－18　西部地区旅游经济增长质量综合评估

资料来源：根据差别动态指数整理绘制而得。

2003～2016年，东、中、西三大地带旅游经济增长质量标准差增大而变异系数呈现出下降的态势，表明三大地带绝对差异扩大而相对差异是缩小的。对三大地带旅游经济增长质量的总体差异进行分解发现，总体差异主要来自地带内差异，且呈现上升态势，而地带间差异呈现出下降趋势。经济发展态势、产业结构的变动和旅游环境质量等因素对旅游经济增长质量差异的影响较大，实施“西部大开发”和“中部崛起”战略的效果逐步显现，但优先发展战略、区域差别化政策的实施使得地带内差异对总差异影响程度居于主导地位。为此，应重视区域联动和协同发展，协调各地区内旅游经济和旅游环境的发展，确定区域发展重点，其中东部地区旅游经济增长应重在改善旅游环境质量，保持旅游经济持续健康发展；中部地区应重视政策引导和扶持，通过打造旅游品牌和提高知名度来增强旅游的吸引力；西部地区则应重视开发特色旅游和精品旅游路线，转变旅游产业结构。

四、东、中、西部和东北老工业基地四大地区差异演变

（一）四大区域旅游经济增长质量总体空间差异特征

我国东、中、西部和东北老工业基地四大地区旅游经济增长质量总体空间差异特征可以根据标准差、变异系数分别进行描述其绝对差异和相对差异（见图4－19）。

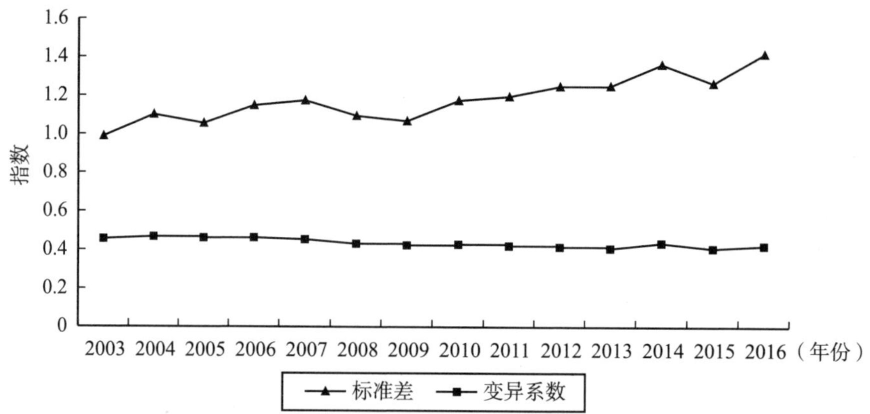

图4－19 2003～2016年我国东、中、西部和东北老工业基地旅游经济增长质量绝对差异和相对差异变化状况

资料来源：根据标准差和变异系数整理绘制而得。

从东、中、西部和东北老工业基地旅游经济增长质量绝对差异上来看，中国东、中、西部和东北老工业基地旅游经济增长质量的标准差值呈现增大的态势，这表明中国东、中、西部和东北老工业基地旅游经济增长质量的绝对差异逐渐扩大。从东、中、西部地区旅游经济增长质量相对差异上来看，变化幅度较小，表明全国四大区域旅游经济增长整体水平较为稳定，有协同发展趋势。

（二）四大区域旅游经济增长质量地带间差异分析

为多尺度探讨我国旅游经济增长质量总体差异的形成，将我国30个省份划分为四大地区，即东、中、西和东北四大地区，利用泰尔系数的可分解性，将全国旅游经济增长质量总体差异分解为地带间差异和地带内差异，并且采用泰尔指数折线图来反映旅游经济增长质量空间差异的动态演化过程（见图4－20）。四大地区旅游经济增长质量的地带间差异是构成

我国旅游经济增长质量总体差异的次要组成部分，且地带间差异呈现出在波动中增大的趋势（见表4－5）。

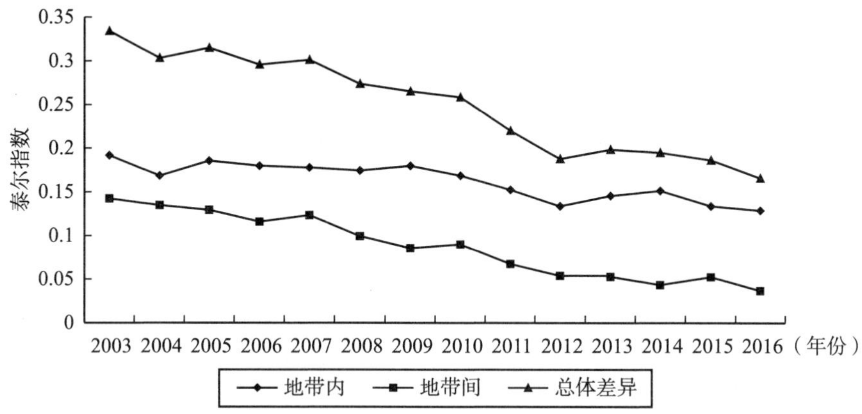

图4－20　2003～2016年我国东、中、西部和东北老工业基地旅游资源经济增长质量区域差异

资料来源：根据标准差和变异系数整理绘制而得。

表4－5　2003～2016年我国东、中、西部和东北老工业基地旅游经济增长质量区域差异贡献率分解

年份	东部		中部		西部		东北		地带内		地带间	
	泰尔指数	贡献率	泰尔指数	贡献率	泰尔指数	贡献率	泰尔指数	贡献率	泰尔指数	贡献率	泰尔指数	贡献率
2003	0. 20	0. 39	0. 06	0. 02	0. 35	0. 14	0. 09	0. 02	0. 19	0. 57	0. 14	0. 43
2004	0. 17	0. 36	0. 07	0. 34	0. 29	0. 13	0. 16	0. 04	0. 17	0. 56	0. 13	0. 44
2005	0. 18	0. 36	0. 06	0. 03	0. 30	0. 13	0. 12	0. 03	0. 19	0. 59	0. 13	0. 41
2006	0. 18	0. 38	0. 06	0. 03	0. 31	0. 16	0. 15	0. 04	0. 18	0. 61	0. 12	0. 39
2007	0. 18	0. 35	0. 06	0. 03	0. 31	0. 16	0. 18	0. 05	0. 18	0. 59	0. 12	0. 41
2008	0. 19	0. 40	0. 05	0. 03	0. 26	0. 14	0. 20	0. 07	0. 17	0. 64	0. 10	0. 36
2009	0. 19	0. 41	0. 05	0. 04	0. 25	0. 15	0. 21	0. 08	0. 18	0. 68	0. 09	0. 32
2010	0. 18	0. 41	0. 04	0. 03	0. 24	0. 14	0. 19	0. 07	0. 17	0. 65	0. 09	0. 35

续表

年份	东部		中部		西部		东北		地带内		地带间	
	泰尔指数	贡献率	泰尔指数	贡献率	泰尔指数	贡献率	泰尔指数	贡献率	泰尔指数	贡献率	泰尔指数	贡献率
2011	0.17	0.41	0.04	0.03	0.23	0.18	0.15	0.06	0.15	0.69	0.07	0.31
2012	0.15	0.42	0.03	0.03	0.20	0.20	0.14	0.07	0.13	0.71	0.05	0.29
2013	0.17	0.45	0.02	0.02	0.21	0.19	0.14	0.06	0.15	0.73	0.05	0.27
2014	0.17	0.44	0.01	0.02	0.23	0.22	0.22	0.09	0.15	0.78	0.04	0.22
2015	0.16	0.43	0.01	0.01	0.22	0.25	0.09	0.03	0.13	0.72	0.05	0.28
2016	0.14	0.40	0.01	0.01	0.21	0.29	0.07	0.03	0.13	0.78	0.04	0.22

资料来源：根据泰尔指数计算整理而得。

由图 4 -20 可知，2003 ~2016 年四大地区旅游经济增长质量泰尔指数均呈现下降的态势，这表明旅游经济增长质量总体差异逐渐缩小，其中地带内差异一直高于地带间差异。地带间差异呈现稳定下降态势，2007 年、2010 年和 2015 年小幅度上升，究其原因在于旅游经济发展受重大事件和国家政策影响，2007 年国家调整法定节假日以及进入奥运游周期，四大地区间旅游经济发展水平不同，对事件承受能力不同，造成了地区间差异出现小高峰。2010 年以来，国家政策注重区域协调发展，加上旅游本身的关联性较强，使得四大地区间旅游经济增长质量的差异不断缩小。2015 年国务院办公厅发布《国务院办公厅关于进一步促进旅游投资和消费的若干意见》，改善旅游消费环境，开拓旅游消费空间，激发旅游消费需求，促进旅游投资消费持续增长。

（三）四大区域旅游经济增长质量地带内差异分析

根据泰尔指数的可分解性，进一步探讨四大区域旅游经济增长质量省与省之间的差异，将分别对东、中、西部和东北老工业基地四大地区内旅游经济增长质量的差异进行分解，并且采用泰尔指数折线图来反映旅游经济增长质量地带内空间差异的动态演化过程（见图 4 -21），2003 ~2016 年，四大地区地带内泰尔指数曲线均呈现出下降的趋势，其中，东北老工业基地泰尔指数波动幅度较大。

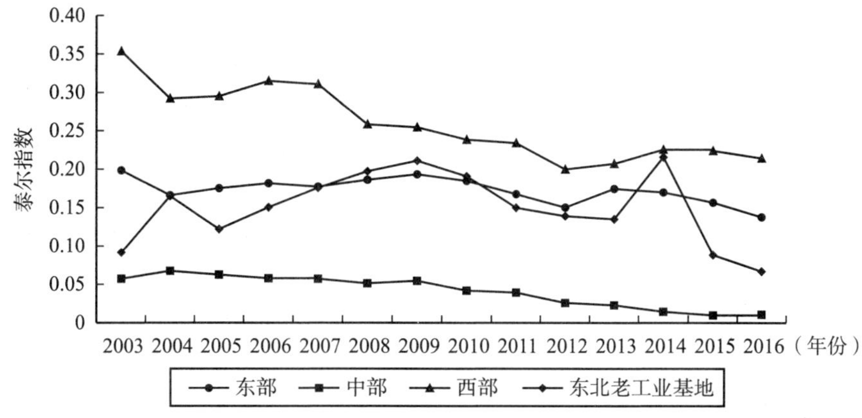

图4－21　2003～2016年我国东、中、西部和东北老工业基地旅游经济增长质量地带内差异

资料来源：根据泰尔指数整理绘制而得。

从四大地区地带内差异对比分析来看，西部地区地带内差异最大，东部地区其次，东北和中部地区再次。这说明，西部地区资源禀赋差异最为明显，经济发展水平差异较大，造成了其地带内差异最大。东部地区旅游经济增长质量地带内差异波动较为平稳，总体呈现先升后降的趋势。2004～2009年地带内差异小幅度扩大，这表明东部地区省份之间差异呈扩大趋势，但不明显，说明旅游经济发展在东部地区各省份之间差异逐渐凸显；2010～2012年，东部地区省内旅游经济增长质量呈下降态势；2013年小幅上升后恢复平稳下降态势。中部地区内泰尔指数曲线呈现缓慢平稳下降的态势，表明中部地区旅游经济增长质量地带内差异趋于稳定状态且地带内差异最小。2006年湖南旅游经济增长质量较大，造成了地带内差异出现波动，究其原因是2006年湖南为实现其旅游资源大省向旅游产业大省转变，举办湖南旅游节，旅游经济出现快速增长。西部地区波动较为明显，整体趋势先降后升，可分为两个阶段，即2003～2005年泰尔指数呈下降趋势，2006年达到最高值，2006～2012年泰尔指数呈稳步下降态势。这说明西部地区各省份之间旅游经济增长差异变化较为明显，且旅游业发展的协同趋势越来越明显，地带内差异逐渐缩小，2013～2016年，以2014年为节点，地带内差异先上升后下降。东北地区2003～2005年泰尔指数先升后降；这说明在旅游经济发展的过程中，政策因素影响较大，2003年国家提出“振兴东北老工业基地”政策，辽宁经济发展速度高于吉林和黑龙江，造成东北地区地带内差距扩大较为明显。随后，政策优势不再凸显，东北地区差异又逐渐缩小。2006～2009 年呈上升态势；2010～2013 年平稳下降；2014 年出现峰值，2014～2016 年地带内差异下降幅度较大。究其原因是 2014 年国务院颁布了《国务院关于近期支持东北振兴若干重大政策举措的意见》，全面提升产业竞争力，造成了区域地带内差异增大。

借助差别动态指数，本研究进一步基于东、中、西部及东北地区不同的旅游发展基础，对各省旅游经济增长质量的地带内差异进行探讨。图 4－22 显示了我国东部地区各省份旅游经济增长质量的发展水平。从静态分量看，尽管我国东部地区各省份旅游经济增长发展水平存在一定差距，但差距相对较小，各省横向分布相对集中。这主要是由于东部地区各省份具备一定的旅游发展基础，旅游经济增长质量发展的限制条件较小，旅游产业发展较为全面科学，进而使得其旅游经济增长质量静态分量水平相对集中。从动态分量看，各省份间差距同样较小，但主要体现了各省份政府支持力度的差异。

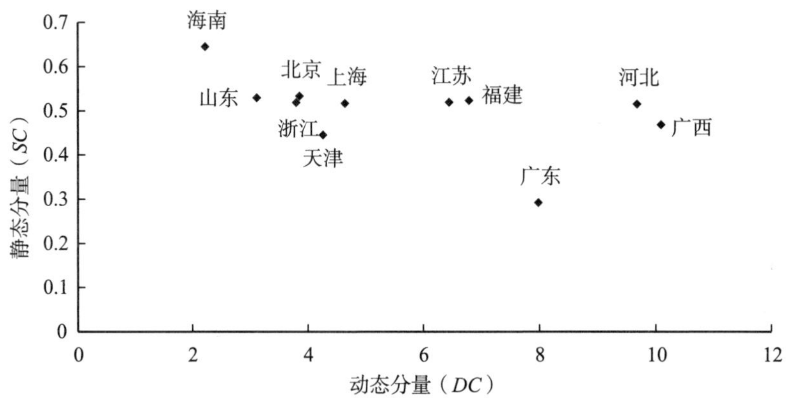

图 4－22　东部地区旅游经济增长质量综合评估

资料来源：根据差别动态指数公式计算绘制而得。

图 4－23 显示了我国中部地区各省份旅游经济增长质量的发展水平。其静态分量及动态分量相差均较大。一方面，我国中部地区具备一定的旅游发展基础，随着我国经济水平不断提高、交通事业不断发展，中部地区的旅游事业受到极大的推动，使得部分省份的旅游经济增长质量得到较大的提升。另一方面，我国中部地区旅游发展竞争较大，各省份对旅游业的支持力度、引导程度均不相同，导致不同省份旅游经济增长质量出现较大差距。

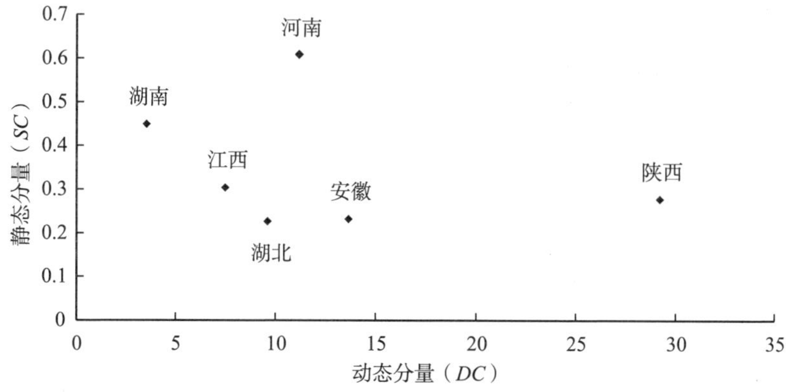

图4－23　中部地区旅游经济增长质量综合评估

资料来源：根据差别动态指数公式计算绘制而得。

图4－24显示了我国西部地区各省份旅游经济增长质量的发展水平。整体来看，西部地区各省份在2003～2016年旅游经济增长质量提升较大，其动态分量数值均在5以上，这主要与西部地区旅游经济增长质量基础相对薄弱有关，同时也受到国民经济不断发展的带动。但西部地区各省份在最终静态分量数值上仍然存在一定差距，主要受到旅游产业发展效率及旅游环境质量的影响。

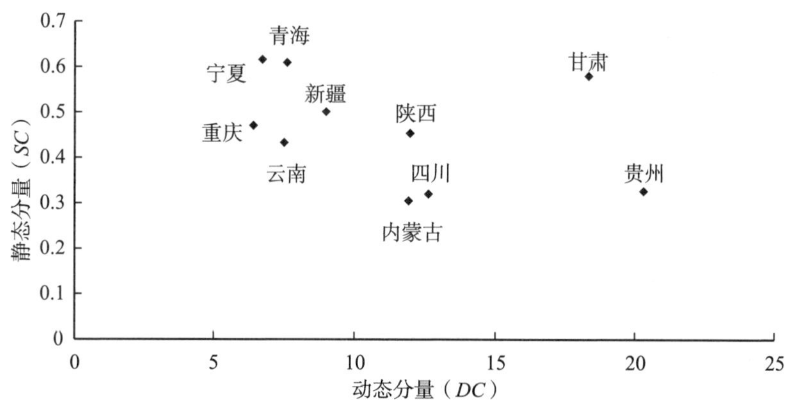

图4－24　西部地区旅游经济增长质量综合评估

资料来源：根据差别动态指数公式计算绘制而得。

图4－25显示了我国东北地区各省份旅游经济增长质量的发展水平。由图可知，吉林旅游经济增长质量水平在三省中位于较高水平，这主要由于其旅游经济增长质量在研究期内取得了较大的提升。但整体来看，东北

三省旅游经济增长质量静态分量数值差距较小，表明其质量水平较为相近，这与东北三省较为统一的历史发展背景有关。一方面，这有利于东北三省发挥集聚优势，吸引更多游客；另一方面，会导致各省缺乏省份特色，在推进旅游经济增长质量进一步提高过程中受到阻碍。

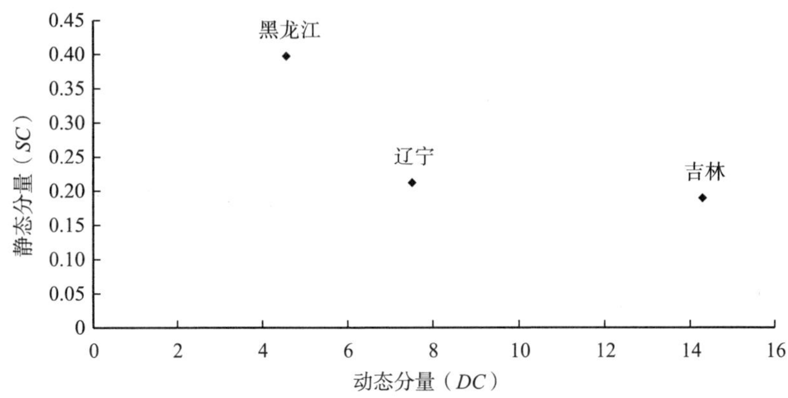

图 4－25　东北地区旅游经济增长质量综合评估

资料来源：根据差别动态指数公式计算绘制而得。

综上所述，2003～2016 年，东、中、西部和东北老工业基地四大地带旅游经济增长质量的绝对差异在个别年份波动较大，且呈现增大趋势，而相对差异较为平稳且呈现下降态势。对四大地带旅游经济增长质量总体差异分解分析发现，地带内差异呈现小幅度扩大趋势，地带间差异呈现缩小的趋势，但总体差异主要来自地带内差异。这表明地带内差异对旅游经济增长质量的整体差异影响占据主要地位。针对地带内差距较大的现实，应统筹各区域内旅游资源优化组合，实现旅游资源一体化开发；完善各区域内旅游交通网络体系，实现旅游交通一体化；各地区内部相互支持举办旅游宣传促销活动，实现旅游营销一体化；加强各区域内旅游教育培训工作，协同开展旅游业务，实现旅游人才队伍一体化，从而最终达到协调各地区内部旅游经济增长效率、旅游产业结构和旅游环境质量，缩小地带内旅游经济增长质量差异的目的。

第四节　本 章 小 结

旅游经济增长是一个复杂而又多层面的问题。根据旅游经济增长质量的本质内涵，整合增长效率、产业结构、环境质量不同维度，基于全面科学性、系统完整性、标准通用性和实用可行性等原则，从旅游产业效率、旅游产业结构和旅游环境质量三个不同角度共同出发，构建旅游经济增长质量的综合评价指标体系，包括 3 个准则层、6 个子准则层和 15 具体指标，揭示其总体水平及各子系统质量水平的动态变化特征，同时采用描述、统计等方法以及 GIS 现代手段，基于沿海和内陆腹地两大地区，东、中、西部三大地带，以及东、中、西部和东北老工业基地四大区域等视角对中国旅游经济增长质量水平的地区差异及动态演变特征进行刻画与评价。

研究表明，2003～2016 年中国旅游经济增长质量水平呈现整体波动上升、地区差异缩小的基本特征，且子系统质量水平与整体水平的变化趋势基本一致。同时，中国旅游经济增长质量的绝对差异不断扩大，但相对差异变化幅度较小；两大地区、三大地带和四大区域的地带内差异贡献率均大于地带间差异。为缩小地带内差异，需要整合地带内旅游资源，设计优质旅游路线组合，提升地带内整体旅游形象；整合区域旅游交通，实现运输方式的一体化；整合区域内旅游资源信息，搭建区域旅游信息服务平台，提升旅游体验质量，实现地带内省份联动发展，推动旅游一体化发展进程，从而促进全国整体旅游经济增长质量水平的提高。

第五章　中国旅游经济增长质量空间格局演化分析

空间格局可以反映出各种现象在空间分布上的规律性（关伟和许淑婷，2015）。识别不同地区间旅游经济增长质量表现的空间差异及其主要驱动因素具有重要的理论价值和现实意义。为此，本章拟选取我国30个省份，根据前文构建的旅游经济增长质量综合评价指标体系与多目标加权模型，对各省份旅游经济增长质量综合指数值进行量化测度，基于地理学视角刻画中国旅游经济增长质量的空间分布格局、变化特征与演变规律。

第一节　中国旅游经济增长质量空间总体格局识别及演化

一、旅游经济增长质量空间总体格局特征及演化

科学论证中国区域旅游经济增长是否存在空间交互或空间扩散作用，需要首先对中国旅游经济增长质量空间总体格局做出概括，以期在整体上把握中国旅游经济增长质量空间分布状况的动态变化态势。根据本研究构建的旅游经济增长质量评价体系和综合指数评价模型，遵循指标数据的可得性及可对比性原则，测算得到2003～2016年我国30个省份的旅游经济增长质量综合指数。为反映阶段演变趋势，研究进一步选取2003年、2007年、2011年和2016年四个时间截面进行比较分析（见表5－1），揭示中国旅游经济增长质量的空间分异及其动态变化规律。

表 5－1　2003 年、2007 年、2011 年、2016 年中国旅游经济增长质量评价结果

省份	旅游经济增长质量综合指数				省份	旅游经济增长质量综合指数			
	2003 年	2007 年	2011 年	2016 年		2003 年	2007 年	2011 年	2016 年
北京	0. 33	0. 37	0. 42	0. 44	河南	0. 29	0. 36	0. 40	0. 46
天津	0. 32	0. 37	0. 44	0. 54	湖北	0. 29	0. 32	0. 36	0. 45
河北	0. 29	0. 30	0. 36	0. 43	湖南	0. 27	0. 35	0. 35	0. 39
山西	0. 25	0. 33	0. 37	0. 53	广东	0. 33	0. 37	0. 39	0. 49
内蒙古	0. 29	0. 53	0. 40	0. 50	广西	0. 28	0. 31	0. 37	0. 48
辽宁	0. 30	0. 33	0. 43	0. 41	海南	0. 33	0. 36	0. 36	0. 36
吉林	0. 27	0. 33	0. 39	0. 53	重庆	0. 24	0. 33	0. 39	0. 42
黑龙江	0. 29	0. 31	0. 39	0. 37	四川	0. 27	0. 33	0. 38	0. 51
上海	0. 33	0. 36	0. 38	0. 40	贵州	0. 23	0. 36	0. 41	0. 62
江苏	0. 33	0. 38	0. 43	0. 49	云南	0. 30	0. 37	0. 39	0. 44
浙江	0. 32	0. 36	0. 42	0. 48	陕西	0. 30	0. 34	0. 35	0. 42
安徽	0. 28	0. 32	0. 41	0. 50	甘肃	0. 23	0. 27	0. 29	0. 34
福建	0. 34	0. 40	0. 40	0. 45	青海	0. 24	0. 36	0. 28	0. 35
江西	0. 28	0. 33	0. 39	0. 48	宁夏	0. 25	0. 25	0. 30	0. 35
山东	0. 29	0. 33	0. 38	0. 42	新疆	0. 29	0. 35	0. 36	0. 37

资料来源：笔者整理计算而得。

进而对旅游经济增长质量综合指数绝对值进行排序并将其分为四个等级（见表 5－2）。其中，第Ⅰ等级表示省份旅游经济增长质量处于较高水平，第Ⅱ等级表示省份旅游经济增长质量处于中等水平，第Ⅲ等级表示省份旅游经济增长质量处于较低水平，第Ⅳ等级表示省份旅游经济增长质量处于低水平。

表5-2　　2003年、2007年、2011年、2016年中国旅游经济增长质量等级

年份	第Ⅰ等级	第Ⅱ等级	第Ⅲ等级	第Ⅳ等级
2003	北京、天津、上海、江苏、浙江、福建、广东、海南	河北、内蒙古、辽宁、黑龙江、山东、河南、湖北、云南、陕西	吉林、安徽、江西、湖南、广西、四川、新疆	山西、重庆、贵州、甘肃、青海、宁夏
2007	内蒙古	北京、天津、上海、江苏、浙江、福建、河南、广东、海南、贵州、云南、青海、新疆	山西、辽宁、吉林、安徽、江西、山东、湖北、湖南、重庆、四川、陕西	河北、黑龙江、广西、甘肃、宁夏
2011	北京、天津、辽宁、江苏、浙江、安徽、贵州	内蒙古、吉林、黑龙江、上海、福建、江西、山东、河南、广东、重庆、四川、云南	河北、山西、湖北、湖南、广西、海南、陕西、新疆	甘肃、青海、宁夏
2016	天津、山西、吉林、贵州	内蒙古、江苏、浙江、安徽、江西、河南、广东、广西、四川	北京、河北、辽宁、福建、山东、湖北、重庆、云南、陕西	黑龙江、上海、湖南、海南、甘肃、青海、宁夏、新疆

资料来源：基于中国旅游经济增长质量计算结果得到。

如表5-2所示，中国旅游经济增长质量水平呈现出东部地区质量水平高，中、西部地区质量水平低的格局。具体表现为以长三角、珠三角等沿海地区为中心，逐步向内陆腹地区域递减的趋势，长三角地区和珠三角地区不仅处于中国经济增长的龙头地位，也是中国旅游经济增长质量的中心地位。总体而言，中国旅游经济增长总体上呈现出东高西低的空间差异，表现为从沿海地区向内陆地区梯度递减的格局特征。

首先，旅游经济增长质量水平较高的省份构成相对稳定。2003年位于第Ⅰ等级的省份包括北京、天津、上海、江苏、浙江、福建、广东、海南。作为对外开放的先导区域，这些省份旅游业起步较早、发展相对成熟，旅游经济保持稳定增长。同时它们也是中国重要的旅游目的地和旅游发达地区，区域旅游及相关产业发展迅速，旅游产业要素配置相对合理，旅游产业结构合理化和高度化水平较高，且旅游生态环境良好，使得旅游经济增长质量水平较高。2007 年，北京、上海、浙江、广东、海南的旅游经济增长质量水平略有所下降，降至第Ⅱ等级，内蒙古、河南和贵州则增长显著，分别上升至第Ⅰ、第Ⅱ等级。2011 年贵州、辽宁两省提升到第Ⅰ等级。由此表明地区经济发展水平不是旅游经济增长质量提升的唯一必要条件，贵州、辽宁虽然在区位条件和旅游经济实力方面较为弱势，但是其丰富的旅游资源禀赋和良好的生态环境，以及国家旅游开发政策的大力支持，使其旅游经济增长质量水平得到明显提高。2016 年，东部沿海省份旅游经济增长质量再次呈现波动下降状态，贵州仍然保持在第Ⅰ等级，表明旅游资源禀赋及生态环境优势对旅游经济增长质量具有强劲的拉动作用。

其次，位于第Ⅱ、第Ⅲ等级的省份呈现波动变化态势。2003 年旅游经济增长质量处于第Ⅱ等级的省份呈现资源导向分布的特点，旅游资源丰富且独特的地区如云南、陕西、山东等省份旅游经济增长质量水平较高。至 2011 年处于第Ⅱ等级的省份围绕第Ⅰ等级省份集中分布，表明旅游经济增长质量较高水平的省份对邻近地区有辐射带动作用，不同省份之间的空间联动作用加强，高质量水平的省份在旅游合作、品牌推广、人才共享、技术支持等方面产生区域外溢作用，带动周边中等质量水平省份旅游的发展。旅游经济增长质量处于第Ⅲ等级的省份从点状分散分布向集聚分布格局转变。2003 年，旅游经济增长质量较低水平省份包括广西、湖南、江西和安徽，到 2011 年由北向南连接成片、带状集中分布，囊括了中部地区的各省份，其中具有丰富旅游资源禀赋的陕西、山西、湖南等地区在旅游产业发展过程中，面临着来自旅游开发的资源依赖性、产业关联与协同、产业升级速度等方面的现实考验，存在着旅游资源与产业要素利用不合理、旅游科技创新能力低、旅游产业低效率发展等问题，旅游产业结构合理化和高度化水平不高，由此导致旅游经济增长质量水平呈下降态势。2016 年其分布在原有的基础上虽有所变化，但整体特征仍然呈南北连片的带状分布特点。另外，由于经济新常态改革尚未完成，旅游经济增长质量的下降趋势尚未得到有效控制，全国范围内旅游经济增长质量仍然呈下降态势。

最后，旅游经济增长质量处于第Ⅳ等级的省份主要分布在西部地区。这些省份的旅游经济增长质量呈现较低水平，其旅游产业投入高、发展效率低，旅游消费结构不合理，旅游产业与相关产业联系不紧密，旅游科技创新力量薄弱，粗放式开发问题突出，旅游资源保护力度不够、旅游环境污染与生态恶化问题较为严峻，加之地区经济发展水平相对落后，旅游经济增长稳定性受到一定影响。

综上所述，2003 年中国旅游经济增长质量空间格局与区域经济发展总体格局一致，呈现出以东部沿海地区为高质量增长核心，向内陆地区逐步递减的总体趋势。要素投入以及资源消耗是这一时期旅游经济增长的主要驱动力，东部沿海地区整体经济发展水平较高，具备旅游产业发展的充分条件，占据旅游经济增长的先机，从而促进旅游经济质量水平的提升。到 2016 年，旅游经济增长质量较高的省份开始向环境与经济协调发展的区域转变，贵州、重庆等内陆省份的旅游经济增长质量水平不断提高，而广州、山东等旅游经济发达省份，其增长质量水平有所下降。传统粗放式的旅游经济发展模式、旅游产业结构不合理以及由此带来的生态破坏和环境污染，在一定程度上影响了地区旅游经济发展质量和效益。

二、各子系统空间总体格局特征及演化

根据本研究构建的旅游经济增长质量评价体系，分别测度我国 30 个省份旅游产业效率、旅游产业结构和旅游环境质量三个子系统的指数值，探讨不同子系统的空间格局与演化特征。同样选取 2003 年、2007 年、2011 年、2016 年四个时间截面进行比较分析。分别根据各省份旅游经济增长质量三个子系统指数的绝对值将其进行排序并分为四个等级，其中第Ⅰ等级指该子系统处于高水平，第Ⅱ等级为较高水平，第Ⅲ等级为中等水平，第Ⅳ等级则处于较低水平。可以看出，各省份旅游产业效率、旅游产业结构和旅游环境质量都存在显著的地区差异，并表现为明显的时空演化态势，但总体上均呈现中、东部地区水平高于西部地区的格局特征。

由表 5 - 3 可知，2003 年我国大多数省份旅游产业效率处于中等水平，这是由于“非典”造成的冲击，使得全国范围的旅游业遭到严重损失，整体旅游产业效率水平不高。2007 年，各省份旅游产业效率发展产生分化，相较而言，东部地区旅游产业效率明显高于中、西部地区，中部地区旅游产业效率变化较为分散，而西部地区旅游产业效率处于全国最低水平。一方面，是由于我国东部及中部地区旅游资源相对丰富、旅游基础设施相对完善，显著促进了旅游产业效率的提升；另一方面，我国出入境旅游进一步发展同样推动了东部地区旅游产业效率的优化。2011 年，东部及中部地区旅游产业效率进一步提升，且集聚趋势逐渐明显。直至 2016 年，我国大部分省份旅游产业效率提升至较高水平，且主要集中在东部和中部地

区。随着2009年旅游业在国民经济中的战略性支柱产业的确立，我国旅游业快速发展，产业地位持续提升，旅游市场空前繁盛，因此，我国各省份旅游产业效率呈现总体良好的空间格局。其中，东部地区作为对外开放的先导区域，旅游业发展相对成熟，旅游资源丰富、产品开发潜力大、各项保障措施完善，旅游产业效率水平相对较高。而中部地区以及贵州、四川等西部省份在文化深层次开发和国家扶贫政策的背景下，人均旅游消费和旅游劳动生产率不断提高，促使旅游经济增长效率持续提升，旅游经济发展的稳定性显著增强，从而推动了这些地区旅游产业效率水平的提升。而新疆、青海等西部偏远省份，受经济发展水平、劳动力效率及质量、公共基础设施建设等多种要素影响，旅游产业各方面的发展水平相对滞后，产业效率相对较低。

表5－3　2003年、2007年、2011年、2016年中国旅游产业效率等级

年份	第Ⅰ等级	第Ⅱ等级	第Ⅲ等级	第Ⅳ等级
2003	天津、辽宁、上海	江苏、浙江、福建、海南、重庆	北京、内蒙古、吉林、黑龙江、安徽、江西、山东、河南、湖北、湖南、广东、广西、四川、陕西、青海、宁夏、新疆	河北、山西、贵州、云南、甘肃
2007	内蒙古	天津、上海、江苏、福建、河南、云南	北京、山西、辽宁、吉林、黑龙江、浙江、安徽、山东、湖南、广东、重庆、四川、贵州、陕西	河北、江西、湖北、广西、海南、甘肃、青海、宁夏、新疆
2011	天津、辽宁、贵州	吉林、黑龙江、上海、江苏、浙江、安徽、河南、湖北、四川	北京、山西、内蒙古、福建、江西、山东、湖南、广东、广西、重庆、云南、陕西	河北、海南、甘肃、青海、宁夏、新疆
2016	贵州	山西、安徽、福建、江西、广西、四川、云南	北京、天津、河北、内蒙古、辽宁、吉林、上海、江苏、浙江、河南、湖北、湖南、广东、海南、重庆、陕西、青海	黑龙江、山东、甘肃、宁夏、新疆

资料来源：基于中国旅游经济增长质量计算结果得到。

表5－4显示了2003～2016年我国旅游产业结构子系统的时空分布演化。由此可知，2003年我国旅游产业结构水平整体较低，但总体来看，我国东部地区旅游产业结构水平仍然高于中、西部地区。这主要是由于当时我国东部地区旅游产业相对成熟，而中、西部地区则稍显滞后。2007年，东部地区旅游产业结构水平略有下降，然而中、西部地区旅游产业结构水平却显著提升。这主要是由于中、西部地区旅游业发展逐渐得到重视，国家颁布的《全国红色旅游发展纲要》等文件对中、西部旅游业发展起到了较好的指导作用；另外，我国铁路事业的发展大大提升了中、西部地区的可进入性，促进中西部地区旅游业迅速适应市场，进而使得旅游产业结构得到较为显著的提升。2011年，我国东部地区旅游产业结构水平有所提升，而中、西部地区旅游产业结构水平仍然保持较高。主要由于这一时期奥运会、世博会、亚运会等在我国东部地区成功举办，带来较多高质量游客，同时改善了原有的旅游产业结构。2016年，我国旅游产业结构水平又一次产生下降，且西部地区下降较为明显，整体呈东部地区高于中、西部地区的空间格局。主要是由于我国旅游业经历了十余年的繁荣发展，粗放型非集约化增长、过度追求经济效益、要素配置不合理、国际竞争力弱等问题逐渐显著。近年来，我国大力倡导经济发展转型升级，旅游业也进入提质增效阶段，政府在人力、物力、财力、技术、政策等方面支持力度持续增强，旅游业管理与技术水平有所提升，但各地区旅游产业结构滞后的现状仍有待改善。各地区应结合自身旅游业发展现状，紧跟国家经济发展步伐，东部地区在维持当前旅游产业效率的基础上综合开发旅游资源与产品，提高技术创新的应用率与转化率，扩大入境旅游市场规模；中部地区深度挖掘旅游文化内涵，优化旅游消费环境，调整旅游产业结构，带动旅游业迅速发展，促进旅游产业占区域第三产业比重增大；西部地区旅游业发展既要注重效益，又要注重质量，实现旅游产业效率与结构的同步提升。

表5－4　2003年、2007年、2011年、2016年中国旅游产业结构等级

年份	第Ⅰ等级	第Ⅱ等级	第Ⅲ等级	第Ⅳ等级
2003	北京、上海、广东、海南、云南	内蒙古、黑龙江、江苏、浙江、福建、陕西	天津、河北、辽宁、吉林、安徽、江西、河南、湖北、湖南、广西、四川、新疆	山西、山东、重庆、贵州、甘肃、青海、宁夏

续表

年份	第Ⅰ等级	第Ⅱ等级	第Ⅲ等级	第Ⅳ等级
2007	北京、广东、贵州、青海、新疆	天津、内蒙古、上海、福建、海南、云南、陕西	山西、辽宁、黑龙江、江苏、浙江、江西、河南、湖南、广西、重庆、四川	河北、吉林、安徽、山东、湖北、甘肃、宁夏
2011	北京、内蒙古、浙江、安徽、福建、海南、云南、新疆	天津、山西、辽宁、黑龙江、江苏、江西、河南、广东、广西、贵州	河北、上海、湖南、重庆、四川、陕西	吉林、山东、湖北、甘肃、青海、宁夏
2016	贵州	山西、安徽、福建、江西、广西、四川、云南	北京、天津、河北、内蒙古、辽宁、吉林、上海、江苏、浙江、河南、湖北、湖南、广东、海南、重庆、陕西、青海	黑龙江、山东、甘肃、宁夏、新疆

资料来源：基于中国旅游经济增长质量计算结果得到。

表5－5显示了2003～2016年我国旅游环境质量子系统的时空分布演化特征。由此可知，我国旅游环境质量子系统空间格局变化不大，始终表现为东部沿海地区旅游环境质量水平高于中、西部内陆地区的整体特征。我国东部地区旅游业发展起步较早，旅游资源禀赋、经济发展水平、城市公共建设和旅游消费环境等旅游业发展的基础条件优越，因此其旅游环境质量较高于中西部地区。研究期内，东部地区旅游环境质量整体处于相对较高水平，但经历了先下降后上升的阶段。2003～2011年，东部地区旅游环境质量呈下降趋势，这是由于粗放式的旅游经济发展对生态环境造成了一定的破坏，而相应的社会环境、政策环境等发展稍显滞后造成的。至2016年，东部地区旅游环境质量恢复上升趋势，主要受到经济新常态影响下旅游经济发展方式转变的推动。中部地区的旅游资源环境、经济社会基础较东部地区有一定的差距，但其旅游环境质量却经历了显著的提升过程。2003年，其旅游环境质量水平大多属于中等及较低水平，随着国家扶持力度的不断加强，基础设施建设的不断完善，绿色发展意识的不断提高，中部地区具备了更加良好的政策环境、经济环境、社会环境和生态环境，因此其旅游环境质量也不断提高。而我国西部地区尚未具备良好的旅游环境质量。一方面，西部地区气候、降水等自然环境较为恶劣，在旅游经济发展方面处于相对劣势；另一方面，西部地区经济发展相对中部及东部地区较为落后，旅游基础设施和服务设施建设尚不完善，致使旅游环境

质量整体滞后。综合来看，西部地区的旅游环境质量仍有较大的提升空间。旅游环境质量是旅游经济增长质量的重要组成部分，各省份在提升旅游产业效率、调整旅游产业结构的同时，更要注重旅游环境的维护和优化，促进旅游业健康、有序和持续发展。

表 5－5　2003 年、2007 年、2011 年、2016 年中国旅游环境质量等级

年份	第Ⅰ等级	第Ⅱ等级	第Ⅲ等级	第Ⅳ等级
2003	北京、江苏、福建、山东、广东	天津、河北、辽宁、浙江、江西、河南、湖北、海南	山西、吉林、上海、安徽、湖南、广西、四川、云南、陕西、青海、新疆	内蒙古、黑龙江、重庆、贵州、甘肃、宁夏
2007	江苏、浙江、福建	北京、河北、吉林、安徽、江西、山东、河南、湖北、湖南、海南、四川	天津、山西、辽宁、上海、广东、重庆、云南、陕西、青海、新疆	内蒙古、黑龙江、广西、贵州、甘肃、宁夏
2011	北京、吉林、江苏、山东	河北、浙江、安徽、福建、江西、广东、重庆	天津、山西、内蒙古、辽宁、上海、河南、湖北、湖南、广西、海南、四川、云南、陕西、新疆	黑龙江、贵州、甘肃、青海、宁夏
2016	北京、江苏、浙江、安徽、山东、广东、四川	河北、山西、内蒙古、福建、江西、河南、湖北、湖南、广西、陕西	辽宁、吉林、黑龙江、上海、海南、重庆、贵州、云南、宁夏、新疆	天津、甘肃、青海

资料来源：基于中国旅游经济增长质量计算结果得到。

第二节　中国旅游经济增长质量空间集聚格局识别及演化

改革开放四十多年来，中国旅游经济保持高速增长，旅游产业地位日益巩固和显著提升，且一直伴随空间集聚的过程。产业集聚已成为当前旅游经济发展的普遍现象。在产业集聚形成之后，会在一定的区域内加剧各种经济要素的集聚（黄晖和金凤君，2011）。既有研究表明，区域旅游经济增长和旅游产业集聚是一个难以分离、相伴相生的过程。旅游产业集聚不仅会对旅游经济活动或旅游产业要素的空间分布带来影响，还会对不同地理区位的旅游经济增长有着重要的影响。旅游产业集聚对区域旅游经济增长有显著的正向影响，并由此引起中国旅游经济增长的空间不均衡（刘佳等，2013）。已有研究仅对旅游经济增长的数量特征进行了考察，而旅游经济增长质量是否同样存在空间集聚的特征？还有待检验与分析。本节引入空间基尼系数和赫芬达尔系数，从总体上考察旅游经济增长质量在地理空间上的集聚特征与态势。

一、旅游经济增长质量空间基尼系数特征与演化分析

空间基尼系数，是用于衡量区域经济发展水平与质量的一项综合性社会环境指标，其比例系数的大小取决于洛伦兹曲线（刘欢和左其亭，2012）。在衡量区域居民经济收入过程中，空间基尼系数的大小可以有效揭示一个国家或地区居民经济收入的差距或贫富差距。按照联合国的有关组织规定：空间基尼系数小于0.2表示绝对平均；0.2～0.3表示比较平均；0.3～0.4表示相对合理；0.4～0.5表示差距较大；0.5以上表示差距悬殊。国际上一般将0.4作为收入分配差距的“警戒线”（石双，2018）。空间基尼系数也是衡量产业空间集聚程度的指标，克鲁格曼（Krugman，1991）利用该系数对美国三大产业的集聚程度展开了测度。本研究运用空间基尼系数度量旅游经济增长质量格局的不均衡程度，考察在空间分布上是否具有均衡性。一般而言，空间基尼系数的计算方法并非单一固定的，本研究参考魏后凯（2003）采用的计算方法，计算公式为：

$$G = 1 + \frac{1}{n} - \frac{2}{n^2 \overline{X}}(X_1 + 2X_2 + 3X_3 + \cdots + nX_n) \qquad (5-1)$$

值得注意的是，旅游经济增长质量的衡量与传统的旅游经济增长数量衡量存在较大差别，全国旅游收入可以用各省份旅游收入加和予以表征，但全国旅游经济增长质量水平的衡量则不能采用简单的加和运算。根据我国30个省份旅游经济增长质量水平的平均数计算出的基尼系数也不能准确揭示全国旅游经济增长质量空间集聚程度的实际状况，为此，本研究对公式（5-1）进行修正，得到公式：

$$G = 1 + \frac{1}{n} - \frac{2}{n^2 X}(X_1 + 2X_2 + 3X_3 + \cdots + nX_n) \qquad (5-2)$$

式中，X_1，…，X_n 为按递减顺序排列的各省份旅游经济增长质量综合指数，X 为中国旅游经济增长质量综合指数，n 为省份个数。基尼系数值在

0~1 之间变化。若 G 值为 0，则表示我国旅游经济增长质量在各省份发展水平完全均等；若 G 值为 1，则表示不均等程度最大。

如图 5-1 所示，2003~2016 年，我国旅游经济增长质量空间基尼系数总体呈现“上升—下降—上升”的波动过程，旅游经济增长质量从相对均衡转变为极化分布。基尼系数具有三阶段演进特征。其中，第一阶段（2003~2007 年）：旅游经济增长质量基尼系数处于波动上升，从 2003 年的 0.0635 迅速增长到 2004 年 0.1983，至 2005 年又处于较平稳状态，缓慢增长至 0.2067。此阶段，2003 年的“非典”事件对我国旅游业产生了较大冲击，出于身体健康与安全性考虑，远距离的旅游活动受到了抑制，旅游规模大幅缩小，全国各省份旅游消费市场均明显萎靡，旅游经济增长质量的空间集聚不明显，呈现出离散的分布格局。2004 年，旅游业从“非典”事件中迅速回暖，我国入境旅游同比 2003 年增长了 10% 以上，旅游经济增长质量不断攀升，特别是东部发达地区开展的旅游活动较为频繁，呈现出较高的空间集聚程度，基尼系数表现为短暂的快速上升现象，2005 年旅游经济从恢复性快速增长转变为平稳增长。在 2007 年基尼系数高达 0.3978，表明该阶段我国旅游经济增长质量在空间上集聚的特征愈发显著。第二阶段（2007~2009 年）：旅游经济增长质量基尼系数处于下降阶段，由于受全球金融危机影响，我国旅游业受到波及，旅游经济增长质量的空间集聚水平受到了影响。第三阶段（2009~2016 年）：旅游经济增长质量基尼系数处于波动上升，整体上呈现“W”形变化。2010 年基尼系数上升至 0.3913，在我国对经济工作调整和各项举措的推动下，经济形势呈现温和上涨，特别是旅游业作为国民经济战略性支柱产业地位得到确立和巩固，旅游业发展进入新常态，2014 年基尼系数整体偏高，达到 0.4441，在全国范围内呈极化分布。值得注意的是，在旅游业快速发展过程中，产业结构尚不合理、景区配套设施建设不完善、交通等基础设施承载不足以及游客规模激增所带来的不文明现象使得各省份旅游产业内部以及与外部环境间矛盾不断增加，2015 年基尼系数下降为 0.2996，在全国范围内呈现均衡分布特征。随着消费升级、优质旅游和文明旅游等政策的不断推进，我国旅游经济增长质量不断改善，空间集聚程度在 2016 年上涨，基尼系数达到 0.4346，表明旅游经济增长质量表现出日趋明显的空间集聚特征或现象，地区差异较为突出。

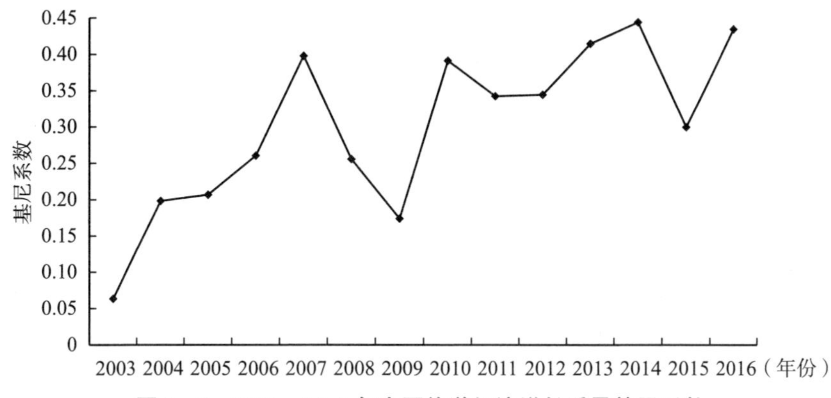

图 5－1　2003～2016 年中国旅游经济增长质量基尼系数

资料来源：根据基尼系数公式计算而得。

二、旅游经济增长质量赫芬达尔指数特征与演化分析

赫芬达尔指数（HHI 指数）是一种测量产业集中度的综合指数，同时也可以用来衡量集聚程度。20 世纪 80 年代，美国司法部和联邦贸易委员会最早开始使用该项指标对企业兼并进行评估，同时还会定期发表各项产业的赫芬达尔指数，该指数的统计工作日益受到学界重视。赫芬达尔指数一般表示为某产业产值或就业比重的平方和，取值在（$1/n$，1）之间波动，其数值大小与经济和资本分布的差异程度成正比（卢福财，2013）。本研究运用赫芬达尔指数测度我国旅游经济增长质量在各地区的分布状况，进而揭示旅游经济增长质量的离散程度。其计算公式（成小平和张升，2013）为：

$$H = \sum_{j=1}^{n} S_j^2 = \sum_{j=1}^{n} \left(\frac{X_j}{X}\right)^2 \tag{5-3}$$

其中：X 代表各省份旅游经济增长质量指数之和；X_j 代表 j 省份的旅游经济增长质量指数；S_j 代表第 j 个省份旅游经济增长质量占全国的比重；n 代表我国的省份数。赫芬达尔指数实质上是赋予每个省份旅游经济增长质量比重 S_j 的一个权重，通常对旅游经济增长质量比重大的省份赋予最大的比重值。

运用公式（5－3）对我国旅游经济增长质量的赫芬达尔指数进行计算，结果如图 5－2 所示。2003～2016 年我国旅游经济增长质量的整体离散程度较高，且波动趋势较小。由于研究地域涉及了 30 个省份，因此赫芬达尔指数越接近 0.0333，表明我国旅游经济增长质量分布越均衡，2003～2016 年旅游经济增长质量的赫芬达尔系数在 0.0336～0.0341

之间波动，十分接近赫芬达尔指数的最小取值点，与2003～2012年间的波动范围基本相同，这表明在研究时期内，我国旅游经济增长质量的离散程度较高，呈现出波动态势发展，上升趋势并不显著。但是结合上述旅游经济增长质量的总体空间分布格局状况可以看出，旅游经济增长质量的空间分布并不均衡，区域集聚趋势特征明显。这是由于赫芬达尔指数主要用于衡量行业或市场集中度，反映不同企业的市场份额，可以将其应用于产业集聚程度的测量，研究通常假定产业活动的市场空间分布和地理空间分布呈相近趋势。我国旅游经济活动存在显著的地理空间集聚现象，虽然我国2003～2016年旅游经济增长质量赫芬达尔系数较低，只能表明其市场分布均衡，不存在显著的垄断现象，不能以此推导出其空间分布均衡。这也表明赫芬达尔指数与产业集聚程度不总是存在正相关的关系，产业集聚程度的测度不仅需要考虑产业活动的市场空间分布，更要立足于产业自身的地理分布特征（胡健和董春诗，2013）。值得注意的是，在公式（5－3）中，X采用的是全国各省份旅游经济增长质量指数之和，不能客观表明全国旅游经济增长质量总体状况。若采用独立计算的全国旅游经济增长质量综合指数来表征中国旅游经济增长质量整体水平，则赫芬达尔系数指数计算结果大于1，是无效结果。因此，本研究综合考虑了赫芬达尔指数和空间基尼系数，以更加全面合理地揭示我国旅游经济增长质量的空间集聚状况。

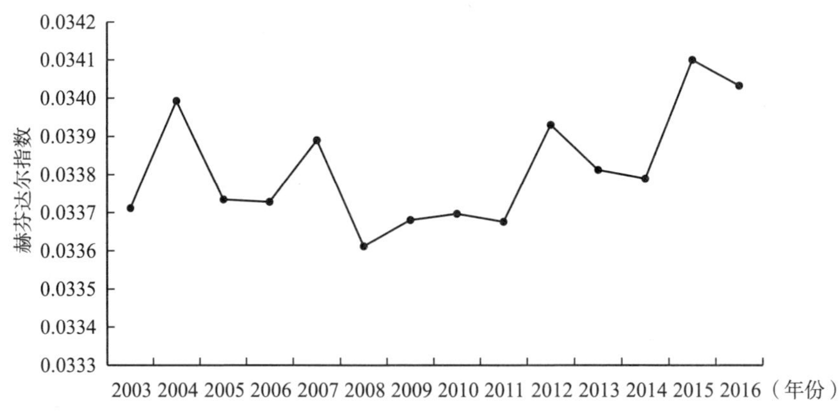

图5－2　2003～2016年中国旅游经济增长质量赫芬达尔系数

资料来源：根据赫芬达尔指数公式计算而得。

综上所述，进入21世纪以来，国民参与旅游活动不断普及化和日常化，旅游成为人们生活中不可或缺的部分。旅游经济规模和效益日益提升，在着眼于国民经济的战略性支柱产业的战略定位、服务于广大游客对品质旅游的合理诉求的同时，我国旅游经济增长质量表现为较强的空间集聚特征，但是由于旅游业自身存在的脆弱性，受到经济发展、产业结构和环境变化的影响，在个别年份我国的旅游经济增长质量呈现离散分布。例如，2009 年、2015 年，受到经济危机与产业结构失衡的影响，不仅全国旅游经济增长质量水平有所下降，且旅游经济增长质量总体呈现分散发展特征。

第三节　中国旅游经济增长质量区域重心转移与格局演化

区域重心是衡量某种属性在区域总体分布状况的指标，其分布状况揭示了研究属性在空间分布的不均衡程度（毕其格等，2007）。本研究运用区域重心分析方法，从总体上揭示中国旅游经济增长质量重心的变化轨迹与区域特征，揭示旅游经济增长质量分布重心的演变过程及数量关系，探讨中国旅游经济增长质量的整体空间格局演化规律。

一、旅游经济增长质量重心区位与移动轨迹

第一，确定旅游经济增长质量重心模型。旅游经济增长质量重心是指能够使该点上各个方向的旅游经济增长质量保持均衡状态的区域空间点。对于一个国家来说，某种属性"重心"的计算通常基于其次级行政区域的相应属性和地理坐标（樊杰，1996）。因此，影响我国旅游经济增长质量重心动态变化的因素主要包含各省份地理位置和属性变化两方面。2003 ~ 2016 年我国旅游经济增长质量的重心一直处于动态变化之中，各省份的旅游经济增长质量水平与速度皆不一致，任一区域旅游经济增长质量波动都会导致我国旅游经济增长质量整体发生变化。在本研究中，基于如下假设，对旅游经济增长质量重心模型加以设定：即 n 个平面空间单元共同组成某一整体区域，其中，第 i 个具体单元的行政中心或者地理中心的坐标为（x_i，y_i），Z_i 为该平面空间单元的旅游经济增长质量，则研究区域旅游经济增长质量重心坐标为：

$$X = \sum_{i=1}^{n} Z_i x_i / \sum_{i=1}^{n} Z_i \text{ , } Y = \sum_{i=1}^{n} Z_i y_i / \sum_{i=1}^{n} Z_i \qquad (5-4)$$

式中，X、Y 分别表示中国旅游经济增长质量重心坐标的经度和纬度；x_i、

y_i 分别表示第 i 个省份行政中心的经度和纬度；Z_i 表示第 i 个省份旅游经济增长质量综合指数，n 代表我国的省份数。

第二，明确旅游经济增长质量重心空间区位年际移动方向。不同年份旅游经济增长要素、旅游产业结构以及旅游环境承载力不同，导致了区域旅游经济增长质量重心空间移动方向的变化，其计算过程如公式（5－5）所示：

$$\theta_{i-j}=\frac{n\pi}{2}+\mathrm{arctg}\left(\frac{y_i-y_j}{x_i-x_j}\right),\ n=0,\ 1,\ -1 \tag{5-5}$$

式中，θ 表示旅游经济增长质量重心年际移动的角度，其取值范围为－180度～180度。以正东方向为0度，按照逆时针方向旋转形成坐标轴，当 $\theta=\pm180$ 度时，表示旅游经济增长质量重心向正西方向转移；当 $\theta=+90$ 度或－90度时，表示旅游经济增长质量重心向正南或正北方向转移，各象限方向以此类推。n 取0、1、－1对 $\mathrm{arctg}\left(\frac{y_i-y_j}{x_i-x_j}\right)$ 结果进行修正，使最终结果位于［－180°，180°］范围内。i，j 代表考察年份；$(x_i,\ y_i)$、$(x_j,\ y_j)$ 分别表示第 i 年和第 j 年区域旅游经济增长质量重心的地理坐标（经度值和纬度值）。

第三，计算旅游经济增长质量重心空间区位年际移动距离。其测度公式如下：

$$D_{i-j}=R\times\sqrt{(y_i-y_j)^2+(x_i-x_j)^2} \tag{5-6}$$

式中，D 表示中国旅游经济增长质量重心的年际移动距离；i，j 代表考察年份；$(x_i,\ y_i)$、$(x_j,\ y_j)$ 分别表示第 i 年和第 j 年区域旅游经济增长质量重心的地理坐标（纬度值和经度值）；R 是地理坐标单位向平面距离转化的系数，为111.111。

选取我国30个省份不包括西藏和港澳台地区为研究单元，基于上述旅游经济增长质量重心计算模型，得出2003～2016年中国旅游经济增长质量重心位置，如表5－6所示。

表5－6　2003～2016年中国旅游经济增长质量重心坐标　单位：度

年份	经度	纬度
2003	113.0037	33.8352
2004	113.1732	33.7797

续表

年份	经度	纬度
2005	112.9014	33.8280
2006	112.7065	33.8478
2007	112.6585	33.9307
2008	112.9227	33.8361
2009	113.0026	33.8630
2010	113.0557	33.9567
2011	113.0284	33.9311
2012	113.1725	33.8091
2013	113.1029	33.8864
2014	112.9667	33.7922
2015	112.9294	33.8982
2016	112.8685	33.8171

资料来源：根据空间重心转移公式计算而得。

进一步借助 ArcGIS 软件可视化中国旅游经济增长质量重心变化（图略）。由此可知，2003～2016 年中国旅游经济增长质量重心位于华中地区，主要集中在河南境内，表明这期间中国经济增长质量的重心变化的范围不大。通过与中国地理几何中心的对比来看，旅游经济增长质量的重心位于中国几何中心东南方，并与其发生一定程度的偏离，表明中国旅游经济增长质量的地区分布并不均衡，东部比西部的旅游经济增长质量高，进而导致重心向东部移动，东部地区旅游业发展在全国始终占据重要的地位，其与中部、西部地区之间旅游经济增长质量的不均衡特征进一步凸显。

为了更准确地将中国旅游经济增长质量重心的空间移动轨迹可视化，依据 2003～2016 年中国旅游经济增长质量重心输出平滑线散点图，再把各点用线段相连得到中国旅游经济增长质量重心的整体移动轨迹（见图 5－3），探讨中国旅游经济增长质量分布重心演变的具体过程及数量关系，揭示我国旅游经济增长质量的整体空间格局及其演化规律。

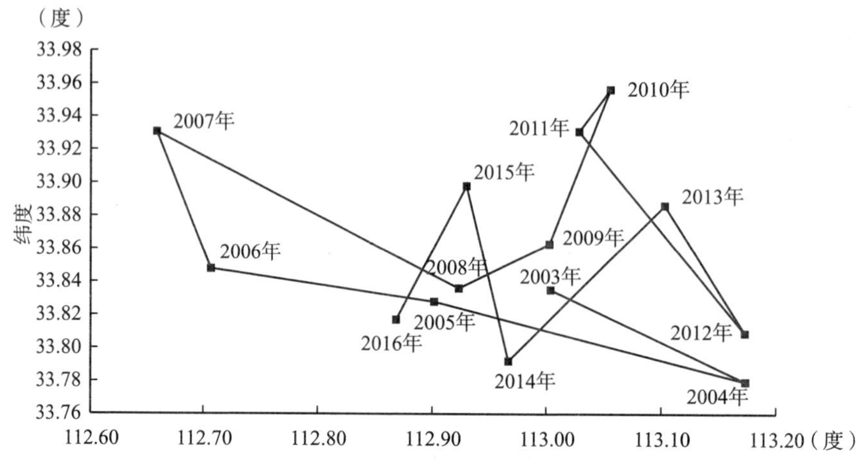

图 5-3　2003~2016 年中国旅游经济增长质量重心轨迹演化

资料来源：根据重心转移公式计算整理而得。

由图 5-3 可知，中国旅游经济增长质量的重心变化范围在东经 112.66 度~113.17 度，西经 33.78 度~33.96 度之间，大致位置还处于河南中部，表明东部地区整体旅游经济增长质量水平高于中、西部地区，其旅游业发展在全国始终占据主导地位。根据全国产业发展实际，东部地区第一产业规模较小，其经济贡献主要来自产出水平较高的第二、第三产业，截至 2012 年，东部地区旅游收入占第三产业收入的 43.55%，高弹性收入占旅游总收入的 35.53%。2003~2016 年旅游经济增长质量重心总体偏移不大，重心轨迹没有固定的转移方向和趋势，表明中国旅游经济增长质量的整体分布格局比较稳定，虽然东部地区旅游经济增长质量水平总体较高，但由于旅游开发政策支持、旅游产业结构调整、旅游资源吸引等多方面原因，近年来中、西部地区的旅游业获得了较快发展，旅游经济增长质量不断提升，东部与其他地区的旅游经济增长质量水平差距并没有进一步扩大的趋势。

二、旅游经济增长质量重心空间演化

从重心经纬度的演变来看，中国旅游经济增长质量重心在经度上向东移动了 0.51 度，在纬度上向北移动了 0.18 度。从重心移动轨迹来看，2003~2016 年中国旅游经济增长质量重心总体上向西南偏移了 15.15 千米。

具体而言，如表 5-7 所示，2003~2004 年向东南移动了 19.82 千米，主要原因在于“非典”疫情使得国内旅游和入境旅游波动严重，全国旅游经济落入低谷，但到2004年旅游经济最先复苏的地区为东南沿海地区，其经济恢复能力较强，旅游经济的拉动作用逐渐凸显，旅游经济增长质量重心向东南地区移动。2004～2005年，旅游经济增长质量重心朝西北方向移动，且移动范围约30.67千米，“非典”疫情之后，中、西部地区旅游经济逐渐恢复繁荣状态，且政府大力支持乡村旅游发展，进一步促进中、西部地区旅游经济发展，旅游产业结构调整与旅游环境质量改善提升了中、西部地区的旅游经济增长质量。2005～2006年，旅游经济增长质量朝西北方向移动，且移动范围约21.76千米，这主要得益于中、西部地区省份旅游经济的进一步发展，各省份旅游资源吸引力较强，旅游环境质量较高，推动了旅游经济的发展，使得旅游经济增长质量整体上升，旅游经济增长质量重心朝西北移动。2006～2007年，旅游经济增长质量重心继续朝西北方向移动，且移动范围约10.64千米，从旅游经济增长质量的增长状况来看，到2007年，西北部省份旅游经济整体提升，而且同时东南部旅游经济增长质量整体得到下降，从而对旅游经济增长质量中心的转移产生影响。2007～2008年，旅游经济增长质量重心朝东南方向移动，且移动范围31.18千米，这次重心的移动是由国内旅游消费火热，南方省份成为重点旅游目的地从而拉动东南地区旅游经济增长质量提升，促进了旅游经济增长质量重心东南移动。2008～2009年，旅游经济增长质量重心朝东北方向移动，且移动范围约9.37千米，受北京“奥运会”体育赛事的影响，使得以北京为中心的各省份旅游经济获得持续发展的动力，旅游经济增长速度较快，旅游产业效率提高，促使旅游经济增长质量的提升。2009～2010年，中国旅游经济增长质量重心继续朝东北移动，且移动范围约11.96千米，东部地区旅游经济整体状况的提升，促使旅游经济增长质量重心持续东移。2010～2011年，旅游经济增长质量重心朝西南方向移动，且移动范围约4.16千米，2011～2012年，旅游经济增长质量重心朝东南方向移动，移动范围约20.97千米，且皆在河南内。2012～2013年，重心向西北方向移动，移动范围约11.55千米，2006～2007年以后，我国旅游经济增长质量重心首次向西北移动。2013～2014年，旅游经济增长质量重心向西南方向移动，移动范围约为18.41千米。2014～2015年，重心再次向西北方向移动，范围约为12.48千米。至2015～2016年，旅游经济增长质量重心向西南移动，此次移动范围约为11.26千米。由此可知，2012～2016年四年间，旅游经济增长质量重心持续朝西部方向移动，主要受国家支持西部旅游发展的政策拉动，西部旅游经济增长质量不断提升，牵引重心西移。但旅游经济增长质量重心始终在河南省内小范围移动且较为稳定，表明华东地区旅游经济增长质量水平整体较高，西部地区旅游发展基础条件仍然相对落后，旅游开发相对不完善，旅游经济增长质量整体较低，而华南地区旅游环境质量较高，但旅游经济实力相对华东地区较薄弱，使得河南成为旅游经济增长质量重心。

表 5-7　2003~2016 年中国旅游经济增长质量重心移动方向及移动范围

变动年份	移动方向（度）	移动范围（千米）
2003~2004	-71.8656	19.8177
2004~2005	100.0707	30.6744
2005~2006	95.8245	21.7625
2006~2007	149.9207	10.6356
2007~2008	-70.3017	31.1808
2008~2009	71.3757	9.3662
2009~2010	29.5158	11.9599
2010~2011	-133.1850	4.1581
2011~2012	-49.7583	20.9748
2012~2013	138.0313	11.5531
2013~2014	-124.6718	18.4078
2014~2015	160.6208	12.4828
2015~2016	-143.0765	11.2643

资料来源：根据重心转移公式计算整理可得。

通过对研究期内中国旅游经济增长质量重心演变的区域差异分析可以得出，中国旅游经济增长质量重心演变区域主要在河南境内，大致向西迁移。按照东、中、西三大区域划分，旅游经济增长质量重心由东部向西部地区转移，主要原因有两点：首先在于东部地区旅游经济发展环境优于中部和西部地区，这使得经济增长质量重心始终位于我国偏东部地区。东部地区旅游资源丰富，海、陆、空交通便捷，拥有较好的发展机遇，旅游经济产业结构的调整和旅游发展环境的改善，推动了东部地区旅游经济增长质量高于中、西部地区。中部地区旅游经济发展整体环境处于中等地位，旅游资源和政策以及旅游经济发展机遇均低于东部地区，而西部地区旅游资源优势突出，但城市经济和旅游交通等旅游基础条件较为落后，使得旅游经济增长质量处于最低地位。其次近年来国家旅游发展政策开始向中、西部地区迁移，中、西部地区旅游环境优势逐渐凸显，旅游经济增长质量与东部地区差异有所缩小，特别是 2012 ~ 2016 年，旅游经济增长质量重心西移趋势较为稳定，表明西部地区旅游业持续向好，国家政策支持取得一定成果。另外，河南始终是旅游经济增长质量的重心，一方面国内旅游环境相对稳定，另一方面，旅游经济增长质量始终是东部地区领先，但逐渐出现向西移动的趋势。

第四节　本 章 小 结

本章选取 2003 ~ 2016 年作为研究时序，以旅游经济增长质量指数作为指标，以我国 30 个省份为基本研究单元，采用多元指标和统计分析方法等现代手段，定量判别中国旅游经济增长质量整体与各子系统的状态水平、动态变化规律与地区差异特征，明确了其运行态势，深入探索了中国旅游经济增长质量空间分异格局与演化过程。

研究表明，从整体上看，我国旅游经济增长呈现出东部地区质量水平高，中、西部地区相对较低的空间差异，表现为从沿海地区向内陆地区梯度递减的格局特征。从各子系统来看，旅游产业效率子系统空间格局演化方面，东部地区旅游产业效率明显高于中、西部地区，中部地区旅游产业效率变化较为分散，而西部地区旅游产业效率处于全国最低水平；旅游产业结构子系统空间格局演化方面，旅游产业结构水平经历了先上升再下降的过程，但东部地区旅游产业结构水平仍然高于中、西部地区；旅游环境质量子系统方面，空间格局变化较小，始终表现为东部地区旅游环境质量水平高于中、西部内陆地区的整体特征。此外，旅游经济增长质量的空间集聚程度呈上升态势，各省份间的联系强度持续增强。我国旅游经济增长质量的重心位置不断演化，但变动范围较小，始终与地理重心较接近，但随着近年来中、西部地区旅游业的不断发展，旅游经济增长质量重心出现向西部地区转移的趋势。

第六章　中国旅游经济增长质量空间演变机理分析

深入探讨中国旅游经济增长质量的影响因素，可以进一步认识中国旅游经济增长质量空间格局演化及形成根源，从而为中国旅游经济的区域均衡增长奠定坚实的理论基础和实证支撑。第四章和第五章对中国旅游经济增长质量水平及时空分异特征问题进行了测度和探讨，在此基础上本章重点探讨中国旅游经济增长质量空间格局演变的作用机理。首先，运用面板数据模型，并结合单位根检验、协整检验、拟合估计等计量统计方法实证分析中国旅游经济增长质量空间格局及演变发展的主要因素和作用程度。其次，将全国样本划分为东、中、西部三大样本，考察各影响因素对各区域旅游经济增长质量的贡献差异程度，并进行比较分析，研究具有显著的理论必要性和实践指导性。

第一节　理论假设与研究方法

一、理论假设与面板模型设定

旅游经济增长质量是经济、社会、政府政策、生态环境等多方面综合作用的结果，这些因素都直接或间接地作用于中国旅游经济增长质量，推动或者制约旅游经济增长质量的发展。充分了解这些因素的影响作用，有利于把握中国旅游经济增长质量的发展现状、原因及未来趋势，对于制定相关政策、提高旅游经济增长质量都有十分重要的作用。影响中国旅游经济增长质量的因素主要有：经济与社会因素（如人均 GDP、城镇居民家庭人均可支配收入）、政府政策因素（如第三产业固定资产投资、环保投资额）、人才因素（如旅游院校学生数）、生态环境因素（如城市污水处理率、废气处理率）、技术支持因素等（如高等院校数）。

（一）经济与社会因素

旅游经济增长以当地经济增长为依托。经济发达地区，往往具有较好的住宿、餐饮等配套设施，拥有发展旅游业的优势条件，是旅游经济增长的优势区域。人均 GDP 和城镇居民人均可支配收入这两个指标可以较好地代表这一因素。就我国现阶段来说，人均 GDP 能够表征国家经济发展的速度，但不能完全代表其发展质量。城镇居民人均可支配收入比人均 GDP 能更好地反映经济发展的质量和人民生活水平的高低。人均可支配收入越多，居民用于旅游的可支配收入也就越多，旅游经济增长质量就会越高，但要注意地区人均可支配收入增加的幅度与旅游经济增长幅度之间的关系。

（二）政策因素

旅游业由于其产业链广、融合性强、就业人数多、经济效益强，已成为中国发展最快的产业之一。当前我国政府十分重视旅游业的发展，不断制定旅游发展政策、加大政府投资力度、完善旅游基础设施来促进旅游业的发展。第三产业主要包括交通运输业、批发和零售业、住宿和餐饮业、娱乐业等和旅游密切相关的产业，政府的第三产业固定资产投资在一定程度上也会对中国旅游经济增长质量产生影响。此外，政府为旅游经济的发展提供方向指引，避免旅游经济只注重经济效益而忽略了环境保护，环保投资额这项指标能较好地反映出政府政策对环境保护的支持。

（三）人才因素

人才是旅游经济增长的重要保障，高素质的旅游人才和从业人员对于提升旅游服务质量、提高旅游企业劳动效率、促进旅游经济增长是必不可少的。目前我国已经把旅游人才的培养作为推进旅游经济发展的重要举措。旅游产业作为第三产业的重要组成部分，在高素质人才的参与下，其发展速度会更快，旅游经济增长质量也更有保障。旅游院校学生数能比较好地反映旅游业中的人才因素，但值得注意的是，旅游院校学生数并不能代表所有的高素质旅游从业人员，旅游院校学生数的增多并不代表旅游经济增长质量的提高。

（四）生态环境因素

良好的生态环境是吸引游客和开展旅游活动的重要条件。例如，雾霾天气严重、空气质量较差时，游客的出游意愿就会降低，旅游经济的增长就会变慢。对于生态环境因素，用污水处理率和废气治理设施数这两个指标来体现。值得注意的是，当生态环境治理到一定程度时，环境因素对旅游经济增长质量的影响可能不如其他指标体现得明显。

（五）技术支持因素

地区经济的快速稳定增长离不开科技的进步和技术条件的支持，旅游经济也是如此。科技进步使得网络预定、电子支付等成为可能，既节省了游客时间，减少了人力劳动，大大提高了企业的运作效率，也提高了旅游经济增长质量。一个地区的高等院校数可以比较好地反映当地的技术支持程度。高等院校的科研项目紧跟国家方针政策趋势和社会发展需要，可以为分析旅游经济发展的现状、特点、原因以及未来发展的对策提供决策参考，也是促进旅游资源的可持续开发、旅游产业结构的调整优化、旅游经济高质量增长的重要依据。

为了分析以上影响因素对我国旅游经济增长质量的影响机制，以2003～2016年我国30个省份的相关指标数据为样本（西藏和港澳台地区除外），划分为东、中、西三大地区，利用面板数据分析方法，运用EViews 6.0软件进行实证分析。基于上述理论及变量选择，首先构建面板数据模型的一般形式：

$$zl_{it} = \alpha + \beta_1 avsr_{it} + \beta_2 sctze_{it} + \beta_3 lvss_{it} + \beta_4 fqsh_{it} + \beta_5 gdyxs_{it} + u_{it},$$
$$i=1,2,\cdots,N;\ t=1,2,\cdots,T \quad (6-1)$$

其中，i 表示各个省，t 为样本数据中的不同时点（t = 2003，2004，2005，…，2016），被解释变量（zl_{it}）表示旅游经济增长质量指数（采用第四章的测度结果），参数 α 表示截距项，β_1、β_2、β_3、β_4、β_5 分别是影响因素人均可支配收入、第三产业固定资产投资额、旅游院校学生数、城市废气治理设施数和高等院校数对旅游经济增长质量的弹性系数，u_{it}为随机误差项。

相关指标原始数据来源于2004～2017年的《中国统计年鉴》《中国固定资产投资统计年鉴》和各省《国民经济和社会发展统计公报》等，同时为更好地拟合方程，剔除了一些对旅游经济增长质量影响不显著的指标，本研究采用各地区城镇居民人均可支配收入（*avsr*）表征经济发展水平，第三产业固定资产投资额（*sctze*）表征政府政策因素，旅游院校学生数（*lvss*）表征人才因素，用废气治理设施数（*fqsh*）表征生态环境因素，用高等院校数（*gdyxs*）表征技术支持因素。由于前文中计算出来的2003～2016年各地区旅游经济增长质量数值较小，大部分在0.5以下，而各指标的原始数据较大，故采用先对各指标数据取对数的方法进行模型估计。本研究将从全国和东、中、西部地区分别研究旅游经济增长质量的形成机制。

二、面板数据模型与研究方法

（一）面板数据模型构建

面板数据（panel data）又称时间序列与截面混合数据，是指同时在时间和截面上获取的二维数据。利用面板数据模型可以获得更多的动态信息，形成有效估计量并增加抽样精度（陈强，2013）。构建面板数据模型的一般形式为：

$$y_{it}=\alpha+\beta_1 x_{1it}+\beta_2 x_{2it}+\beta_3 x_{3it}+\cdots+\beta_k x_{kit}+u_{it},\quad i=1,2,\cdots,N;\ t=1,2,\cdots,T \tag{6-2}$$

其中，i 表示面板数据中的不同个体，N 为截面成员个体总量，t 为样本数据中的不同时点，T 为样本容量的观测时期数；y_{it}表示因变量，参数 α 表示截距项，x_{1it}，…，x_{kit}表示 k 个解释变量，β_1，β_2，…，β_k 分别对应 k 个解释变量的系数，u_{it}为随机误差项。

根据对截距项 α 和解释变量系数 β 的不同限制，面板数据模型可分为变系数模型、变截距模型和混合模型三种。

第一，变系数模型假定截距项 α_i 和解释变量系数 β_1，…，β_{ki}在不同的截面个体上是不同的，即假定个体成员上既存在个体影响又存在结构系数变化，模型形式为：

$$y_{it}=\alpha_i+\beta_{1i} x_{1it}+\beta_{2i} x_{2it}+\beta_{3i} x_{3it}+\cdots+\beta_{ki} x_{kit}+u_{it},\quad i=1,2,\cdots,N;\ t=1,2,\cdots,T \tag{6-3}$$

根据个体影响的不同，变系数模型又可分为固定效应变系数模型和随机效应变系数模型。

第二，变截距模型是指假定在截面个体成员上截距项 α_i 不同，解释变量系数 β_{1i}，β_{2i}，…，β_{ki}相同，即假设个体成员间存在个体影响而无结构系数变化影响。其模型形式为：

$$y_{it}=\alpha_i+\beta_1 x_{1it}+\beta_2 x_{2it}+\cdots+\beta_k x_{kit}+u_{it},\quad i=1,2,\cdots,N;\ t=1,2,\cdots,T \tag{6-4}$$

根据个体影响的不同形式，变截距模型又可分为固定效应变截距模型和随机效应变截距模型。

第三，混合回归模型假定截距项 α_i 和解释变量系数 β_{1i}，β_{2i}，…，β_{ki}对于所有的截面个体成员都是相同的，即假设个体成员上既无个体影响，也无结构变化。混合回归模型为：

$$y_{it}=\alpha+\beta_1x_{1it}+\beta_2x_{2it}+\beta_3x_{3it}+\cdots+\beta_kx_{kit}+u_{it},\quad i=1,2,\cdots,N;\ t=1,2,\cdots,T \tag{6-5}$$

对于混合回归模型来说，可以将所有截面个体成员的时间序列数据混合在一起作为样本数据，用最小二乘法（OLS）估计模型参数。

（二）模型设定形式检验

在对面板数据模型进行估计时，需要进行模型检验，以确定样本数据符合变系数模型、变截距模型以及混合回归模型中的哪一类模型（樊欢欢等，2011）。F 检验和 Hausman 检验是常见的两种方法。

F 检验主要检验以下两个假设：H_0：解释变量系数对所有的截面成员是相同的，但截距项不同；H_1：解释变量系数和截距项对所有的截面成员都是相同的。模型形式检验中有两个 F 统计量：

$$F_1=\frac{(S_2-S_1)/[(N-1)K]}{S_1/[NT-N(K+1)]}\sim F[(N-1)K,\ NT-N(K+1)] \tag{6-6}$$

$$F_2=\frac{(S_2-S_1)/[(N-1)(K+1)]}{S_1/[NT-N(K+1)]}\sim F[(N-1)(K+1),\ NT-N(K+1)] \tag{6-7}$$

其中，N 是截面成员个体总量，T 为样本容量的观测时期数，K 是非常数项解释变量个数。S_1、S_2、S_3 分别是公式（6-3）、公式（6-4）、公式（6-5）的回归残差平方和。在原假设 H_0、H_1 成立的前提下，检验统计量 F_1 和 F_2 的值。

若统计量 $F_2<F[(N-1)(K+1),\ NT-N(K+1)]$，则不能拒绝原假设 H_1，表明建立混合回归模型是比较合适的。否则，拒绝原假设 H_1，继续检验原假设 H_0，判断建立变截距模型是否合适，若统计量 $F_1<F[(N-1)K,\ NT-N(K+1)]$，则不能拒绝原假设 H_0，表明建立变截距模型是合适的。

Hausman 检验是由豪斯曼（Hausman，1978）和泰勒（Hausman & Taylor，1981）提出的，用来检验模型中解释变量和随机误差项的相关性，以确定采用随机效应模型还是固定效应模型。设 $w_{it}=v_{it}+u_{it}$。

Hausman 检验的原假设是：

$$H_0:\ E(w_{it}|x_{it})=0(i=1,2,\cdots,N;\ t=1,2,\cdots,T) \tag{6-8}$$

备择假设：

$$H_1:\ E(w_{it}|x_{it})\neq0(i=1,2,\cdots,N;\ t=1,2,\cdots,T) \tag{6-9}$$

若 Hausman 检验的 P 值小于 0.05，则可以拒绝建立随机效应模型的原假设，适合建立固定效应模型，否则应建立随机效应模型。

（三）面板数据模型检验

面板数据的平稳性检验可以避免虚假回归或伪回归，是面板回归分析之前的重要内容。常用的检验方法为单位根检验和协整检验。

面板单位根检验的目的在于判断数据是否具有平稳性，具体包括相同单位根过程下的检验和不同单位根过程下的检验。前者主要包括 LLC 检验、Breitung 检验和 Hadri 检验，后者主要包括 IPS 检验、Fisher-ADF 检验和 Fisher-PP 检验。其中，除 Hadri 检验外，其他检验原假设均为“面板数据为非平稳过程”，因此当统计量 p 值显著时，则拒绝原假设，表明面板数据具有平稳性，否则接受原假设，表明面板数据非平稳。总体来说，LLC 检验、IPS 检验、Fisher-ADF 检验和 Fisher-PP 检验是较为常用的检验方法。

当数据非平稳时，传统的处理方法是对其进行一阶差分得到平稳序列，但总会丢失总量的长期信息，面板协整检验可以很好地解决这一问题（陈强，2013）。Kao 检验和 Pedroni 检验是面板数据协整检验的主要方式。其原假设均为“不存在协整关系”。若统计量 p 值显著，则拒绝原假设，表明变量之间存在长期稳定的均衡关系，可以进行回归估计。否则，接受原假设，表明数据间不存在协整关系。

第二节　中国旅游经济增长质量贡献的拟合分析

一、影响因素单位根与协整检验

基于 2003 ~ 2016 年我国 30 个省份的面板数据（不包括西藏和港澳台地区），对中国旅游经济增长质量及其影响因素间关系进行研究。为避免虚假回归或伪回归，研究首先对面板数据进行单位根检验。如表 6 - 1 所示，各变量在一阶差分情况下，均通过了 1% 显著性水平下的检验，表明面板数据的一阶差分值为平稳序列，不存在单位根，且均为一阶单整序列。

表 6 -1　　全国各指标单位根检验结果

项目	*zl*	ln*avsr*	ln*sctze*	ln*lvss*	ln*fqsh*	ln*gdyxs*
LLC 检验	-21.8364***	-89.0471***	-5.7152***	-17.1819***	-9.1679***	-13.4012***
IPS 检验	-18.1898***	-19.4593***	-5.0377***	-13.0889***	-7.7123***	-10.1537***
Fisher-ADF 检验	344.4420***	141.0330***	139.3470***	261.8970***	195.1140***	209.2270***
Fisher-PP 检验	420.9350***	129.8000***	158.348***	318.3360***	214.5670***	295.7680***
检验结果	I (1)	I (1)	I (1)	I (1)	I (1)	I (1)

说明：表中数字表示对应的面板单位根检验的统计值；***、** 和 * 分别表示在 1%、5% 和 10% 的显著性水平下拒绝原假设。

资料来源：根据 2003～2016 年中国各省份面板数据模型的理论与方法，结合相关指标数据计算整理而得。

由于各变量均为一阶单整变量，因此进一步对变量的面板协整关系进行检验。采用 Pedroni 检验以保证结果的稳健性，最终得到 ADF 统计量为 -3.2883，P 值为 0.0005，拒绝“不存在协整关系”的原假设。这表明研究变量之间存在长期稳定的均衡关系，可以进行回归估计。

二、模型拟合与结果分析

考虑到数据可能存在任意序列自相关和误差项时期异方差等问题，为得到更稳健的参数协方差估计值，选择怀特时期方法（White period）对其进行回归估计。根据样本数据，研究首先对原假设进行 F 检验，以确定变系数、变截距及混合回归模型的选择问题。检验原假设 H_1，得到 $F_2 = 5.5740 > F(0.95, 174, 240) = 1.2582$，表明在 5% 的显著性水平下拒绝建立混合模型的原假设 H_1；继而检验原假设 H_0，得到 $F_1 = 2.9175 > F(0.95, 145, 240) = 1.2726$，即在 5% 显著性水平下拒绝建立变截距的原假设 H_0，故研究初步建立变系数面板模型（见表 6 -2）。进一步根据 Hausman 检验可知，模型更适合固定效应分析，因此，确定面板数据模型为固定变系数模型。由固定效应变系数的模型检验结果可知，各系数均在 1% 的显著水平下通过检验，R^2 值为 0.92，F 统计量在 1% 的显著水平下通过检验，AC 值、SC 值较小，D. W. 值为 2.43，说明模型拟合较好，可以较好地反映出全国旅游经济增长质量的现实状况。

表 6－2　　　　中国旅游经济增长质量各影响因素的系数估计

变量	影响系数	标准误	统计量	P 值
常数项	－0. 7099	3. 6900E－12	－1. 9200E＋11	0. 0000
ln*avsr*	0. 1499	2. 8342E－12	1. 1711E＋11	0. 0000
ln*sctze*	－0. 0187	1. 0083E－12	－1. 3718E＋10	0. 0000
ln*lvss*	0. 0022	7. 7996E－13	－5. 3465E＋11	0. 0000
ln*fqsh*	－0. 0154	2. 3508E－13	－4. 0090E＋11	0. 0000
ln*gdyxs*	－0. 0230	2. 8376E－12	－4. 1025E＋10	0. 0000

说明：根据固定效应变系数模型检验所得。*avsr* 代表城镇居民家庭人均可支配收入，*sctze* 代表第三产业固定资产投资额，*lvss* 代表旅游院校学生数，*fqsh* 代表废气治理设施数，*gdyxs* 代表高等院校数。

根据面板数据模型拟合与回归结果可知，变系数面板模型的 P 值均在 1% 的显著性水平下通过检验，表明城镇居民家庭人均可支配收入、第三产业固定资产投资额、旅游院校学生数、废气治理设施数和高等院校数对中国旅游经济增长质量具有显著影响。从回归系数来看，城镇居民家庭人均可支配收入对中国旅游经济增长质量的影响效应最大，其次是高等院校数、第三产业固定资产投资额和废气治理设施数，旅游院校学生数的影响效应最小。

从经济发展水平来看，城镇居民家庭人均可支配收入的影响系数为正且为最大，表明某一省份城镇居民家庭人均可支配收入的增加，会大幅度带动其旅游经济增长质量的提高。人均可支配收入的提高，不仅引起旅游消费的增长，而且能够提高旅游消费质量，增强省份旅游发展的核心竞争能力，从而提高旅游经济增长质量。城镇居民家庭人均可支配收入通过反映区域旅游经济发展水平，影响中国旅游经济增长质量。

从政策规制层面来看，第三产业固定资产投资额的影响系数为负，表明第三产业固定资产投资额是影响旅游经济增长质量的负向因子，公共基础设施的完善程度对提升旅游经济增长质量有重要作用，但仅仅增加第三产业固定投资额在一定程度上可能不利于旅游经济增长质量的提升，因此在政府对基础设施投资力度加大的同时，需要注重第三产业固定投资额的阈值，提高其投资效率，尤其是在当前供给侧改革的背景下，其是促进旅游新业态产生、实现集约式发展的关键举措；从旅游人力资本来看，旅游院校学生数对旅游经济增长质量的影响系数较小，表明旅游人力资本增加，对其旅游经济增长质量的带动效应较小；从生态环境方面来看，环境质量是影响旅游目的地旅游竞争力和可持续发展的重要因素（Mihalič，2000），严重空气污染问题会在很大程度上损害目的地的旅游形象（彭建等，2006），也会对旅游经济增长质量会产生负向的影响。确保旅游空气质量是改善生态环境的重要途径，且空气环境是旅游景观的重要组成要素，值得注意的是，当生态环境治理力度达到一定程度时，继续增加其废气治理设施数可能会造成治理效果的下降，从而不利于中国旅游经济增长质量的提升。因此，应科学确定废气处理设施规模，使生态环境治理达到最优效果，确保旅游经济增长质量的提升。

从技术创新方面来看，高等院校数对中国旅游经济增长质量的影响为负，且仅次于城镇居民家庭人均可支配收入的影响，表明技术支持因素也是影响旅游经济增长质量的重要因素。但值得注意的是高等院校数量的增加不能完全表征旅游经济增长的高质量提升，应进一步推动旅游高等院校的相关成果转化，使其数量的增加能够切实和旅游产业发展相结合，促进旅游产业结构的调整和旅游产业运作效率的提升。

第三节　中国旅游经济增长质量贡献的区域分析

一、各地区面板数据单位根与协整检验

本节考察东部、中部和西部地区旅游经济增长质量的区域差异并进行比较分析。

（一）东部地区面板数据单位根检验与协整检验

东部地区包括北京、天津、河北等 12 个省份，依托其地区经济发展水平、旅游资源禀赋、交通区位因素、旅游基础设施等优势，东部地区因此成为旅游业优先发展及旅游收入增长较快的地区。运用 2003 ~ 2016 年东部地区 12 个省份的面板数据，对其旅游经济增长质量及影响因素之间的关系进行研究。首先，经济时间序列变量一般是非平稳的，其均值、方差不再是常数，相应的回归结果就是伪回归（李杨和蔡春林，2008）。因此，在应用面板数据进行分析之前应该先对数据进行平稳性检验，也就是单位根检验，以免造成虚假回归或伪回归。本研究分别采用 LLC 检验、IPS 检验、Fisher-ADF 检验和 Fisher-PP 检验，对于检验结果出现的不一致

性，更注重相同根单位根检验 LLC 检验和不同根单位根检验 Fisher-ADF 检验，检验结果见表 6-3。可以看出，各变量序列在一阶差分的情况下，在 1% 水平下拒绝四种检验方法的原假设，表明面板数据的一阶差分值不存在单位根，为平稳序列，且均为一阶单整序列。

表 6-3　　　　中国东部地区各指标平稳性检验结果

项目	*zl*	ln*avsr*	ln*sctze*	ln*lvss*	ln*fqsh*	ln*gdyxs*
LLC 检验	-16.4746 ***	-89.0865 ***	-9.0418 ***	-11.4514 ***	-6.5894 ***	-8.4610 ***
IPS 检验	-13.7082 ***	-26.5706 ***	-7.3985 **	-8.5874 ***	-4.6795 ***	-6.4990 ***
Fisher-ADF 检验	159.6550 ***	75.0798 ***	102.1550 ***	106.1560 ***	75.1825 ***	86.1297 ***
Fisher-PP 检验	179.7880 ***	72.8586 ***	150.1080 ***	129.6170 ***	74.1397 ***	119.6300 ***
检验结果	I (1)	I (1)	I (1)	I (1)	I (1)	I (1)

说明：根据面板数据模型的理论与方法，结合相关指标数据，计算整理而得。表中数字表示对应的面板单位根检验的统计值；*** 、** 和 * 分别表示在 1%、5% 和 10% 的显著性水平下拒绝原假设。

由于各变量均为一阶单整变量，接下来检验变量之间是否存在面板协整关系。为了保证结果的稳健性，本研究采用协整检验方法中的 Kao 检验对面板数据进行协整检验，通过检验可得 ADF 统计量为 -2.9276，P 值为 0.0017，检验结果拒绝“不存在协整关系”的原假设，表明各变量之间存在长期稳定的均衡关系，可以对模型进行回归估计。

（二）中部地区面板数据单位根检验与协整检验

中部地区包括山西、吉林、黑龙江等 8 个省份，该地区旅游资源相对丰富，但在旅游交通等基础设施方面的建设需要进一步加强。运用 2003～2016 年中部地区 8 个省份的面板数据，对中部地区的旅游经济增长质量及其影响因素之间的关系进行研究。首先，对数据进行平稳性检验，以免造成虚假回归或伪回归，检验结果见表 6-4。由此可知，各变量在一阶差分的情况下，在 1% 的显著性水平下拒绝四种检验方法的原假设，表明面板数据的一阶差分值不存在单位根，为平稳序列，且均为零阶单整序列。

表 6-4　　中国中部地区各指标平稳性检验结果

项目	*zl*	ln*avsr*	ln*sctze*	ln*lvss*	ln*fqsh*	ln*gdyxs*
LLC 检验	-9.4693***	-12.1757***	-5.8492***	-7.7191***	-4.1617***	-8.1352***
IPS 检验	-8.8396***	-7.5131***	-3.5082***	-4.8170***	-4.3560***	-5.6294***
Fisher-ADF 检验	87.4845***	75.6283***	39.4307***	55.6927***	56.8491***	58.2307***
Fisher-PP 检验	116.8240***	95.9107***	52.7472***	61.0980***	75.8280***	79.2277***
检验结果	I (1)	I (1)	I (1)	I (1)	I (1)	I (1)

说明：根据面板数据模型的理论与方法，结合相关指标数据，计算整理而得。表中数字表示对应的面板单位根检验的统计值；***、** 和 * 分别表示在 1%、5% 和 10% 的显著性水平下拒绝原假设。

由于各变量均为一阶单整变量，下一步就是检验变量之间是否存在面板协整关系。为了保证结果的稳健性，本研究采用协整检验方法中的 Kao 检验对面板数据进行协整检验，通过检验可得 ADF 统计量为 -2.4022，P 值为 0.0081，检验结果拒绝“不存在协整关系”的原假设，表明各变量之间存在长期稳定的均衡关系，可以对模型进行回归估计。

（三）西部地区面板数据单位根检验与协整检验

运用 2003～2016 年西部地区 10 个省份的面板数据，对西部地区的旅游经济增长质量及其影响因素之间的关系进行研究。首先，对数据进行平稳性检验，以免造成虚假回归或伪回归，检验结果见表 6-5。由此可知，各变量序列在一阶差分的情况下，在 5% 的显著性水平下拒绝四种检验方法的原假设，表明面板数据的一阶差分值不存在单位根，为平稳序列，且均为一阶单整序列。

表 6-5　　中国西部地区各指标平稳性检验结果

项目	*zl*	ln*avsr*	ln*sctze*	ln*lvss*	ln*fqsh*	ln*gdyxs*
LLC 检验	-10.5414***	-5.0829***	-5.1271***	-10.7184***	-4.8971***	-6.7488***
IPS 检验	-8.6502***	-2.9018***	-4.2773***	-8.9318***	-4.3271***	-5.4352***
Fisher-ADF 检验	97.3024***	38.9149***	52.8164***	100.0480***	63.0823***	64.8665***
Fisher-PP 检验	124.3240***	35.3337**	60.3643***	127.6210***	64.5989***	96.9107***
检验结果	I (1)	I (1)	I (1)	I (1)	I (1)	I (1)

说明：根据面板数据模型的理论与方法，结合相关指标数据，计算整理而得。表中数字表示对应的面板单位根检验的统计值；***、** 和 * 分别表示在 1%、5% 和 10% 的显著性水平下拒绝原假设。

由于各变量均为一阶单整变量，下一步就是检验变量之间是否存在面板协整关系。为了保证结果的稳健性，本研究采用协整检验方法中的 Kao 检验对面板数据进行协整检验，通过检验可得 ADF 统计量为 -1.5425，P 值为0.0615，基本通过检验，结果为拒绝“不存在协整关系”的原假设，表明各变量之间存在长期稳定的均衡关系，可以对模型进行回归估计。

二、影响作用方程构建

（一）东部地区面板数据模型构建

考虑到数据可能存在任意序列自相关和误差项时期异方差，为得到更稳健的参数协方差估计值，在选择回归估计方法时，选择怀特时期方法（White period）。根据样本数据，对原假设进行 F 检验，以确定选择变系数、变截距还是混合模型。首先检验原假设 H_1，看是否可以建立混合回归模型，由于 $F_2=3.8926>F(0.95,55,96)=1.4431$，表明在5%检验性水平下拒绝建立混合模型的原假设 H_1；继而检验原假设 H_0，考察建立变截距模型是否合适，由于 $F_1=2.5051>F(0.95,66,84)=1.4431$，则在5%检验性水平下拒绝建立变截距原假设 H_0，故建立变系数面板模型（见表6-6）。进一步根据 Hausman 检验可知，模型更适合固定效应分析，因此，确定面板数据模型为固定变系数模型。由固定效应变系数的模型检验结果可知，所有的参数系数都在1%的显著性水平下通过检验，且 R^2 为0.89，F 统计量在1%的水平下显著通过检验，AC 和 SC 的值较小，D. W. 值为2.62，说明模型拟合得比较好，可以较好地反映出东部地区旅游经济增长质量的现实状况。

表6-6　中国东部地区旅游经济增长质量各影响因素的系数估计

省份	ln*avsr*	ln*sctze*	ln*lvss*	ln*fqcl*	ln*gdyxs*
北京	-0.0912***	0.1496***	0.0455***	0.0660***	0.0332***
天津	0.3539***	-0.0333***	-0.0593***	0.0076***	-0.3004***
河北	0.1136***	-0.0076***	-0.0197***	-0.0148***	0.0288***
辽宁	-0.1837***	0.0702***	-0.1032***	0.1971***	0.1335***
上海	0.2100***	-0.2384***	-0.0514***	0.0111***	-0.0610***
江苏	-0.0695***	0.0894***	-0.0264***	0.0465***	0.0195***

续表

省份	ln*avsr*	ln*sctze*	ln*lvss*	ln*fqcl*	ln*gdyxs*
浙江	-0.0046***	0.0978***	0.0126***	-0.0714***	-0.0125***
福建	0.1982***	-0.0628***	-0.0301***	-0.0162***	0.0319***
山东	-0.0799***	0.0795***	-0.0423***	-0.0139***	0.1678***
广东	0.1148***	-0.0510***	-0.0138***	0.0813***	0.0179***
广西	0.4527***	-0.1121***	0.0498***	-0.1544***	-0.2505***
海南	0.0681***	-0.0081***	-0.0014***	-0.0292***	-0.0026***
R-squared = 0.8959 Adjusted R-squared = 0.8189 S. E. of regression = 0.0231 Sum squared resid = 0.0512 Log likelihood = 441.6763 F-statistic = 11.6370 Prob(F-statistic) = 0.0000			Mean dependent var = 0.3794 S. D. dependent var = 0.0543 Akaike info criterion = -4.4009 Schwarz criterion = -3.0621 Hannan-Quinn criter. = -3.8575 Durbin-Watson stat = 2.6155		

说明：根据面板数据模型的理论与方法，结合相关指标数据，计算整理而得。***、**和*分别表示在1%、5%和10%的水平下显著。

（二）中部地区面板数据模型构建

考虑到数据可能存在任意序列自相关和误差项时期异方差，为得到更稳健的参数协方差估计值，在选择回归估计方法时，选择怀特时期方法（White period）。根据样本数据，对原假设进行 F 检验，以确定选择变系数、变截距还是混合模型。首先检验原假设 H_1，看是否可以建立混合回归模型，由于 $F_2 = 5.7796 > F(0.95, 42, 64) = 1.5736$，表明在5%检验性水平下拒绝建立混合模型的原假设 H_1；进而检验原假设 H_0，看建立变截距模型是否合适，由于 $F_1 = 4.5841 > F(0.95, 35, 64) = 1.6062$，则在5%检验性水平下拒绝建立变截距原假设 H_0，故建立变系数面板模型（见表6-7）。进一步根据 Hausman 检验可知，模型更适合固定效应分析，因此，确定面板数据模型为固定变系数模型。由固定效应变系数的模型检验结果可知，所有的参数系数都在1%的显著性水平下通过检验，且 R^2 为0.96，F 统计量在1%的水平下显著通过检验，AC 和 SC 的值较小，D. W. 值为2.21，说明模型拟合得比较好，可以较好地反映出中部地区旅游经济增长质量的现实状况。

表 6-7 中国中部地区旅游经济增长质量各影响因素的系数估计

省份	ln*avsr*	ln*sctze*	ln*lvss*	ln*fqcl*	ln*gdyxs*
山西	0.4309***	-0.1366***	-0.0729***	0.0430***	-0.0379***
吉林	0.1902***	0.0079***	-0.0115***	-0.0175***	-0.1605***
黑龙江	-0.2198***	0.1462***	-0.0222***	0.1594***	-0.0169***
安徽	0.1378***	-0.0341***	-0.0182***	0.0134***	0.2124***
江西	0.1401***	0.0295***	-0.0083***	-0.0104***	-0.1204***
河南	0.0283***	0.0446***	0.0077***	-0.0131***	0.0614***
湖北	0.1954***	-0.0136***	-0.0668***	-0.0020***	-0.0717***
湖南	0.5767***	-0.2387***	0.0541***	-0.0058***	-0.1643***
R-squared = 0.9556 Adjusted R-squared = 0.9230 S. E. of regression = 0.0177 Sum squared resid = 0.0200 Log likelihood = 324.4197 F-statistic = 29.2970 Prob(F-statistic) = 0.0000			Mean dependent var = 0.3664 S. D. dependent var = 0.0637 Akaike info criterion = -4.9361 Schwarz criterion = -3.7710 Hannan-Quinn criter. = -4.4634 Durbin-Watson stat = 2.2080		

说明：根据面板数据模型的理论与方法，结合相关指标数据，计算整理而得。表中数字为变量系数估计值，括号内数字为相应的 t 统计值；***、** 和 * 分别表示在 1%、5% 和 10% 的水平下显著。

（三）西部地区面板数据模型构建

考虑到数据可能存在任意序列自相关和误差项时期异方差，为得到更稳健的参数协方差估计值，在选择回归估计方法时，选择怀特时期方法（White period）。根据样本数据，对原假设进行 F 检验，以确定选择变系数、变截距还是混合模型。首先检验原假设 H_1，看是否可以建立混合回归模型，由于 $F_2=5.1280>F(0.95, 54, 80)=1.4967$，表明在 5% 的显著性水平下拒绝建立混合模型的原假设 H_1；进而检验原假设 H_0，看建立变截距模型是否合适，由于 $F_1=2.4715>F(0.95, 45, 80)=1.5247$，则在 5% 检验性水平下拒绝建立变截距原假设 H_0，故建立变系数面板模型（见表 6-8）。进一步根据 Hausman 检验可知，模型更适合固定效应分析，因此，确定面板数据模型为固定变系数模型。由固定效应变系数的模型检验结果可知，所有的参数系数都在 1% 的显著性水平下通过检验，且 R^2 为 0.91，F 统计量在 1% 的水平下显著通过检验，AC 和 SC 的值较小，D. W.

值为2.33，说明模型拟合得比较好，可以较好地反映出西部地区旅游经济增长质量的现实状况。

表6-8　　中国西部地区旅游经济增长质量各影响因素的系数估计

省份	ln*avsr*	ln*sctze*	ln*lvss*	ln*fqcl*	ln*gdyxs*
内蒙古	0.1107***	0.0547***	-0.0414***	-0.2253***	0.3024***
重庆	0.3951***	-0.1397***	0.0048***	0.0143***	0.0334***
四川	0.3143***	0.0033***	-0.0009***	-0.0038***	-0.4159***
贵州	0.1063***	0.0747***	-0.0039***	-0.0119***	-0.1208***
云南	0.1975***	-0.0140***	-0.0022***	-0.0817***	-0.0629***
陕西	0.2815***	-0.0879***	-0.0040***	-0.1125***	-0.0738***
甘肃	0.2074***	-0.0537***	-0.0037***	0.0408***	-0.1850***
青海	0.1222***	-0.0932***	-0.0309***	0.1736***	0.1024***
宁夏	-0.0185***	0.0252***	0.0084***	0.0190***	0.1308***
新疆	0.2198***	-0.1097***	-0.0092***	-0.0235***	0.0921***
R-squared = 0.9072 Adjusted R-squared = 0.8388 S. E. of regression = 0.0284 Sum squared resid = 0.0284 Log likelihood = 338.8893 F-statistic = 13.2600 Prob(F-statistic) = 0.0000			Mean dependent var = 0.3417 S. D. dependent var = 0.0709 Akaike info criterion = -3.9841 Schwarz criterion = -2.7234 Hannan-Quinn criter. = -3.4718 Durbin-Watson stat = 2.3261		

说明：根据面板数据模型的理论与方法，结合相关指标数据，计算整理而得。表中数字表示对应的面板单位根检验的统计值；***、**和*分别表示在1%、5%和10%的显著性水平下拒绝原假设。

三、贡献区域差异比较分析

（一）东部地区影响因素贡献差异比较分析

比较分析东部地区各省份相关因素对旅游经济增长质量的贡献差异，可从纵向和横向两个维度进行考察，具体分析如下：

1. 对各影响因素对不同省份的影响程度进行纵向分析

从东部地区整体来看，各影响因素的系数有正有负，对东部地区每个省份的影响各不相同，各个省份之间存在差异。从城镇居民人均可支配收入（*avsr*）来看，对旅游经济增长质量贡献为积极影响的省份包括广西、天津、上海、福建等，其中广西影响最为显著，达到0.45，表明广西人均可支配收入每增加1个单位，旅游经济增长质量就会增加0.45个单位，广西城镇居民可支配收入的增加对其旅游经济增长质量的带动作用较大，究其原因，广西旅游资源较为丰富，吸引了大量游客，且游客在游、购、娱等方面的高弹性消费较多，有效带动了旅游经济的发展。而北京、辽宁、江苏、山东等省份人均居民可支配收入对旅游经济增长质量起负向影响作用，表明旅游经济的速度与质量需要有效协调。

从第三产业固定资产投资额（*sctze*）来看，对旅游经济增长质量贡献为正向影响的有北京、辽宁、江苏、浙江和山东等省份，其中北京最高，为0.15，表明政府对北京第三产业固定资产投资额每增加1个单位，北京旅游经济增长质量就会增长0.15个单位；其他省份均为负值，表明第三产业固定资产投资额对东部地区大部分省份的旅游经济增长质量没有正向的促进作用，其中上海系数最低为-0.24，可能是由于第三产业固定资产投资项目包括很多，如交通运输业、仓储和邮政业、信息传输、批发和零售业等，其中跟旅游关联较为密切的有交通运输业、住宿和餐饮业，第三产业固定资产投资额的增多并不能完全代表旅游产业基础投资额的增多，上海市应进一步增加与旅游业密切相关的第三产业投资。

从旅游院校学生数（*lvss*）来看，对旅游经济增长质量贡献呈正向促进作用的有北京、浙江和广西三个省份，其中广西的系数最高为0.05，表明广西的旅游院校学生数每增加1个单位，广西的旅游经济增长质量会提升0.05个单位；其他9个省份的系数均为负值，说明旅游院校学生数对其他9个省份的旅游经济增长质量没有起到正向的促进作用。旅游行业员工的流失率较高，旅游服务岗位难以长期留住高素质的人才，这对旅游经济的增长也是不利的。因此这些省份应注重对旅游院校学生专业素养的培养以及提高对旅游行业的热爱，以减少其流失率。

从废气设施治理数（*fqsh*）来看，大部分省份的系数均为正，表明废气治理设施数和东部地区大部分省份的旅游经济增长质量呈正相关关系。其中最高的是辽宁，为0.20，表明废气设施治理数每增加1个单位，辽宁的旅游经济增长质量增长0.20个单位。一般来说，废气治理设施数越多，空气质量越好，对旅游业的促进作用就越明显；但是河北、浙江、福建、山东等省份的系数为负值，表明这些省份的废气设施治理数没有对其旅游经济增长质量起到正向的促进作用，这是由于当生态环境治理达到一定程度时，随着边际效应的递减，废气治理设施数的持续增多并不能带来相应的空气治理效果，其旅游经济增长的质量也会受到影响。

从高等院校数（*gdyxs*）来看，大部分省份的系数为正，表明高等院校数量与旅游经济增长质量呈正相关关系。其中最高的为山东，高达0.17，表明山东每增加1个单位的高等院校数，旅游经济增长质量就会提高0.17个单位，其高等院校对旅游经济增长方面的技术支持较大。但天津、上海、浙江、广西和海南等省份的系数为负值，表明这5个省份高等院校的技术支持对旅游经济增长质量未起到正向作用，究其原因，是由于旅游高等院校在对旅游规划和旅游产业结构调整方面的技术支持未能较好地促进旅游经济增长质量。其中，负向影响程度最高的省份为天津，可能是因为其高等院校没有充分重视对旅游产业经济的研究，产学研成果转化能力有待提升。

2. 对东部地区各省份进行横向分析

北京除人均可支配收入与旅游经济增长质量呈负相关关系外，其他因素均对旅游经济增长质量产生积极影响，因此北京应继续发挥国民经济对旅游产业的带动作用；天津和上海的人均可支配收入、废气治理设施数与旅游经济增长质量呈正向关系，其他三个因素为负向因子，未来应更加注重环境保护力度、旅游专业人才的培养以及对高等院校的支持力度等；河北和福建2个省份的人均可支配收入、高等院校数对旅游经济增长质量产生正向影响，而其他3个因素为负向因子，因此，需明确第三产业固定资产投资额的使用，确保旅游基础设施投资，同时制定相关人才培育制度，加强旅游人才的培育力度；辽宁和江苏除人均可支配收入、旅游院校学生数与旅游经济增长质量呈负向相关，其余因素均为正相关，为此应重视增强对旅游院校学生的培养以及旅游产业结构的调整，促进游客在游、购、娱等高收入弹性产业上的消费；浙江的第三产业固定资产投资额、旅游院校学生数对旅游经济增长质量呈正向效应，而其他因素为负向效应，表明这2个省份应增强对第三产业固定资产的投资，加强对旅游院校学生的培养力度，还要增加废气治理设施的数量以促进生态环境的保护；山东的第三产业固定资产投资额、旅游院校数对旅游经济增长质量产生正向影响，其他因素为负向因素，在进一步加强政策引导和旅游院校建设和培育的同时，需进一步加强其在生态环境治理、国民经济对旅游产业的推动作用等；广东除第三产业固定资产投资额和旅游学生数与旅游经济增长质量呈负向关系，其余影响因素均为正向关系，为此，需增加对第三产业固定资产投资和高等院校对旅游业的技术支持，并继续发挥旅游经济的支持作用；广西除人均旅游收入、旅游学生数与旅游经济增长为正相关外，其余3项都为负相关，为此，应调整旅游产业结构、增加第三产业固定资产投资额、增强环境保护；海南除人均旅游收入与旅游经济增长质量呈正相关之外，其余均为负相关，应继续发挥国民经济对旅游经济的带动作用，并注重第三产业投资和废气设施治理的成效，尤其是将重点放在生态环境的治理上。

（二）中部地区影响因素贡献差异比较分析

对中部地区各省份城镇居民人均可支配收入、第三产业固定资产投资额、旅游院校学生数、废气治理设施数和高等院校数影响因素的贡献差异的对比分析可从纵向和横向两个维度进行分析，具体分析如下：

1. 对各影响因素对不同省份的影响程度进行纵向分析

从城镇居民人均可支配收入来看，除黑龙江的人均可支配收入对旅游经济增长质量呈抑制作用外，其他省份均表现为促进作用，其中最高的省份是湖南，为0.58，表明湖南城镇居民人均可支配收入每增加1个单位，其旅游经济增长质量会提高0.58个单位。黑龙江人均可支配收入对旅游经济增长质量的影响系数为-0.22。究其原因，可能由于中部地区居民的消费理念所致，居民的可支配收入增加后并没有过多地消费在旅游上，而是用于储蓄或投资，或者作为一个旅游客源地而不是吸引力很强的旅游目的地，并没有很好地吸引游客来消费。

从第三产业固定资产投资来看，除山西、安徽、湖北和湖南等4个省份的系数为负值外，其他省份均为正值。其中正向影响最高的省份是黑龙江，为0.15，表明黑龙江省第三产业固定资产投资每增加1个单位，其旅游经济增长质量就会提高0.15个单位；负向影响最高的省份为湖南省，为-0.32，湖南应重视提高第三产业固定资产投资中与旅游产业密切相关的投资。

从旅游院校学生数来看，除河南和湖南两省外，其他省份的系数均为负值，表明旅游院校学生数对中部地区旅游经济增长质量并没有起到正向的促进作用。究其原因，除了旅游行业本身员工流失率较高外，由于整个地区间的差异，中部地区毕业的旅游院校学生较多地选择去了待遇较好的东部地区，例如，北京、福建、浙江等省份，中部地区对旅游人才的吸引力较弱，因此旅游院校学生数这一因素对中部地区的旅游经济增长质量的影响效果不明显。中部地区应加强对旅游高素质人才的引进和聘用，以发挥地区的人才优势，以此提高旅游经济增长质量。

从废气治理设施数来看，对旅游经济增长质量贡献呈促进作用的省份包括山西、黑龙江、安徽等，这说明废气治理设施数对中部地区部分省份的旅游生态环境具有提升作用；而其余省份的废气治理设施数对旅游经济增长质量呈现负向作用，这说明废气治理设施的数量与废气处理的成效不成正比，应加强其对废气治理效果的监控，只是依靠废气治理设施数的增多是远远不够的。

从高等院校数来看，除安徽和河南 2 个省份外，其余省份均为负值，表明高等院校数对整个中部地区旅游经济增长质量的提高作用不显著。其中正向影响最高的是安徽为 0. 21，表明安徽高等院校数每增加 1 个单位，其旅游经济增长质量就会提高 0. 21 个单位。负向影响最高的省份为湖南，为 -0. 16，应在技术支持层面增强对旅游产业优化升级和旅游经济增长的研究，促进地区旅游经济增长质量的提高。

2. 从中部地区各个省份行进横向分析

山西的居民人均可支配收入、废气治理设施数与旅游经济增长质量之间呈负相关关系，应加强和注重对旅游资源的开发、旅游产业结构的优化和旅游专业人才的培养。吉林和江西的旅游经济增长效果较好，除人均可支配收入、旅游院校学生数与旅游经济增长质量呈现负相关，其余均为正相关，这表明吉林应注重对旅游人才的培养，发挥旅游人才对旅游经济增长质量的作用。黑龙江除第三产业固定资产投资、废气治理设施数与旅游经济增长质量呈正相关关系，其余均为负相关，表明应注意增加对旅游产业的优化与升级、旅游废气治理的成效、加强旅游专业人才的培养和高等院校对旅游发展的技术支持力度。安徽第三产业固定资产投资额、旅游院校学生数表现为负向影响，未来应加强对旅游产业结构的优化，增加对第三产业的投资和对旅游生态环境的治理。河南废气治理设施数、高等院校数对经济增长质量产生消极影响，未来应加大对旅游发展的经济支持、旅游人才的技术支持并提高旅游废气处理对旅游环境治理的成效，重视旅游经济增长的质量。湖北省除居民人均可支配收入与旅游经济增长质量呈正相关，其余均呈负相关，表明湖北应该注重对旅游产业结构的优化与升级、加强第三产业固定资产的投资额度、重视旅游专业人才的培养和加大高等院校对旅游产业的技术支持力度。湖南的人均可支配收入、旅游院校学生数对旅游经济增长质量产生正向影响，其他为负向影响，因此应加强国民经济对旅游经济的拉动作用，注重生态环境保护与旅游人才培养力度，确保旅游经济的高质量发展。

（三）西部地区影响因素贡献差异比较分析

对西部地区各省份城镇居民人均可支配收入、第三产业固定资产投资额、旅游院校学生数、废气治理设施数和高等院校数影响因素的贡献差异的对比分析可从纵向和横向两个维度进行分析，具体分析如下：

1. 对各影响因素对不同省份的影响程度进行纵向分析

从城镇居民人均可支配收入项来看，除宁夏外，西部地区其他省份的人均可支配收入对旅游经济增长质量的影响均为正，究其原因，是由于这些地区凭借西部独特的旅游资源吸引外来游客前来消费。其中，影响程度较高的有重庆和四川 2 个省份，这说明其经济发展对旅游经济增长质量具有积极作用；而影响程度较小的省份如内蒙古和贵州 2 个省份，因为西部地区部分省份原有经济发展水平的限制加上交通不便，居民的可支配收入增加并未在很大程度上带动旅游经济增长质量的提升。

从第三产业固定资产投资来看，重庆、云南、陕西、甘肃、青海和新疆地区的系数为负，这说明西部地区多数省份第三产业固定资产投资额对旅游经济增长质量未起到正向作用，而其余省份第三产业固定资产投资额对旅游经济增长质量的积极作用并不突出。究其原因在于西部地区旅游资源独特，但旅游基础设施建设和旅游交通设施有待完善，为更好地提高旅游经济增长质量，整个西部地区需要进一步加大旅游基础设施投资力度。

从旅游院校学生数来看，这项因素对整个西部地区旅游经济增长质量的促进作用并不明显。其中仅重庆和宁夏 2 个省份的影响为正，其他省份的旅游人才并未对旅游经济增长质量起正向作用，而负向影响系数最高的是青海。究其原因在于西部地区由于原有经济发展水平的限制以及自然条件的影响，对旅游人才的吸引力相对东中部地区较弱，毕业的旅游院校学生可能较多地选择去了发展机会和条件相对较好的沿海地区，因此旅游人才的缺失已成为影响西部地区旅游经济增长的重要因素。

从废气治理设施数来看，这项因素对整个西部地区旅游经济增长质量的促进作用并不明显。其中重庆、甘肃等省份的系数均为正，表明废气治理设施数和旅游经济增长质量呈正相关关系，最高的是青海，为 0.17，表明废气设施治理数每增加 1 个单位，青海的旅游经济增长质量增长 0.17 个单位。四川、云南、甘肃、宁夏、新疆等 6 个省份的系数均为负值，表明这些省份废气治理设施数的增多并不能带来相应的旅游经济增长质量的提高，因此应加强对废弃设施治理成效的监管，打造健康的生态旅游环境。

从高等院校数来看，贵州、云南、陕西等半数西部省份影响系数为负，表明西部地区部分省份的高等院校数与旅游经济增长质量之间呈负相关关系，而内蒙古、重庆和宁夏等五个省份的高等院校数与旅游经济增长质量之间呈正相关关系，说明这些西部省份旅游院校的技术支持并未用于提高旅游经济增长质量。在正向影响关系中，最高的是内蒙古，为0.30，表明宁夏旅游院校数每增加1个单位，其旅游经济增长质量会提高0.30个单位，其高等院校对旅游经济增长的技术保障较好。

2. 从西部地区各个省份进行横向分析

内蒙古地区的旅游院校学生数、废气治理设施数对旅游经济增长质量起消极影响，其他因素为正向影响，其中高等院校数对内蒙古的旅游经济增长质量影响较大，为1.99，应注意加强高等院校对旅游经济的研究力度与技术支持，并从经济上加强对旅游发展的支持。重庆各市项系数除第三产业固定资产投资额之外均为正，表明旅游经济增长质量较好，其中人均居民可支配收入的影响最高为0.40，通过国民经济发展推动旅游经济增长质量的进一步提升是其未来的发展方向。四川和贵州2个省份的人均居民可支配收入、第三产业投资额为正向影响，而其他因素为负向影响，应增加第三产业投资额、调整旅游产业结构、注重废气治理的效果和加大旅游院校的技术支持力度。云南和陕西2个省份除居民人均收入外，其余各项系数均为负，表明两省应发挥地方经济对旅游经济增长质量的支持作用。甘肃除人均居民可支配收入、废气治理设施数外，其他因素对旅游经济增长质量的提升不能发挥其积极效应，因此未来应加大对甘肃国民经济的提升力度，保护其生态环境。对青海省旅游经济增长质量具有正向影响的因素是居民人均收入、废气治理设施数和高等院校数量，且影响最为显著的是废气治理设施数，而在负向影响因素中，最为明显的是高等院校学生数，为此可将重点放在加大旅游产业结构调整，增强对旅游人才的吸引和培育，加强旅游院校对旅游业发展的支持力度。宁夏除人均可支配收入外，其余因素均与旅游经济增长质量呈正相关关系，为此应增强地区经济发展水平，增大第三产业投资额中与旅游紧密相关的项目投资，并加大对旅游专业人才的吸引。新疆除旅游学生数和高等院校数外，其他各项系数均为负，其中正向影响最高的因素为人均居民可支配收入，表明这项因素对贵州旅游经济的增长质量影响较大，此外还应注意加强旅游人才的培养和高等院校的技术支持。

第四节　本 章 小 结

中国旅游经济增长质量的提高受到诸多因素的共同影响，包括经济与社会因素、政府政策因素、人才因素、生态环境因素和技术支持因素，各种因素以直接或间接的方式作用于旅游经济增长质量，推动或制约旅游经济增长质量的提高。未考虑空间因素影响，分别从我国 30 个省份（不包括西藏和港澳台地区）整体、东部地区、中部地区和西部地区等多重视角，构建面板数据模型展开计量分析，实证考察我国旅游经济增长质量时空差异与空间演化形成的原因与形成机制。

面板数据模型检验、拟合和回归结果表明，较高的经济发展水平是推动旅游经济增长质量水平提升的主要因素；完善的公共服务基础设施是重要保障；生态环境的保护虽然具有滞后性，但是，旅游经济的增长依赖于生态环境的改善，环境效益最终会促进旅游经济增长质量的螺旋式上升。人才资本和技术创新因素对旅游经济增长质量提升作用不明显。从三大地区样本来看，人均可支配收入是影响三大地区旅游经济增长的主要因素，其中，东部地区旅游经济增长质量受人均可支配收入、高等院校数的影响程度较大，受其他三个影响因素的影响程度较小；中、西部地区旅游经济增长质量受人均可支配收入的影响程度较大，其他四个影响因素对经济增长的贡献略小于人均可支配收入的贡献。

第七章　中国旅游经济增长质量空间溢出效应分析

根据中国旅游经济增长质量空间格局的研究结果，中国旅游经济增长质量存在显著的空间集聚特征，究其原因在于各地区经济发展、生态环境、技术创新等因素的非均衡性以及与邻近地区间的空间交互效应。中国旅游经济增长质量是否存在空间溢出效应？若存在，空间溢出效应是否显著？若显著，空间溢出效应作用机制如何？针对上述问题，本章采用空间滞后模型与空间误差模型进行空间溢出效应验证与分析。空间效应对空间格局的演变具有一定影响，主要通过空间异质性、空间依赖性及空间集聚机制、扩散机制来发挥作用（关伟和许淑婷，2015）。探究中国旅游经济增长质量的空间效应问题，即是对“效率－结构－环境”维度视角下旅游经济增长质量空间相互作用机制的系统性分析。

区域之间的空间相关性是区域经济问题研究中不容忽视的现象。一个地区与其邻近地区经济地理现象或属性值是相关的，几乎所有的空间数据都具有空间依赖性或空间自相关性的特征（Anselin，1988），空间依赖的存在使得各区域之间的数据存在与时间序列相对应的空间相关（吴玉鸣，2006）。但在传统的计量经济分析过程中因为无法将其量化而往往忽略了这种空间作用与影响。自 20 世纪 70 年代以来，空间理论日益受到重视，空间计量经济学考虑了空间相关性对经济活动可能产生的影响，打破了经典经济学数据无关联和均质性的假定，更加符合客观事实，因此得到快速发展。空间不同对象由于不同的地理区位而产生空间效应。托伯勒（Waldo Tobler）提出“地理学第一定律”，认为相邻事物之间存在相似的属性，而相远离的事物则具有不同的属性，即强调了空间的依赖性（李鹤和张平宇，2008）。特纳等（Turner et al.，2003）认为空间异质性即事物由于处于不同的空间位置而拥有不同的属性。20 世纪 90 年代以来，以克鲁格曼和沃伦伯尔斯（Krugman and Venables，1995）为代表的新经济地理学派，把主流经济学长期忽视的空间因素纳入一般均衡的分析框架中，研究经济活动的空间分布规律，解释现实中存在的不同规模、不同形式的生产的空间集中机制，并通过这种机制的分析探讨区域经济增长的规律与途径。马丁和奥塔维亚诺（Martin and Ottaviano，2001）发现经济活动的地方集中和经济增长是相互强化的过程，经济增长效应影响了经济活动的地理集中，经济活动的地理集中效应进一步促进了经济增长。经济增长和空间集聚是相互影响的内生化过程，难以分离（Baldwin and Martin，2004）。不同地区由于具有不同的旅游资源禀赋、旅游区位交通条件以及旅游服务设施条件等而发展具有各自特色的旅游业，其旅游经济发展模式必然也会存在显著差异，但是邻近地区旅游业的发展由于空间位置的邻近而存在密切的经济联系，一个地区旅游业的发展不仅对本地区经济发展产生直接影响，同时也会对邻近地区经济发展产生一定程度的溢出效应。也就是在区域间存在空间相互影响的前提下，地区间旅游经济增长的空间联动性会进一步增强，那么如果忽视空间要素的影响可能会导致模型估计得到的参数有偏，使得研究结果出现偏差，而进行空间面板分析能够从时间维度和空间维度上有效地解决数据间可能存在的异质性，模型所揭示的结论更为客观和科学。因此，考虑到空间相关性对旅游经济活动产生的可能影响，引入空间因素，分析不同地区旅游经济发展的关系与影响作用，成为旅游经济增长问题研究的重要方向。

根据第四、第五章研究可知，中国旅游经济增长质量水平具有较为显著的空间分异与演化特征，但某一地区的旅游经济增长往往超越了地理区域向邻近地区扩散，即旅游经济增长的作用具有明显的空间溢出效应。运用普通最小二乘法（OLS）回归模型进行回归分析时，会由于忽略经济主体之间的空间联系和空间效应而导致系数估计值存在偏差或无效（Anselin and Griffith，2010）。因此，没有纳入空间相关因素的经济模型通常是有偏的，融入了旅游经济增长因素的空间经济计量模型具有更强的解释力。本章采用空间计量经济学理论与方法，考虑空间异质性的存在，对中国各省份之间旅游经济增长质量的空间效应进行实证研究。首先探讨不同省份之间旅游经济增长质量的空间相关性指数，如果显示地区间旅游经济增长质量的确存在空间相关性，则继续运用空间计量回归模型和纳入空间效应的空间面板模型来深入分析中国旅游经济增长的空间依赖性和空间溢出效应。

第一节 空间计量分析方法

基于空间计量经济学的研究视角，本章首先利用探索性空间分析技术对中国旅游经济增长质量水平进行空间相关性分析，检验其空间依赖性和空间异质性是否存在；若存在，则构建纳入空间效应的空间滞后模型或空间误差模型，对中国旅游经济增长质量空间关联溢出机制进行空间估计、拟合和检验，分析空间关联程度和作用机制。在对这两个模型进行估计之前，采用 Hausman 检验来确定采用固定效应还是随机效应系数估计方法，并对空间滞后模型 LM-lag 值与空间误差模型 LM-error 值的显著程度进行检验。

一、探索性空间分析技术

探索性空间分析（exploratory spatial data analysis，ESDA），利用统计学原理和可视化图形表达相结合对空间信息的性质进行分析和鉴别（Yanchen et al.，1999），在描述研究对象的空间依赖性与空间异质性、揭示其空间分布格局、空间联系方面具有显著的优势（潘竟虎和尹君，2011）。基于探索性空间分析方法的不同统计视角，本研究采用全局和局部空间自相关方法，基于时空演化视角来研究中国旅游经济增长质量水平的空间分布特征，识别我国 30 个省份（不包括西藏和港澳台地区）之间旅游经济增长质量的空间关系，探讨中国旅游经济增长质量水平的关联机制，揭示各个省份的空间依赖性关系和作用规律，探索我国旅游经济增长质量的空间分布格局与集聚模式。

（一）全局空间自相关分析与检验

本研究借鉴安塞林（Anselin，1988）的研究思路和理论基础，运用全局莫兰指数（Global Morans' I）验证中国旅游经济增长质量的空间关联性及其显著性。作为衡量空间自相关的全局指标，Global Moran's I 用以分析空间数据在整个区域内的空间分布状况，能够检验相邻近地区之间是相似、相异还是相互独立（弗里茨，2007）。1948 年莫兰（Moran，1950）提出了 Global Moran's I，其数学定义如下：

$$I = \frac{n\sum_{i=1}^{n}\sum_{j=1}^{n} w_{ij}(X_i - \bar{X})(X_j - \bar{X})}{(\sum_{i=1}^{n}\sum_{j=1}^{n} w_{ij})\sum_{i=1}^{n}(X_i - \bar{X})^2} \tag{7-1}$$

式中，n 为观测区域数，X_i 和 X_j 分别为 i 省份和 j 省份旅游经济增长质量指数（观测值），$\bar{X} = \frac{1}{n}\sum_{i=1}^{n} X_i$，为观测值的均值；$w_{ij}$为空间权重矩阵，表示省份 i 与省份 j 的邻近关系，本研究采用基于邻近标准的二进制邻接矩阵进行度量，即当省份 i 和省份 j 相邻时，$w=1$；不相邻时，$w=0$，各省份与其自身的邻近关系也为0。由此可知，通过求解区域内不同子区域协方差的加权和与子区域方差加权和的比值，Global Moran's I 反映了研究对象在空间取值的相似性。对公式（7－1）进行化简，可得到 Global Moran's I 计算公式如下：

$$I = \frac{n\sum_{i=1}^{n}\sum_{j\neq 1}^{n} w_{ij}(X_i - \bar{X})(X_j - \bar{X})}{S^2\sum_{i=1}^{n}\sum_{j\neq 1}^{n} w_{ij}} \tag{7-2}$$

式中，$S_2 = \frac{1}{n}\sum_{i=1}^{n}(X_i - \bar{X})^2$，为地区间观测值的样本方差。Global Morans' I 取值范围是［－1，1］，其中［－1，0］表示存在空间负相关性，表明某一地区与周边地区的旅游经济增长质量有显著差异，其值越小，表示地区分布越不集中；［0，1］表示存在空间正相关性，表明旅游经济增长质量较高（或者较低）的地区在空间上显著集聚（或者分散），其值越大，空间相关性越明显；系数为0，表明地区间旅游经济增长质量相互独立，在空间上随机分布。

基于 Global Morans' I 研究观测变量的空间分布格局时，需要采用标准化统计量 Z(I) 检验地区间空间自相关的显著性水平。计算公式为：

$$Z(I) = \frac{1 - E(I)}{\sqrt{VAR(I)}} \tag{7-3}$$

式中，Z(I) 表示空间自相关的显著水平，E(I) 为 Global Morans' I 的期望值，VAR(I) 为地区观测值 Global Moran's I 的标准差。在零假设条件下，Z(I) 检验是区域之间不具有空间自相关性，是随机分布的。在正态分布中，置信度为0.05，阈值为1.96。如果测得的 Z(I) 值在－1.96～1.96之间，那么符合零假设即旅游经济增长质量不存在空间相关性，是随机分布。如果 Z 的绝对值大于1.96，则不符合零假设，拒绝原假设存在显著的正（负）自相关性。当其值为正且显著时，表明存在正的空间自相关，也就是说旅游经济增长质量较高的地区在空间上聚集在一起，较低的地区在空间上聚集一起。当其值为负且显著时，表明存在负的空间自相关，也就是说相似的观测值趋于分散分布，旅游经济增长质量较高和较低的地区相邻接。

（二）局部空间自相关分析与检验

Global Morans' I 用来反映在研究区域内，具有相似属性的观测对象在地理空间上的聚集程度，但存在无法解释局域空间相关性和异质性的局限性。局部空间自相关能够弥补这一不足，能够反映被全局评估掩盖的反常局部情况或小范围的局部不稳定（Gallo and Ertur，2000），有效揭示某一地区与周边地区之间是否具有相似属性或是相异属性，即是空间相关或是空间差异。本研究在测算局部莫兰指数（Local Morans' I）的基础上，运用 Moran 散点图和 LISA 聚集图将中国旅游经济增长质量局部差异进行空间可视化。其中，LISA 聚集图主要是更直观表达局部空间的聚集性问题。具体而言：

首先，Local Moran's I 用来检验局部地区是否存在相似或相异观察值的集聚现象。根据安塞林（Anselin，1995）的研究思路，Local Moran's I 用以度量地区 i 和其邻近地区旅游经济增长质量在空间上的差异性及其显著性，其公式表达为：

$$I_i = Z_i \sum_{j \neq i}^{n} w'_{ij} Z_j \tag{7-4}$$

式中，$Z_i = (X_i - X)/S^2$ 为 X_i 的标准化值，$Z_j = (X_j - X)$ 为与第 i 个地区相邻的属性标准化值，w'_{ij}按照行和归一化的权重矩阵。如果 Local Moran's I 值为负数，表示高值被低值包围或低值被高值包围；如果为正数，表示高值被高值包围或低值被低值包围。Local Moran's I 显著性也是通过检验其正态统计量的 Z 值来判断。

其次，Moran 散点图用以描述局部空间的异质性问题，直观地反映研究区域内单元与其他单元之间的空间联系。在一个笛卡尔坐标系统中，横坐标轴和纵坐标轴对应的分别是变量 Z_i 与空间滞后变量 $\sum w'_{ij} Z_j$。Moran 散点图通过可视化四个象限的集聚模式，识别一个地区旅游经济增长质量及其相邻地区的空间相关性，其中，第一象限（高高集聚，HH），表示中心地区与邻近地区的旅游经济增长质量或集聚程度均较高，二者空间差异程度较小，存在较强的空间正相关关系；第二象限（低高集聚，LH）：表示中心地区旅游经济增长质量或集聚程度较低，但其邻近地区较高，二者空间差异程度较大，存在较强的空间负相关，即空间异质性显著；第三象限（低低集聚，LL）：表示中心地区与邻近地区的旅游经济增长质量或集聚程度均较低，二者的空间差异程度较小，存在较强的空间正相关关系；第四象限（高低集聚，HL）：表示中心地区旅游经济增长质量或集聚程度较高，但其邻近地区较低，二者空间差异程度大，存在较强的空间负相关关系，即空间异质性显著。因此，第一、第三象限的地区旅游经济增长质量或集聚程度存在较强的空间正相关，而第二、第四象限内的地区存在较强的空间负相关。另外，如果研究对象均匀地分布在四个象限，则表明地区之间不存在空间自相关性。

二、空间计量分析模型

空间计量的基本思想是将地区间的相互关系引入模型，对基本线性回归模型通过空间权重矩阵进行修正（林光平等，2006）。空间计量经济学考虑了空间相关性对经济活动的影响，模型研究结论更能客观反映现实状况。但是传统的空间计量经济学模型使用的主要是面板数据样本，仅考虑了空间单元之间的相关性，却忽略了时间尺度的相关性。因此，需要考虑运用空间面板模型（陈晓玲和李小庆，2013）。

由于来自不同地区变量样本数据的采集可能存在空间上的测量误差，以及相邻地区间的经济联系客观存在，将变量真实的空间自相关性考虑到旅游经济增长质量的过程中，则旅游经济增长质量的空间自相关性可视为一种外部溢出效应。空间相关性在空间计量模型中体现在误差项和因变量的滞后项，空间滞后模型（spatial lag model，SLM）和空间误差模型（spatial error model，SEM）是空间计量模型的两种基本模型。其中，前者主要用于研究相邻地区的行为对整个系统内地区的行为存在影响（溢出效应）的情况，还用于验证该行为的影响因素通过空间传导机制作用于其他地区。后者用于地区之间的相互作用因所处的相对位置不同而存在差异时，地区之间的相互关系通过误差项加以反映（刘佳等，2013）。

考虑空间相关性与空间异质性的作用，经典的空间面板模型公式表达如下：

$$
\begin{gathered}
y = \rho W_1 y + X\beta + \mu \\
\mu = \lambda W_2 + \zeta \\
\zeta \sim N(0,\ \sigma^2 I_n)
\end{gathered}
\tag{7-5}
$$

其中，y 表示被解释变量，是一个 $n\times1$ 的列向量；X 表示解释变量，是一个 $n\times k$ 的矩阵；W_1 和 W_2 表示不同的“空间邻接关系”，是一个 $n\times n$ 的空间加权矩阵。与其他一般的非空间分析方法类似，X 与 y 的相关关系解释了不考虑空间因素的属性相关。

（一）空间滞后面板模型

空间滞后模型（spatial lag model，SLM）主要是研究整个系统内相邻机构或地区的行为对其他机构或地区的行为存在影响的状况（徐建华，2010）。在经典空间面板模型的基础上，仅考虑某一地域单元的一种变量通过反馈效应与其他周围地区相同的变量产生相互影响的作用，即令 $W_1\neq0$ 且 $W_2=0$，空间滞后模型的基本形式为：

$$y=\rho W_y+x\beta+\varepsilon \tag{7-6}$$

其中，y 表示被解释变量，是一个 $n\times1$ 的列向量；x 表示解释变量，是一个 $n\times k$ 的矩阵；ρ 为空间自回归系数，反映了样本观测单元之间的空间依赖作用，即相邻空间单元之间扩散或溢出的程度。W 是元素为 0 和 1 的 $n\times n$ 阶空间权重矩阵；W_y 是空间滞后因变量，用以衡量地理空间上邻近地区的外部旅游经济增长溢出；β 为待估参数，ε 为随机误差项。该模型主要探讨各变量在一个地区是否存在外溢效应。

（二）空间误差面板模型

考虑到基于不同单元之间的空间相关性可能表现在一些没有被观测的变量之间或者是一些遗漏变量之间等情形，空间误差模型（spatial error model，SEM）可以用来探讨地区间存在的相互关系（韩伯棠等，2016）。在经典空间面板模型的基础上，令 $W_1=0$ 且 $W_2\neq0$，可得空间误差模型的基本形式为：

$$\begin{cases} y=X\beta+\varepsilon \\ \varepsilon=\lambda W\varepsilon+\mu \end{cases} \tag{7-7}$$

式中，y 表示 $n\times1$ 阶因变量，X 表示 $n\times k$ 阶自变量，β 为 X 的相关系数，反映了自变量 X 对因变量 y 的影响。W 是元素为 0 和 1 的 $n\times n$ 阶空间权重矩阵，ε 是随机误差项向量，μ 为正态分布的随机误差向量。λ 为因变量向量的空间误差系数，反映相邻地区的 y 对本地区 y 的影响方向和程度。β 反映了自变量 X 对因变量 y 的影响。

（三）空间计量模型的检验方法

拉格朗日乘数检验（LM）法可以有效判别空间滞后模型和空间误差模型这两种模型的使用，包含 LM-lag、LM-error、Robust LM-lag 及 Robust

LM-error 四个检验统计量，其形式如下：

$$\text{LM-lag} = \frac{[e'Wy/(e'e/N)]^2}{R} \sim \chi^2(1) \tag{7-8}$$

$$\text{LM-error} = \frac{(e'We/S^2)^2}{T} \sim \chi^2(1) \tag{7-9}$$

$$\text{Robust LM-lag} = (e'W_y/s^2 - e'W_e/s^2)^2/(R-T) \sim \chi^2(1) \tag{7-10}$$

$$\text{Robust LM-error} = (e'W_y/s^2 - TR^{-1}e'W_e/s^2)^2/(T-T^2R^{-1}) \sim \chi^2(1) \tag{7-11}$$

其中，e 是使用 OLS 估计模型得到的估计残差，N 是当 W 为行标准化矩阵时其全部元素之和。$s^2 = e'e/N$，$R = (WX\hat{\beta})'M(WX\hat{\beta})(e'e/N) + tr(W^2 + W'W)$，$T = \text{tr}(W^2 + W'W)$，$\hat{\beta}$为原假设中模型参数的 OLS 估计。四个检验统计量均渐进服从自由度为 1 的卡方分布（陶长琪和杨海文，2014）。在检验结果中，若 LM-lag 和 LM-error 都不显著，则采用 OLS 估计法；若 LM-lag 较 LM-error 显著，则采用空间滞后模型；若 LM-error 较 LM-lag 显著，则采用空间误差模型；若 LM-lag 和 LM-error 都显著，则进行稳健的 LM 诊断，此时需要计算 Robust LM-lag 和 Robust LM-error 统计量。若 Robust LM-lag 显著，则选择空间滞后模型；若 Robust LM-error 显著，则选择空间误差模型。若二者均显著，则进一步通过 R^2 判断，R^2 较大的对应的模型为最优。另外，在判别模型的时候，除了 R^2，还可以通过自然对数似然函数值（Log Likelihood）进行判别，Log Likelihood 较大的则拟合的效果越好。具体判别过程如下：

1. 空间滞后模型的 LM-lag 检验

用 LM-lag 统计量检验模型不存在空间残差相关时的空间自回归效应。原假设为经典统计学的线性回归模型：

$$\begin{aligned} H_0: & \; Y = X\beta + \varsigma \\ & \; \varsigma \sim N[0, \sigma^2 I] \end{aligned} \tag{7-12}$$

备择假设为空间滞后模型：

$$\begin{aligned} H_1: & \; Y = \rho WY + X\beta + \varsigma \\ & \; \varsigma \sim N[0, \sigma^2 I] \end{aligned} \tag{7-13}$$

首先，对待检验的空间模型进行 OLS 回归，得到回归模型的残差；其次，基于残差进行 LM-lag 诊断。若检验结果显著，则拒绝原假设，说明采用空间滞后模型为最优选择；若检验结果不显著，则说明采用经典线性模型为最优选择。

2. 空间误差模型的 LM 检验

使用 LM-error 统计量检验模型不存在空间自回归时空间残差相关的效应。原假设为经典统计学的线性回归模型：

$$H_0:\ Y = X\beta + \varsigma$$
$$\varsigma \sim N[0,\ \sigma^2 I] \tag{7-14}$$

备择假设模型是空间误差模型：

$$H_1: Y = X\beta + \varsigma$$
$$\varsigma = \lambda W_2 \zeta + \varsigma$$
$$\varsigma \sim N[0,\ \sigma^2 I] \tag{7-15}$$

同样，基于 OLS 回归模型的残差进行 LM-error 诊断。若检验结果显著，则拒绝原假设，说明采用空间误差模型为最优选择；若检验结果不显著，则说明采用经典线性模型为最优选择。

3. 空间滞后模型的 Robust LM-lag 检验

当 LM-lag 和 LM-error 统计量检验都显著时，需要进行稳健的 LM 诊断。使用 Robust LM-lag 统计量检验模型存在空间残差相关时的空间自回归效应。检验原假设为：

$$H_0:\ Y = X\beta + \lambda W \varsigma + \mu$$
$$\mu \sim N[0,\ \sigma^2 I] \tag{7-16}$$

备择假设为考虑空间自回归效应的空间滞后模型：

$$H_1:\ Y = \rho WY + X\beta + \lambda W \varsigma + \mu$$
$$\mu \sim N[0,\ \sigma^2 I] \tag{7-17}$$

基于空间计量模型的 OLS 回归的残差进行 Robust LM-lag 诊断，若检验结果显著，则拒绝原假设，说明采用空间滞后模型为最优选择；若检验结果不显著，则说明采用经典的线性模型为最优选择。

4. 空间误差模型的 Robust LM-error 检验

稳健的 LM 诊断还包括空间误差模型的 Robust LM-error 检验，使用 Robust LM-error 统计量检验模型存在空间残差相关时的空间自回归效应。检验原假设为：

$$H_0:\ Y = \rho WY + X\beta + \varsigma$$
$$\varsigma \sim N[0,\ \sigma^2 I] \tag{7-18}$$

备择假设为考虑空间自回归效应的空间误差模型：

$$H_1:\ Y = \rho WY + X\beta + \varsigma$$
$$\varsigma = \lambda W_2 \zeta + \mu$$

$$\mu \sim N[0,\ \sigma^2 I] \tag{7-19}$$

基于OLS回归模型的残差进行Robust LM-error诊断，若检验结果显著，则拒绝原假设，说明采用空间误差模型为最优选择；若检验结果不显著，则说明采用经典的线性模型为最优选择。

第二节　中国旅游经济增长质量空间相关性分析

判断地区间是否存在空间相关是空间计量建模的基础。本研究从全局和局域视角对中国旅游经济增长质量水平的空间依赖性进行诊断，分别揭示旅游经济增长的全局空间相关性和局域空间相关性特征。

一、旅游经济增长质量全局空间相关性分析

为了检验地区内邻近省份之间的旅游经济增长质量在空间上是否存在显著的集聚性，本研究运用ArcGIS软件和Geoda软件对我国30个省份旅游经济增长质量进行全局空间自相关测算。根据Global Morans' I统计值客观地检验分析我国旅游经济增长质量的全局空间自相关特征与规律。

如表7-1所示，2003~2016年中国旅游经济增长质量全局空间自相关性呈现阶段变化特征。首先，2003~2004年间，中国旅游经济增长质量的Global Morans' I均为正值，$Z(I)$统计量均大于0.05置信水平下的临界值（1.96），表明中国旅游经济增长质量存在显著的正向空间依赖性。其中，2003年Global Morans' I为0.0621564，旅游经济增长质量在各省份之间呈现出集聚分布特点。2003年"非典"事件使中国旅游业受到重创，疫情迅速蔓延到我国大部分省份，旅游总收入与2002年相比大幅下降，17个省份的旅游经济增长率出现负增长，但是，旅游业发达的东部地区旅游经济增长率仍然保持正向增长，东部地区与中西部地区的差距进一步扩大，不同区域内各省份旅游经济增长质量在空间上有相似的属性，表现出显著的集聚分布特征。2004年中国旅游发展处于"疫后"恢复期，政府积极推进对外开放政策，使得各地区入境旅游具有突破性的发展，各地区旅游经济增长质量集聚程度略有上升。

表7-1 2003~2016年中国旅游经济增长质量全局自相关系数

年份	Global Morans' I	Z统计量	相关性	空间格局
2003	0.0621564	2.0175	正空间自相关	集聚分布
2004	0.100072	2.8243	正空间自相关	集聚分布
2005	0.0136551	1.0280	无空间自相关	随机分布
2006	-0.0531082	-0.3815	无空间自相关	随机分布
2007	-0.0806637	-1.1191	无空间自相关	随机分布
2008	0.00787487	0.9335	无空间自相关	随机分布
2009	0.0184558	1.0960	无空间自相关	随机分布
2010	0.0604667	2.0506	正空间自相关	集聚分布
2011	0.0727034	2.3053	正空间自相关	集聚分布
2012	0.117188	3.0977	正空间自相关	集聚分布
2013	0.0795736	2.5570	正空间自相关	集聚分布
2014	0.0658337	2.0018	正空间自相关	集聚分布
2015	0.00827437	0.8663	无空间自相关	随机分布
2016	0.000377715	0.7454	无空间自相关	随机分布

资料来源：运用ArcGIS 10.2软件和Geoda软件计算整理所得。

其次，2005~2009年Global Morans' I的Z(I)统计量值都小于1.96，显著性不强，表明中国旅游经济增长质量呈现出随机分布的特征。2005年中国经济形势良好，经济运行稳定性有所提高，无论是旅游产业效率、旅游产业结构效率还是环境质量都在稳定发展的基础上有所提升，但由于各区域关注重点不同，发展相对分散，空间相关性降低，旅游经济增长质量表现为随机分布。2006年由于受到超强台风的影响，旅游业发达的东部地区旅游收入大幅下降，而旅游业欠发达的地区由于国家政策支持，大力发展乡村旅游，成为新的旅游热点地区，我国整体旅游经济发展较为均衡。2007年的Global Morans' I为负，但未通过Z(I)统计检验，在空间格局上表现为随机分布。虽然旅游经济增长质量高的省份可能与质量低的省份相邻，但彼此之间没有形成一定的集聚效应。旅游资源丰富、交通条件便利、区位优势明显的省份，如上海市、辽宁省等，借助资源与区位优势大力发展旅游，在提高经济效率、优化产业结构的基础上更加关注环境质量的改善提升旅游资源知名度，提高了旅游经济增长质量，但是产业集聚链条前后延伸整合程度不高，未形成旅游产业集聚现象。2008 年我国旅游业受汶川地震及美国次贷危机等外部环境影响较为明显，各地区的旅游经济增长质量表现为各自发展。2009 年我国持续受到金融危机的影响，经济发展缓慢、入境旅游市场形势低迷，旅游经济增长质量呈现随机分布特征。

再次，2010～2014 年，Global Morans' I 均为正值，Z(*I*) 统计量均大于 0.05 置信水平下的临界值（1.96），显著性较强，表现为较强的空间集聚和持续发展的趋势，表明旅游经济增长质量较高水平省份和较低水平省份在空间上各自集聚，彼此连成一片，且集聚程度有增加的态势。2010 年以来中国逐步走出金融危机的影响，经济发展形式走向良好，国务院提出要把旅游业培育成为国民经济的战略性支柱产业和人民群众更加满意的现代服务业，海南国际旅游岛建设正式启动、上海市举办世博会等大事件的发生，均促进旅游产业的集聚发展。

最后，2015～2016 年 Global Morans' I 有所降低，且 Z 统计量值都小于 1.96，显著性不强，表明中国旅游经济增长质量又呈现出随机分布的特征。总体而言，由图 7－1 可知，在研究期内，中国旅游经济增长质量水平表现为变动上升的波动过程，且绝大多数年份 Global Morans' I 为正值，表明我国旅游经济增长质量具有空间正相关性，即旅游经济增长质量较高的省份趋于相邻，而较低的省份趋于相邻，在空间上表现为一定的集聚格局。然而图 7－1 揭示了中国旅游经济增长质量的全局特征，还不能表征局部关系，即研究期间各省份与周边省份之间的空间关系。因此需要结合局部空间关系来分析全国旅游经济增长质量的空间差异，识别旅游经济增长质量空间层面上的“冷点”和“热点”区域。

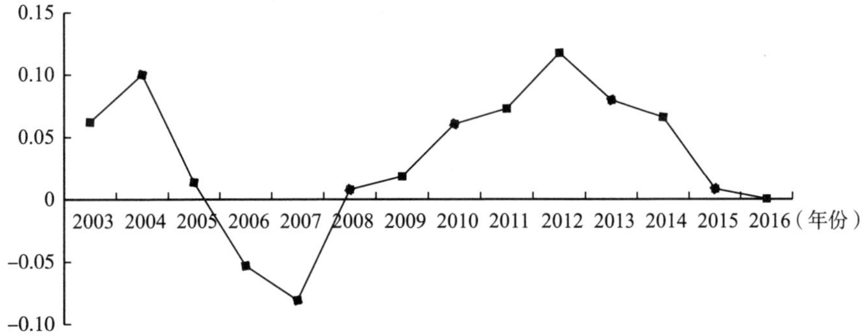

图 7－1　2003～2016 年中国旅游经济增长质量的全局自相关系数

资料来源：根据 Global Morans' I，结合相关指标数据整理而得。

二、旅游经济增长质量局部空间相关性分析

进一步采用局部自相关方法揭示不同省份之间旅游经济增长质量在空间上的关联类型与集聚模式。分别绘制 2003 年、2007 年、2011 年和 2016 年四个年份中国 30 个省份旅游经济增长质量的 Moran 散点图进行比较分析，并在 Z 检验的基础上（P≤0.05），得到 LISA 集聚分布表。如图 7－2 所示，2003～2016 年中国旅游经济增长质量的局域空间自相关聚类趋势明显。在四个时间截面中，空间自相关性较为明显的省份大多落在 HH 集聚区和 LH 集聚区，表明不同省份之间存在空间自相关性，旅游经济增长质量较高的省份能够促进邻近省份的提升。由于地区间旅游经济联系特征十分明显，旅游者、资金、技术等产业要素在邻近省份之间频繁流动，因此旅游经济增长质量高的省份被其他质量高的省份所包围，而旅游经济增长质量低的省份则接受经济增长质量较高地区的辐射带动作用。旅游经济增长质量较低的省份主要集中在中西部地区，这些省份旅游产业结构合理化和高度化水平较低，旅游环境承载能力较弱。

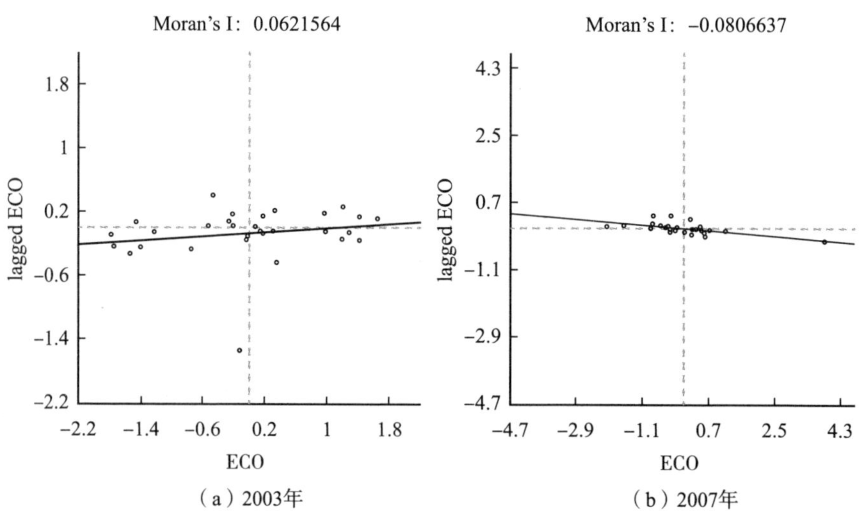

（a）2003年　　（b）2007年

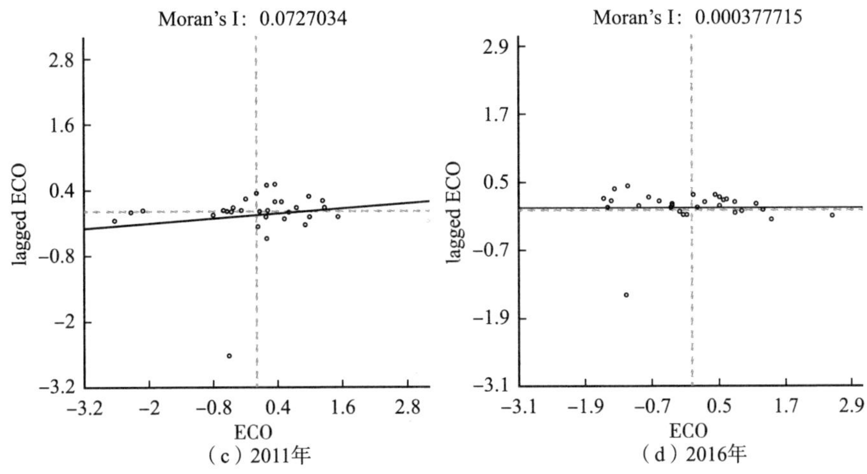

（c）2011年　　（d）2016年

图 7-2　中国旅游经济增长质量 Moran 散点图

资料来源：运用 Geoda 软件测算得到。

如表 7-2 所示，第一象限（高高集聚，HH），表示中心地区与邻近地区的旅游经济增长质量或集聚程度均较高，为扩散效应区；第二象限（低高集聚，LH），表示中心地区旅游经济增长质量或集聚程度较低，但其邻近地区较高，代表过渡区；第三象限（低低集聚，LL），表示中心地区与邻近地区的旅游经济增长质量或集聚程度均较低，为低速增长区；第四象限（高低集聚，HL），表示中心地区旅游经济增长质量或集聚程度较高，但其邻近地区较低，为极化效应区。

表 7-2　2003 年、2007 年、2011 年和 2016 年中国旅游经济增长质量集聚特征

年份	LL	LH	HL	HH	不显著
2003		安徽 江西		天津 浙江 广东	北京、河北、山西、内蒙古、辽宁、吉林、黑龙江、上海、江苏、福建、山东、河南、湖北、湖南、广西、海南、重庆、四川、贵州、云南、陕西、甘肃、青海、宁夏、新疆
2007	湖北		陕西	天津、浙江、安徽、江西、海南	北京、河北、山西、内蒙古、辽宁、吉林、黑龙江、上海、江苏、福建、山东、河南、湖南、广东、广西、重庆、四川、贵州、云南、甘肃、青海、宁夏、新疆

续表

年份	LL	LH	HL	HH	不显著
2011		海南 云南	山西 吉林 湖北		北京、天津、河北、内蒙古、辽宁、黑龙江、上海、江苏、浙江、安徽、福建、江西、山东、河南、湖南、广东、广西、重庆、四川、贵州、陕西、甘肃、青海、宁夏、新疆
2016		海南 重庆	河南 湖北		北京、天津、河北、山西、内蒙古、辽宁、吉林、黑龙江、上海、江苏、浙江、安徽、福建、江西、山东、湖南、广东、广西、四川、贵州、云南、陕西、甘肃、青海、宁夏、新疆

资料来源：相关指标数据根据局部空间自相关公式和 Geoda 软件测算整理而得。

2003 年，旅游经济增长质量处于“高高集聚”（HH）地区的省份主要分布在天津市、浙江省和广东省，表明这些省份旅游经济增长质量水平较高、集聚性较强，局域空间相关性较为显著，与邻近地区旅游经济增长联系紧密，扩散效应和辐射带动作用较强。旅游经济增长质量处于“低高集聚”（LH）地区的省份主要分布在安徽省、江西省，表明其旅游经济增长与邻近地区联系紧密，但相比邻近地区，这两个省份旅游经济增长质量相对较低。

2007 年，中国旅游经济增长质量处于“高高集聚”（HH）地区的省份上升至 5 个。与 2003 年相比，2007 年安徽省、江西省由“低高集聚”地区转变为“高高集聚”地区，表明经过多年的发展，这两个省份的旅游经济增长质量得到了显著的提升，并与邻近区域紧密联系，形成联动提升效应。天津市、浙江省仍然位于“高高集聚”地区，表明其旅游经济增长质量发展较为稳定，长期以来能对邻近省份产生带动作用。旅游经济增长质量处于“低低集聚”地区主要分布在湖北省，表明以湖北省为中心的一定区域范围内，其旅游经济增长质量水平相对不高。而处于“高低集聚”地区主要分布在山西省，表明与其他省份相比，山西省旅游经济增长质量水平较高，并发挥了一定的带动作用。此外，没有省份旅游经济增长质量处于“低高集聚”地区。

2011 年，没有省份旅游经济增长质量处于“高高集聚”和“低低集聚”地区。与2003年、2008年相比，空间关系显著的省份逐渐向内陆转移。旅游经济增长质量处于“高低集聚”地区主要分布在吉林省、山西省和湖北省，与邻近省份存在负的空间相关性。处于“低高集聚”地区的省份主要分布在云南省和海南省，两省虽然旅游资源丰富，但由于长期以来旅游发展模式较为粗放，旅游经济增长质量与邻近省份相比处于较低水平。

2016年，旅游经济增长质量空间显著性的省份个数有所下降，处于“低高集聚”地区主要分布在海南省、重庆市，这两个省份旅游资源较为丰富，但旅游经济增长质量水平较低。处于“高低集聚”地区的省份主要分布在河南省、湖北省，这两个省份发挥了较强的辐射带动作用。处于“高高集聚”地区的省份数量减少表明当前我国旅游经济增长质量提升尚未形成规模优势，处于“低低集聚”地区的省份数量减少则表明我国旅游经济增长质量整体水平有所提高。

总体来看，东部地区旅游经济增长质量水平不断提高，绝大多数省份从低速增长区中脱离出来，处于“低低集聚”地区主要分布在西部地区，旅游经济发展较为滞后，旅游经济增长质量有待提升。具体而言，中国旅游经济增长质量局域空间关系呈现出以下特征：第一，旅游经济增长质量的局域空间自相关聚类呈波动下降趋势。各个省份之间的空间关系向极化状态转变，表明我国旅游经济增长质量进入平稳发展阶段，但空间关联仍需加强。旅游经济增长质量在少数省份形成高度集聚格局，总体上呈现显著的高低集聚或低高集聚态势。第二，中国旅游经济增长质量空间分异特征显著，旅游经济增长质量呈现出明显的地域特征，东中西部旅游经济增长质量地域分异显著，东部地区明显高于中西部地区。第三，旅游经济增长质量的空间格局相对稳定，呈现稳定的演化态势，呈现东部优势突出、西部趋冷的空间格局趋势，省份间旅游经济增长质量呈现显著的正向空间自相关。

第三节　中国旅游经济增长质量空间溢出效应分析

根据旅游经济增长质量的空间相关性检验结果，中国旅游经济增长是存在空间溢出的。在理论分析的基础上，通过建立空间计量模型，进一步对中国旅游经济增长质量的空间溢出及其效应的形成机制进行实证检验。

一、理论假设与模型设定

旅游经济增长是经济与非经济因素综合作用的结果。旅游经济增长质量由旅游产业效率、旅游产业结构效率和旅游环境质量子系统构成。众多因素直接或间接地作用于旅游经济增长质量，推动或者制约其发展。本研究假定经济水平、政策规制、人才资本、生态环境和技术创新等是影响旅游经济增长质量水平的重要因素。

（一）经济发展水平与地区旅游经济增长质量

地区经济增长促使旅游产业地位提升，经济发达地区，旅游业发展优势明显，旅游消费的需求较为旺盛，在不断推动旅游经济总量规模增长的同时，消费需求结构变化，进而会提升旅游经济的质量提升。城镇居民人均可支配收入用以反映居民家庭全部现金收入中能用于安排家庭日常生活的那部分收入，其高低直接影响着旅游消费能力。伴随居民可支配收入增加，人们的旅游消费能力不断增强，能够促进旅游经济的合理发展，对旅游经济的增长质量有积极作用。因此，本研究提出如下假设：

H_1：人均国内生产总值越高，人均可支配收入增多，居民用于旅游支出增加，旅游经济增长质量水平提升。

（二）政策规制与地区旅游经济增长质量

政府为旅游经济发展提供发展方向的指导，避免产生旅游产业发展过程中经济效益与环境效益失衡的情况。政府对第三产业的投资在一定程度上对旅游经济增长质量产生影响，如对交通运输业、批发和零售业、住宿和餐饮业、娱乐业等与旅游密切相关的产业的投资建设等。旅游活动依赖于自然环境，旅游活动必然对周围的环境产生影响。环境污染治理投资额包括城镇环境基础设施建设投资、工业污染源治理投资和当年完成环保验收项目环保投资等方面，城镇环境基础设施建设投资主要包括燃气、供热、排水、园林绿化和市容环境卫生投资等。政府增加环境污染治理投资额能够反映对旅游环境保护的支持力度。因此，本研究提出如下假设：

H_2：增加固定资产投资和环境污染治理投资能提升旅游经济增长质量水平。

（三）人才资本与地区旅游经济增长质量

人才是旅游经济增长质量提升的重要保障。我国已把旅游人才培养作为推进旅游经济发展的重要举措，高素质旅游人才有助于提升旅游服务质量、提高旅游企业工作效率、加快旅游科技创新等。因此，本研究提出如下假设：

H_3：人才资本对于提升本地区旅游经济增长质量有重要作用。

（四）生态环境与地区旅游经济增长质量

旅游体验依赖于优良的生态环境，构建和谐的生态旅游经济关系（唐静，2009），提高游客对目的地旅游体验满意度，有利于促进旅游经济质量的提高。旅游发展与其所处的环境有着密不可分的关系，在一定程度上产生相互依赖又相互矛盾的关系，良好的生态环境能够促进旅游经济的发展，而旅游经济的发展反过来也能够为环境治理做贡献。生态环境是旅游经济可持续发展的重要因素，废水、废气和固体废弃物排放量可以综合反映地区的生态环境状况，是环境污染的直接衡量指标。其中，废水排放总量是工业废水和生活污水排放量的总和，代表着地区水环境状况；废气排放量代表工业生产活动和其他社会经济活动排入大气的含有污染物的气体总量，可以反映城市或地区的大气环境；固体废弃物在其生产、排放和处理过程中会对生态环境造成污染。作为衡量生态环境的重要指标，它们也是影响地区旅游经济增长质量的重要因素。因此，本研究提出如下假设：

H_4：废水、废气和固体废弃物排放量的提高负向影响旅游经济增长质量。

（五）技术创新与地区旅游经济增长质量

旅游业已经发展成为具有较高技术含量的服务型产业，绿色低碳旅游发展、旅游业竞争力提升都离不开科技创新和研究成果应用。创新是引领发展的主要动力，科技创新能够变革传统旅游发展方式，促进旅游企业运作效率和服务质量不断提高，提升旅游经济效率水平，优化旅游产业结构，并对旅游经济增长质量产生变革性影响。因此，本研究提出如下假设：

H_5：技术创新对旅游经济增长质量的提升起到促进作用。

基于上述理论假设，考虑数据的可获得性、客观性和可比性，以人均国内生产总值（*AGDP*）和城镇居民人均可支配收入（*UPDI*）表征经济水平因素；以第三产业固定资产投资（*FAI*）和环境污染治理投资额（*EPI*）

表征政府政策因素；以旅游院校学生数量（*SN*）表征旅游人才资本因素；以废水排放总量（*WE*）、废气排放总量（*EE*）和固体废弃物排放总量（*SWE*）表征生态环境因素；以高等院校数量（*CN*）表征旅游技术创新能力。

选取2013～2016年为样本数据，以前文测度而得的旅游经济增长质量综合指数（*F*）为被解释变量，分析中国旅游经济增长质量的空间溢出效应形成与变化的机制过程。前文空间相关性检验已验证了样本省份之间的旅游经济增长质量存在空间关联和联动作用，并产生外部影响与空间溢出效应。旅游经济增长质量系统内存在交互影响，各个变量具有较为显著的空间异质性特征。但由于普通面板模型估计结果可能存在偏差，从而影响结果的客观性。因此，为充分且深入地检验与解决由于空间因素所导致的结果偏差，本研究构建空间面板数据模型通过拟合、回归和检验分析，验证上述因素对中国旅游经济增长质量提升及空间演化的影响。引入空间地理要素构建空间面板计量经济模型如下：

$$\begin{aligned} \ln F = c + \beta_1 \ln AGDP + \beta_2 \ln UPDI + \beta_3 \ln FAI + \beta_4 \ln EPI + \beta_5 \ln SN \\ + \beta_6 \ln WE + \beta_7 \ln EE + \beta_8 \ln SWE + \beta_9 \ln CN + \varepsilon \end{aligned} \quad (7-20)$$

其中，$\ln F$为旅游经济增长质量综合指数的对数值；c表示各个解释变量的截距项；$\beta_i(i=1, 2, \cdots, 9)$为各个解释变量的系数；$\varepsilon = \lambda W_{\varepsilon} + \mu$为正态分布的随机误差向量，参数$\lambda$为空间误差系数，空间权重矩阵是根据研究区域的空间相对位置决定，$W=(w_{ij})$，若省份j与省份i相连接，则其空间权重w_{ij}为1，否则为0。

二、空间面板估计与拟合结果分析

利用MATLAB R2011b软件进行空间面板数据模型回归与拟合分析，表7－3为空间依赖性检验结果，表7－3给出了普通最小二乘法（OLS）和空间计量模型的拟合估计结果。首先，采用普通最小二乘法（OLS）获得了模型的估计误差，对其进行Global Moran's I检验，即检验省份间在旅游经济增长质量发展水平方面是否存在空间相关性，检验结果Global Moran's I值为1.74065，在5%的水平下显著，表明我国旅游经济增长质量存在空间相关性。进一步采用拉格朗日乘数（Lagrange Multiplier）检验确定所选择的空间计量模型形式。

表 7-3　　空间依赖性检验结果

检验	指数	统计量	P 值
Moran's I （error）	1.74065	12.71485	0.000
LM test no spatial lag	—	14.4394	0.000
Robust LM test no spatial lag	—	22.6522	0.000
LM test no spatial error	—	33.2434	0.000
Robust LM test no spatial error	—	41.4562	0.000

资料来源：根据空间依赖性检验公式计算所得。

空间依赖性检验结果表明，LM-lag 和 LM-error 均通过了在 1% 显著水平下的检验，并且 Robust LM-lag 和 Robust LM-error 的检验结果也都显著，因此，进一步通过拟合优度 R^2 以及自然对数似然函数值（Log Likelihood）进行判别。如表 7-4 所示，普通最小二乘法（OLS）估计的相应检验值是此三种模型中检验效果最不适合的，为最不可取模型，从模型的拟合优度检验效果上看，空间误差模型（SEM）的拟合优度较高，log*L* 值较大。因此，空间滞后模型（SLM）相较于空间误差模型（SEM）更优。

表 7-4　　旅游经济增长质量的空间计量模型估计结果

变量	普通最小二乘法（OLS）			空间滞后模型（SLM）			空间误差模型（SEM）		
	系数	T 值	P 值	系数	T 值	P 值	系数	T 值	P 值
c	-2.1947	-6.7155	0.0000	-2.4716	-7.5659	0.0000	-2.3939	-8.0522	0.0000
ln*AGDP*	0.0558	1.6491	0.0999	0.0772	2.3039	0.0212	0.0848	2.7150	0.0066
ln*UPDI*	0.0515	2.5613	0.0108	0.0549	2.8130	0.0049	0.0476	2.6624	0.0078
ln*FAI*	0.0822	4.8950	0.0000	0.0826	5.0590	0.0000	0.0527	3.3124	0.0009
ln*EPI*	-0.0252	-1.7692	0.0776	-0.0297	-2.1272	0.0334	-0.0347	-2.5132	0.0120
ln*SN*	-0.0060	-0.7065	0.4802	-0.0193	-2.2028	0.0276	0.0132	1.6739	0.0946
ln*WE*	-0.0312	-1.7956	0.0733	-0.0389	-2.2899	0.0220	-0.0371	-2.6089	0.0091
ln*EE*	0.0202	1.7218	0.0858	0.0144	1.2598	0.2077	0.0427	3.7672	0.0002
ln*SWE*	-0.0359	-2.2793	0.0231	-0.0046	-0.2689	0.7880	-0.0528	-3.5644	0.0004

续表

变量	普通最小二乘法（OLS）			空间滞后模型（SLM）			空间误差模型（SEM）		
	系数	T值	P值	系数	T值	P值	系数	T值	P值
ln*CN*	0.0694	3.0769	0.0022	0.0848	3.7709	0.0002	0.1057	4.9127	0.0000
空间滞后项 ρ	—	—	—	0.1500	3.7916	0.0002	—	—	—
空间误差项 λ	—	—	—	—	—	—	0.8200	3.4780	0.0005
log*L*	—	—	—	—	500.4526	—	—	503.6733	—
R^2	—	0.6469	—	—	0.6634	—	—	0.6681	—

资料来源：根据MATLAB计算整理所得。

进一步根据参数估计结果可知，从各省的空间关系上来看，空间滞后项 ρ（0.1500）和空间误差项 λ（0.8200）均通过5%水平下的显著性检验，且空间滞后模型和空间误差模型的检验均有效，表明各省份在空间上存在显著的正向相关性，即各省份之间旅游经济增长质量存在较强的正向溢出效应，本省份旅游经济增长质量的提升对邻近省份旅游经济增长质量带来正向促进作用，且通过误差项产生的正向波动程度为82%，空间误差模型验证了各省份旅游经济增长质量受相邻省份未考虑因素及随机冲击的影响。

对中国旅游经济增长质量空间效应的影响因素进行空间拟合分析可知：

（1）从经济发展水平方面来看，城镇居民可支配收入（*UPDI*）在1%的水平下通过了显著性检验，且影响系数为正，即省份内城镇居民可支配收入的增加，带动省份内旅游经济增长质量的提高。城镇居民可支配收入的提高不仅能带动旅游消费的增长而且能提高旅游消费质量，增强省份旅游发展的核心竞争能力，从而提高旅游经济增长质量水平。人均国内生产总值（*AGDP*）通过了1%水平下的显著性检验，表明人均国内生产总值（*AGDP*）的增加也在一定程度上影响旅游经济增长质量的提高，其影响程度大于居民可支配收入。可支配收入与人均国内生产总值通过反映区域旅游经济发展水平影响了中国旅游经济增长质量东、中、西部的空间异质性分布格局。

（2）从政策规制层面来看，第三产业固定投资额在1%的水平下通过了检验，其影响系数为正，表明固定资产投资是影响旅游经济增长质量发展水平的正向因子，公共基础设施的完善程度对提升旅游经济增长质量水平有重要作用，食、住、行等服务基础设施不仅是旅游服务质量提升的重要保障，而且在当前供给侧改革的背景下，是促进旅游新业态产生、实现集约式发展的关键举措。环境污染治理投资额在5%的显著性水平下通过检验，其影响系数为负，虽然环境污染治理投资额越大表明政府的治理力度越大，但也侧面反映了环境污染日益严重，政府环保投资的增加在过去阶段中并未从改善环境质量，从根本上抑制环境污染，其对旅游经济增长质量产生负向影响。

（3）从生态环境方面来看，废水排放总量、废气排放总量和固体废弃物排放总量均在1%的显著性水平下通过检验，表明生态环境对旅游经济增长质量产生直接影响。废水排放量和固体废弃物排放总量的影响系数均为负，表明生态环境质量越差，旅游经济增长质量水平越低。水域环境与户外空间环境是旅游景观的重要组成要素，能够直接影响游客旅游体验质量及目的地重游率。废气排放总量的影响系数为正，表明废气排放量对省份旅游经济增长质量的影响作用为正。尽管良好的空气质量有利于旅游经济的发展，但由于废气治理相较于废水治理难度大，且治理效果具有滞后性。例如，近年来我国雾霾问题日益凸显，重度污染天数逐渐增加，受人们惯性和生活环境接受性等内在条件的影响，空气质量的体验感知对旅游者出游选择的负向作用未能发挥。但空气污染对旅游经济产生的负面影响越来越严重，对旅游经济增长质量的作用需要进一步探讨和研究。

（4）从旅游人力资本和技术创新方面来看，旅游院校学生数量（SN）在1%的水平下通过显著性检验，且系数为正，表明其对旅游经济增长质量的格局演化有正向影响，主要是由于旅游院校学生数越多，适应旅游业发展需求的高素质创新型人才越多。但当前旅游行业人才流失严重，研究表明旅游本科生的行业就业率约为10%～20%之间，人力资本的空间溢出效应还需长期关注。同时，高等院校数量（CN）也通过在1%水平下的显著性检验，且影响系数为正，中国开设旅游专业的高等院校已经具备相当规模，是促进我国旅游经济增长质量提升的重要因素。但其在课程设置、人才培养模式方面存在较多问题，旅游专业人才不能较好地满足社会需求，同时将技术创新成果真正转化为旅游实践指导需要经历较长的过程。因此，旅游专业人才和高校技术创新对过去阶段旅游经济增长质量的空间演化长期影响还需进一步研究。

第四节　本章小结

受空间依赖和空间异质的影响，不同地区间的旅游经济增长质量表现出多重关联、协同共进的空间相互作用关系与关联溢出效应，同时表现为显著的局部性特征，使得中国旅游经济增长质量呈现区域空间分布不均衡的典型特征。在新经济地理学分析框架下，基于探索性空间数据分析技术，分析旅游经济增长质量水平及各子系统水平的区域空间分布状况，进一步构建纳入空间效应的空间面板数据模型，对中国旅游经济增长质量空间演变的机制进行理论研究、数值模拟、空间拟合和实证检验，判断和识别中国旅游经济增长质量的空间作用程度与空间溢出路径。

研究表明中国旅游经济增长质量水平具有显著的空间相关性和依赖性，并呈现出空间集聚的阶段性特征，且不同集聚类型的区域之间存在相互作用。经济因素及政策规制是影响中国旅游经济增长质量的两个重要方面，而旅游管理专业人才与产业技术创新进步对旅游经济增长质量的提升并未发挥显著的作用。中国旅游经济增长质量不仅存在空间溢出效应，而且存在较强的空间作用，表明各个地区的旅游经济增长并非独立存在，一个地区的旅游经济增长质量提升同时还会带动周边其他地区旅游经济增长质量的有效提高。其意义在于：各地方政府在发展旅游产业过程中，不仅要考虑自身的经济、社会、文化等多种旅游发展环境及特点，还需要考虑邻近地区的空间溢出效应对本地区旅游经济增长质量提升可能会产生的种种影响，在这个过程中，尤其需要以当地政府为代表的相关行政管理部门主动打破当前的行政区界限与隔阂，实现跨区域的旅游产业发展协调与共同合作，推动区域整体旅游经济增长质量的有效提高。

值得注意的是，中国旅游经济增长质量在各省份间均存在溢出效应，对中国各个地区制定旅游经济发展政策有着重要的启示。若未来想在全国范围内通过提升旅游经济增长质量来实现区域旅游产业转型，各地区不仅要考虑自身区域旅游经济增长的特点，还要考虑外部省份之间的溢出效应对本省份发展可能产生的影响，需要利用旅游经济增长的空间依赖性打破弱集聚格局，根据地域发展状况以及基础条件的不同，制定不同的地区旅游经济发展政策，优化旅游经济增长格局，实现跨区域的协调和合作，促进中国旅游经济增长质量的整体提升。总体而言，本章为进一步认清中国旅游经济增长的空间组织结构和演化机理提供了科学依据。

第八章　中国旅游经济增长质量空间优化调控机制

随着我国经济进入新常态阶段，消费驱动成为主导，旅游产业在国民经济中的地位日趋重要（赵黎明等，2018），但气候变化、旅游危机事件、日益加剧的资源、环境和社会承载压力等诸多问题往往制约着旅游业的发展（钟士恩等，2014）。转变传统的旅游经济发展方式，优化旅游产业结构，促进旅游产业转型升级，是新时代中国旅游经济实现可持续增长的关键问题，而经济发展质量的提升是发展方式转变的前提。

20 世纪 90 年代以来，以克鲁格曼（Krugman）为代表的西方经济学家开始对地理学产生浓厚兴趣，并将其引入主流经济学，他们在“重新发现经济地理学”方面的研究，被学术界称为“新经济地理学”（朱美光，2007），其最大的贡献是帮助结束了主流经济学家不考虑空间结构问题的做法（克拉克等，2005）。事实上，空间经济不平衡是区域发展中普遍存在的现象（Combes et al.，2011）。一方面，区域经济增长行为的非均衡空间分布效应可形成所谓的“地理－增长综合体”，即在经济运行过程中，集聚总体上被认为有利于经济增长，而经济增长又可被视为另外一种集聚力量，也就是说增长可强化极化过程（Kaldor，1978）。另一方面，经济增长的空间溢出效应同样影响区域经济增长，空间溢出效应包括全域地理溢出和局域地理溢出两种类型，对于前者来说，不管位于什么地方或区位，区域的知识积累将提高所有企业的生产力；而后者则意味着一个区域的企业的生产过程仅仅受益于该地区知识的积累（Englmann and Walz，1995；Kubo，1995），即全域地理溢出不会强化区域集聚，而局域地理溢出将加剧经济行为的不平衡空间分布及经济增长的趋异。由此可知，区域经济在很大程度上受其他区域经济发展状况的影响，整体区域经济的空间结构、空间关联等作用关系对其长期发展具有重要的作用。因此，区域经济空间调控将成为进一步促进经济增长、优化经济发展模式的重要方面。

旅游产业与地理空间密切相关，特别是其发展的跨区域性使得旅游产业空间溢出效应十分明显。正如第一章所述，在这样的背景下，国内外学者针对旅游经济增长的空间效应做了大量研究，但关于区域旅游经济增长质量空间关联及空间优化调控机制的研究相对不足。因此，本章首先重点针对中国旅游产业效率格局、旅游产业结构格局、旅游环境质量格局展开空间耦合研究，探究“效率－结构－环境”三大子系统之间的彼此联系、制约关系及其对旅游经济增长整体质量的影响，探讨“效率－结构－环境”作用下旅游经济增长质量调控机制；其次，量化研究各省份旅游经济增长质量的空间关联强度，构建空间关联矩阵并判别中国旅游经济增长质量的整体网络、个体网络、聚类特征及影响机制等，探讨空间网络视角下中国旅游经济增长质量的优化协作路径；最后，为规范整合我国旅游经济空间发展秩序，选择合理的地域单元，识别效率提升型、结构优化型、环境引导型等旅游经济增长功能类型，结合影响旅游经济增长格局演变的社会、经济、政策等因素，探究我国不同区域旅游经济增长模式、调控方案与优化路径。在以上研究的基础上，构建科学合理的中国旅游经济增长空间格局优化标准、综合评价模式与方法、阶段性的优化目标等，以期为中国旅游经济增长空间布局优化与长期协调发展提供政策参考。

第一节　中国旅游经济增长质量系统的空间耦合与作用机制

旅游产业效率、旅游产业结构和旅游环境质量共同构成了旅游经济增长质量复合系统，三大子系统间相互影响、彼此制约，共同作用于中国旅游经济增长质量。因此，子系统间的协调发展对推动中国旅游经济增长尤为重要，基于协同理论视角探讨系统间的空间优化机制，可为有效推进旅游经济持续发展提供参考。协同理论最早由哈肯（Haken）于 20 世纪 60 年代提出（张海涛等，2018），该理论认为整体环境中的各个系统间存在相互作用的关系，系统各要素或子系统间通过协同合作，可以使系统要素彼此耦合，产生放大效应（毕建新等，2012）。协同理论倡导多元化、协同化的发展理念，强调多种资源、多个系统之间的协同整合，追求资源利用价值最大化和配置最优化。目前已有的研究方法中，主要运用耦合度模型、协调度模型或灰色关联度模型等方法解决系统耦合与协同发展问题

（郝玉柱和褚婷婷，2017；李玥等，2018）。因此，本研究选取耦合度、耦合协调度及灰色关联分析法分析效率、结构和环境三者之间的作用关系，以构建三者协同发展下的空间优化调控机制。

一、研究方法

（一）耦合度模型

耦合是指两个或两个以上的系统或运动形式之间通过相互作用而彼此影响的现象。耦合度主要用来反映系统或要素之间相互作用程度的强弱（刘雷和张华，2015）。本研究参考既有研究（杨新刚等，2017；姜磊等，2017；陈阳和逯进，2018），推演得到3个子系统之间相互作用的耦合度模型：

$$c = \sqrt[3]{\frac{B_1 \times B_2 \times B_2}{\left(\frac{B_1 \times B_2 \times B_2}{3}\right)^3}} \tag{8-1}$$

其中，B_1、B_2、B_3 分别为旅游产业效率、旅游产业结构和旅游环境质量的综合指数，C 为耦合度。将耦合度 C 划分为6个阶段：当 C 为0时，各子系统无关状态且无序发展阶段；当 C 为（0，0.3］时，属于低水平耦合阶段；当 C 为（0.3，0.5］时，属于拮抗状态；当 C 为（0.5，0.8］时，属于磨合阶段；当 C 为（0.8，1.0］时，属于高水平耦合阶段；当 C 为1时，表明各子系统处于良性共振耦合且有序发展状态（文先明等，2015）。

（二）耦合协调度模型

由于耦合度只能说明系统间的影响及作用强度，不能反映互相协调发展水平的高低，如子系统间处于高度耦合状态，但实际上既可能处于低水平发展阶段也可能处于高水平发展阶段，并不能区分出子系统所处的水平发展阶段。因此，这里引入系统耦合协调度模型，以更好地表征“效率－结构－环境”之间的耦合协调程度，计算公式如下：

$$D = \sqrt{C \times T} \tag{8-2}$$

其中，D 为系统耦合协调度；C 为耦合度；T 为旅游经济增长质量指数，反映了3个子系统的整体协同效益和发展水平，计算公式为 $T = \beta_1 B_1 + \beta_2 B_2 + \beta_3 B_3$，式中 B_1、B_2、B_3 分别为旅游产业效率、旅游产业结构和旅游环境质量的综合指数，β_1、β_2、β_3 为各子系统的客观权重，分别为0.4905、0.3119、0.1976。可将耦合协调度 D 划分为以下10种类型：D 处于［0，0.1］，属于极度失调；D 处于（0.1，0.2］，属于严重失调；D

处于（0.2，0.3］，属于中度失调；D 处于（0.3，0.4］，属于轻度失调；D 处于（0.4，0.5］，属于濒临失调；D 处于（0.5，0.6］，属于勉强协调；D 处于（0.6，0.7］，属于初级协调；D 处于（0.7，0.8］，属于中级协调；D 处于（0.8，0.9］，属于良好协调；D 处于（0.9，1.0］，属于优质协调。

（三）灰色关联模型

尽管耦合度和协调度能够客观反映系统之间的关系，但不能在一定程度上说明其影响因素，这里进一步通过关联度测算系统指标间的关联程度，用以描述影响各子系统耦合协同的主要因素，制定更有针对性的措施以推动中国旅游经济可持续增长和高质量发展。灰色关联分析法（grey relational analysis，GRA）是在灰色系统理论上建立的一种分析方法（邓聚龙，2005），能准确反映各要素之间的关联程度和量化分析系统的动态变化过程（熊琳等，2017）。灰色关联度是指两个系统或因素之间关联性大小的量度，旨在找出系统中各因素间的主要关系，发现影响目标值的重要因素，从而促进和引导系统迅速有效地发展。

本研究采用邓氏关联系数方法（刘思峰，2014）计算两两子系统之间的关联系数 $R_{ij}(t)$。

$$R_{ij}(t)\frac{\min_i\min_j|X_i'(t)-Y_j'(t)|\rho\max_i\max_j|X_i'(t)-Y_j'(t)|}{|X_i'(t)-Y_j'(t)|+\rho\max_i\max_j|X_i'(t)-Y_j'(t)|} \tag{8-3}$$

其中，R_{ij} 为在 t 时刻第 i 个 X 指标与第 j 个 Y 指标之间的关联系数；$X_i'(t)$、$Y_j'(t)$ 分别是第 i 个 X 指标与第 j 个 Y 指标标准化值；ρ 为分辨率，反映关联系数之间的差异显著性，研究表明，当 $\rho \leqslant 0.546$ 时，分辨率最好，一般情形下取 0.5。关联度计算公式为：

$$\gamma_{ij} = \frac{1}{k}\sum_{i,j=1}^{k} R_{ij}(t) \tag{8-4}$$

其中，γ_{ij} 为关联度，k 为样本数据。γ_{ij} 的取值范围为 0～1，数值越大则表明指标间关联性越强（见表 8-1）。当 $\gamma_{ij}=1$，表明指标间安全关联，两者变化规律相同，单个指标间的耦合作用非常显著；当 $0.85<\gamma_{ij}\leqslant 1$ 时为高关联，表明不同系统指标的相对变化几乎一致，单个指标间的耦合作用明显；当 $0.65<\gamma_{ij}\leqslant 0.85$ 时为较高关联，表明两系统指标耦合作用较强；当 $0.35<\gamma_{ij}\leqslant 0.65$ 时为中等关联，表明两系统指标间耦合作用中等；当 $0<\gamma_{ij}\leqslant 0.35$ 时为低关联，表明两系统指标间耦合作用弱；当 $\gamma_{ij}=0$ 时，系统指标间完全不关联，不存在耦合作用（于婷婷等，2018）。

表 8 – 1 关联程度划分标准

关联度	0	0 ~ 0.35	0.35 ~ 0.65	0.65 ~ 0.85	0.85 ~ 1	1
关联程度	完全不关联	低关联	中等关联	较高关联	高关联	完全关联

资料来源：根据相关研究整理所得。

二、中国旅游经济增长质量系统的耦合协调评价

（一）“效率 – 结构 – 环境”子系统耦合程度分析

依据旅游经济增长质量 3 个子系统的耦合度和耦合协调度模型，计算得到 2003 ~ 2016 年中国 30 个省份旅游产业效率、旅游产业结构和旅游环境质量之间的耦合度 C（见表 8 – 2）和耦合协调度 D（见表 8 – 3），同时进一步截取 2003 年、2007 年、2011 年、2016 年四个时间截面的耦合度和耦合协调度的折线图（见图 8 – 1、图 8 – 2）进行对比分析。

表 8 – 2 2003 ~ 2016 年中国 30 个省份旅游经济增长质量“效率 – 结构 – 环境”子系统耦合度值

省份	2003 年	2004 年	2005 年	2006 年	2007 年	2008 年	2009 年	2010 年	2011 年	2012 年	2013 年	2014 年	2015 年	2016 年
北京	0.998	0.992	0.990	0.995	0.995	0.986	0.967	0.977	0.988	0.972	0.980	0.995	0.970	0.970
天津	0.979	0.996	0.968	0.986	0.967	0.957	0.929	0.922	0.938	0.949	0.904	0.927	0.898	0.904
河北	0.981	0.987	0.931	0.951	0.905	0.902	0.929	0.948	0.968	0.938	0.971	0.983	0.975	0.969
山西	0.920	0.969	0.913	0.979	0.982	0.979	0.975	0.985	0.977	0.983	0.972	0.969	0.954	0.961
内蒙古	0.898	0.895	0.918	0.954	0.857	0.971	0.980	0.977	0.986	0.979	0.968	0.972	0.971	0.959
辽宁	0.958	1.000	0.966	0.966	0.973	0.969	0.985	0.989	0.956	0.945	0.935	0.995	0.976	0.961
吉林	0.955	0.969	0.933	0.908	0.965	0.956	0.945	0.940	0.924	0.943	0.917	0.939	0.933	0.916
黑龙江	0.926	0.908	0.911	0.945	0.952	0.968	0.970	0.965	0.963	0.942	0.924	0.978	0.978	0.944
上海	0.953	0.888	0.924	0.974	0.979	0.985	0.997	0.973	0.955	0.969	0.966	0.973	0.993	0.979
江苏	0.993	0.996	0.982	0.997	0.979	0.981	0.975	0.973	0.959	0.955	0.953	0.984	0.962	0.964
浙江	0.990	0.995	0.989	0.972	0.975	0.957	0.949	0.974	0.983	0.965	0.986	0.992	0.979	0.970

续表

省份	2003年	2004年	2005年	2006年	2007年	2008年	2009年	2010年	2011年	2012年	2013年	2014年	2015年	2016年
安徽	0.957	0.975	0.965	0.988	0.958	0.966	0.952	0.968	0.981	0.982	0.978	0.990	0.986	0.981
福建	0.995	0.993	0.987	0.976	0.986	0.978	0.975	0.983	0.993	0.938	0.990	0.995	0.986	0.987
江西	0.966	0.964	0.943	0.992	0.980	0.963	0.984	0.975	0.975	0.982	0.971	0.993	0.989	0.988
山东	0.941	0.990	0.936	0.930	0.961	0.940	0.947	0.959	0.935	0.927	0.945	0.972	0.927	0.929
河南	0.976	0.986	0.937	0.982	0.980	0.921	0.929	0.967	0.963	0.982	0.950	0.953	0.952	0.968
湖北	0.971	0.969	0.916	0.926	0.938	0.893	0.887	0.922	0.938	0.935	0.949	0.975	0.977	0.972
湖南	0.954	0.976	0.957	0.981	0.968	0.974	0.979	0.959	0.960	0.965	0.953	0.986	0.985	0.983
广东	0.997	0.992	0.978	0.996	0.993	0.995	0.992	0.986	0.976	0.950	0.973	0.987	0.965	0.964
广西	0.957	0.968	0.942	0.982	0.976	0.964	0.969	0.980	0.974	0.967	0.967	0.983	0.985	0.976
海南	0.977	0.998	0.986	1.000	0.997	0.997	0.994	0.996	0.994	0.992	0.994	0.995	0.986	0.983
重庆	0.864	0.944	0.928	0.951	0.982	0.963	0.979	0.980	0.969	0.973	0.970	0.988	0.970	0.966
四川	0.942	0.966	0.969	0.979	0.979	0.943	0.956	0.969	0.955	0.971	0.973	0.985	0.976	0.969
贵州	0.903	0.932	0.922	0.959	0.977	0.959	0.961	0.950	0.941	0.941	0.924	0.944	0.953	0.950
云南	0.955	0.943	0.961	0.955	0.979	0.991	0.984	0.991	0.991	0.988	0.987	0.993	0.988	0.981
陕西	0.973	0.967	0.968	0.986	0.987	0.982	0.967	0.956	0.965	0.972	0.959	0.976	0.973	0.973
甘肃	0.841	0.901	0.896	0.970	0.934	0.899	0.892	0.812	0.929	0.903	0.918	0.942	0.928	0.941
青海	0.859	0.917	0.916	0.967	0.997	0.941	0.950	0.872	0.893	0.883	0.949	0.971	0.956	0.962
宁夏	0.862	0.722	0.767	0.597	0.844	0.911	0.851	0.897	0.949	0.879	0.936	0.981	0.971	0.978
新疆	0.966	0.998	0.978	0.980	0.994	0.981	0.996	0.993	0.989	0.960	0.954	0.960	0.964	0.958
全国	0.947	0.957	0.943	0.957	0.965	0.959	0.958	0.958	0.962	0.954	0.957	0.976	0.967	0.964

资料来源：根据耦合度公式计算得到。

表 8-3　2003～2016 年中国 30 个省份旅游经济增长质量“效率-结构-环境”子系统耦合协调度值

省份	2003年	2004年	2005年	2006年	2007年	2008年	2009年	2010年	2011年	2012年	2013年	2014年	2015年	2016年
北京	0. 576	0. 627	0. 591	0. 613	0. 608	0. 588	0. 608	0. 640	0. 642	0. 638	0. 637	0. 665	0. 630	0. 652
天津	0. 560	0. 597	0. 597	0. 625	0. 597	0. 598	0. 598	0. 620	0. 641	0. 671	0. 681	0. 684	0. 678	0. 700
河北	0. 537	0. 551	0. 521	0. 546	0. 524	0. 536	0. 546	0. 594	0. 588	0. 574	0. 611	0. 622	0. 623	0. 648
山西	0. 480	0. 539	0. 496	0. 558	0. 568	0. 572	0. 557	0. 600	0. 599	0. 625	0. 639	0. 662	0. 683	0. 716
内蒙古	0. 508	0. 556	0. 525	0. 576	0. 664	0. 575	0. 595	0. 606	0. 627	0. 625	0. 629	0. 658	0. 656	0. 692
辽宁	0. 536	0. 498	0. 544	0. 552	0. 563	0. 568	0. 585	0. 598	0. 639	0. 651	0. 664	0. 631	0. 609	0. 627
吉林	0. 512	0. 544	0. 520	0. 527	0. 563	0. 574	0. 583	0. 602	0. 602	0. 637	0. 622	0. 655	0. 668	0. 694
黑龙江	0. 522	0. 546	0. 503	0. 536	0. 540	0. 574	0. 588	0. 605	0. 609	0. 602	0. 613	0. 592	0. 609	0. 592
上海	0. 558	0. 582	0. 569	0. 586	0. 594	0. 560	0. 567	0. 611	0. 601	0. 619	0. 620	0. 645	0. 504	0. 623
江苏	0. 571	0. 603	0. 591	0. 628	0. 608	0. 614	0. 623	0. 632	0. 641	0. 665	0. 656	0. 676	0. 675	0. 687
浙江	0. 562	0. 604	0. 584	0. 576	0. 589	0. 586	0. 603	0. 601	0. 640	0. 672	0. 648	0. 667	0. 661	0. 679
安徽	0. 520	0. 542	0. 540	0. 566	0. 555	0. 583	0. 601	0. 618	0. 632	0. 656	0. 673	0. 664	0. 678	0. 700
福建	0. 582	0. 589	0. 600	0. 605	0. 627	0. 623	0. 621	0. 627	0. 627	0. 645	0. 628	0. 652	0. 634	0. 666
江西	0. 521	0. 515	0. 528	0. 559	0. 567	0. 574	0. 584	0. 587	0. 613	0. 633	0. 649	0. 649	0. 662	0. 689
山东	0. 521	0. 562	0. 535	0. 536	0. 565	0. 577	0. 584	0. 609	0. 597	0. 614	0. 624	0. 633	0. 603	0. 628
河南	0. 536	0. 564	0. 539	0. 584	0. 594	0. 587	0. 585	0. 640	0. 622	0. 673	0. 657	0. 661	0. 683	0. 669
湖北	0. 532	0. 539	0. 516	0. 530	0. 544	0. 525	0. 533	0. 571	0. 581	0. 613	0. 629	0. 631	0. 638	0. 665
湖南	0. 510	0. 574	0. 541	0. 541	0. 578	0. 579	0. 566	0. 557	0. 577	0. 602	0. 600	0. 586	0. 599	0. 616
广东	0. 575	0. 603	0. 570	0. 612	0. 603	0. 611	0. 601	0. 608	0. 618	0. 627	0. 650	0. 662	0. 654	0. 684
广西	0. 520	0. 536	0. 510	0. 556	0. 546	0. 541	0. 555	0. 580	0. 601	0. 607	0. 629	0. 650	0. 631	0. 685
海南	0. 565	0. 567	0. 563	0. 604	0. 598	0. 605	0. 606	0. 593	0. 599	0. 594	0. 607	0. 622	0. 587	0. 592
重庆	0. 458	0. 508	0. 509	0. 526	0. 568	0. 564	0. 588	0. 606	0. 611	0. 665	0. 622	0. 639	0. 619	0. 639

续表

省份	2003年	2004年	2005年	2006年	2007年	2008年	2009年	2010年	2011年	2012年	2013年	2014年	2015年	2016年
四川	0.500	0.536	0.539	0.567	0.571	0.540	0.555	0.591	0.602	0.649	0.656	0.670	0.666	0.702
贵州	0.457	0.535	0.518	0.582	0.589	0.574	0.590	0.602	0.624	0.660	0.670	0.695	0.713	0.765
云南	0.535	0.550	0.539	0.545	0.604	0.576	0.573	0.602	0.619	0.613	0.614	0.638	0.631	0.659
陕西	0.539	0.551	0.552	0.576	0.577	0.577	0.568	0.574	0.585	0.607	0.611	0.620	0.617	0.642
甘肃	0.444	0.474	0.473	0.539	0.502	0.478	0.481	0.449	0.517	0.506	0.526	0.548	0.547	0.569
青海	0.455	0.463	0.493	0.542	0.595	0.558	0.511	0.515	0.496	0.498	0.550	0.573	0.567	0.579
宁夏	0.459	0.399	0.411	0.365	0.457	0.488	0.480	0.505	0.530	0.499	0.531	0.569	0.569	0.586
新疆	0.525	0.493	0.559	0.600	0.593	0.559	0.556	0.573	0.595	0.562	0.566	0.564	0.555	0.595
全国	0.523	0.545	0.536	0.562	0.575	0.569	0.573	0.591	0.603	0.617	0.624	0.636	0.628	0.655

资料来源：根据协调度公式计算得到。

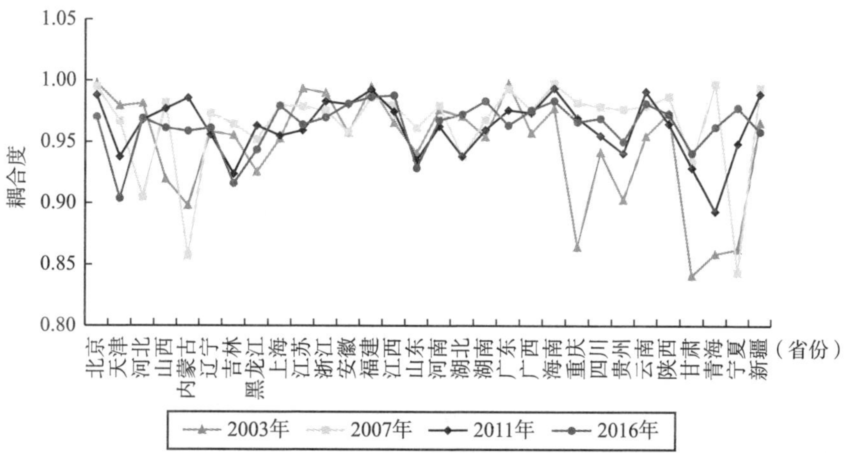

图 8-1　2003 年、2007 年、2011 年、2016 年中国各省份“效率-结构-环境”耦合度变化趋势

资料来源：根据耦合度公式计算得到。

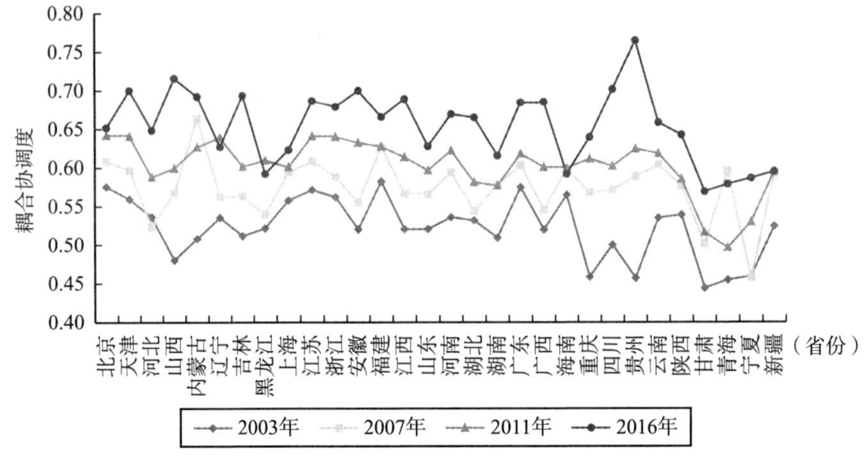

图 8-2 2003 年、2007 年、2011 年、2016 年中国各省份
“效率-结构-环境”耦合协调度变化趋势

资料来源：根据协调度公式计算得到。

从整体来看，2003～2016 年我国 30 个省份旅游产业效率、旅游产业结构和旅游环境质量子系统之间的耦合度 *C* 变化幅度较小，始终处于高水平耦合阶段，三大子系统的相互作用较强。从时间序列上看，虽然各省份旅游经济增长耦合度变化幅度小，但耦合度的区域差异逐渐缩小。研究期内中国 30 个省份旅游产业效率、产业结构和环境质量之间的耦合协调度 *D* 变动幅度较大，整体呈现上升状态。从时序上看，2003 年贵州、甘肃、重庆、青海、宁夏、山西等 6 个省份旅游经济增长耦合协调度 *D* 值介于 0.4～0.5 之间，处于濒临失调状态，其余省份均介于 0.5～0.6 之间，处于勉强协调状态；2007 年全国只有宁夏的旅游经济增长耦合协调度 *D* 值介于 0.4～0.5 之间，有 23 个省份（占比 76.67%）处于勉强协调状态，广东、云南、江苏、北京、福建、内蒙古 6 个省份旅游经济增长耦合协调度 *D* 值增长至 0.6～0.7 之间，转变为初级协调状态；2011 年，旅游经济增长的耦合协调度为初级协调状态的省份增加为 19 个，且只有青海处于濒临失调状态；2016 年，30 个省份的旅游经济增长耦合协调度 *D* 值的均值为 0.655，相较于 2003 年明显上升，只有 6 个省份旅游经济增长耦合协调度处于勉强协调状态，另外 20 个省份处于初级协调状态，4 个省份处于中级协调状态，其中贵州旅游经济增长耦合协调度最高（$D=0.765$），这与近年来贵州大力发展旅游业，相继出台了促进乡村旅游、旅游扶贫、全域旅游等政策密不可分。可以看出，中国旅游经济增长质量的三大子系统整体趋向于协调发展态势。

（二）“效率 – 结构 – 环境”子系统耦合作用类型

基于旅游经济增长质量“效率 – 结构 – 环境”三大系统的综合指数、耦合度值和耦合协调度值，借鉴已有研究成果（刘耀彬和宋学锋，2005），建立旅游经济增长质量类型划分标准（见表 8 – 4）。

表 8 – 4　　旅游经济增长质量耦合协调发展类型划分标准

划分标准	耦合度 C	耦合协调度 D	耦合特征	等级
$B_1 < \min(B_2, B_3)$	高水平耦合 (0.8, 1.0]	濒临失调 (0.4, 0.5]	旅游产业效率滞后的高水平濒临失调型	Ⅰ
$B_2 < \min(B_1, B_3)$			旅游产业结构滞后的高水平濒临失调型	Ⅱ
$B_3 < \min(B_1, B_2)$			旅游环境质量滞后的高水平濒临失调型	Ⅲ
$B_1 < \min(B_2, B_3)$	高水平耦合 (0.8, 1.0]	勉强协调 (0.5, 0.6]	旅游产业效率滞后的高水平勉强协调型	Ⅳ
$B_2 < \min(B_1, B_3)$			旅游产业结构滞后的高水平勉强协调型	Ⅴ
$B_3 < \min(B_1, B_2)$			旅游环境质量滞后的高水平勉强协调型	Ⅵ
$B_1 < \min(B_2, B_3)$	高水平耦合 (0.8, 1.0]	初级协调 (0.6, 0.7]	旅游产业效率滞后的高水平初级协调型	Ⅶ
$B_2 < \min(B_1, B_3)$			旅游产业结构滞后的高水平初级协调型	Ⅷ
$B_3 < \min(B_1, B_2)$			旅游环境质量滞后的高水平初级协调型	Ⅸ
$B_1 < \min(B_2, B_3)$	高水平耦合 (0.8, 1.0]	中级协调 (0.7, 0.8]	旅游产业效率滞后的高水平中级协调型	Ⅹ
$B_2 < \min(B_1, B_3)$			旅游产业结构滞后的高水平中级协调型	Ⅺ
$B_3 < \min(B_1, B_2)$			旅游环境质量滞后的高水平中级协调型	Ⅻ

依据这一划分标准，本研究将我国 30 个省份旅游经济增长质量耦合协调发展类型根据东、中、西三大区域进行统计。以 2016 年为例，我国旅游经济增长类型主要有Ⅴ、Ⅷ、Ⅺ、Ⅵ、Ⅸ、Ⅻ六种类型，无Ⅰ、Ⅳ、Ⅶ、Ⅹ、Ⅱ、Ⅲ类型（旅游产业效率滞后的高水平濒临失调、勉强协调、初级协调、中级类型和旅游产业结构滞后的高水平濒临失调类型以及旅游环境质量滞后的高水平濒临失调类型）。自我国改革开放及休假制度实施以来，国内旅游、出境旅游和入境旅游迅速发展，旅游经济总量不断增长，实现了旅游业大发展和大繁荣。旅游业已成为国民经济的战略性支柱产业，中国进入大众旅游新时代。2016 年中国旅游产业 Malmquist 生产率指数高达 1.232，相较 2003 年增长了 12.2%，旅游产业效率显著提高。但在过于追求旅游经济效益的过程中，强调通过增加旅游生产要素提高旅

游经济增长，反而忽视了旅游经济质量的提升。同时我国旅游业长期处于粗放型发展水平，造成了当前旅游产业结构和旅游环境质量明显滞后于旅游产业效率的现象，形成了以旅游产业效率为主要动力引领旅游经济增长质量提升的模式。

其中，青海、云南、天津、贵州4个省份属于旅游环境质量滞后型，虽然近年来这些省份大力发展旅游业，但长期受经济落后或环境污染的影响，绿化覆盖率、生活垃圾处理率等社会基础建设落后，相较其他省份旅游生态环境质量较低，今后这些省份为实现新时期中国旅游经济实现高质量可持续增长的必经之路之一是改善旅游环境质量，旅游发展过程中需高度重视旅游环境质量的提升。其他省份均属于旅游产业结构滞后型，具体而言，海南，黑龙江，甘肃、宁夏、新疆均属于旅游产业结构滞后的高水平勉强协调型，东部地区的上海、辽宁、山东、河北、北京、福建、浙江、广东、广西、江苏等11个省份，中部地区的湖南、湖北、河南、江西、吉林、安徽6个省份，西部地区的重庆、陕西、内蒙古3个省份，均属于旅游产业结构滞后的高水平初级协调型Ⅷ，山西和四川属于旅游产业结构滞后的高水平中级协调型。由此可知，我国旅游经济增长已经进入从数量增加向质量提升转变的重要阶段，证实了国家实施推动旅游产业转型升级的必要性和紧迫性。应不断推动传统旅游业向现代旅游业战略转化，由粗放式增长向集约式增长转变，丰富旅游业态、创新旅游产品、关注游客体验，实现旅游产业的结构调整和转型升级。

三、中国旅游经济增长质量系统的空间耦合机制

（一）“效率－结构－环境”子系统空间耦合机制

1. 空间耦合过程分析

依据旅游经济增长质量协调发展类型的划分标准，选取2003年、2007年、2011年和2016年四个时间截面，总结中国旅游经济增长质量耦合协调类型的空间分异情况（见表8－5）。

表8－5 中国旅游经济增长耦合协调类型时空分异情况

等级	2003年	2007年	2011年	2016年
Ⅱ	山西、重庆、四川、贵州、青海	甘肃、宁夏	青海	
Ⅲ	甘肃、宁夏			

续表

等级	2003 年	2007 年	2011 年	2016 年
Ⅳ				山东
Ⅴ	北京、天津、河北、辽宁、吉林、江苏、浙江、福建、江西、山东、河南、湖北、湖南、广东、新疆	北京、天津、河北、山西、辽宁、吉林、上海、江苏、浙江、安徽、江西、山东、河南、湖北、湖南、广西、海南、重庆、四川、云南、陕西	河北、山西、吉林、上海、山东、湖北、湖南、广西、海南、重庆、四川、陕西、甘肃、宁夏	黑龙江、海南、甘肃、宁夏、新疆
Ⅵ	内蒙古、黑龙江、上海、安徽、广西、海南、云南、陕西	黑龙江、广东、贵州、青海、新疆	黑龙江、广东、贵州、青海、新疆	青海
Ⅶ				福建
Ⅷ		福建	北京、天津、辽宁、黑龙江、江苏、浙江、安徽、福建、江西、河南、广东、贵州、云南	北京、河北、内蒙古、吉林、辽宁、上海、江苏、浙江、安徽、江西、河南、湖北、湖南、重庆、陕西
Ⅸ		内蒙古	内蒙古	广东、云南
Ⅹ				广西
Ⅺ				山西、四川
Ⅻ				贵州、天津

资料来源：根据耦合协调度公式计算得到。

从时间上看，2003～2016 年旅游经济增长耦合协调类型变化显著，空间差异性逐渐缩小。其中，旅游环境质量滞后主导的省份越来越少，随着国家日益重视绿色与可持续发展，各省份对旅游资源可持续开发与保护的宣传力度不断加强，旅游环境质量日益改善；虽然各省份旅游产业结构指数有所提升，但全国旅游经济增长始终处于旅游产业结构滞后的主导阶段，旅游产业结构滞后的省份份额较大，这也印证了我国当前正在大力实施产业转型升级等一系列举措。

2003 年我国各省份旅游经济增长耦合协调类型空间差异较大，除上海、广西、海南处于旅游环境质量滞后的高耦合勉强协调状态之外，东部地区绝大多数省份处于旅游产业结构滞后主导的高耦合勉强协调状态。第一，东部地区是我国社会经济和旅游产业的发达地区和核心地带，旅游起步较早，旅游产业发展较为成熟，是我国重要的旅游客源地和旅游目的地。但在旅游业发展初期，过分追求其经济效益，忽视了发展过程中存在的地区非均衡、低效发展、结构不合理等问题，导致旅游产业结构较为滞后。其中，上海作为国际化大都市和我国的经济中心，旅游资源数量和绿地面积有限，因此，旅游环境质量系统发展滞后于旅游产业效率和旅游产业结构；而广西、海南两省虽然旅游资源的品位度和知名度都较高，但由于它们是东部地区发展较为落后的省份，公共绿地、垃圾处理等城市基础服务设施建设较差，旅游环境质量相对滞后。第二，中部地区旅游产业结构滞后占主导。其中，山西处于旅游产业结构滞后的高耦合濒临失调状态，山西受宣传力度、地理位置等因素影响，旅游资源在境外知名度较低，导致入境旅游收入较低，且近年来高等教育发展缓慢，旅游创新能力低，旅游产业结构发展问题突出，旅游经济增长质量的“效率 – 结构 – 环境”三大子系统的协调发展水平较低；黑龙江、安徽两省处于环境质量滞后的高耦合勉强协调状态，这是由于黑龙江和安徽的旅游资源品位度、人均绿地面积及建成区绿化覆盖率显著低于中部地区其他省份；其余省份均处于旅游产业结构滞后的勉强协调状态。西部地区各省旅游经济增长的耦合协调类型空间差异较大，且多数省份的旅游产业“效率 – 结构 – 环境”三大子系统的协调发展水平处于濒临失调状态。其中，宁夏、甘肃、内蒙古、云南 4 个省份均处于旅游环境质量滞后的状态，内蒙古和云南两省属于勉强协调类型，而宁夏和甘肃属于濒临失调状态。第三，西部地区其余省份整体上处于旅游产业结构滞后的状态，但新疆旅游经济增长的三大子系统发展协调性较好，属于勉强协调，而青海、四川、重庆和贵州则属于濒临失调水平。

2007 年我国各省份旅游经济增长耦合协调类型空间差异缩小，处于旅游产业结构滞后的高耦合勉强协调状态的省份增多，三大子系统间的耦合协调度增强。第一，东部地区除广东省外其他均处于旅游产业结构滞后的状态，该阶段东部地区旅游业经过一段时间的发展，旅游收入、旅游消费及劳动力等已达到一个较高水平，同时旅游资源、城市公共服务设施等建设完善、吸引力强，使得该地区旅游产业效率和旅游环境质量发展较好，但旅游产业结构存在的诸多问题仍未得到解决，是三大子系统中发展最为缓慢的环节。福建旅游经济增长率先步入初级协调水平。广东作为对外开放的窗口，是我国入境旅游的主要目的地之一，入境旅游收入持续升高，且随着经济发展，高星级酒店数量逐年增多，合理度不断提升，引起旅游产业结构的发展趋于良好，但在注重经济发展的同时，环境优化重视程度有待提升，使得广东进入旅游环境质量滞后的高耦合初级协调状态。第二，中部地区各省旅游经济增长的类型较为一致，仅有黑龙江处于旅游环境质量滞后的高耦合初级协调状态，其余省份均属于旅游产业结构滞后的高耦合的初级协调状态。第三，西部地区各省变化较大，但仍存在较大差异。其中，宁夏、甘肃、云南和陕西四省由旅游环境质量滞后型转变为旅游产业结构滞后型，随着 2006 年西部大开发战略的提出，西部地区资金投入、基础设施等不断改善，旅游环境质量得以提升；四川、重庆和云南旅游经济增长仍处于旅游产业结构滞后状态，但各子系统间发展的协调性增强，由濒临失调上升为勉强协调状态；新疆、青海、贵州旅游经济增长的发展类型由旅游产业结构滞后型转变为旅游环境质量滞后类型，且青海和贵州两省由濒临失调状态转变为勉强协调的状态，2003 ~ 2007 年间新疆高星级酒店数量及其合理度增加，使旅游产业结构更加合理化，随着西部旅游业的发展和旅游者猎奇心理的推动，国内游客逐渐大规模地向青海、贵州等地转移，促使该阶段这些地区高弹性收入比重出现不同程度的上涨，且西部大开发的支持也使得西部地区的科技教育水平提高，旅游创新能力增强，促进了旅游产业结构水平的提高，形成了旅游环境质量滞后的发展状态；内蒙古仍属于旅游环境质量滞后类型，但子系统间发展的协调性增强。

2011 年各省旅游经济增长耦合协调类型的空间差异进一步缩小，除内蒙古和新疆两省外，其他省份旅游经济增长均处于旅游产业结构滞后的发展状态，但“效率 - 结构 - 环境”子系统之间协调发展的程度存在显著差异。第一，东部地区初级协调为主导，中部地区勉强协调为主导，西部地区发展不均衡、协调发展水平各有差异。东部地区各省份均处于旅游产业结构滞后状态，该地区旅游资源丰富、旅游服务设施完善，旅游业发达，旅游经济发展水平较高，因此旅游产业效率和旅游环境质量水平较高，产业结构优化升级仍是东部沿海地区旅游发展的重点方向。同时，山东、上海、海南、广西四省旅游经济增长质量三大子系统间的协调作用低于该区域的其他省份，在提升旅游产业结构的同时更要密切关注系统间的协调发展。第二，中部地区各省份皆处于旅游产业结构滞后状态，但子系统间的协调关系略有不同。其中，黑龙江、河南、安徽、江西四省三大子系统间的协调作用较强，处于初级协调水平，其余省份属于勉强协调水平状态。第三，西部地区各省子系统间的耦合协调关系差异显著。其中，青海由旅游环境滞后的高耦合勉强协调状态转变为产业结构滞后的濒临失调状态；云南和贵州两省由勉强协调状态提升为初级协调状态，且贵州省由环境质量滞后转变为产业结构滞后；宁夏和甘肃两省仍处于旅游产业结构滞后的状态，但子系统间的协调关系增强，由濒临失调上升为初级协调；其余省份变化较小，与2007年的发展状态类型相同。

伴随旅游业的战略性支柱产业地位确立和巩固，我国旅游消费由中产阶层的常态化消费转变为老百姓的日常生活消费。为迎接正在兴起的大众旅游时代，我国旅游产品类型更加多样化和丰富化，也更加注重旅游业的可持续发展。至2016年，我国旅游产业效率、结构及环境质量水平都呈现不同程度的提升，但三大子系统中旅游产业结构滞后仍是主导，仅有贵州省处于旅游环境滞后的状态，其余省份皆处于旅游产业结构滞后状态，旅游经济增长质量的三大子系统间耦合协调作用强度不断增大，均步入勉强协调或是初级协调状态，耦合协调类型缩减至三种。东部和中部地区均是以旅游产业结构滞后的高耦合初级协调状态为主导。其中，东部地区仅剩山东、上海、海南仍处于勉强协调状态，中部地区仅剩湖南省三大子系统间协调发展水平为勉强协调。西部地区虽然也是以旅游产业结构滞后为主导，但协调发展水平明显低于中部和东部地区，绝大多数省份发展水平类型属于勉强协调，且贵州由旅游产业结构滞后转变为旅游环境质量滞后，这是由于近年来贵州旅游业发展迅速，旅游人数大幅增加，使得旅游资源开发与相关服务设施配套很难满足游客需求和适应旅游经济的发展速度。

2. 空间耦合趋势分析

以2003年、2007年、2011年和2016年四个时间截面我国30个省份旅游经济增长“效率－结构－环境”三大子系统之间的耦合协调度为基础数据，运用ArcGIS统计模块中的趋势分析，分别绘制子系统耦合协调的空间变化趋势图。如图8－3所示，X轴代表地图上的东西方向，Y轴代表地图上的南北方向，Z轴表示协调度的测量值，在YZ投影平面上的曲线表示南北方向上的趋势线，在XZ投影面上的曲线为东西方向的趋势线。

在东西方向上，2003年“效率－结构－环境”三个子系统发展的耦合协调度中部较高，东部和西部较低，呈倒U形；2016年全国仍是中部较高，东部和西部较低的状态；2003～2016 年 30 个省份旅游经济增长三个子系统的发展协调度提升速度不同，中部提升速度高于东部和西部省份，整体变化趋势倒 U 形的凹陷性更加显著。在南北方向上，2003 年北部省份旅游经济增长子系统的协调度高于南部省份，呈现 L 形；2016 年中部省份较高，北部次之，南部最低，呈“抛物线”形态；2003～2016 年中部省份耦合协调度提高远高于北部省份，整体趋势有 L 形逐渐演化成“抛物线”形态。

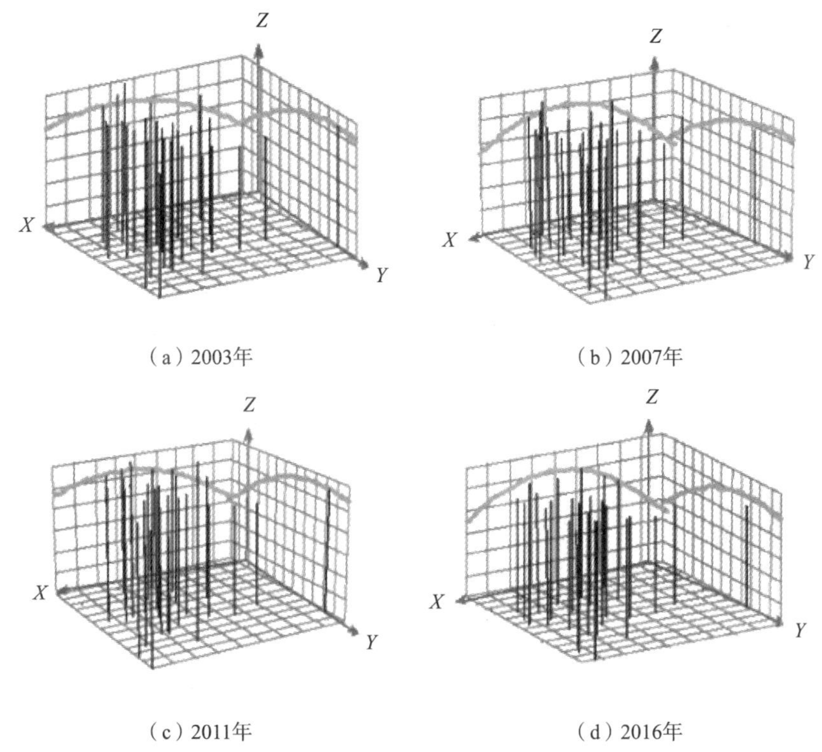

（a）2003年　　（b）2007年

（c）2011年　　（d）2016年

图 8－3　2003 年、2007 年、2011 年和 2016 年中国旅游经济增长质量三大子系统协调度空间变化趋势

资料来源：运用 ArcGIS 10.2 空间统计模块得到。

（二）“效率－结构－环境”子系统空间耦合因素

1. 影响“效率－结构”子系统空间耦合的因素分析

运用关联系数公式，计算得到 2003 年、2007 年、2011 年、2016 年旅游产业效率和旅游产业结构耦合作用的关联矩阵，如表 8－6 所示。2003～2016 年 30 个省份旅游产业效率与旅游产业结构多数指标的关联度维持在

0.35 以上，表明旅游产业效率与旅游产业结构之间的关系密切，属于中等或高度关联。对其进行进一步分析，得到旅游产业效率与旅游产业结构相互作用的主要影响因素。

表 8-6　2003 年、2007 年、2011 年、2016 年中国各省份旅游产业效率与旅游产业结构耦合的关联度

年份	指标	D1	D2	D3	D4	D5	关联度	综合关联度
2003	D6	0.802	0.379	0.786	0.880	0.787	0.727	0.771
	D7	0.975	0.342	0.966	0.825	0.971	0.816	
	D8	0.661	0.421	0.651	0.768	0.651	0.631	0.736
	D9	0.958	0.337	0.982	0.795	0.980	0.810	
	D10	0.874	0.363	0.859	0.877	0.859	0.766	
	关联度	0.854	0.369	0.849	0.829	0.850		
	综合关联度	0.611		0.842				
2007	D6	0.747	0.396	0.788	0.856	0.741	0.706	0.751
	D7	0.938	0.347	0.896	0.848	0.950	0.796	
	D8	0.658	0.445	0.701	0.746	0.643	0.639	0.728
	D9	0.931	0.339	0.853	0.797	0.962	0.776	
	D10	0.860	0.367	0.876	0.882	0.861	0.769	
	关联度	0.827	0.379	0.823	0.826	0.831		
	综合关联度	0.603		0.827				
2011	D6	0.704	0.405	0.886	0.807	0.695	0.699	0.729
	D7	0.879	0.360	0.788	0.899	0.864	0.758	
	D8	0.688	0.412	0.805	0.790	0.679	0.675	0.730
	D9	0.948	0.336	0.703	0.805	0.966	0.751	
	D10	0.911	0.353	0.770	0.879	0.904	0.763	
	关联度	0.826	0.373	0.790	0.836	0.821		
	综合关联度	0.599		0.816				

续表

年份	指标	D1	D2	D3	D4	D5	关联度	综合关联度
2016	D6	0.624	0.460	0.796	0.710	0.624	0.643	0.674
	D7	0.790	0.380	0.686	0.882	0.788	0.705	
	D8	0.689	0.410	0.747	0.791	0.684	0.664	0.709
	D9	0.948	0.337	0.575	0.814	0.952	0.725	
	D10	0.944	0.345	0.602	0.850	0.947	0.738	
	关联度	0.799	0.387	0.681	0.809	0.799		
	综合关联度	0.593		0.763				

资料来源：运用关联度公式计算得到。

首先，旅游产业效率对旅游产业结构的影响作用较大。2003年，在我国30个省份旅游产业效率与产业结构耦合的关联系数中，产业效率的旅游经济增长效率与旅游产业结构的综合关联度最高，为0.842。其中，旅游劳动生产率达到0.849，劳动生产率越高，旅游从业人员创造的价值就越多，对旅游产业的推动作用越大，越有利于旅游产业结构的优化；旅游人均消费对旅游产业结构的影响较旅游劳动生产率更高，其关联度为0.850，旅游人均消费的高低与旅游业收入、旅游业中高弹性部门的收入都密切相关，进而对旅游产业结构产生重要的影响；旅游业劳动弹性系数反映旅游领域的就业现状，与旅游产业结构的关联度为0.829，劳动弹性系数越大，表明旅游行业就业和再就业情况良好，专业人才数量和质量越稳定，越有利于旅游产业结构的提升。旅游经济增长稳定性对旅游产业结构的影响作用较弱，其综合关联度为0.611。其中，旅游经济增长率、旅游经济增长波动率对旅游产业结构的关联度分别为0.854和0.369，旅游经济增长率与旅游产业结构之间为高度关联，旅游经济增长率反映地区旅游业的发展程度，对产业结构必然有重要影响；而旅游经济增长波动率与旅游产业结构间的关联属于低度关联，这是因为经济波动是经济增长的常态，是经济发展过程不可避免的周期现象，与产业结构水平不存在直接相关作用（郑若谷等，2010）。2007年30个省份旅游产业效率对旅游产业结构的影响作用与2003年基本一致，旅游经济增长效率与旅游产业结构的综合关联度为0.827。

其中，旅游劳动生产率、劳动弹性系数、旅游人均消费的关联度分别为0.823、0.826、0.831；而经济增长稳定性的关联度仅为0.603，经济增长率、经济增长波动率的关联度分别为0.827和0.379。2011年旅游产业效率中的经济增长稳定性、经济增长效率与旅游产业结构的综合关联度与2007年大致相同，分别为0.599和0.816，属于中等关联和较高关联，但经济增长效率中各指标与旅游产业结构的关联系数发生了显著差异，劳动弹性系数的关联度值达到最大，为0.836，旅游经济增长率次之，为0.826，旅游人均消费与旅游产业结构的关联度为0.821。2016年旅游产业效率对旅游产业结构的影响作用依然较大，各指标关联度均未发生显著浮动，其中经济增长稳定性与旅游产业结构的综合关联度为0.593，经济增长效率与旅游产业结构的综合关联度为0.763。

其次，旅游产业结构对旅游产业效率的影响相对均衡，各指标之间的关联度差别不大。2003年旅游产业结构合理化对旅游产业效率的影响大于产业结构高度化，达到0.771，这表明旅游产业结构合理化水平，生产要素的合理配置、各部门的协调发展对我国旅游产业效率的影响最大，其中高星级酒店比例合理度、旅游收入占第三产业收入的比重与旅游产业效率的关联度分别为0.816和0.727。旅游产业结构高度化对30个省份旅游产业效率的影响次于产业结构合理化，综合关联度为0.736，其中旅游创新能力、旅游入境收入占总收入比重、高弹性收入占总收入的比重与旅游产业效率的关联度分别为0.810、0.766和0.631，产业结构高度化反映地区旅游经济发展水平的高低和发展阶段、方向等（刘佳和杜亚楠，2014），对旅游产业效率必然有重要影响。旅游创新能力越强，说明对新技术新方法的学习和转化能力越强，对地区旅游产业效率的促进作用就越大。2007年各指标与旅游产业效率的关联度较2003大致相似，仍是旅游产业结构合理化对旅游产业效率的影响作用强于旅游产业结构高度化，2007年其综合关联度分别为0.751和0.728。2011年关联情况发生变化，其综合关联度分别为0.729和0.730，但就具体各个指标而言，入境旅游收入比重、高星级酒店合理度比例和旅游创新能力仍是发挥最大影响作用的因素。随着旅游业的不断优化发展和国家对产业结构的重视，我国旅游业的产业结构也不断优化，结构效益不断提高，进而在产业结构合理化过程中不断推进产业结构向高度化发展。因此，在2016年，旅游产业结构高度化对旅游产业效率的影响作用进一步高于旅游产业结构合理化，产业结构高度化与旅游产业效率的综合关联度为0.709，入境旅游收入占总收入比重、旅游创新能力、高弹性收入占总收入比重与旅游产业效率的关联度分别为0.738、0.725和0.664，而产业结构合理化与旅游产业效率的综合关联度仅为0.674，其中旅游收入占第三产业收入、高星级酒店合理度比例分别为0.643和0.705。

综上，旅游产业效率与旅游产业结构两个系统间的关联度较高，将2016年各项指标间的关联度按表8－1进行划分，可以发现关联程度主要以中等及较高关联为主，比例达72%，表明两系统间的关系非常密切，二者之间的相互耦合作用强。

2. 影响“效率－环境”子系统空间耦合的因素分析

运用关联系数公式，计算得到2003年、2007年、2011年和2016年旅游产业效率与旅游环境质量耦合作用的关联矩阵。如表8－7所示，2003～2016年30个省份旅游产业效率与旅游环境质量多数指标的关联度维持在0.35以上，属于中等或较高关联，其中部分指标间的关联度在0.85以上，属于高度关联，但也有部分指标间的关联度较低，在0.35以下。整体来看，旅游产业效率与旅游环境质量之间关系密切。进一步分析后得到旅游产业效率与旅游环境质量之间相互作用的主要影响因素。

表8－7　2003年、2007年、2011年、2016年中国各省份旅游产业效率与旅游环境质量耦合的关联度

年份	指标	D1	D2	D3	D4	D5	关联度	综合关联度
2003	D11	0.969	0.342	0.963	0.824	0.968	0.813	0.793
	D12	0.985	0.342	0.968	0.824	0.976	0.819	
	D13	0.833	0.369	0.813	0.903	0.815	0.746	
	D14	0.615	0.458	0.605	0.683	0.606	0.594	0.680
	D15	0.871	0.361	0.851	0.897	0.854	0.767	
	关联度	0.855	0.374	0.840	0.826	0.844		
	综合关联度	0.614		0.837				

续表

年份	指标	D1	D2	D3	D4	D5	关联度	综合关联度
2007	D11	0. 930	0. 348	0. 912	0. 871	0. 924	0. 797	0. 774
	D12	0. 970	0. 345	0. 902	0. 846	0. 950	0. 803	
	D13	0. 784	0. 383	0. 813	0. 857	0. 780	0. 723	
	D14	0. 524	0. 526	0. 537	0. 573	0. 510	0. 534	0. 628
	D15	0. 765	0. 383	0. 813	0. 891	0. 761	0. 722	
	关联度	0. 795	0. 397	0. 795	0. 807	0. 785		
	综合关联度	0. 596		0. 796				
2011	D11	0. 899	0. 352	0. 789	0. 900	0. 886	0. 765	0. 764
	D12	0. 951	0. 344	0. 754	0. 874	0. 932	0. 771	
	D13	0. 889	0. 356	0. 787	0. 872	0. 881	0. 757	
	D14	0. 454	0. 590	0. 572	0. 499	0. 449	0. 513	0. 613
	D15	0. 737	0. 385	0. 863	0. 857	0. 726	0. 714	
	关联度	0. 786	0. 405	0. 753	0. 800	0. 775		
	综合关联度	0. 596		0. 776				
2016	D11	0. 761	0. 393	0. 734	0. 848	0. 759	0. 699	0. 729
	D12	0. 931	0. 353	0. 620	0. 896	0. 929	0. 746	
	D13	0. 920	0. 355	0. 625	0. 897	0. 913	0. 742	
	D14	0. 445	0. 620	0. 637	0. 486	0. 444	0. 526	0. 607
	D15	0. 732	0. 394	0. 728	0. 853	0. 731	0. 688	
	关联度	0. 758	0. 423	0. 669	0. 796	0. 755		
	综合关联度	0. 590		0. 740				

资料来源：运用关联度公式计算得到。

首先，旅游产业效率对旅游环境质量的影响作用显著，但具有不均衡性，且 2003 ~ 2016 年存在影响作用逐渐减弱的趋势。2003 年我国 30 个省份旅游产业效率与旅游环境质量耦合的关联系数中，产业效率的旅游经济增长效率与旅游环境质量的综合关联度较高，为 0. 837。其中，旅游人均消费关联度达到0.844，旅游人均消费直接决定旅游收入，旅游收入影响着政府和企业对旅游景区、绿地面积等的投资与开发力度，进而必然影响旅游环境质量；旅游劳动生产率仅次于旅游人均消费，其关联度达到0.840，劳动生产率是企业考核生产技术水平、经营水平、员工技术熟练度、劳动积极性等综合表现，而景区作为旅游行业的支柱产业之一，旅游资源又是景区的核心竞争力，因此劳动生产率越高，则意味着旅游行业的各项指标发展越好，景区也不例外，那么表明旅游资源的数量、质量等的水平越高，越易形成可持续的开发管理模式，旅游环境质量会越来越好；旅游业劳动弹性系数与旅游环境质量的关联度为0.826。旅游经济增长稳定性对旅游环境质量的影响作用弱于经济增长效率，其综合关联度为0.614，其中旅游经济增长率、旅游经济增长波动率对旅游产业结构的关联度分别为0.855和0.374，旅游经济增长率与旅游环境质量之间为高度关联，旅游经济增长率反映地区旅游业的发展程度，旅游业发展水平越高，游客越多，对旅游环境质量的维护和挑战都会增强，必然对其有重要影响；而旅游经济增长波动率与旅游环境质量间的关联度为0.374，关联作用较弱，说明经济波动作为经济发展过程中的常态现象，不是影响旅游环境质量的主要因素。2007年30个省份旅游产业效率对旅游环境质量的影响作用较2003年略微下降，旅游经济增长效率与旅游环境质量的综合关联度下降为0.796。其中，劳动弹性系数、旅游劳动生产率、旅游人均消费与旅游环境质量的关联度分别为0.807、0.795和0.785；旅游经济增长稳定性与旅游环境质量的关联度仅为0.596，经济增长率、经济增长波动率与旅游环境质量的关联度分别为0.795和0.397。2011年旅游产业效率中的旅游经济增长效率、旅游经济增长稳定性与旅游环境质量的综合关联度与2007年相比变化不大，分别为0.776和0.596，属于较高关联和中等关联，但旅游经济增长效率各指标与旅游环境质量间的关联作用的强弱发生了显著变化，旅游劳动弹性系数的关联度最大，为0.800，旅游人均消费的影响作用次之，关联度为0.775，旅游劳动生产率与旅游环境质量的关联度为0.753。2016年旅游产业效率对旅游环境质量的影响作用持续减弱，各指标关联度发生微小浮动，其中经济增长稳定性与旅游环境质量的综合关联度为0.590，旅游经济增长率、经济增长波动率与旅游环境质量的关联度分别为0.758和0.423；旅游经济增长效率与旅游环境质量的综合关联度为0.740，其中旅游劳动弹性系数、旅游人均消费和劳动生产率与旅游环境质量的关联度分别为0.796、0.755和0.669。

其次，旅游环境质量对旅游产业效率的影响较为均衡，各指标间关联度的差别较小。2003年旅游资源质量对旅游产业效率的影响作用强于旅游生态环境质量，综合关联度达到0.793，这说明旅游资源的品质和知名度对旅游产业效率的影响作用很大，其中旅游资源品位度、人均公园绿地面积、旅游资源知名度与旅游产业效率的关联度分别为0.813、0.819、0.746。旅游生态环境质量对旅游产业效率的影响作用低于旅游产业效率，综合关联度为0.680，其中建成区绿化覆盖率、生活垃圾处理率与旅游产业效率的关联度分别为0.594和0.767，旅游生态环境质量反映了地区城市公共服务设施的建设水平，高质量的生态环境有利于促进旅游产业效率的提升。2007年、2011年、2016年各指标与旅游产业效率的关联度与2003相比大致相似，仍是旅游资源质量对旅游产业效率的影响作用强于旅游生态环境质量对旅游产业效率的影响作用，2007年其综合关联度分别为0.774和0.628，2011年的综合关联度分别为0.764和0.613，2016年的综合关联度分别为0.729和0.607。就具体各个指标而言，人均公园绿地面积和生活垃圾处理率仍是发挥最大作用的影响因素。在旅游业快速发展以及可持续政策要求的双重压力下，一方面我国旅游环境面临巨大压力，另一方面各部门又致力于推动旅游业的持续发展，社会各界对旅游环境质量的重视程度越来越高，成为制约旅游产业效率提升的关键因素。2016年，人均公园绿地面积、旅游资源知名度、旅游资源品位度与旅游产业效率的关联度分别为0.746、0.742和0.699；生活垃圾处理率、建成区绿化覆盖率与旅游产业效率的关联度分别为0.688和0.526。

综上，旅游产业效率与旅游环境质量两个系统间的关联度较高，对2016年各项指标间的关联度进行划分，发现较高关联的比例达44%，高关联的比例达20%，表明两系统间的关系密切，相互耦合作用较强。

3. 影响“结构－环境”子系统空间耦合的因素分析

运用关联系数公式，计算得到2003年、2007年、2011年、2016年旅游产业结构和旅游环境质量两系统间耦合作用的关联矩阵。如表8－8所示，2003～2016年我国旅游产业结构与旅游环境质量大多数指标间的关联度维持在0.65以上，属于较高或高度关联，旅游产业结构与旅游环境质量之间彼此互相影响。对其进行进一步分析，得到旅游产业结构与旅游环境质量之间相互作用的具体影响因素。

表 8-8 2003 年、2007 年、2011 年、2016 年中国各省份旅游产业结构与旅游环境质量耦合的关联度

年份	指标	D6	D7	D8	D9	D10	关联度	综合关联度
2003	D11	0.748	0.949	0.585	0.943	0.835	0.812	0.798
	D12	0.747	0.969	0.585	0.943	0.839	0.816	
	D13	0.810	0.782	0.681	0.752	0.797	0.764	
	D14	0.640	0.542	0.743	0.525	0.601	0.610	0.702
	D15	0.829	0.833	0.666	0.796	0.850	0.795	
	关联度	0.755	0.815	0.652	0.792	0.784		
	综合关联度	0.785		0.743				
2007	D11	0.773	0.929	0.668	0.905	0.893	0.834	0.817
	D12	0.755	0.948	0.650	0.929	0.876	0.832	
	D13	0.822	0.791	0.769	0.753	0.800	0.787	
	D14	0.624	0.512	0.672	0.494	0.556	0.571	0.687
	D15	0.870	0.774	0.804	0.731	0.834	0.803	
	关联度	0.769	0.791	0.713	0.762	0.792		
	综合关联度	0.780		0.755				
2011	D11	0.743	0.894	0.731	0.853	0.889	0.822	0.820
	D12	0.709	0.897	0.692	0.898	0.914	0.822	
	D13	0.745	0.877	0.721	0.848	0.891	0.817	
	D14	0.550	0.461	0.564	0.420	0.449	0.489	0.643
	D15	0.854	0.816	0.849	0.691	0.776	0.797	
	关联度	0.720	0.789	0.711	0.742	0.784		
	综合关联度	0.755		0.746				

续表

年份	指标	D6	D7	D8	D9	D10	关联度	综合关联度
2016	D11	0. 740	0. 803	0. 817	0. 722	0. 756	0. 768	0. 788
	D12	0. 643	0. 828	0. 709	0. 887	0. 914	0. 796	
	D13	0. 654	0. 833	0. 718	0. 877	0. 918	0. 800	
	D14	0. 607	0. 491	0. 553	0. 417	0. 431	0. 500	0. 646
	D15	0. 779	0. 867	0. 877	0. 697	0. 737	0. 792	
	关联度	0. 685	0. 765	0. 735	0. 720	0. 751		
	综合关联度	0. 725		0. 735				

资料来源：运用关联度公式计算得到。

首先，旅游产业结构对旅游环境的影响作用较大，且比较均衡，各指标之间的关联度差异较小。2003 年旅游产业结构合理化对旅游环境质量的影响超过产业结构高度化对旅游环境质量的影响，综合关联度达到 0. 785，其中高星级酒店比例合理度、旅游收入占第三产业收入的比重与旅游环境质量的关联度分别为 0. 815 和 0. 755，表明旅游产业结构中生产要素的配置、部门间的协调发展很大程度上影响旅游环境的质量。旅游产业结构高度化与旅游环境质量的综合关联度为 0. 743，其中旅游创新能力、旅游入境收入占总收入的比重、高弹性收入占总收入的比重与旅游环境质量的关联度分别为 0. 792、0. 784 和 0. 652，旅游产业结构高度化关系着科技、资金、人力等资源在旅游环境中的投入比例，进而对旅游环境质量产生重要作用，旅游创新能力越强，旅游景区建设、管理、宣传等越好，越易提高旅游资源的品位度和知名度，以及间接表明生活垃圾处理率越高，对地区旅游环境质量的正向效应越强。2007 年、2011 年在旅游产业结构与旅游环境质量的耦合关联关系中，旅游产业结构合理化与旅游环境质量的综合关联度始终高于产业结构高度化。2007 年旅游产业结构合理化与旅游环境质量的综合关联度为 0. 780，高星级酒店合理度比例、旅游收入占第三产业的比重与旅游环境质量的关联度分别为 0. 791 和 0. 769；旅游产业结构高度化与旅游环境质量的综合关联度为 0. 755，其中旅游入境收入占总收入的比重与旅游环境质量的关联度达到最大，为 0. 792，旅游创新能力次之，为 0. 762，高弹性收入占总收入比重与旅游环境质量的关联度最小，为0.713。2011年旅游产业结构对旅游环境质量的影响作用有小幅度下降，旅游产业结构合理化与旅游环境质量的综合关联度下降为0.755，其中高星级酒店合理度比例的关联度为0.789，旅游收入占第三产业比重的关联度为0.720；旅游产业结构高度化与旅游环境质量的综合关联度下降为0.746，其中入境旅游收入占旅游总收入的比重、旅游创新能力、高弹性收入占总收入比重与旅游环境质量的关联度分别为0.784、0.742和0.711。2016年旅游产业结构对旅游环境质量的影响作用进一步减弱，旅游产业结构高度化与旅游环境质量的综合关联度超过旅游产业结构合理化，且各指标间的差异逐渐缩小。这可能是由于随着国家生态文明建设力度的增强，政府对旅游环境质量的宏观调控和干预作用增强，进而削弱了旅游业自身的调节作用。旅游产业结构合理化、高度化与旅游环境质量的综合关联度分别为0.725和0.735，具体而言，旅游收入占第三产业比重、高星级酒店合理度比例与旅游环境质量的关联度分别为0.685和0.765，入境旅游收入占总收入比重、旅游创新能力和高弹性收入占总收入比重与旅游环境质量的关联度分别为0.751、0.720和0.735。

其次，旅游环境质量对旅游产业结构的影响作用较大，但均衡性较低。2003年旅游环境质量与旅游产业结构耦合的关联系数中，旅游资源质量与旅游产业结构的综合关联度较高，为0.798，其中人均公园绿地面积达到0.816，旅游资源品位度达到0.812，旅游资源知名度为0.764，旅游业发展的基础和重要要素之一是旅游资源，因此旅游资源质量必然影响旅游产业结构水平。旅游生态环境质量对旅游产业结构的影响作用较弱，其综合关联度为0.702，其中生活垃圾处理率、建成区绿化覆盖率与旅游产业结构的关联度分别为0.795和0.610，旅游生态环境质量反映城市公共服务设施的建设水平以及旅游环境承载力，必然是旅游产业结构的重要影响因素。2007年30个省份旅游环境质量对旅游产业结构的影响作用与2003年相比基本一致，旅游资源质量与旅游产业结构的综合关联度为0.817，其中旅游资源品位度、人均公园绿地面积、旅游资源知名度与旅游产业结构的关联度分别为0.834、0.832、0.787；旅游生态环境质量与旅游产业结构的综合关联度为0.687，生活垃圾处理率、建成区绿化覆盖率的关联度分别为0.803和0.571。2011年旅游环境质量中的旅游资源质量、旅游生态环境质量与旅游产业结构的综合关联度与2007年大致相同，分别为0.820和0.643，属于较高关联和中度关联，旅游资源质量各指标对旅游产业结构的影响作用大，资源品位度、人均公园绿地面积、旅游资源知名度与旅游产业结构的关联度分别为0.822、0.822和0.817；但旅游生态环境质量中各指标与旅游产业结构的关联度差异较大，生活垃圾处理率与旅游产业结构的关联度为0.797，而建成区绿化覆盖率与旅游产业结构的关联度仅0.489。2016年旅游环境质量对旅游产业结构的影响程度有所下降，旅游资源质量与旅游产业结构的综合关联度下降为0.788，旅游生态环境质量与旅游产业结构的综合关联度为0.646。具体而言，旅游资源知名度、人均绿地面积、旅游资源品位度的关联度分别为0.800、0.796和0.768；而生活垃圾处理率、建成区绿化覆盖率与旅游产业结构的关联度为0.792和0.500。

综上，旅游产业效率与旅游产业结构两个系统间的关联度较高。按照2016年中国旅游产业结构与旅游环境质量各指标间的关联度划分，结果发现关联程度是以高关联为主，较高关联比例达52%，高度关联比例达24%，表明两系统间的关系非常密切，二者之间的相互耦合作用强。

在对我国30个省份旅游经济增长质量的三个子系统进行综合评价的基础上，分析省份“效率-结构-环境”之间的耦合发展时空格局演化，并从三个子系统之间的耦合作用过程出发，分析我国旅游经济增长质量的“效率-结构-环境”三大子系统发展的主要影响因素。2003~2016年我国各省份旅游经济增长子系统间的耦合度变化不大，处于高水平耦合阶段；耦合协调度整体有所提升，处于由濒临失调向初级协调过渡发展阶段。分布格局上，东西方向呈现出中部耦合协调度高于东西部的趋势，南北方向上则表现为北部耦合协调度高于中部和南部，但中部耦合协调度的增长趋势明显高于南北部地区。我国旅游经济增长质量三大子系统间的发展水平发生变化，以旅游产业结构、旅游环境质量滞后并存逐步转向以旅游产业结构滞后为主。旅游产业效率、旅游产业结构和旅游环境质量两两之间关联度高，其中旅游经济增长效率对旅游产业结构和旅游环境质量的关联性较强，而旅游经济增长稳定性的关联性较弱，旅游资源质量对旅游产业效率和旅游产业结构的关联性较旅游生态环境质量更强；产业结构合理化与高度化相比，对旅游产业效率和旅游环境质量的影响作用基本持平。

第二节　中国旅游经济增长质量空间网络关联与传导机制

由于区域旅游经济发展本身存在较大空间差异性，不同地区之间的相互依赖对区域旅游业经济发展有着不可忽视的作用。在同一区域内一个地区的旅游业发展不仅对本地区的经济发展有着直接的影响，同时也会对相邻地区的经济发展产生一定的作用，在空间相互作用的影响下，地区之间的旅游发展空间联动作用会进一步加强（刘佳和赵金金，2013）。因此，对旅游经济增长质量空间作用和传递机制的有效识别能够更好地推动地区和省份之间的旅游产业合作、提升旅游经济增长质量。本节基于空间网络关系视角，探讨我国 30 个省份旅游经济增长质量的空间溢出关系和辐射作用。首先，通过修正的引力模型对各省份旅游经济增长质量的相互作用强度和空间辐射能力进行量化研究；其次，进一步借助社会网络分析理论与方法构建中国旅游经济增长质量空间关联网络，并对整体网络联系强度、个体网络的位置角色、聚类特征及其影响因素等进行量化测度和有效判别，进而为中国旅游经济增长质量的整体提升、空间优化和协调发展提供对策建议。

一、研究方法

（一）修正引力模型与空间作用矩阵构建

引力模型最初起源于牛顿的万有引力模型，利用数学方程测度空间相互作用强度，后被引入到人文社科领域中，在城市空间联系（高兴亮和殷为华，2015）、贸易进出口（蒋冠和霍强，2015）、空间分布（焦鹏飞等，2014）、人口迁移（刘生龙，2014）等方面得到了广泛应用。常见的引力模型公式（许学强等，2003）为：

$$I_{ij} = \frac{W_i P_i \times W_j P_j}{D_{ij}^b} \tag{8-5}$$

其中，I_{ij}为 i 和 j 两个省份的相互作用量，W_i 和 W_j 为经验确定的权数，P_i 和 P_j 为两个省份的人口规模，D_{ij}为两个省份间的距离，b 为测量距离摩擦作用的指数。

1966 年引力模型被引入旅游学研究中，用以测算旅游客源状况（Crampon，1996），当前，引力模型在旅游流（刘少湃等，2016）、旅游经济空间联系（郭建科等，2016）以及入境旅游吸引力（方远平等，2014）等测度研究方面得到较为广泛的应用。本研究主要将引力模型用于不同省份之间旅游经济增长质量的空间作用，为使其能够更加客观地反映旅游经济增长质量的特点，这里对引力模型做出以下修正。

修正 1：各省份旅游经济增长质量水平的确定。在城市引力模型的计算中，一般采用 GDP、人口规模、工业生产总值等单一指标来衡量城市质量。但旅游经济属于服务经济的范围，其经济链条复杂多样，在研究过程中非单一的影响因素能够对经济增长水平的衡量指标进行确定，且旅游现象是一种异地行为，以省份作为区域单位来研究旅游经济增长质量在全国的发展状况是合适的。本研究在建立指标体系的基础上对我国各省份旅游经济增长质量水平进行量化测定（具体见第四章）。

修正2：对距离的修正。从物理学角度，万有引力公式中的 D（距离）是物体与物体间的空间距离，但是将公式运用到旅游经济的实际研究中时，运用经纬度计算的空间距离不能完全反映两个省份之间的旅游经济交互作用程度，旅游流在各省份之间的流动主要是通过交通工具实现的，交通的发展在这个过程中起到了重要的作用，在交通网络的节点地区其辐射扩散能力更强。同时，近年来，各地区公路不断完善，私家车不断普及，自驾车在不同省份之间所耗费的时间在一定程度上能够反映两个省份之间的距离，因此在本研究中将 D（距离）定义为两个省份之间的最短时间距离。

修正3：对常数项的修正。在原始引力公式中，G 为引力系数，一般取其值为1。但在旅游发展实际过程中，某一省份对另一省份的空间作用，往往也会受到旅游发展水平的限制，旅游发展水平越高的省份越易对其他省份发生空间作用。因此，本研究中将各省份旅游总收入作为衡量地区旅游发展水平的指标，通过 i 省份旅游收入占 i 和 j 两省份旅游收入综合的比值作为引力系数。

综上，本研究构建如下修正的引力模型：

$$I_{ij} = k\frac{M_iM_j}{D_{ij}^2}，\text{其中 } k = \frac{TR_i}{TR_i + TR_j} \quad (8-6)$$

其中，I_{ij}代表省份 i 对省份 j 的空间作用强度；M_i 和 M_j 分别是省份 i 和省份 j 的旅游经济增长质量水平（采用第四章研究结果）；D_{ij}是省份 i 和省份 j 的距离；TR_i 和 TR_j 分别代表省份 i 和省份 j 的旅游总收入。将省份 i 与其他29个省份的旅游经济增长质量联系强度相加，即得到该省份的联系总量，其计算公式为：

$$C_i = \sum I_{ij} \quad (8-7)$$

其中，C_i 为省份 i 的旅游经济增长质量空间作用总量。

通过修正的引力模型测度出旅游经济增长质量的空间关联强度，以此为依据构建空间关联矩阵，将每行数据的均值作为该行阈值，若空间关联强度大于该阈值，则取其值为1，反之，取其值为0，得到二值矩阵，将其作为数据基础，进一步采用社会网络分析方法与理论，考察我国 30 个省份旅游经济增长质量的空间关联与网络特征。需要说明的是，当前对引力矩阵二值化主要采用两种方法：第一种方法是通过临界值进行转换，但关于临界值的确定，当前尚未形成统一的说法，部分学者采用某一固定值作为临界值（方叶林等，2013；许露元和李红，2015），也有研究通过不断调整临界值进行矩阵转换（朱冬芳等，2012）；第二种方法是以各省份空间作用强度均值作为临界值，分别对每个省份进行二值转换，得到二值矩阵（刘华军等，2015；逯苗苗和孙涛，2017），这是当前较为常用的一种矩阵转换方法，其能够有效克服第一种方法临界值不确定性的缺陷，因此，借鉴已有研究成果，本研究选择第二种方法进行矩阵转换。

（二）社会网络分析方法与网络结构特征指标

社会网络分析方法是连接微观层面和宏观层面的一种社会学研究方法，通过对社会关系和社会结构进行分析，而不是属性关系的分析，强调行动者之间的相互影响、相互依赖和相互作用，并从行动者之间的关系切入进而实现对结构的分析（刘法建等，2009）。社会网络分析方法在旅游研究领域起步较晚，2006 年以后在我国旅游研究领域的应用才逐步扩大。当前主要用于游客客流网络分析（彭红松等，2014）、旅游线路分析（刘冰等，2013）、旅游经济空间关联（于洪雁等，2015）等方面。本研究分别选取社会网络分析法中的主要指标，分别从整体网络、个体网络、核心－边缘模型、块模型等网络特征视角（刘军，2004），并采用二次指派程序分别对我国旅游经济增长质量空间网络的作用效应进行分析。

1. 整体网络特征分析

整体网络特征一般用网络密度、网络关联度、网络等级度和网络效率等四个指标表征（刘华军等，2015）。本研究分别利用这四个指标对我国旅游经济增长质量空间关联网络的关联强度、网络稳定性、等级程度等进行测度。

网络密度用以表征网络个体之间的联系强度，由整体网络的实际空间作用数 n 除以最大关联总数 N 得到，整体网络的密度越大，表明成员之间的关系越紧密，反之，则越疏松（刘军，2004）。

网络关联度用以表征空间关联网络的脆弱性和稳健性，其计算公式为：$C=1-\left[\frac{V}{N(N-1)/2}\right]$，其中 C 代表关联度，V 代表网络中不可达的点对数目，N 代表网络规模，网络关联度越大，空间关联网络越稳定。

网络等级度用以表征空间关联网络在多大程度上是非对称可达的，其计算公式为：$GH = 1 - \frac{K}{\max(K)}$，其中 GH 代表图的等级性，K 代表网络中对称可达的点对数，$\max(K)$ 代表第 i 个网络主体到 j 个主体的点对数目，等级度越高，表明网络越具等级特征。

网络效率用以表征空间关联网络中存在多少冗余线条数，其计算公式为：$GE = 1 - \frac{L}{\max(L)}$，其中 GE 代表图的效率，L 代表网络中冗余线的条数，$\max(L)$ 代表最大可能的冗余线的条数，网络效率越低，网络中存在的冗余线就越多，溢出关系数越多，网络越稳定。

2. 个体网络特征分析

采用中心度分析判别网络个体在空间关联网络中的特征。中心度分析一般可分为度数中心度、中间中心度和接近中心度。本研究分别利用三种中心度表征网络个体的位置角色、对资源的控制能力以及空间作用发生的难易程度。

度数中心度用以分析某一个体在网络中是否处于权力的中心，其计算公式为：$RD = \frac{n}{N-1}$，其中 n 为某一节点的关系数，$N-1$ 为任何一点的可能的关系数，度数中心度越高，越处于空间关联网络的中心位置，其影响力也相对较高。

中间中心度主要测量的是某一个体在多大程度上位于其他“点对”之间，一般网络个体的中间中心度越低，则该个体一般处于多对“点对”之间，越接近中心，其计算公式为：$BC = \frac{2C_{AB_i}}{n^2 - 3n + 2}$，其中，$C_{AB_i}$ 为第 i 个点的绝对中间中心度，其计算公式为 $C_{AB_i} = \sum_{j=1}^{n}\sum_{k=1}^{n} b_{jk}(i)$，$j$、$k$ 分别为第 j 和第 k 个网络个体，i 为 j、k 两点间的行动者，$b_{jk}(i)$ 为 i 处于 j 和 k 之间的概率，其计算公式为：$b_{jk}(i) = \frac{g_{jk}(i)}{g_{jk}}$，其中 $g_{jk}(i)$ 为 j 和 k 之间通过 i 的数目，g_{jk} 为 j 和 k 之间的总的数量。

接近中心度是指网络中某一网络个体与其他网络个体之间所有的捷径距离之和，其计算公式为：$CC = \frac{\sum_{j=1}^{n} d_{ij}}{n-1}$，其中，$d_{ij}$ 表示点 i 到点 j 之间的捷径距离，n 代表网络中所涉及的个体的数量，接近中心度越高，则该网络个体与其他网络个体的关联方式越直接，在网络中是中心行动者。

3. 核心－边缘模型分析

核心－边缘模型是利用节点之间的联系强度来量化节点在网络结构中所处的核心或边缘地位（王永明等，2012）。通过该模型可以量化分析核心对边缘的关联与带动效应，帮助揭示各节点在网络中所处的地位（吴中堂等，2016）。利用 Ucinet 6.0 软件中的 Network/Core&Periphery/Categorical 路径，可以得到核心区、边缘区的组成节点及密度矩阵，如表 8－9 所示，其中 A、B、C、D 分别代表核心区之间的联结密度、核心对边缘的关联带动效应、边缘区和核心区之间的联结密度、边缘区之间的联结密度。网络中的核心和边缘地位不仅是由节点自身决定的，更重要的是由节点间的关联及相互带动效用，即节点间的联系强度决定的（张妍妍等，2014）。

表 8－9　　核心－边缘模型

项目	核心	边缘
核心	A	B
边缘	C	D

资料来源：根据相关研究整理所得。

本研究基于核心－边缘模型不但能够测算每个节点的核心度，还可以量化核心对边缘的关联带动效应，有助于明确各省份节点在旅游经济增长质量空间关联网络中所处的地位。

4. 块模型分析

按照不同网络个体连接的紧密性和直接性，将整体网络进行分块处理，从而判断板块在整体网络中所扮演的角色和所处的位置，根据瓦瑟曼和福斯特（Wasserman and Faust，1994）的研究，可以将不同板块划分为双向溢出板块、净受益板块、净溢出板块和经纪人板块。其中，双向溢出板块是指板块无论是向板块内部还是板块外部均发出较多的关系，但其接收关系数较少；净受益板块是指内部关系较多，外部关系较少，且外部接收关系数多于对外溢出关系数；净溢出板块是指向其他板块的发送关系数量较多，接收关系数量较少；经纪人板块是指板块内部关系较少，但既向外部板块发送关系，同时也接受外部关系，起到中介和桥梁的作用。通过块模型分析，将我国旅游经济增长质量空间网络划分为双向溢出板块、净受益板块、净溢出板块以及经纪人板块这四个板块，并对板块内部与板块之间的关联特征进行分析。

5. QAP 分析

二次指派程序（quadratic assignment procedure，QAP）分析是对社会网络中矩阵之间关系的分析，通过对矩阵中各个元素的比较，得出两个矩阵间的相关系数，并对系数进行非参数检验，并以矩阵数据的转换为基础，对矩阵进行相关性和回归分析，即 QAP 相关性分析和 QAP 回归分析。QAP 相关性分析的目的是研究两种矩阵之间是否相关，QAP 回归分析的目的是对两两矩阵之间的可决系数 R^2 的显著性进行评价。常规分析方法一般要求指标之间的相互独立性，而 QAP 分析可以克服这种缺点（刘军，2004）。因此，本研究分别利用 QAP 相关性分析和 QAP 回归分析分别对我国旅游经济增长质量空间关联网络的形成机制与影响因素进行探讨，并对其影响程度进行分析。

二、中国旅游经济增长质量空间作用强度分析

（一）整体空间作用强度

各省份之间旅游经济增长质量空间作用强度的确定是社会网络分析方法与理论应用的基础，因此首先需要确定省份之间的空间作用强度。本研究基于第四章测算得到的旅游经济增长质量水平，引入修正后的引力模型，测算得到我国样本省份之间旅游经济增长质量的空间作用强度 I_{ij}，并选取 2003 年、2007 年、2011 年和 2016 年作为截面数据，进行比较分析。

从省份空间作用强度的整体来看，2003 年、2007 年、2011 年和 2016 年整体空间作用强度分别为 90.69、126.1、156.51 和 189.78，表明我国旅游经济增长质量的空间作用强度处于逐年增长的趋势，空间相互作用不断增强。其中，省份之间空间作用强度的最大值由 2003 年的 4.98 上升至 2016 年的 11.37。究其原因，一方面，研究期间内，我国旅游交通的通达性不断提高，铁路提速、动车与高铁先后建成并通行、高速公路里程与飞机航线不断增加，游客出行速度越来越快，花费在路上的时间越来越少，旅游效率越来越高，各省份之间旅游经济联系愈发紧密，旅游经济增长质量的空间作用强度不断提高。另一方面，近年来，我国旅游经济增长的外部环境不断改善，各省份积极寻求协同合作、共同发展的旅游发展模式，省份之间旅游经济联系更加紧密，旅游经济增长质量的空间作用强度不断增加。

（二）区域空间作用强度

三大区域空间作用强度的演化态势如图 8－4 所示。首先，从时序演化规律来看，研究期间内，东、中、西三大区域旅游经济增长质量空间作用强度呈现稳定增长态势，但其增长呈现出一定的空间异质性。其中，东部地区的空间作用强度由 2003 年的 24.8 增加至 2016 年的 46.7，年平均增加值为 1.56；中部地区的空间作用强度由 2003 年的 8.59 增加至 2016 年的 18.24，年均增加值为 0.69；西部地区的空间作用强度由 2003 年的 7.6 增加至 2016 年的 17.9，年均增加值为 0.74。其次，从三大区域内部空间作用强度看，旅游经济增长质量空间作用强度由东部地区向中部地区、西部地区依次递减，整体上呈现出中部、东部空间联系密集、西部稀疏的空间格局分布特征。究其原因，东部地区旅游经济发展水平较高，基础设施完善，旅游交通便利，其旅游经济增长质量的协同发展程度较强。最后，从区域协调合作视角看，虽打破传统空间地理限制，三大区域对其他地区或省份旅游经济增长质量提升的空间作用强度不断增加，协同发展趋势逐渐显著。但受区位条件、空间距离和交通条件等因素的影响，东、中、西三大区域的旅游经济增长质量尚未表现出显著的空间关联，尤其是西部地区，处于相对孤立状态，与其他两个区域的空间作用较小，目前旅游经济增长质量的空间作用主要以三大区域内部省份为主。

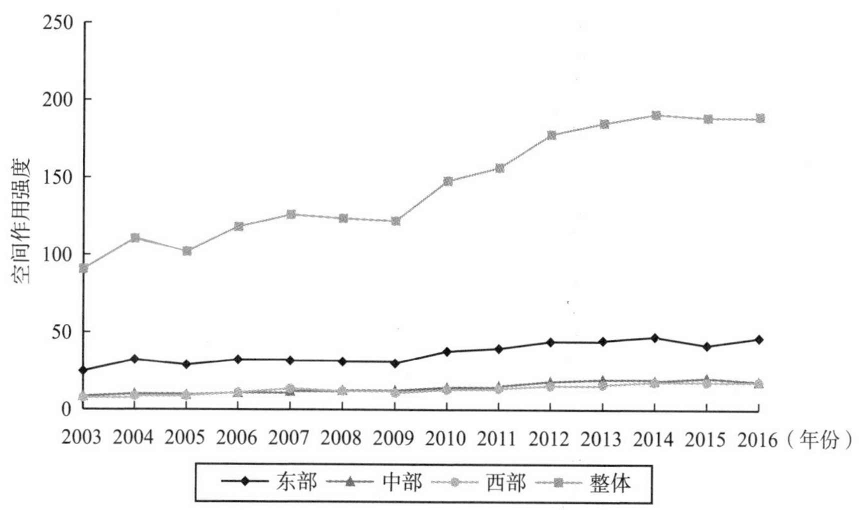

图 8－4 2003～2016 年我国三大区域空间作用强度时序演化

资料来源：根据修正引力模型公式计算得到。

（三）省域空间作用强度

基于省份协作视角看（见表8－10），2003年旅游经济增长质量空间作用强度前三位的省份分别为北京—天津（4.9773）、江苏—安徽（3.3607）、上海—浙江（2.2395），空间作用强度后三位的省份分别为宁夏—上海（0.0002）、宁夏—广东（0.0002）、青海—广东（0.0002）；2007年旅游经济增长质量空间作用强度前三位的省份分别为北京—天津（7.0324）、江苏—安徽（4.3186）、甘肃—青海（2.3922），空间作用强度排名后三位的省份分别为宁夏—广东（0.0004）、青海—广东（0.0006）、宁夏—浙江（0.0006）；2011年空间作用强度前三位的省份分别为北京—天津（8.6526）、江苏—安徽（5.5581）、天津—北京（3.8039），空间作用强度排名后三位的省份分别为青海—广东（0.0005）、宁夏—广东（0.0006）、青海—江苏（0.0009）；2016年空间作用强度前三位的省份分别为北京—天津（11.3661）、江苏—安徽（8.3506）、辽宁—吉林（4.6040），空间作用强度排名后三位的省份分别为青海—广东（0.0005）、宁夏—广东（0.0006）、青海—江苏（0.0009）。

表8－10　　我国旅游经济增长质量空间作用强度演化

空间作用强度	2003年	2007年	2011年	2016年
排名前五位省份	北京—天津（4.9773）	北京—天津（7.0324）	北京—天津（8.6526）	北京—天津（11.3661）
	江苏—安徽（3.3607）	江苏—安徽（4.3186）	江苏—安徽（5.5581）	江苏—安徽（8.3506）
	上海—浙江（2.2395）	甘肃—青海（2.3922）	天津—北京（3.8039）	辽宁—吉林（4.6040）
	天津—北京（2.1799）	辽宁—吉林（2.3175）	辽宁—吉林（3.5858）	上海—浙江（3.0784）
	辽宁—吉林（1.6956）	上海—浙江（2.1872）	上海—浙江（2.3820）	江苏—浙江（2.6487）

续表

空间作用强度	2003 年	2007 年	2011 年	2016 年
排名后五位省份	宁夏—江苏 （0.0004）	宁夏—上海 （0.0006）	新疆—广东 （0.0013）	宁夏—上海 （0.0011）
	青海—上海 （0.0003）	宁夏—江苏 （0.0006）	青海—浙江 （0.0010）	青海—上海 （0.0011）
	青海—广东 （0.0002）	宁夏—浙江 （0.0006）	青海—江苏 （0.0009）	青海—江苏 （0.0009）
	宁夏—广东 （0.0002）	青海—广东 （0.0006）	宁夏—广东 （0.0006）	宁夏—广东 （0.0006）
	宁夏—上海 （0.0002）	宁夏—广东 （0.0004）	青海—广东 （0.0005）	青海—广东 （0.0005）

资料来源：根据修正引力模型计算得到。

总体来看，省份之间旅游经济增长质量相互作用关系均处于增强态势；空间距离成为影响省份之间旅游经济增长质量空间作用强度的重要因素，即地理位置越接近的省份，其空间作用强度较大，且这些省份主要以东部地区省份为主。北京和天津两省市之间的旅游经济增长质量关联程度最为紧密，一方面由于这两个省份在地理位置上邻近，另一方面随着“十一五”规划中提出“京津冀都市圈”的概念，北京和天津之间的联系程度不断加强，区域一体化发展，两省之间旅游经济增长质量的空间作用强度也进一步提高。江苏和安徽由清朝时期的江南省分割而来，无论自然环境还是人文环境均具有相似性，经济之间往来密切，其空间作用强度较高（江璐璐和师谦友，2013）。山东和天津之间的经济联系密切，2007 年山东成立了天津商会，进一步促进了两省之间的经济联系，同时由于区位相近，人员流动和旅游者流动较为频繁，其旅游经济增长质量的空间作用强度也相对较高。此外，受空间距离的影响，西部地区省份的空间作用强度始终处于空间作用强度的后几位，进一步表明空间距离是影响省份间空间作用强度的主要因素，且在旅游经济增长质量空间联系中的影响越来越明显。

此外，对各省份旅游经济增长质量的空间作用总量进行测算，其结果如表 8－11 所示，可以看出，2003 年各省份的空间作用总量均较低，但研究期间内各省份的空间作用总量均有所增强，整体呈现出非均衡的特征。其中，北京、天津、江苏和浙江等省份旅游经济增长质量的空间作用总量显著高于其他省份，表明这些省份在旅游经济增长质量的整体网络中的影响程度较大，扮演着发动机或带动者的作用，能够有效带动其他省份旅游经济增长质量的提升；而新疆、青海、宁夏和海南等省份的空间作用总量在研究期间内明显低于其他省份，这些省份地理位置较为偏远，且旅游发展水平相对较低，因此对其他省份的带动作用相对较弱，同时也不易受其他省份的影响。

表 8－11　2003 年、2007 年、2011 年、2016 年我国各省份旅游经济增长质量空间作用总量

省份	2003 年		2007 年		2011 年		2016 年	
	空间作用总量	排序	空间作用总量	排序	空间作用总量	排序	空间作用总量	排序
北京	9.6515	1	13.2095	1	15.2076	1	19.9318	1
天津	6.5234	3	7.0640	6	9.6831	4	12.5176	3
河北	3.9383	9	4.7954	9	6.0613	12	8.2169	10
山西	2.5564	15	5.7452	8	6.8898	9	10.5622	5
内蒙古	1.3713	23	3.6734	13	2.8991	21	3.6836	21
辽宁	3.4533	10	4.7266	10	7.3117	8	8.1459	11
吉林	1.7105	19	2.2221	21	3.3604	18	3.9240	19
黑龙江	1.7059	18	1.8458	23	2.7175	22	2.6723	25
上海	6.0656	4	6.4825	7	6.8805	10	8.8939	8
江苏	8.7115	2	11.6681	2	14.7890	2	19.6375	2
浙江	5.2028	6	7.2292	5	9.5066	5	10.5076	6
安徽	3.1528	11	4.5584	11	8.1441	7	8.5993	9
福建	1.7189	20	2.4321	20	2.2840	24	2.9431	23
江西	2.5260	16	3.3430	18	4.2465	15	5.0925	13

续表

省份	2003年		2007年		2011年		2016年	
	空间作用总量	排序	空间作用总量	排序	空间作用总量	排序	空间作用总量	排序
山东	5.4513	5	7.6037	3	10.1254	3	10.8722	4
河南	4.4774	7	7.3042	4	8.6129	6	10.3110	7
湖北	4.0332	8	4.3971	12	6.3388	11	6.9583	12
湖南	2.6590	14	3.9644	14	4.4780	13	4.7049	15
广东	2.9521	12	3.6402	16	4.1287	16	4.9229	14
广西	1.2656	24	1.5756	25	2.2667	25	2.8563	24
海南	0.4960	28	0.5273	28	0.4806	29	0.5037	29
重庆	1.4612	22	2.1372	24	3.0536	20	3.8797	20
四川	1.9597	17	3.2834	19	3.8586	17	4.5676	16
贵州	0.8340	27	2.1690	22	2.9553	19	3.1419	22
云南	0.9761	25	1.2229	27	1.4185	26	1.3644	26
陕西	2.7701	13	3.6588	15	4.4134	14	4.4637	17
甘肃	1.5884	21	3.5608	17	2.7855	23	3.9504	18
青海	0.8289	26	1.2726	26	0.7510	27	0.9785	27
宁夏	0.4402	29	0.4932	29	0.5828	28	0.5946	28
新疆	0.2122	30	0.2905	30	0.2797	30	0.2409	30
总体	90.6932	—	126.0964	—	156.5109	—	189.6391	—

资料来源：根据修正引力模型计算得到。

三、中国旅游经济增长质量空间网络调控路径

（一）旅游经济增长质量空间关联网络构建

基于修正引力模型得到各省份之间旅游经济增长质量空间作用强度，构建其空间关联矩阵，并通过矩阵转换，将各行均值作为其临界值，该行中大于该均值的单元格，取值为1，反之，取值为0。为了防止网络中封闭子环的出现，将各省份与其自身的旅游经济增长质量空间关联强度取值

为0，进而得到空间关联二值矩阵，并将其作为社会网络构建的基础。

利用社会网络分析方法中的 NetDraw 功能绘制旅游经济增长质量空间关联网络拓扑图（见图 8 -5）。其中，空间网络中的节点分别表征 30 个省份，各个节点之间的连线和箭头方向表示空间关联及其溢出方向。可以看出，我国旅游经济增长质量空间关联网络具有复杂且相对稳定的特征，空间结构紧密，且空间网络中不存在孤立点，所有省份均不可或缺，这说明各省份旅游经济增长质量的空间关联打破了传统的地理空间限制，各省份不仅对其邻近省份的旅游经济增长质量产生联动效应，也与非邻近省份之间发生空间关联，表现出较为复杂且稳定的空间作用关系。其中，上海、北京、天津、浙江和江苏等东部地区省份的空间关联数显著高于中部和西部地区，究其原因主要在于东部地区作为改革开放的先行区，旅游产业发展业态较为成熟，旅游经济增长质量相对较高，旅游产业相关要素集聚、资源优化配置和产业带动能力较强。

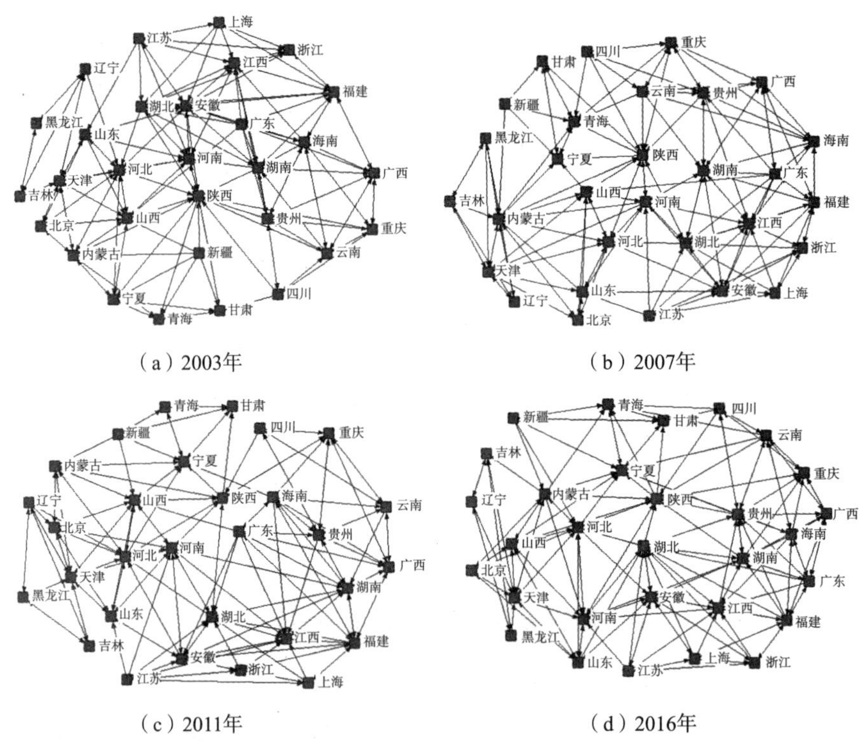

（a）2003年

（b）2007年

（c）2011年

（d）2016年

图 8 -5　中国旅游经济增长质量空间关联网络图

资料来源：根据修正引力模型计算得到数据，运用 NetDraw 6.0 软件输出网络图。

（二）整体网络结构及其空间调控机制

从空间关联强度和空间网络关联性两方面，具体考察我国旅游经济增长质量空间网络的整体网络结构特征。

1. 整体网络空间关联强度

网络密度用以判定旅游经济增长质量空间关联网络的联系强度，网络密度越大，表明省份之间旅游经济增长质量的联系渠道（关联数）越多，空间关联强度越大。如图 8－6 所示，首先，研究期间内我国旅游经济增长质量空间关联强度呈现波动增长态势。究其原因，旅游经济增长质量为综合性指标，需综合衡量旅游产业效率、旅游产业结构水平和旅游环境质量等方面的影响，任一因素的波动均会对其产生影响。其次，网络关联数和网络密度水平均较低，分别维持在 180 和 0.2 左右，与理论上的最大关联数和网络密度相比仍存在较大差距，表明省份之间旅游经济增长质量的协同提升有待加强。需要注意的是，网络密度的增加可能会使得空间整体网络中的冗余关系数增加，使得旅游经济增长质量在不同省份之间的传导和溢出成本增加，因此，为实现最佳的空间优化配置效果，探索将网络密度控制在理想水平内，是推进省份协同提升过程中的重要问题。

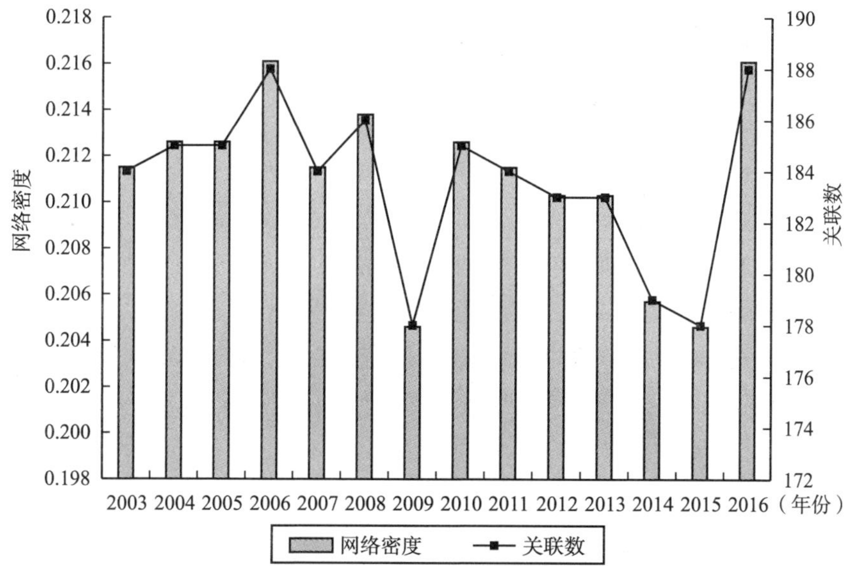

图 8－6　2003～2016 年中国旅游经济增长质量空间网络密度

资料来源：运用社会网络分析软件 Ucinet 6.0 计算所得。

2. 整体网络关联性

采用网络关联度、网络等级性和网络效率三个测度指标揭示旅游经济增长质量空间关联网络的关联性特征。首先，研究期间内网络关联度均为1，表明省份之间旅游经济增长质量联系紧密，网络中不存在孤立的节点，所有省份均具有直接或间接的空间关系，空间网络结构具有稳健性，如图8-7所示。其次，除个别年份旅游经济增长质量空间关联网络等级度为0.1011外，其他年份网络等级度维持在0.0667左右，网络等级特征不显著，尚未表现出显著的层级特性，各省份旅游经济增长质量之间的空间网络关系较为紧密。最后，网络效率在研究期间内处于不断波动状态，且维持在0.65以下，表明在空间关联网络中所存在的冗余线数较少，网络相对稳定。综上，跨区域的旅游经济增长质量空间关联已趋于常态，不同区域、不同旅游经济增长质量的省份之间的空间关联使其所形成的网络更加趋于稳定。

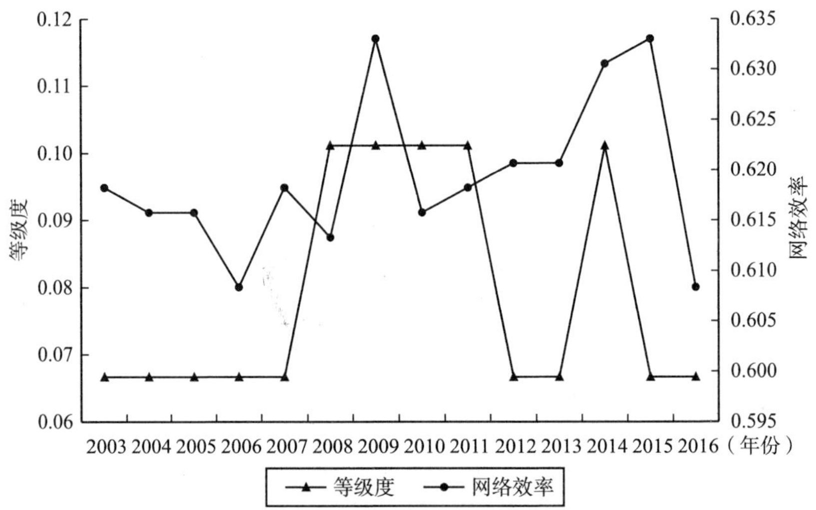

图8-7 2003~2016年中国旅游经济增长质量空间关联网络等级度及效率

资料来源：运用社会网络分析软件Ucinet 6.0计算所得。

（三）个体网络结构及其空间调控路径

1. 网络个体位置角色及中心度分析

通过度数中心度、接近中心度及中间中心度对2016年各省份在旅游经济增长质量空间关联网络中的位置角色、空间关系发生的难易程度以及对资源的控制能力等进行分析，其结果如表8-12所示。

表8-12　2016年中国省份旅游经济发展空间关联网络中心性分析

省份	度数中心度				接近中心度		中间中心度	
	点出数	点入数	度数中心度	排名	接近中心度	排名	中间中心度	排名
北京	5	3	17.241	9	46.032	12	0.070	26
天津	7	9	31.034	5	48.333	9	13.297	1
河北	8	9	37.931	3	60.417	2	9.400	6
山西	7	8	27.586	6	52.727	6	2.525	15
内蒙古	9	7	34.483	4	54.717	4	10.195	5
辽宁	3	2	10.345	11	33.721	17	0.000	28
吉林	3	4	13.793	10	38.667	16	1.529	18
黑龙江	3	2	10.345	11	33.721	17	0.000	28
上海	6	4	20.690	8	42.029	15	0.067	27
江苏	6	3	20.690	8	45.313	13	0.499	23
浙江	6	4	20.690	8	42.029	15	0.067	27
安徽	8	10	34.483	4	52.727	6	4.466	10
福建	10	6	34.483	4	47.541	10	2.652	13
江西	6	9	37.931	3	53.704	5	3.987	11
山东	7	6	24.138	7	50.000	8	2.854	12
河南	8	11	37.931	3	61.702	1	12.647	3
湖北	7	10	44.828	1	60.417	2	11.558	4
湖南	9	9	37.931	3	55.769	3	5.104	9
广东	7	4	24.138	7	45.313	13	0.281	25
广西	7	6	24.138	7	43.284	14	0.539	22
海南	9	5	31.034	5	50.877	7	2.541	14
重庆	4	7	24.138	7	46.032	12	0.614	20

续表

省份	度数中心度				接近中心度		中间中心度	
	点出数	点入数	度数中心度	排名	接近中心度	排名	中间中心度	排名
四川	6	3	20.690	8	45.313	13	0.719	19
贵州	8	10	41.379	2	54.717	4	6.230	8
云南	8	5	27.586	6	46.774	11	1.749	16
陕西	8	10	44.828	1	61.702	1	14.818	1
甘肃	2	5	17.241	9	42.029	15	0.289	24
青海	2	7	24.138	7	47.541	10	1.701	17
宁夏	4	10	34.483	4	54.717	4	7.470	7
新疆	5	0	17.241	9	45.313	13	0.604	21
均值	6	6	27.586	—	48.773	—	3.949	—

资料来源：运用社会网络分析软件 Ucinet 6.0 计算所得。

首先，采用度数中心度判别各省份在旅游经济增长质量空间关联网络中是否处于中心位置。2016 年我国 30 个省份的度数中心度均值为 27.586，最大值为 44.828，最小值为 10.345。由于省份之间的空间关联具有差异性，使得空间关联网络为有向网络，在有向网络中，点出数表示该省份带动其他省份旅游经济增长质量提升的能力，点入数代表其他省份对该省份的带动促进作用，当点出数大于点入数时，表现为显著的空间溢出效应，反之，则为空间受益效应。从度数中心度排名来看，排名前三位的省份分别为湖北、陕西、贵州、河北、江西、河南、湖南，原因在于这些省份旅游资源丰富、旅游吸引力强，旅游发展政策支持力度大，旅游经济发展受益多。2016 年北京、上海、江苏、浙江等省份的点出数高于点入数，表明这些省份旅游业发展水平较高，能够有效吸引旅游经济效益提升、质量改善的相关要素与资源，促进自身经济增长质量提升的同时，进一步推动其他省份旅游经济增长质量的提升。

其次，采用接近中心度判别省份之间旅游经济增长质量空间关联产生的难易程度。2016 年我国 30 个省份的接近中心度均值为 48.773，最大值为 61.702，最小值为 33.721，整体较为均衡，这说明各省份在旅游经济空间关联网络中均能与其他省份产生关联。原因可能在于：一是旅游经济联系是旅游地之间通过旅游流产生的经济联系，随着居民收入水平的提高、旅游观念的普及及旅游交通的便利化，2003~2016年各省份关联关系数均保持在180左右，各省份旅游经济互动不断增强；二是各省份旅游吸引力各异，各省份在旅游经济发展过程中能够利用自身优势与其他省份进行差异化合作，实现旅游经济协同发展。

最后，采用中间中心度反映各省份旅游经济增长过程中对资源和信息的控制能力。2016年我国30个省份的中间中心度均值为3.949，最大值为14.818，最小值为0。排名前十位的省份分别为陕西、天津、河南、湖北、内蒙古、河北、宁夏、贵州、湖南、安徽，除天津与河北外，其他省份均位于中、西部地区，在旅游经济空间网络中联系较多，中介作用较大，发挥着强有力的桥梁作用。究其原因在于：中、西部地区优势旅游资源突出，旅游资源吸引力辐射范围广；同时中、西部地区旅游产业结构调整以及近年来国家旅游发展政策开始向这两个地区迁移，旅游环境优势逐渐凸显。

2. 核心－边缘分析

对省份旅游经济发展空间关联网络核心－边缘结构进行分析，可以判断各省份节点在整个网络中所处的位置，揭示哪些省份节点处于核心区、哪些省份节点处于边缘区（于洪雁等，2015），并进一步量化出各省份核心度、核心区省份之间的联系程度、边缘区省份之间的联系程度、核心区对边缘区的带动效应等。网络中的核心和边缘地位，不仅是由节点自身吸引力所决定的，更重要的是节点之间的关联及带动效用。核心区和边缘区是一个相对概念，二者存在不均衡的发展关系，一般来说，核心区节点发展程度较高，边缘区节点发展程度较低且其发展依赖于核心区。本研究选取2003年、2007年、2011年和2016年作为截面数据，利用Ucinet 6.0软件中的Network/Core & Periphery/Categorical模块进行分析，将30个省份划分为核心区与边缘区，如表8－13所示，2003年、2007年、2011年和2016年我国省份旅游经济增长质量空间网络呈现较明显的核心区和边缘区，且核心区省份主要分布在东部地区，边缘区省份主要分布在中部和西部地区，主要原因可能在于东部地区经济发达，旅游经济增长质量较高，省份之间的关联作用及对周边省份的带动效应较强。

表 8-13 我国旅游经济增长质量空间关联网络核心-边缘区省域

类别	2003 年	2007 年	2011 年	2016 年
核心区	上海、江苏、浙江、安徽、福建、江西、湖南、广东、广西、海南、重庆、云南	河北、上海、江苏、浙江、安徽、福建、江西、山东、河南、湖北、湖南、广东、广西、海南、云南	上海、江苏、浙江、安徽、福建、江西、河南、湖北、湖南、广东、广西、海南、云南	河北、上海、江苏、浙江、安徽、福建、江西、山东、河南、湖北、湖南、广东、广西、海南
边缘区	北京、天津、河北、山西、内蒙古、辽宁、吉林、黑龙江、山东、河南、湖北、四川、贵州、陕西、甘肃、青海、宁夏、新疆	北京、天津、山西、内蒙古、辽宁、吉林、黑龙江、重庆、四川、贵州、陕西、甘肃、青海、宁夏、新疆	北京、天津、河北、山西、内蒙古、辽宁、吉林、黑龙江、山东、重庆、四川、贵州、陕西、甘肃、青海、宁夏、新疆	北京、天津、山西、内蒙古、辽宁、吉林、黑龙江、重庆、四川、贵州、云南、陕西、甘肃、青海、宁夏、新疆

资料来源：运用社会网络分析软件 Ucinet 6.0 计算所得。

进一步量化测度和分析核心区对边缘区的关联与带动效应，结果如表 8-14 所示。核心区节点之间的联系程度较紧密，边缘区节点之间的联系程度较薄弱但呈现上升趋势，表明边缘区节点如青海、新疆、云南等省份互动性联系虽然较少，但逐渐增多，这与边缘区省份近年来旅游交通状况的改善及旅游政策法规的支持都可能有密切的联系。核心区与边缘区的关联程度分别为 0.062、0.062、0.070、0.068，均小于 0.1，表明核心区节点对边缘区节点的关联带动效应较低，核心区省份虽然旅游经济增长质量较高，但对边缘区省份旅游经济增长质量的辐射作用不够，尚未有效带动后者的旅游经济增长。

表 8-14 我国旅游经济增长质量空间关联网络核心-边缘区紧密度分析

类别	核心区				边缘区			
	2003 年	2007 年	2011 年	2016 年	2003 年	2007 年	2011 年	2016 年
核心区	0.236	0.236	0.345	0.302	0.062	0.062	0.070	0.068
边缘区	0.160	0.160	0.090	0.075	0.000	0.000	0.233	0.286

资料来源：运用社会网络分析软件 Ucinet 6.0 计算所得。

（四）聚类网络结构及其空间调控路径

根据省份之间旅游经济增长质量空间关联的紧密程度，采用块模型分析对旅游经济增长质量进行空间聚类，揭示板块内部及板块之间存在的关联关系及溢出效应。采用社会网络分析理论中的迭代相关收敛法（CONCORE 功能），将最大分割密度取值为 2，收敛标准取值为 0.2，对研究期间内各省份的旅游经济增长质量空间关联进行非重叠性聚类分析，并选取 2003 年、2007 年、2011 年和 2016 年作为比较截面，最终得到各聚类板块，如表 8－15 所示。首先，由地理分布格局可以看出，我国旅游经济增长质量空间关联网络格局已基本处于稳定状态，各板块均表现出显著的地理邻近特征，表明各省份旅游经济增长质量提升的同时，能够对其邻近省份产生带动作用和辐射效应，从而形成不同规模、不同旅游发展水平和不同旅游经济增长质量的空间集聚板块。其次，由各板块内部省份构成可以看出，第一板块主要包括东部地区的北京、天津、山东、辽宁等省份和中部地区的吉林、黑龙江、河南等省份；第二板块主要以西部地区的陕西、甘肃、青海、宁夏、新疆等省份为主；第三板块主要包括东部地区的上海、江苏、浙江、福建和中部地区的安徽、江西、湖北等省份；第四板块主要包括东部地区的广东、广西、海南和西部地区的重庆、四川、贵州、云南等省份。

表 8－15　我国旅游经济增长质量空间聚类板块

类别	2003 年	2007 年	2011 年	2016 年
第一板块	北京、天津、河北、辽宁、吉林、黑龙江、山东、河南	北京、天津、河北、山西、内蒙古、辽宁、吉林、黑龙江、山东、河南	北京、天津、河北、山西、辽宁、吉林、黑龙江、山东、河南	北京、天津、辽宁、吉林、黑龙江、山东、河南
第二板块	山西、内蒙古、陕西、甘肃、青海、宁夏、新疆	陕西、甘肃、青海、宁夏、新疆	内蒙古、陕西、甘肃、青海、宁夏、新疆	河北、山西、内蒙古、陕西、甘肃、青海、宁夏、新疆
第三板块	上海、江苏、浙江、安徽、福建、江西、湖北	上海、江苏、浙江、安徽、福建、江西、湖北、湖南	上海、江苏、浙江、安徽、福建、江西、湖北、湖南	上海、江苏、浙江、安徽、福建、江西、湖北
第四板块	湖南、广东、广西、海南、重庆、四川、贵州、云南	广东、广西、海南、重庆、四川、贵州、云南	广东、广西、海南、重庆、四川、贵州、云南	湖南、广东、广西、海南、重庆、四川、贵州、云南

资料来源：运用社会网络分析软件 Ucinet 6.0 计算所得。

为进一步考察四个板块间的空间作用关系，以2016年为例，对各板块内部及板块与板块之间的关系数进行测算。2016年我国旅游经济增长质量空间关联总数为188个，其中板块内部之间的关系数为121个，板块与板块之间的关系数为67个，表明板块内部空间关联关系较为密切，而板块之间的关联关系不显著。这在一定程度受其板块所包含的省份的地理位置影响，板块内部省份主要以邻近省份为主，距离的增加使得省份之间的空间关联减弱，从而使距离较远的省份之间空间关联较少。2016年四个板块内部属性关系如表8-16所示，其中，第一板块接收外部板块关系数为17个，向外部板块发出关系数为16个，既接受外部板块关系，又向外部板块发出关系，但内部关系数较少，因此属于“经纪人板块”，在空间关联网络中起到中介作用。第二板块向外部板块发出关系数为13个，接受外部板块关系数为24个，即接受外部板块的关系数显著高于向外部板块发出关系数，板块溢出效应有限，因此属于“净受益板块”。第三板块向板块内部与外部板块均发出较多的关系数，因此属于“双向溢出板块”。第四板块向外部板块发出关系数为21个，接受外部板块关系数为12个，即向外部板块发出关系数显著高于接受关系数，因此属于“净溢出板块”。

表8-16　　2016年旅游经济增长质量板块划分

类别	发出关系数（个）		接受关系数（个）		期望内部关系比例（%）	实际内部关系比例（%）	板块属性
	板块内	板块外	板块内	板块外			
第一板块	20	16	20	17	20.69	55.56	经纪人板块
第二板块	32	13	32	24	20.14	71.11	净受益板块
第三板块	32	17	32	14	20.69	65.31	双向溢出板块
第四板块	37	21	37	12	20.14	63.79	净溢出板块

说明：期望内部关系比例=(板块内部省份的数量-1)/(网络中所有省份数量-1)；实际内部关系比例=板块内部溢出关系数/板块溢出关系总数。

资料来源：运用社会网络分析软件Ucinet 6.0计算所得。

总体来看，中国旅游经济增长质量空间网络表现出“总体分异、板块聚类”的特点，说明我国旅游经济的发展存在空间异质性和空间依赖性。

根据表8-16各个板块之间的空间关联关系数，计算得到各板块内部及其之间的密度矩阵，同时为清晰地反映旅游经济增长质量在各板块之间的空间溢出和传导关系，并通过矩阵转化得到其像矩阵，其具体做法为：

将2016年整体网络密度（0.2161）作为密度矩阵转化为像矩阵的临界值，若密度矩阵中的数值大于0.2161，表明板块之间具有显著的空间关联关系，将其取值为1，反之，将其取值为0，得到其像矩阵。密度矩阵和像矩阵的测度结果如表8－17所示。首先，基于板块内部空间关联关系可以看出，四个板块内部关联强度分别为第三板块、第四板块、第二板块和第一板块，其中第三板块内部省份之间的空间关联关系最强，第三板块为江浙沪和中部地区省份，这些地区旅游交通发达，空间联系紧密。其次，基于板块之间的空间关联关系可以看出，第二板块对其他板块的作用相对较少，究其原因，主要是由地理位置的分布所引起的，第二板块省份主要分布于西部地区，经济基础相对较差，旅游交通通达性较弱，难以与其他省份发生关联。

表8－17　　2016年旅游经济增长质量聚类板块的溢出效应

类别	密度矩阵				像矩阵			
	第一板块	第二板块	第三板块	第四板块	第一板块	第二板块	第三板块	第四板块
第一板块	0.476	0.196	0.082	0.018	1	0	0	0
第二板块	0.196	0.571	0.018	0.016	0	1	0	0
第三板块	0.102	0.036	0.762	0.179	0	0	1	0
第四板块	0.018	0.172	0.161	0.661	0	0	0	1

资料来源：运用社会网络分析软件Ucinet 6.0计算所得。

综上所述，研究期间内，我国旅游经济增长质量空间网络密度、关联度、网络等级度、网络效率均处于波动状态且水平较低，提升空间较大；各省份之间均能产生关联，且呈现较为明显的核心区和边缘区，其中核心区多为东部地区省份，边缘区多为中西部地区省份，但核心区对边缘区的有效带动作用尚不明显；空间关联网络呈现明显的聚类特征且基本处于稳定状态，各聚类板块均表现出明显的地理邻近特征，但板块之间的关联关系存在差异。基于此，为促进我国旅游经济增长质量的均衡协调发展，首先，给予跨区域、跨部门旅游合作更多的支持，以增加省份间旅游经济发展空间关联关系，为区域旅游经济发展空间互补创造条件，实现旅游协调发展；其次，加强省份间旅游通道建设，提升省份间旅游合作潜力并发挥协同效应，同时集中力量提高浙江、江苏等东部地区省份的旅游竞争力，以充分发挥其对其他省份的旅游辐射效应；最后，发挥第一、第二板块在整体网络中扮演的“桥梁”与“发动机”作用，并将这种作用传递给第三、第四板块，以加强板块之间的溢出效应与空间关联。

四、旅游经济增长质量空间网络调控机制

（一）旅游经济增长质量空间网络形成因素探讨

进一步探讨影响中国旅游经济增长质量空间关联网络结构特征、演变规律和类型差异的因素，揭示其空间关系形成及其传导路径的形成机制。由于社会网络分析方法中的QAP方法能够弥补传统计量统计方法不能实现两两矩阵之间关系分析的缺陷，并可以进行非参数检验（刘法建等，2010），因此，本研究选用QAP方法中的相关性分析和回归分析对解释变量矩阵与被解释变量矩阵之间的关系进行分析。

我国旅游经济增长质量的提升是多维要素空间协作、互相作用的结果，影响其空间关联网络结构形成的因素是复杂且多变的。由块模型分析可知，板块内部省份之间的空间关联数较多，且板块内部省份多在地理分布上相邻近，因此可以初步判定距离可能会影响空间关联网络的形成。第一，良好的旅游发展政策环境能够促进区域旅游经济增长质量提升，并能够有效整合邻近地区的相关资源等，促使本地区旅游经济的发展，政策环境主要体现于政府对旅游发展环境的重视程度，本研究选取第三产业固定投资差异衡量省份之间的政策环境非均衡性；第二，生态环境的好坏能够在一定程度上决定旅游者体验，良好的生态环境能够有效吸引旅游者，从而促进旅游流的流动，省份之间旅游经济增长质量也因此发生空间关联，本研究选取废气治理设施数的差异衡量省份之间旅游生态环境质量的差距；第三，旅游人力资本是旅游发展质量的重要保证，旅游经济增长质量较高的省份对旅游专业人才具有更强的吸引力，从而促进本地区旅游业的发展，本研究选取旅游院校学生数衡量省份之间在人才投入上的差异；第四，旅游发展状况也是决定区域旅游业是否具有吸引力的重要指标，旅游发展状况好的省份能够有效整合相关资源，从而促进省份之间的合作，本研究选取省份旅游收入进行衡量省份之间旅游发展状况的差距；第五，旅游资源禀赋是区域旅游业发展的基础，旅游资源丰富的省份对旅游者具有更大的吸引力，本研究选取国家4A级和5A级旅游景区的数量衡量省份之间旅游资源禀赋的差距。综上，本研究选取旅游经济增长质量空间关联

矩阵作为被解释变量，分别选取距离关联矩阵、政策环境差异、生态环境差异、人力资本差异、旅游发展水平差异和旅游资源禀赋差异作为解释变量，构建如下计量模型：

$$EQ = f(D, P, E, H, TR, R)$$

其中，EQ 代表中国旅游经济增长质量空间关联矩阵；D 代表各省份之间的距离矩阵；P 代表各省份之间政策环境差距矩阵；E 代表各省份之间生态环境差异矩阵；H 代表各省份之间人力资本投入差距矩阵；TR 代表各省份之间旅游发展水平差距矩阵；R 代表各省份之间旅游资源禀赋差距矩阵。

（二）旅游经济增长质量空间网络影响因素的有效识别

QAP 相关性分析结果如表 8－18 所示。其中，相关系数是指由两个矩阵之间实际观察到的相关系数；平均值是指随机置换过程中相关系数的平均值；最大值和最小值分别指在 10000 次随机置换中相关系数的最大值和最小值；P≥0 和 P≤0 分别代表随机置换后的相关系数大于等于和小于等于实际相关系数的概率。可以看出，仅旅游资源禀赋差距在 10% 的显著性水平下未通过检验，表明旅游经济增长质量的空间关联不会受到旅游资源禀赋差异的显著影响。而其他 5 个解释变量均在 10% 的显著性水平下通过检验，表明省份之间的距离、政策环境差距、生态环境差距、旅游人力资本投入差距和旅游发展水平差距等因素均会对旅游经济增长质量的空间关联产生影响。

表 8－18　QAP 相关性分析结果

变量	相关系数	显著性概率值	平均值	标准差	最小值	最大值	P≥0	P≤0
D	－0.468	0.000	0.000	0.042	－0.154	0.131	1.000	0.000
P	－0.079	0.046	－0.001	0.042	－0.247	0.127	0.963	0.046
E	－0.074	0.063	－0.000	0.044	－0.215	0.139	0.949	0.063
H	－0.132	0.003	－0.000	0.043	－0.177	0.145	0.998	0.003
TR	－0.108	0.011	－0.001	0.042	－0.170	0.141	0.992	0.011
R	－0.040	0.190	－0.000	0.043	－0.192	0.134	0.842	0.190

资料来源：运用社会网络分析软件 Ucinet 6.0 计算整理所得。

（三）旅游经济增长质量空间调控路径分析

为了防止影响因素之间的伪回归现象，避免由于解释变量之间的多重共线性对回归结果引起的误差，在测度和分析 5 个解释变量对旅游经济增长质量空间关联的影响程度之前，首先要对这些解释变量之间的相关性进行分析，结果显示，这些解释变量之间具有显著相关性，因此，需要进一步借助 QAP 回归分析对距离、政策环境差距、生态环境差距、旅游人力资本投入差距和旅游发展水平差距等因素对空间关联网络形成的作用程度等进行分析和测度。通过将随机置换次数设置为 10000 次，计算得到 QAP 回归分析的结果，如表 8 – 19 所示。

表 8 – 19　　QAP 回归分析

变量名称	非标准化回归系数	标准化回归系数	显著性概率值	概率 1	概率 2
截断值	0.460	0.000	—	—	—
D	-0.380	-0.460	0.000	1.000	0.000
P	-0.038	-0.046	0.116	0.884	0.116
E	-0.050	-0.060	0.059	0.941	0.059
H	-0.049	-0.059	0.063	0.937	0.063
TR	-0.013	-0.015	0.337	0.663	0.337

资料来源：运用社会网络分析软件 Ucinet 6.0 计算所得。

由回归结果可知，政策环境差距和旅游发展水平差距未通过检验，表明这两个因素未对旅游经济增长质量空间关联形成显著的影响。而距离、生态环境差距和旅游人力资本投入差距均在 10% 的显著性水平下通过检验，且影响系数均为负值。首先，距离对其影响系数为 -0.380，表明距离越远的省份之间，越不易形成旅游经济增长质量的空间关联，这是因为距离的增加往往会使得相关资源和要素在省份之间的传递难度和运输成本加大，从而使得省份之间的协作相对困难；其次，生态环境差距对其影响系数为 -0.050，表明生态环境状况接近的省份容易形成旅游经济增长质量的空间关联，原因可能在于生态环境与旅游经济是协调发展的（刘德光和屈小爽，2016），生态环境状况越相似的省份，其旅游经济发达程度可能越接近，旅游经济增长发展态势可能越类似，越易产生溢出效应；最后，旅游人力资本差距对其影响系数为 -0.049，表明旅游人力资本投入差距越大的省份之间越难发生旅游经济增长质量的空间溢出，原因可能在于旅游人力资本投入较大的省份对旅游人才的支持政策较完善，更容易吸引周围省份的旅游人才，促使其自身旅游经济增长质量更高，而不是对邻近省份产生空间关联和溢出效应。由以上分析可知，三个影响因素中，距离对空间关联的影响程度最大，因此加强旅游交通通达性是促进省份之间旅游合作和协调发展的重要条件。此外，调整后的可决系数为0.229，表明以上5个解释变量只能解释旅游经济增长质量空间关联的22.9%，解释变量选取并不完善，因此全面探讨旅游经济增长质量空间关联的影响因素可能是未来研究的一个重要方向。

旅游经济增长质量空间关联网络的形成与距离、生态环境差距和旅游人力资本投入差距等因素有关，且均起到负向影响效应，为实现中国旅游经济增长质量的协调有序发展。首先，时间距离越大的省份之间，越不易发生旅游经济增长质量的空间关联，因此，应加快交通基础设施的建设，缩小省份之间的时间距离，通过降低交通成本，促进资源要素的流动，同时可通过加强网络的应用，促进信息的传播，提高空间关联效率，增强省份之间的空间关联；其次，生态环境差距越大的省份之间，旅游经济增长质量的空间关联越难发生，同时生态环境是旅游业可持续发展的基础与前提，应倡导旅游业绿色发展观念，重点整治环境质量较差的省份，加大对其环境治理设施的资金、技术投入，提升其旅游环境承载力，在确保旅游业的健康可持续发展的同时，缩小省份之间在生态环境上的差异；最后，旅游人才具有趋向性，旅游发展状况越好的省份，对旅游人才具有较高的吸引力，从而造成旅游人才在区域分布上的失衡，中部和西部地区省份应通过制定相关的人才扶持政策，同时通过发展旅游类科研院校，提高对旅游人才的吸引力，尤其是高素质旅游从业人员，促使省份之间旅游人才的均衡，缩小其差距。

综上，在对旅游经济增长质量空间关联网络结构进行有效识别、判定和分析的基础上，进一步对影响其空间网络结构形成的因素进行提取与检验，并基于空间网络视角提出促进中国旅游经济增长质量的协调有序发展的优化路径与调控机制，如图8－8所示。一方面，通过对空间关联网络影响因素进行调控，如距离、生态环境差异和人力资源投入差异等，缩小省份之间在各影响因素上的差距，进而促进空间网络结构的优化。另一方面，通过以上相关因素的调控，促使旅游经济增长质量空间网络在整体关联强度、省份节点网络位置和板块传导机制等方面得到优化提升，从而保证旅游经济增长质量的均衡协调发展。

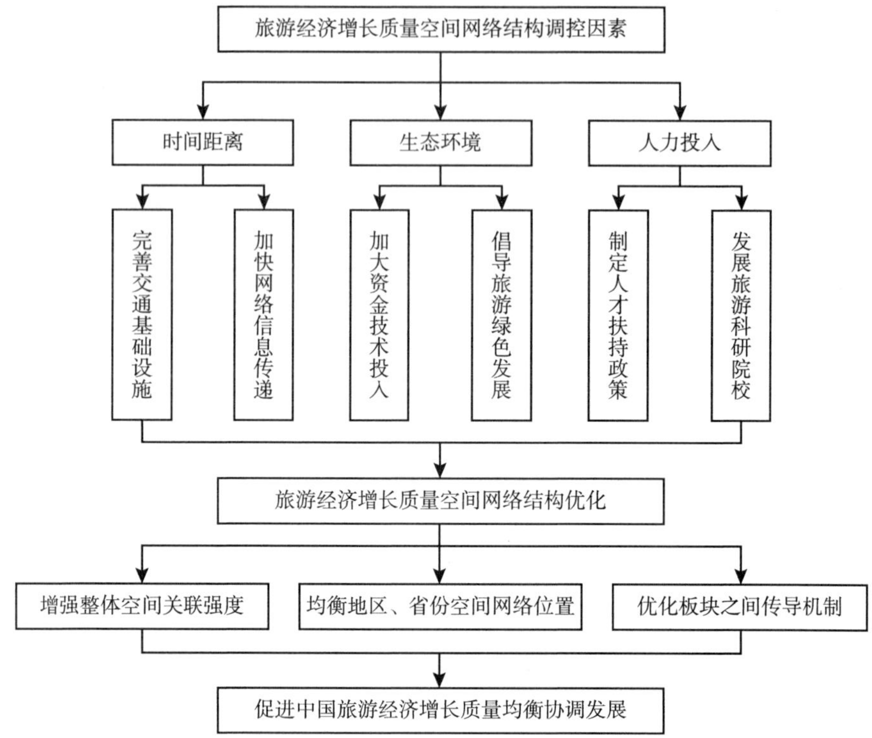

图 8-8 中国旅游经济增长质量空间网络优化路径与调控机制

资料来源：笔者绘制所得。

第三节 中国旅游经济增长质量的空间优化与功能分区

本章在界定旅游经济增长功能分区概念与内涵的基础上，以国家主体功能区制度为依据运用类间平均链锁法和欧氏距离平方法，以第四章测算得到的 2016 年旅游产业效率指数、旅游产业结构水平、旅游环境质量指数为数据基础作为聚类指标，对我国 30 个省份进行聚类分析，形成基于旅游产业效率、旅游产业结构水平、旅游环境质量三维度所构建的高质量综合功能区、中等质量优化增长区和低质量引导增长区，并结合我国旅游经济及其产业发展的实际状况，探讨科学合理的旅游经济增长模式，进而从旅游经济增长功能区关系协调和空间优化方面提出相关的建议对策。

一、旅游经济增长功能分区依据与原则

功能分区综合反映了区域功能类型的特征差异，是资源开发和环境保护空间差异化管治的重要依据，有效的功能分区为区域空间有序与优化发展提供了保障（吴文恒等，2012）。主体功能区是按照区域分工和协调发展的原则，依据不同区域的资源环境承载能力、现有开发密度和发展潜力等，将特定区域确定为特定主体功能定位类型的一种空间单元与规划区域，被认为是综合考虑环境承载力和经济社会发展要求对国土空间所划分的功能区域（罗志刚，2008）。推进主体功能区的形成，有助于优化区域空间结构，形成规范化、有序化、合理化的开发秩序，提高资源利用效率，统筹区域协调发展（王建军和王新涛，2008），也可为未来国土资源开发空间格局的优化和城乡建设发展提供指导性、科学性依据（刘纪远等，2016）。

粗放式的资源利用和经济发展模式在短时期内给国家经济带来了巨大利益，但破坏了生态环境，降低了其带来的社会效益（蒙吉军等，2011）。为缓解因快速发展而造成的区域经济、社会、环境等不协调局面，发挥和提升国家经济整体的优势和竞争力（朱高儒和董玉祥，2009），我国《国民经济和社会发展第十一个五年规划纲要》（简称“十一五”规划）提出“将国土空间划分为优化开发、重点开发、限制开发和禁止开发四类功能区，按照主体功能定位调整区域政策和绩效评价，规范空间开发秩序，形成合理的空间开发结构”。为有效落实我国主体功能区规划政策，2007 年国务院颁布了《国务院关于编制全国主体功能区规划的意见》，旨在推动形成主体功能区，促进区域协调发展。2011 年 6 月，《全国主体功能区规划》正式发布，作为我国首个全国性国土空间开发规划，其明确了未来国土空间开发的主要目标和战略格局。2017 年中共十九大报告指出，“构建国土空间开发保护制度，完善主体功能区配套政策”，2019 年十九届四中全会又进一步明确“完善主体功能区制度”，该制度对于人口、经济和资源环境的空间协调均衡具有重要的现实意义。

本研究借鉴主体功能区思想，探讨旅游经济增长功能区划分方案，以此规范整合我国旅游经济增长的空间秩序，明确全国各地区旅游经济增长的主体功能，探讨因地制宜的区域发展模式和政策，重点调控对全国有影响力的旅游经济增长功能区。具体而言，在上述对我国旅游经济增长质量综合测度与状况分析、地域差异与空间格局演化规律进行探索的基础上，

采用定性与定量相结合的方法，建立基于旅游产业效率、旅游产业结构水平、旅游环境质量三个维度的分区指标体系，对具体分区单元进行系统聚类分析和识别旅游功能类型，并据此制定我国旅游经济增长功能分区方案。随后，结合不同区域旅游经济增长的发展状况和特点，对分区结果进行系统分析，进而确定各类功能区未来的发展定位与方向，促进我国旅游经济增长功能协调、空间优化与提升。旅游经济增长功能分区是对各个分区单元进行不同增长功能类型的识别，因此，旅游经济增功能分区及其空间布局研究单元直接关系到分区指标与方法的选择及分区方案的可行性。基于数据的可获取性和可比较性，本研究选取我国 30 个省份作为我国旅游经济增长功能分区的基本地域单元。

二、旅游经济增长功能类型识别与分析

以第四章测算得到的 2016 年旅游产业效率指数 F_{TIE}、旅游产业结构水平 F_{TISL}、旅游环境质量指数 F_{TEQ} 作为数据基础，采用类间平均链锁法（between-groups linkage）和欧氏距离平方法（squared euclidean distance），将旅游产业效率指数值、旅游产业结构水平指数值、旅游环境质量指数值分别作为聚类指标，对我国 30 个省份进行聚类分析，并结合具体的现实情况对其进行统筹分析和适当调整，其结果可分别生成相应的三个等级类型系统，可较为清晰地反映出我国各省份旅游产业效率、旅游产业结构水平、旅游环境质量的地域分异格局，如表 8－20 所示。

“十一五”规划确立了优化开发、重点开发、限制开发和禁止开发四类主体功能区，奠定了我国开展全国功能区划的工作基础。中共十九大报告提出了我国经济已由高速增长阶段转向高质量发展阶段，2018 年全国旅游工作会议明确指出我国旅游业到了从高速旅游增长阶段转向优质旅游发展阶段的关键节点，大力提升质量、效率和效益是优质旅游发展的关键问题，因此，本研究按着高质量综合增长、中等质量优化增长、低质量引导增长三个主体功能类型进行识别。具体方法和过程为：以中国 30 个省份为基本分区单元，以旅游产业效率、旅游产业结构水平、旅游环境质量指数为分区聚类指标，将不同指数结果按照等级进行矩阵组合，建立分类评价矩阵，采用三维魔方图方法，以旅游产业效率指数、旅游产业结构水平、旅游环境质量指数分别为 X 轴、Y 轴、Z 轴，建立三维坐标系，以 30 个省份分区指标聚类分析后的等级（X，Y，Z）三维坐标系构成多个魔方单元，每个魔方单元对应形成不同的旅游经济增长功能类型。根据表 8－20

的功能识别结果可知，在高质量综合增长区，不同分区单元旅游产业效率、旅游产业结构水平、旅游环境质量三个指标均处于第一等级，无第三等级，在低质量引导增长区，这三类指标等级较低，无第一等级。

表 8 - 20　　我国旅游经济增长功能三维魔方图与类型识别结果

类别	类型识别结果	
	三维坐标	我国 30 个省份
高质量综合增长区	（1，1，2）	贵州、天津、北京、江苏、浙江、安徽、广东、山东
中等质量优化增长区	（1，2，2）（2，2，1）（2，2，2）（3，2，1）（3，3，1）	吉林、四川、内蒙古、山西、河北、辽宁、上海、福建、江西、河南、湖北、湖南、广西、海南、重庆、云南、陕西、黑龙江
低质量引导增长区	（3，2，2）（3，2，3）（3，3，2）	宁夏、青海、新疆、甘肃

资料来源：根据系统聚类方法，结合相关指标数据计算整理所得。

结合表 8 - 20 类型识别结果，结合我国不同省份旅游经济发展状况，对类型识别结果进行修正，以符合我国区域旅游经济发展特征与态势。调整修正后的旅游经济增长功能分区如表 8 - 21 所示。首先，天津市处在北京市的辐射范围内，区位优势明显，旅游经济发展条件较优越；北京市是我国的政治、经济、文化中心，历史文化底蕴丰厚，旅游经济基础雄厚；山东省旅游产业效率较高，旅游经济总量较大，当前其旅游发展处于从高速旅游增长阶段转向优质旅游发展阶段的关键节点；江苏省是旅游业发展的示范标杆；浙江省和安徽省是连接南北沿海旅游发展的桥梁之地；广东省是我国经济发达的沿海省份，经济总量占全国份额不断呈现扩大态势，因此这里将天津、北京、广东、江苏、浙江、安徽和山东均从中等质量优化增长区调整为高质量综合增长区。其次，上海的经济发展水平高，尤其是高星级饭店个数合理度较高，旅游产业结构水平较高；河北和辽宁均处于环渤海经济圈，是全国三大经济圈之一，且河北在旅游环境治理方面取得了一定成效；随着“中部崛起”战略的实施，江西、河南、湖北和湖南发展迅速，旅游经济增长速度也明显加快；福建、广西和海南是东部沿海省份，滨海旅游发展基础较好；重庆和云南旅游资源丰富、旅游环境质量较高；陕西是文化底蕴深厚；黑龙江拥有独特的冰雪旅游资源，因此这里将河北、辽宁、上海、福建、江西、河南、湖北、湖南、广西、海南、重庆、云南、陕西和黑龙江均从低质量引导增长区调整为中等质量优化增长区。

表 8－21　　中国旅游经济增长功能分区方案

功能分区	省份
高质量综合增长区	北京、天津、山东、江苏、浙江、安徽、贵州、广东
中等质量优化增长区	内蒙古、黑龙江、吉林、辽宁、河北、山西、陕西、河南、湖北、湖南、江西、上海、福建、四川、重庆、云南、广西、海南
低质量引导增长区	西藏、青海、甘肃、宁夏

资料来源：根据系统聚类方法计算整理得到数据。

三、旅游经济增长功能分区与发展模式

在明确我国旅游经济增长功能类型识别结果的基础上，鉴于我国 30 个省份功能与等级存在差异化，这里根据全国 30 个省份的旅游产业效率、旅游产业结构水平、旅游环境质量三方面特征，在各个功能区内划分不同的旅游经济增长类型（见表 8－22），以进一步明确不同区域旅游经济增长功能定位，实施有效的空间优化与提升。

表 8－22　　旅游经济增长模式类型

类别	模式类型	省份
高质量综合增长区	高效率提升型	天津
	高结构水平优化型	贵州、安徽、浙江
	优质环境引导型	北京、江苏、广东、山东
中等质量优化增长区	中等效率提升型	吉林、内蒙古、辽宁、重庆、黑龙江
	中等结构水平优化型	上海、江西、广西、海南、云南、山西、福建
	中等环境质量引导型	四川、河北、河南、湖北、湖南、陕西

续表

类别	模式类型	省份
低质量引导增长区	低效率提升型	甘肃
	低等结构水平优化型	青海、宁夏
	低环境质量引导型	新疆

资料来源：笔者整理所得。

为客观准确地把握旅游经济战略目标和功能定位，促进各类旅游经济增长功能区之间形成分工合理、有序协调的发展格局，便于国家和各省份制定差别化的区域旅游发展政策，确保我国旅游经济增长质量的整体提升和协调发展，这里根据30个省份旅游经济增长质量状况，对高质量综合增长区、中等质量优化增长区、低质量引导增长区三大类型旅游经济增长功能区进行分析（见图8-9），明确不同类型区域的功能定位和发展方向。

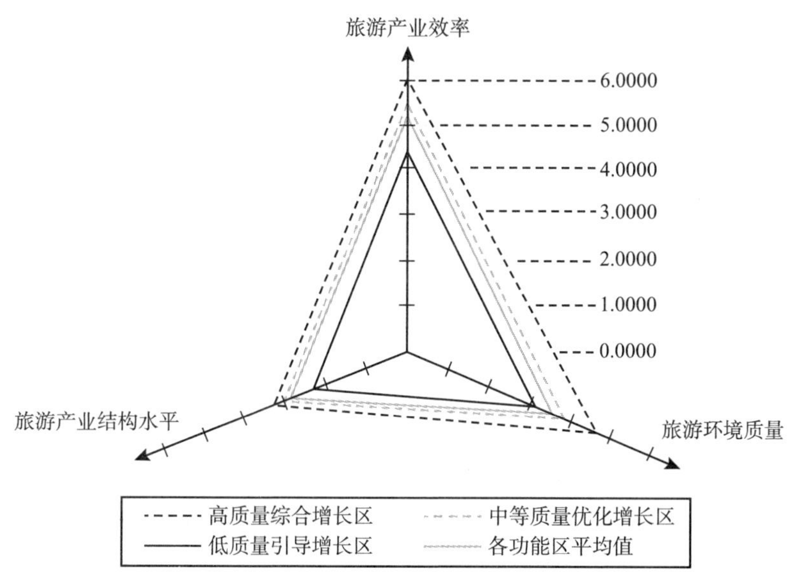

图8-9　各类旅游经济增长功能区分区指标指数对比

资料来源：根据系统聚类方法，结合相关指标数据，计算整理所得。

（一）高质量综合增长区

如表8-23所示，高质量综合增长区拥有丰富的旅游资源，经济基础雄厚，交通较为便利，旅游经济效益高，是我国旅游经济快速发展的“经济增长极”，具有发展旅游经济得天独厚的区位条件和优势。从空间分布状况来看，除贵州和安徽外，高质量综合增长区都分布在东部地区，且以华北地区和华东地区最为集中。其中，广东、江苏都是经济大省，地区生产总值在我国30个省份中排名前列，旅游经济发展整体水平较高。具体而言如下：

第一，该区旅游产业效率指数平均值为0.6099，远高于30个省份平均旅游产业效率（0.5370），其拥有较高的旅游经济发展水平，并呈现稳定增长态势，旅游经济活动的投入产出比高，旅游产业效率最高，表现出显著的领先优势，旅游资源得以充分合理的开发和利用。

第二，该区旅游产业结构水平指数平均值为0.3357，高于30个省份平均旅游产业结构水平（0.2946），且旅游产业结构优化是区域旅游经济发展质量和水平的重要标志（生延超，2012），由此可知该区旅游产业结构水平对区域旅游经济增长的贡献较大。

第三，该区旅游环境质量指数平均值为0.4679，高于30个省份平均旅游环境质量（0.3891），旅游环境质量在一定程度上决定该省份的旅游竞争力（李锋，2011），其旅游资源丰富、资源品位度和知名度高，吸引力强，集聚作用明显，旅游环境承载力较高。

表8-23 中国旅游经济增长高质量综合增长区

高质量综合增长功能分区	省份
高效率提升型	天津
高结构水平优化型	贵州、浙江、安徽
优质环境引导型	江苏、广东、北京、山东

资料来源：根据系统聚类方法计算整理所得。

针对高质量综合增长区特征，构建高效率提升型、高结构水平优化型、优质环境引导型三大模式，进一步明确不同模式的定位与发展方向。

（1）高效率提升型模式：其旅游产业效率指标值在30个省份中最优，主要包括天津。天津处于“环渤海经济圈”内，而京津冀又是中国地区环渤海核心地带，是中国北方经济规模最大、最具活力、最具潜力的地区，旅游战略地位突出。凭借优越的区位条件、良好的交通条件、日益增强的旅游创新能力、丰富的旅游资源等支撑保障因素，天津旅游产业效率较高，旅游企业和从业人员冗余数量小，旅游人才利用率较高（鲁小波和郭迪，2014）。

（2）高结构水平优化型模式：其旅游产业结构合理化、高度化水平高，旅游产业与地区经济发展协调度高，主要包括贵州、浙江和安徽，较高的产业结构化水平是推动中国旅游经济增长的基础性动力（刘春济等，2014）。其中，贵州由于可利用的土地资源有限、生态环境脆弱等特殊自然条件，是一个经济总体发展滞后的欠发达省份，但旅游资源相对丰富。近些年，贵州旅游发展迅速，自 2006 年起每年举办一次全省旅游产业发展大会，旅游产业不断向市行政中心和高级别旅游精品区聚集（舒小林等，2014），旅游产业结构水平不断提高，形成了有较强关联性的旅游集群空间结构（舒小林和王叶，2015）。浙江作为沿海地区的重要省份之一，近几年经济转型发展步伐加快，城乡居民消费需求升级，旅游业处在快速发展的黄金机遇期，“美丽浙江”建设和“五水共治”等重大决策为浙江旅游业发展提供了更多发展机遇，交通设施完善使得浙江旅游业发展的区位交通优势更加明显，旅游产业发展的空间越来越大，且浙江旅游产业体系较为完善，旅游产业结构布局进一步优化，旅游经济发展更加健康持续。安徽旅游业发展迅速，其中旅游景区、旅行社和星级饭店增长较快（胡文海等，2015），国际旅游收入中商品销售部门竞争能力较强（张洪等，2013）。皖南旅游区旅游开发时间较早，拥有两处世界文化遗产景区，旅游产业结构经过多年发展已日趋合理，而皖北地区作为连通皖南、皖北的桥梁，旅游开发虽然较晚，但旅游景区较多，如若能加快旅游资源开发与整合，将成为该省旅游发展新的增长点（赵爱民等，2017）。

（3）优质环境引导型模式：其旅游环境质量指标值远远高于其他省份，旅游资源品位度和知名度都较高，并且注重绿化建设与环境优化，主要包括江苏、广东、北京和山东。其中，江苏旅游资源丰富，自然景观与人文景观相互交融，旅游观赏价值较高，为了维护该省旅游资源环境的高品质，明确各方监管责任，切实加强旅游环境保护是其推行旅游经济绿色可持续发展的基础（龚艳和张阳，2016）。广东处于珠三角经济区域内，不仅有独具特色的南方热带景观，还有呈现出岭南文化特点的历史文化旅游资源（张艺，2016），旅游资源品位度和知名度较高，旅游流向该地区的集聚倾向强（刘宏盈，2012）。在生态环境建设方面，200 多处森林公园、度假区、风景名胜区、滨水公园、自然保护区等串联形成了覆盖珠三角区域的绿道网络体系（徐文雄等，2011），为广东整合资源、保护环境提供了重要支撑。北京作为全国的政治、经济、文化中心，不断增长的人口给其资源环境带来了较大压力，随着卫星城市、新型城镇化等的提出和落实，其旅游发展的空间环境得以释放，潜力巨大，未来旅游经济发展与资源环境承载力将更加适应与协调（郭莎莎等，2018）。山东地处我国东部沿海地区，生态环境复杂多样，是全国的资源大省之一，既有丰富多样的自然旅游资源，更有历史悠久的人文旅游资源，形成了浓厚的历史积淀和特殊的地域氛围（刘肖梅和胡继连，2006），中共十八大以来，山东积极贯彻新发展理念，以改善生态环境质量为核心，实施最严格的环境保护制度（王安德，2017），旅游生态环境保护效果显著。

（二）中等质量优化增长区

如表 8－24 所示，中等质量优化增长区覆盖省份占全国 30 个省份的半数以上，且分布广泛，是我国旅游经济增长的主体。旅游经济增长质量整体上处于中等质量水平，发展层次有待提升。该区部分省份社会经济基础较为薄弱，旅游开发环境成本较高，值得注意的是，四川省、云南省、上海市等省份各自具有独特的旅游发展优势，若能够充分挖掘区域开发潜力，促进旅游产业结构向合理化、高度化方向转变，具备转化为高质量综合增长区的潜力。具体而言：

第一，该区旅游产业效率指数平均值为 0. 5535，高于 30 个省份平均水平（0. 5370），旅游经济活动的投入产出比较高，旅游资源开发利用较为合理，旅游经济增长较为稳定，增长效率较高，但获得的旅游效益与高质量综合增长区还有一定差距。

第二，该区旅游产业结构水平指数平均值为 0. 3097，略高于 30 个省份平均水平（0. 2946），旅游产业结构升级优化对地区经济的促进作用处于中度水平，且存在较大的空间差异，在发展背景几乎相同的情况下，旅游产业结构合理化和高度化也呈现出较大的异质性（张佑印等，2012），这可能与各省份自身的经济区位、资源禀赋、地区政策、消费能力等因素有关。

第三，该区旅游环境质量指数平均值为 0. 3974，略高于 30 个省份平均水平（0. 3891），旅游环境质量较高，区域承载能力较强。

表 8－24　　　　中国旅游经济增长中等质量优化增长区

中等质量优化增长功能分区	省份
中等效率提升型	吉林、内蒙古、辽宁、重庆、黑龙江
中等结构水平优化型	广西、江西、福建、海南、云南、山西、上海
中等环境质量引导型	四川、河北、河南、湖北、湖南、陕西

资料来源：根据系统聚类方法计算整理得到。

针对中等质量优化增长区提升优化路径，构建中等效率提升型、中等结构水平优化型、中等环境质量引导型三大模式，进一步明确不同模式的定位与发展方向。

（1）中等效率提升型模式：其旅游产业效率处于中等水平，集中分布在我国东北地区，主要包括吉林、内蒙古、辽宁、重庆、黑龙江等 5 个省份。其中，吉林旅游产业效率较高，近年来其积极推进旅游与文化、旅游与体育等产业的融合发展，不断优化旅游产品结构和提升产业层次，国家政策性资金支持也促使其旅游产业效率得到有效提升（钟敬秋等，2016）。内蒙古旅游产业整体效率偏低且各市间效率不均衡，一定程度上制约了旅游产业整体发展，作为我国重要的少数民族聚居地，其拥有独特的地域景观特征与民族地区的居民传统文化，近年来旅游总收入不断上升，但旅游业的发展仍处于粗放式阶段（付向阳和黄涛珍，2015），除呼和浩特市、呼伦贝尔市和锡林郭勒盟外，其他市旅游业发展效率较低（韩炜宏等，2015），旅游产业亟待向集约化发展。辽宁旅游资源禀赋优越，交通通达性较高，区位条件独特（王洪桥等，2014），使其旅游业在全国排名靠前（鲁小波和陈晓颖，2015），但也存在着旅游资源配置不合理、对旅游资源过度依赖、旅游资源利用效率低下等问题，限制了旅游产业效率的提升（关伟等，2018）。重庆旅游资源丰富，旅游经济发展潜力巨大（许虹，2000），旅游业紧紧围绕“把旅游业培育成为我市综合性战略支柱产业和加快建设国际知名旅游目的地”的目标定位，入境、出境旅游呈现稳步增长，旅游经济持续快速发展，《重庆市旅游发展总体规划（2016—2030）》和《重庆市建设国际知名旅游目的地“十三五”规划》也明确把旅游业作为全市综合性战略支柱产业，为提升旅游产业效率提供了政策保障。黑龙江作为东北三省的重要工业基地之一，2003 年国家提出振兴东北老工业基地战略支持后，其旅游经济实力显著增强，旅游效率明显提升。2017 年黑龙江旅游工作会议上提出“坚持以供给侧结构性改革为主线，逐步增强旅游核心竞争力”。

（2）中等结构水平优化型模式：包括广西、江西、福建、海南、云南、山西和上海。其中，上海地处长江入海口，是长江经济带的龙头城市，也是我国对外互通有无的重要窗口，依托国际化的开放平台有助于打造更具创意的旅游资源（刘少湃等，2016），其旅游产业结构优化主要得益于旅游科技创新的发展和进步，但旅游资源的竞争力有待提高（徐知渊和吕昌河，2017）。除上海外，其他省份大部分经济水平都处于中等水平，但都具有能够吸引旅游者集聚的地方特色旅游资源，旅游产业占第三产业的比重适当，产业结构较为合理。广西旅游业相比发达地区起步较晚，但其在与“一带一路”沿线国家进行旅游开放合作过程中，具备地理位置、旅游资源、人文交流、优惠政策等方面的独特优势，吸引了较多国内外游客，旅游总收入明显增加，旅游产业结构合理化程度也逐渐提高。江西旅游资源丰富，生态环境优良，核心推动力是旅游重点产业集群，凭借工业化、城镇化的手段方法助推旅游强省建设（洪文艺，2016），但旅游基础设施还不完善，旅游收入景区依赖性强，与旅游强省目标有一定差距（熊云明和李松志，2017）。福建作为和台湾地区沟通的桥梁，区域旅游业合作关系紧密（李金荣和张向前，2013），但其自身仍存在着产业规模不大，服务水平国家化程度不够等发展难题。海南旅游企业虽多，但规模普遍较小，且联系不密切，旅游产业结构合理性有待提高（侯明帅，2017），“门票经济”也严重影响着其景区自身的发展水平，甚至对整个旅游产业结构的良性发展有着抑制作用（李冰晶，2017）。云南旅游业一直处于全国前列，急速扩大的旅游规模与质量失调的结构性问题日益凸显（赵海涵和张晓磊，2018），在国家“全域旅游”概念提出的背景下，其旅游产业结构有待转型升级（祁苑玲，2017）。山西地处中部内陆腹地，交通网络体系发达，稳定的客源市场、优质的资源禀赋以及优惠政策的扶持，为山西旅游业的快速发展打下了坚实基础，但一直以来以“煤炭产业”为主导产业的发展模式一定程度上成为旅游业发展的障碍，如何实现煤炭产业和旅游业的融合发展，提高旅游产业结构水平是旅游经济进一步发展的关键（李丽和景普秋，2013）。

（3）中等环境质量引导型模式：其旅游环境质量一般，旅游资源品位度和知名度优势也不凸显，主要包括四川、河北、河南、湖北、湖南和陕西。丰富的生态旅游资源为四川发展生态旅游提供了广阔的发展基础，也是我国较早开发生态旅游项目的省份之一，但其发展也存在着缺乏规划、盲目开发等现象（杜通平等，2005；钟洁等，2014），超负荷的旅游接待量导致旅游环境受到严重污染，加强旅游环境质量的保护和改善势在必行。河北自然生态旅游资源丰富，涵盖自然保护区、森林公园、国家地质公园、湿地等生态旅游资源，人文生态旅游资源也相当丰富（袁志超和史建平，2008），但其许多景区较为分散，经营管理缺乏科学性，区域旅游资源未得到合理整合利用（张亚明等，2016）。河南旅游经济和生态环境之间的关系长期以来处于此消彼长的发展状态，近年来随着人们环保意识的增强和国家环保政策的出台，其生态环境有所改善（郭二艳，2015），旅游环境质量总体上呈现稳步提升的变化趋势。湖北旅游环境发展基础较差，受限于偏低的生态环境发展态势，旅游产业和生态环境的协调度也不高（王兆峰等，2018）。湖南生态旅游资源极具特色，但也出现了湖泊景区污染严重，景观遭到破坏的现象（王迪云，2007）。陕西是中华文明的重要发祥地，是我国最重要的旅游资源大省之一（薛亮和苏惠敏，2007），但旅游环境质量有待进一步提升，2017 年《陕西省旅游服务质量测评情况公告》也提出进一步实施旅游服务质量，提升陕西旅游环境质量。

（三）低质量引导增长区

如表 8 –25 所示，低质量引导增长区是我国旅游经济发展较为落后的地区，旅游产业效率、旅游产业结构水平和旅游环境质量指标值在 30 个省份中最低，该区人口较少，土地空间广阔，旅游资源特色突出，只是受限于经济基础和产业规模，开发利用不足。随着“西部大开发”国家战略、2015 年国家发展改革委联合外交部、商务部的《推动共建丝绸之路经济带和 21 世纪海上丝绸之路的愿景与行动》以及 2017 年文化部印发的《文化部“一带一路”文化发展行动计划（2016—2020 年）》等政策的实施，西部省份旅游经济发展迎来重大的机遇。具体而言：

第一，该区旅游产业效率指数平均值为 0. 4475，低于 30 个省份平均水平（0. 5370），经济活动的投入产出比较低，旅游产业效率低。该区人口较少，旅游资源开发难度较大，旅游业起步较晚，旅游经济增长速度缓慢，增长效率偏低，旅游消费对经济增长的贡献也不高。

第二，该区旅游产业结构水平指数平均值为 0. 2384，低于 30 个省份平均水平（0. 2946），旅游产业结构升级优化对地区经济的促进作用不明显。

第三，该区旅游环境质量指数平均值为 0. 3020，低于 30 个省份平均水平（0. 3891），沙化现象严重，人均公园绿地面积少，旅游环境质量有待提高。

表 8 –25　　中国旅游经济增长低质量引导增长区

低质量引导增长功能分区	省份
低效率提升型	甘肃
低等结构水平优化型	青海、宁夏
低环境质量引导型	新疆

资料来源：根据系统聚类方法计算整理得到。

针对低质量引导增长区提升优化路径，构建低效率提升型、低等结构水平优化型、低环境引导型三大模式，进一步明确不同模式的定位与发展方向。

（1）低效率提升型模式：其经济基础薄弱、基础设施落后，旅游产业投入产出比不高，吸引带动能力不强，此外，旅游人均消费水平也不高，导致旅游产业效率低的情形（王虹和胡胜德，2017），主要包括甘肃。甘肃长期以来主打的“丝绸之路”旅游品牌，虽然带动了其旅游业的发展，但也导致许多高品位的非“丝绸之路”旅游资源未得到充分开发利用（郭晓东等，2011），旅游产业效率有待提升。

（2）低等结构水平优化型模式：从旅游产业结构合理化和高度化两个方面来看，该模式的旅游产业结构水平整体偏低，主要包括青海和宁夏。青海经济发展水平低，在一定程度上制约着其旅游产业的可持续发展，旅游产业发展相对滞后（杨敏，2006）。宁夏旅游相关企业的数量少、规模小，经济效益普遍较差，旅游总收入低，有时甚至出现亏损局面，严重制约了其旅游产业的进一步发展（杨立勋和马斌斌，2014），旅游产业结构水平有待提高。在我国经济新常态的时代背景下应适时进行战略调整与转换，实行旅游带动经济发展战略（许丽君和汪建敏，2017），注重推动旅游产业结构的优化升级。

（3）低环境质量引导型模式：其旅游环境质量较低，生态环境较为脆弱，主要包括新疆。新疆虽然自然与人文旅游资源较为丰富，但具有生态环境脆弱的特点（王琦等，2018），部分地区自然环境恶劣，地理区位独特，部分区域不适宜发展旅游业，且作为我国降水偏少的西部地区，大部分地区是以草原、荒漠草原、荒漠所构成的生态系统，是典型的生态脆弱地区，恶劣的自然条件再加上人口的急剧增长、工农业生产的迅速发展，使得该地区沙漠化、水土流失、盐渍化等生态环境问题十分突出（刘滨谊和张国忠，2006），旅游环境问题有待解决。

第四节　本章小结

本章综合运用耦合协同、社会网络分析与主体功能分区等理论，结合空间统计和计量分析等方法分别从系统作用视角、空间依赖视角以及分区识别定位视角等探讨中国旅游经济增长质量的空间优化调控机制。首先，展开旅游产业效率、旅游产业结构及旅游环境质量之间的空间耦合研究，系统模拟与探究三大系统之间的彼此联系和制约关系，探讨“效率－结构－环境”系统协同作用下中国旅游经济增长质量的空间调控机制；其次，量化研究各省份旅游经济增长质量的相互作用和空间关联强度，构建并判别中国旅游经济增长质量的整体网络、个体网络、聚类特征及影响机制等，探讨空间网络视角下中国旅游经济增长质量的优化协作路径；最后，借鉴主体功能区划思想，运用类间平均链锁法和欧氏距离平方法，识别效率提升型、结构优化型、环境引导型等旅游经济增长功能类型，探索不同区域旅游经济增长模式、调控方案与优化路径。

研究表明，研究期内我国 30 个省份旅游产业效率、产业结构和环境质量耦合度始终处于高水平阶段，耦合协调度变动幅度较大但整体呈现上升状态。首先，旅游产业效率、旅游产业结构和旅游环境质量三个子系统之间相互关联且关联程度较高。其次，中国旅游经济增长质量的空间相互作用整体上不断增强，但东、中、西三大区域间具有明显的异质性特征，具体表现为中部和东部空间联系密集、西部稀疏。再其次，整体旅游经济增长质量空间关联网络结构紧密且相对稳定，聚类特征明显，表现出明显的地理邻近特征。最后，对我国 30 个省份旅游经济增长质量进行划分，其中广东、江苏等 8 个省份为高质量综合增长区，旅游产业效率、结构水平与环境质量均较高；甘肃、青海、宁夏和新疆 4 个省份为低质量引导增长区，旅游产业效率、结构水平与环境质量均较低；其余 18 个省份为中等质量优化增长区，旅游产业效率、结构水平与环境质量处于中等水平。

第九章 中国旅游经济增长质量提升路径及对策建议

当前，中国旅游经济增长已经进入了由数量增加带动向质量提升带动的重要转型阶段，“结构性制约、效率驱动不足、资源环境约束”已成为阻碍旅游业可持续发展的瓶颈问题。提高技术进步、全要素生产率增长与旅游经济运行效率，促进旅游产业经济要素的合理配置和结构优化，不断提升旅游环境质量、承载潜力与绿色发展制度创新，以创新溢出、科技溢出与人才溢出带动空间协同发展，以创新驱动、结构优化以及绿色发展有效带动旅游产业的集约化发展，是新时期中国旅游经济保持高质量与可持续增长的必经之路。

第一节 充分发挥旅游经济增长空间关联与溢出效应

一、优势互补，促进区域旅游经济差异化的增长

首先，差异化增长，发挥各省份优势带动作用。中国旅游经济增长质量呈现出东部地区质量水平高、中西部地区相对较低的空间格局。东部地区旅游经济增长质量水平较高，其旅游经济效率较高、旅游产业结构较为合理和旅游环境质量良好；中西部地区旅游经济增长质量水平相对较低，旅游产业结构合理化和高度化水平有待提升。旅游经济增长质量高的省份集中分布在山东、江苏、上海、浙江、福建、广东、海南等东部地区，这些地区在旅游经济效率、旅游产业结构效率和旅游环境质量上都处于全国上游水平，这与当地的资源禀赋、发展政策和区位优势有关，与欠发达的中西部地区相比，区域表现出的旅游经济增长质量水平更为显著。研究期内旅游经济增长质量水平的空间分布格局虽有变动但基本上没有出现实质

性的改变。因此，东部地区省份应继续保持旅游经济平稳持续增长，充分发挥其对邻近省份旅游经济增长产生的辐射作用，带动中西部地区旅游经济发展，同时发达省份旅游经济应注重集约、高效发展，加强生态保护、环境污染治理、环境质量优化，防止旅游经济增长质量水平下滑。中西部省份应充分利用特色旅游资源优势，推动旅游经济增长与环境保护共融，加强旅游产业的融合协调和技术创新，优化旅游产业结构，为促进旅游经济质量提升提供动力。

其次，确定旅游经济增长极，推动旅游经济从粗放式向集约式增长方式转变。从整体旅游产业效率来看，我国各个省份旅游产业效率较高，但效率仍有待政策引导与能力提升，应加大旅游产业改革力度、采取增加要素流动性、扩大增长空间等方式促进旅游产业效率的稳步提升。作为处于旅游产业效率较高的省份，辽宁、天津、吉林、黑龙江、内蒙古、重庆等，应构建增长极模式，以发挥自身效率水平为增长点，引入较为先进的旅游产业技术创新，在此基础上优化旅游产业结构，促进旅游经济增长持续稳步发展。重视运用政策引导资本、信息、劳动力等要素向中西部地区流动，以达到区域之间要素投入－产出的平衡状态。与此同时，不断加大旅游人才的培养与引进力度，充分发挥规模经济，增大旅游技术研发投入，全面提升旅游产业效率水平，实现旅游产业从粗放式向集约式增长发展。

二、关联互动，发挥旅游经济增长空间溢出效应

任何经济现象的产生、发展与消亡都不是一个完全独立的过程，而是种种因素共同作用的结果，同样我国不同省份之间的旅游经济增长存在相互关联性，尤其是当旅游活动对外部环境产生了一定依赖时，旅游经济增长相应也会产生外部性结果，而这种外部性又对旅游经济增长质量产生较大影响，进而引发并产生旅游经济增长的溢出效应。

从全局自相关分析与全局空间格局来看，研究期内我国旅游经济增长质量存在显著的正向空间依赖性，空间集聚特征显著，并逐渐形成由高质量地区向低质量地区辐射的格局。尤其是 2010 年以来，旅游经济增长质量表现为较强的空间集聚且集聚程度逐渐增强，旅游经济增长质量水平高的地区从沿海地区的江苏、上海、浙江、福建、广东等省份向周边省份扩张，区域扩散趋势明显；受到周边省份的影响，旅游经济增长质量水平低的省份发生一定变化，从而促进集聚态势的发展。从局部自相关分析与局

部空间格局来看，各省份与其相邻省份之间往往存在着不同的相关程度，各省份之间旅游经济增长质量呈现空间相关性或相异性。北京、天津、山东、江苏、浙江、福建等旅游经济发达省份处于“扩散效应区”，青海、甘肃、宁夏等旅游经济欠发达省份则长期处于“低速增长区”。因此，应充分发挥区域空间集聚、关联与溢出效应，以旅游经济高质量增长的省份为核心，深化区域旅游合作，促进区域旅游经济联动。发挥旅游经济增长高质量水平地区的地缘优势，充分发挥其良好的区位条件，强化中心地区的核心带动作用，主要通过缩短东部高质量水平地区与西部低质量水平地区的交通时间，加强资金、资源的空间流动，逐渐缩小区域间的旅游经济增长质量的差异。利用经济发展的政策优势，依托国家“一带一路”倡议，加强西部地区的对外合作水平，注重特色旅游资源调查和评价，促进旅游资源整合开发，提高区域旅游经济增长水平。扩大旅游经济增长质量热点区域的集聚效应，进一步拓展旅游经济发展延伸区，提高旅游产业带动作用，突破行政区域限制，制定区域旅游发展战略，发挥政府在促进旅游经济增长中的协调作用，在地方政府与旅游企业的合作过程中，协调关系、分配利益，统筹区域旅游经济的整体发展。

根据空间溢出模型的拟合估计结果可知，经济因素、政策规制因素及生态环境因素皆对旅游经济增长产生了显著的空间溢出效应，对中国旅游经济增长质量格局的空间演化产生了明显影响，而相比之下，人才与技术创新因素尚未能对中国区域旅游经济增长发挥出应有的推动作用，结合区域经济增长理论与新经济地理学理论，提出如下具体的对策建议：

首先，整合优化旅游产业建设资金，不断提高资金投入效率。根据空间计量模型拟合估计结果可知，旅游行政管理部门的政策规制在旅游经济增长进程中具有直接性的带动作用。因此，应当优化旅游产业建设资金投入形式，坚持旅游产业的合理规划、产业联合、规范管理与严格监督一系列原则，支持海洋旅游、文化旅游、乡村旅游和生态旅游等重点产业部门以及养老旅游、邮轮游艇旅游、智慧旅游和休闲度假旅游等新兴业态发展。创新财政制度加大旅游资金投入力度，拓宽范围并明确重点，构建财政支持旅游发展资金的有效投入机制；充分调动旅游目的地社区居民、相关旅游经营企业及旅游行政管理部门等各方相关利益主体的积极性，提高资金分配的民主性与透明度，充分结合资源要素分配规律与旅游资金整合绩效考评制度，力求实现财政资金的高效与合理规范化使用，尽量减少不必要的资金浪费，充分发挥行政管理部门的政策规制对旅游经济增长的溢出效应。

其次，促进形成良好的旅游环境系统。生态环境的优良程度是影响旅游经济增长的重要指标。随着智慧旅游与旅游信息化发展程度的不断提高，应不断推进遥感技术（RS）、全球定位系统（GPS）和地理信息系统（GIS）等在旅游环境监测、预警与管理系统中的应用，加强不同省份间旅游生态环境、旅游文化环境与旅游社会环境的跨区域联合监测、调控与管理工作，提高旅游目的地环境管理的水平与效率。另外，我国地域辽阔，自然生态环境与社会文化历史环境各具特色，其旅游环境承载力也呈现出明显差异，对应的限制性与影响因素也不尽相同。因此，不仅要注重区域旅游经济效益的增长，也要加强旅游地区域内旅游环境规划的编制，统筹安排旅游热点和冷点地区，合理地进行旅游分流，有效提升旅游地旅游环境承载力，实现可持续旅游的发展。

最后，充分发挥技术进步与知识溢出的空间扩散效应。技术研发与知识创新是一种具有正外部性的行为，在西部大开发、中部崛起及一带一路等国家发展战略推动下，在未来的旅游业发展过程中，各省份间的联系将更加紧密，技术研发与知识创新都可能在中国的地区之间进行传播和扩散（潘文卿等，2017）。因此，应高度重视旅游教育与培训工作，加快整合旅游教育资源，优化调整地方旅游教育院校结构，开设综合性旅游大学和大中专旅游职业学校，切实加强旅游战略研究，促进多层次多元化高素质的旅游行业基层服务人员建设与管理人才队伍培养。同时应进一步推动以旅游高等院校为代表的研发单位增加投入、释放科技创新潜力，不断扩大旅游产业相关研究成果推广的投资，加强旅游院校之间、旅游院校与旅游企业之间的合作与交流，利用旅游行业发展实际情况刺激旅游研究与创新需求，利用旅游技术与科技成果指导旅游发展实际应用，加强各地区旅游院校与旅游企业间的对接与合作，开发建设“高校产学研一体化项目”，促进旅游创新技术成果的初步研发与后期转变，充分发挥旅游技术的溢出效应，从需求角度刺激全新旅游需求及活动形式的产生，从供给角度实现旅游产品与服务的创新升级，促进资源要素价值的最大化实现，从而推动产业结构升级与发展方式转变，有效促进旅游经济增长质量的提升。

三、功能定位，推动空间系统耦合及其协同优化

（一）明确系统耦合类型，确定空间协同路径

根据旅游经济增长质量“效率－结构－环境”三大子系统间的交互关

系，明确不同系统耦合类型的空间协同路径。旅游环境质量滞后型省份应重视改善旅游消费结构以及提高旅游劳动生产率。具体而言，对于天津等旅游经济发展水平较高的东部地区省份而言，旅游基础设施配套齐全，核心旅游资源丰富，具有较强的旅游吸引力，今后应借助旅游发展的先决条件和优势，加快提升旅游服务质量和生态环境质量，走环境高端、产业高端、服务高端的发展模式。而青海、云南和贵州等西部地区省份因自然景观多样，受城市和工业污染影响较小，可依托其独特优势，大力发展生态和民俗旅游，并应注重区域的绿色环保、可持续发展，以维护原生的自然和人文生态环境，加强旅游服务配套设施建设，进一步完善公共服务体系。

旅游产业结构滞后型省份应着重实现旅游产业结构的优化升级，其关键是转换旅游经济增长方式，加快由粗放型发展模式向质量型发展道路转变。具体而言，上海、辽宁、山东、河北、北京、福建、浙江、广东、广西、江苏等旅游经济发达省份，应重视依托海上丝绸之路建设增强区域协同发展；而湖南、湖北、河南、江西、吉林、安徽、山西等中部地区省份，旅游业发展相对缓慢，具有较大成长空间，应重视挖掘这些省份悠久的历史文化资源，开发高品质旅游产品；旅游产业结构水平较低的重庆、陕西、内蒙古、四川等西部省份，应依托“一带一路”倡议加强旅游基础设施建设，扩大旅游市场，提升旅游经济增长质量，并大力提升“效率-结构-环境”子系统之间的协调发展水平。

（二）识别旅游经济增长功能类型，明确功能定位与发展模式

明确不同旅游经济增长功能区的发展定位和发展模式，有效促进增长功能的空间协调。其中，高质量综合增长区在产业效率、结构水平、环境质量三个维度处于相对较高的等级，是旅游竞争力较高的区域，主要分布在我国东部地区省份。该类功能区应在确保旅游经济稳定持续发展的同时，注重旅游产业效率、旅游产业结构、旅游环境质量的协调全面发展，在供给侧改革背景下实现效率、结构、环境三方面的协调优化，不断增加有效旅游供给，有效提升旅游经济整体实力和国际竞争力。中等质量优化增长区覆盖我国半数以上的省份，该类功能区的旅游经济增长潜力较大，今后应注重旅游产业结构向合理化、高度化方向转变，以具备转化为高质量综合增长区的能力。低质量引导增长区是我国旅游经济发展较为落后的区域，旅游产业效率、旅游产业结构水平和旅游环境质量较低，今后应抓住我国实施“一带一路”倡议的发展机遇，扩大旅游市场，完善旅游基础

设施，促进旅游产业结构合理化，挖掘旅游经济发展潜力。

注重统筹不同功能区之间的相互促进与协调关系，促进不同区域旅游经济增长功能的优势互补，明确符合自身特点的发展路径和模式。其中高质量综合增长区应在保持其相对较高的旅游经济增长质量的同时，充分利用“增长极”模式的辐射功能，加大旅游产业要素流动，逐渐向欠发达地区转移，以缩小各个区域之间的旅游经济增长质量差异；中等质量优化增长区应通过市场联动作用促进各区内旅游产业要素流动，重点开发当地旅游特色资源，通过政策引导，带动当地经济发展，从而促进旅游经济稳步上升，拓展多样化的投融资渠道，为旅游业的发展奠定坚实基础；低质量引导增长区则应侧重于加大投资建设旅游基础设施、完善服务设施功能，通过旅游扶贫、乡村振兴战略等政策，提升整体旅游接待能力，提高该区域的旅游产业发展与经济实力。

第二节　加快旅游产业创新驱动与效率提升

一、加强技术进步，提升旅游产业全要素生产率

生产率增长与技术进步是促进经济增长的主要原因。当技术进步应用于旅游产业时，势必会引起旅游产业的整体技术创新，同时促进旅游产业各行业部门之间的相互配合、相互协调，提高旅游经济增长质量。在新古典经济增长理论中，生产率的提高是经济获得长期增长的重要源泉，从生产率的形成来看，技术进步能够刻画经济发展的内在联系和作用机制。在企业微观层次上，技术进步直接影响着旅游企业的经营绩效，在区域中观层次上，技术进步反映了不同地区旅游产业竞争力和综合实力差异存在的内在技术机制。技术进步是中国旅游全要素生产率增长的重要推动因素，技术进步和技术创新共同加快了旅游全要素生产率的增长。因此，在中国旅游产业转型发展和结构升级过程中，要重视技术进步的重要作用，加快技术进步推动旅游企业的经营管理水平和技术创新能力的提高，有效改善中国旅游资源与产业要素的利用效率，发挥技术进步在促进旅游业集约发展模式转变中的重要影响力。

首先，应结合各省份旅游产业发展状况，制定符合自身特点的旅游产业发展政策。以旅游产业转型升级为目标，推动旅游产业从要素驱动转向

创新驱动、粗放发展转向集约发展、规模扩张转向效益提升（刘佳等，2015）。加强区域之间旅游产业发展的信息、技术、人才的交流与合作，形成相互依存、相互促进、取长补短、优势互补的区域旅游协作关系，实现旅游人才、旅游创新技术与管理水平以及旅游产业要素的区域共享，提升技术进步对旅游产业的贡献作用，有效提高中国旅游产业全要素生产率和整体效率水平。

其次，重视旅游产业的技术进步与科技创新。应充分发挥技术进步在推动旅游经济发展中的重要作用，努力推动自主创新、引进—消化—创新以及与国外合作创新等多方面的技术创新引领旅游经济增长质量的整体提升。伴随云计算、互联网和物联网等网络技术的应用、发展和普及，大数据在人工智能、智能制造、数字化经济等领域广泛应用，成为推动经济转型发展的新动力，对经济发展质量具有深刻影响（许宪春等，2019），人工智能、数字化革命为代表的大数据将实现空前的技术进步（曹静和周亚林，2018），基于旅游大数据的旅游消费场景、旅游管理场景、旅游营销场景以及旅游服务场景应用切实推动旅游经济现代化转型（李云鹏，2017），依托海量数据的智慧旅游方式使传统旅游更有效率（吴开军，2019）。因此，为保证旅游经济高质量增长的硬件条件和软实力，应加快应用物联网、互联网、云计算等信息技术，积极推动人工智能、量子信息、区块链等新技术以及机器人、VR、AR 等先进技术融入旅游资源开发、环境保护、产业发展与运营管理过程中，提升旅游资源可持续利用与产业绿色发展能力，促进旅游产品与服务管理向数字化与智能化转变，加快旅游产业业态跨界融合与商业业态创新，促进结构优化与产业格局转变。

最后，构建“产学研”相结合的旅游科技创新发展平台和产业化平台，以加快推广和应用旅游科技创新成果。基于旅游业的发展需求和发展特点，着重解决如何转化旅游信息科技成果、创新开发旅游产品、提高旅游企业管理效率、创新旅游营销方式、升级旅游企业信息技术等技术创新问题，谋求建立以旅游需求为基础、以旅游科技信息企业为核心主力，同时联合各大科研机构和高等院校共同协作的“产学研”全覆盖的“一体式”的旅游科技创新完备体系，提高旅游产业效率。此外，构建旅游科技创新产业化平台，要以国家旅游产业发展战略为指导，以旅游资源产业化开发管理为基础，建立科技创新产业化发展保障体系，充分发挥国家、各级地方政府以及旅游相关行政管理部门的政策导向与激励作用，科学、有效地引导、规划和监督旅游科技创新力量的合理布局与产业化运作。

二、加大人力投入，注重旅游科技创新人才培养

人力资本是驱动现代旅游经济增长的重要引擎，直接影响着我国旅游经济增长的质量水平。人力资源开发必须与资本、技术等要素协同作用才能促进中国旅游经济高效、协调和有序的增长。

首先，创新型人才培养是确保旅游经济增长质量的关键动力。高素质的人才，尤其是拥有高新技术的综合性人才是旅游业实现跨越式发展的重要推动力。针对当前我国旅游产业面临综合性复合人才以及专业性服务人才不足、科技创新力量薄弱等问题，应积极推进创新型人才队伍建设，加强复合型旅游人才的培养、引进、使用、评价和激励机制建设，构建完善的产学研相结合的人才培养体系等，为促进我国旅游经济高质量增长提供人才保障。

其次，行业人才培养是保障我国旅游经济增长质量的根本。行业人才培养是我国旅游产业发展的重要工作，需要高度重视教育和培养，实现旅游人力资本优化，发挥旅游知识与人才的溢出效应，为促进旅游经济高质量增长提供人才保障。应扩大旅游专业相关研究成果推广的投资，加强高校与高校之间、高校与企业之间的交流，实现产学研一体化建设和发展，既拓宽技术成果的转化渠道，提升旅游产业效率，促进当地旅游经济增长质量水平的提高，又促进技术创新成果的区域流动，实现旅游产业结构的高度化转变，带动邻近省份旅游经济增长质量水平的提升，形成人才为本、知识引导、创新驱动的旅游经济增长机制。同时，注重人才、知识以及创新活动对旅游业发展带来的正向空间外部性效应。例如，加强与周边处于较高质量水平省份的合作，充分发挥市场和政府在引进人才过程中的作用，采取政府补贴和企业补助等形式引进高层次人才，通过人才引进和旅游创新来弥补因区位因素造成的旅游经济区域差异。

最后，完善旅游科技创新人才培养与管理机制。紧密结合旅游科技创新发展的需要，优化整合、合理配置旅游教育资源，通过教育深化，加强重点学科和综合性学科建设，构建门类齐全、特色突出、优势互补的旅游专业体系，扩大高层次人才培养规模，加快提升高等教育和旅游职业技术教育质量和水平，重点培养复合型旅游创新人才。积极建立旅游产业创新人才教育培训基地，加强有针对性的人才培训，完善旅游创新人才培养开发、评价发现、选拔任用、流动配置和激励保障机制，引导和鼓励旅游企

业建立创新人才培养、引进和奖励制度，通过改革和创新推动中国旅游经济向全要素生产率驱动的新增长模式转变。

三、实施创新驱动，促进旅游产业效率整体提升

旅游产业发展本身存在大量的创新现象，且其创新依赖于技术推动与需求拉动的双重驱动（Camisón and Monfort-Mir，2012）。创新驱动是旅游产业由粗放型模式转变为集约型发展模式的重要选择，在这一过程中，资源驱动和要素驱动实现了向创新驱动路径的转变，有助于获取旅游经济增长的新动能，可以有效促进旅游产业效率的整体提升。

首先，加快旅游产品创新开发。重点以旅游资源为前提和基础，以应用各类“智慧技术”为手段，以计算机、移动设备、智能终端等工具为导向，以旅游科技创新能力提高与产业融合协调发展为有力保证，以旅游城市经济社会发展水平与交通网络系统为支撑，积极构建集观光娱乐、休闲度假、参与体验等于一体的旅游产品开发体系。深入研究当前旅游者个性化休闲旅游需求的变动趋势，运用多媒体技术、虚拟现实技术等科技创新技术提供旅游智慧服务与智慧管理，实现旅游产品开发与市场运作智能化、系统化及品牌化，提高旅游产品的科技含量、体验效果、文化内涵与品牌知名度，丰富旅游产品形态，提升旅游产品品质。

其次，促进旅游市场管制创新。从形式和内容上健全旅游市场营销机构和完善管理体制，加大对旅游中间商的营销激励机制，鼓励旅游中间商对节庆会展旅游、体育旅游、乡村旅游等不同细分市场的重点营销。不断提升旅游企业市场竞争力，特别是提高旅游服务的质量。加强政府在旅游市场发展中的引导与调节作用，通过制定和完善相关旅游政策与法律法规，规范和约束旅游企业市场行为。

最后，加强旅游管理体制创新。应把握国家深化文化体制改革和文旅融合新时代的重要机遇，科学制定相关发展对策，充分调动相关企业、社会组织发展旅游业的积极性，加快旅游与特色文化产业的融合发展。还应打破各地区的行政区划壁垒，建立多层次、全方位的文旅融合管理体制和协作机制，提升管理效率，推动旅游产业可持续高质量健康增长。

第三节 推动旅游产业结构优化与转型升级

一、转型升级，推动旅游产业结构整体优化

旅游产业作为国民经济的重要支柱产业，其要实现从粗放增长向集约增长转变、从“世界旅游大国”向“世界旅游强国”转变，势必对当前的旅游产业转型升级提出新的要求，应综合考虑旅游综合功能、经济增长、产业结构、发展动力机制等诸多方面的产业转型和升级发展（刘少和，2008）。而中国经济“调结构，稳增长”的重要方面是优化产业结构，同样旅游经济增长及其良好运行和发展要求旅游产业各要素、各部门之间按比例合理有序、协调地发展，需要不断促进和提升旅游产业结构的合理化、高级化和均衡化发展，以全面提升旅游经济的综合效益和高质量增长。

首先，加快产业集聚发展，促进旅游产业结构优化。当前，中国旅游经济增长过程中呈现出较为显著的集聚态势，产业集聚已成为旅游发展的主要形态和重要战略。应积极发挥产业集聚发展所带来的规模经济效应，降低成本效应、区域品牌效应、旅游竞争效应、网络联系效应以及知识溢出效应，促进地区旅游资源和产业要素的有效配置，实现旅游资源与要素增值。不断推动旅游产业集群建设和发展，加快实现旅游产业集聚的区域协作与产业协作，构建旅游产业集群联盟，实现不同地区旅游产业集群核心要素的“无缝链接”；构建集群之间的市场网络平台，实现旅游产品互补、线路整合、客源互动与市场共享等；引导旅游产业集聚的管理和营销模式创新，推动中国旅游产业集约化和专业化发展。

其次，推动产业融合发展，促进旅游产业结构升级。产业融合能够重塑产业的结构形态和产业边界（李锋等，2013），是地区旅游产业结构升级的重要动力。促进旅游产业融合，推动旅游产业内部或与其他产业之间发生关联、交叉和渗透，使得产业业态发生改变，延伸旅游产业附加值。在中国经济新常态下，应加快旅游产业融合速度，推进旅游业与第一产业之间形成交叉融合，大力发展观光农业、体验农业、生态农业、休闲渔业等新型产业；推进旅游业与第二产业之间形成交叉融合，大力发展工业旅游、临港工业旅游等新业态；与科技、文化、体育、养老等第三产业之间

形成交叉融合，形成科技旅游、动漫旅游、文化旅游、体育旅游、养老旅游、研学旅游等新型产业形态。通过旅游产业与相关产业交叉融合，延伸旅游产业链条，拓展产业的价值增长点和发展空间。例如，重点依托国家工业旅游示范点、国家农业公园、国家海洋公园、国家文化产业示范园区等的建设，促进“工旅融合”“农旅融合”“文旅融合”和产业升级，探索多元旅游产业业态与发展模式。

二、内外协调，促进旅游产业结构的合理化

合理的旅游产业结构是旅游经济增长的必要条件，旅游经济增长的过程往往伴随着旅游产业结构的不断调整。资源依赖、效率不足与传统粗放型增长模式往往造成产业要素系统结构不合理、不同部门之间关联度不高、与相关产业之间的深度融合不足等现实问题，因此，大力提升旅游产业结构合理化水平是旅游经济高质量增长的重要路径。

首先，加强旅游产业结构内外部协调，提升合理化水平。重视资源（资本、劳动力、技术等）在旅游经济增长过程中的有效配置，一方面，加快旅游产业内部不同行业部门结构之间要素均衡与协调，促进各部门之间的构成比例关系合理和层次结构有序，在发展规模、速度和效率上实现内部协调，有效发挥不同部门的结构效益、竞争优势和关联效应，相互配合、相互协调与相互促进，重视产业链纵向升级，使得旅游产业综合效益和增长质量不断提升。另一方面，推动旅游产业结构的外部协调，重视旅游产业与地区其他相关产业的融合互动与协调发展，建立高效率与低成本的产业联系。

其次，依托消费结构调整和消费升级，提升合理化水平。当前中国旅游消费存在着较为突出的供需失衡问题，即高质量的旅游产品与旅游服务供给相对不足，引起旅游消费购买力不足与消费结构失衡。旅游产业结构合理化的过程与需求端的消费内需密切相关，在经济新常态和供给侧结构性改革背景下，应充分依托近年来国家出台的旅游消费相关支持政策，如《国务院关于加快发展旅游业的意见》（2009 年）、《国民旅游休闲纲要（2013—2020 年）》、《关于进一步促进旅游投资和消费的若干意见》（2015 年）关于“培育新的旅游消费热点”“扩大旅游消费”等的要求，通过调整消费结构、拓展消费空间和提升消费层次，促进旅游产业转型升级。例如，重视旅游文化、精神消费和体验消费，积极发展研学旅游、养老旅游、医疗旅游、体育旅游等消费潜力较大的旅游产品，促进地区旅游消费

热点的产生、变化和发展，提高娱乐与购物等弹性较高的非基本消费比重，满足高层次的旅游消费需求，从而发挥旅游消费升级后的购买力对旅游产业结构合理化的推动作用。

三、要素重置，提升旅游产业结构的高度化

产业结构调整的基础是部门之间资本、劳动要素配置效率的改善，要素重置与结构变迁是经济增长的重要源泉。当前我国旅游产业结构不断提高，结构矛盾和结构失衡较为突出，旅游与相关产业深度融合不足、旅游科技创新能力有待提升、旅游产业的高投入与低效率发展等诸多问题，往往表现为依靠资源驱动和投资驱动的粗放式发展模式，生产率水平较低造成我国旅游经济增长的质量不高。因此，新时代在我国旅游产业结构优化与转型升级过程中，应充分利用科技进步的优势，实现旅游产业生产效率最优，提升旅游产业结构高度化程度。

首先，各地应该充分利用自身人才优势、地理优势、经济优势，推动科技进步，发挥技术进步对旅游经济增长的贡献，为旅游业的发展提供经济、制度、设施和人才保障，使旅游产业结构不断向资源深度开发、产出高附加值化的方面发展，以结构变化为特征的不同行业部门间的资源流动和规模调整，势必引起旅游产业结构向着效益最大化的方向转变，劳动和资本从生产率低的部门向生产率高的部门转移，加速旅游经济的快速增长，促使旅游产业经济效益不断提高，进而推动地区经济增长。同时，促进技术进步的同时优化配置旅游资源与相关产业要素，切实提高旅游产业要素利用效率，尤其是针对旅游经济发达地区，要转变过度依赖旅游资源要素投入持续增加引起的生产率增长，破解要素“诅咒”。

其次，合理配置产业要素，有效提高提升旅游产业结构效益和竞争力。以旅游产业各要素构成结构为切入点，增强旅游行业部门间的关联性，促进旅游产业各部门的紧密、协调发展。稳步发展交通、住宿、餐饮、游览等旅游需求弹性较小的基础要素部门；重点发展娱乐、购物等旅游需求弹性较高的高级要素部门；适度控制旅游消费弹性较大行业部门的增速，重点发展旅游休闲养生、娱乐购物、康养健身、旅游养老、特色餐饮业等消费高弹性行业，加大力度推动旅游产业需求弹性较高的部门发展，促进购物、娱乐等需求弹性较高部门的产值占旅游总收入的比重不断增长（刘佳和张俊飞，2017）。例如，在娱乐方面，加强对旅游娱乐设施的开发和建设，完善娱乐产品体系，增加大众切身体验的娱乐项目，注重

游客的参与体验和实际感受。在购物方面，全国各地区要避免旅游商品的雷同化，商品的开发和设计要注重融入各地的特色文化，提升产品的品位和档次，建立网络化的旅游购物体系，扩大销售渠道和规模。

第四节 促进旅游环境承载力提升与旅游经济可持续增长

一、倡导生态文明，增强公众可持续旅游意识

紧紧把握中共十八届三中全会明确提出的“加快生态文明制度建设，建立系统完整的生态文明制度体系，用制度保护生态环境”等相关战略要求以及国家“十三五规划”提出的“创新、协调、绿色、开放及共享五大发展理念”等一系列改革要点，坚持生态文明建设发展理念，有效增强公众可持续旅游的意识。

首先，政府及相关管理部门应发挥相关政策的引导作用，不断加强以生态文明建设为主导理念的宏观调控，制定一系列指导旅游产业发展的行动准则与规章制度，有效协调企业、社区居民和游客等不同相关利益主体间存在的矛盾冲突，将环境责任融入企业发展、旅游活动和社区建设过程中，建立公众广泛参与旅游环境保护与治理的长效机制。

其次，树立旅游企业的环境责任投资与管理理念。由于旅游项目开发和建设不当极易损害社区居民和游客的环境利益，应积极培育不同类型旅游企业的主体意识，并严格执行旅游开发项目的环评制度，采取多种措施激发旅游企业生态文明建设的主动性与积极性，针对旅游从业人员开展环境责任系列培训，增强旅游企业经营管理者的环境保护意识，规范旅游企业环境责任行为，充分发挥旅游企业在生态文明建设中的重要作用。

最后，有效增强游客可持续旅游的意识和实施负责任环境行为。旅游环境是旅游业赖以发展的基础条件，但是快速增长的旅游市场、高强度的旅游活动给旅游可持续发展带来了较大的压力，特别是游客的不文明行为对旅游环境造成一定威胁。因此，游客积极践行环境行为是推进倡导生态文明不可或缺的部分，应通过多种渠道和方式宣传旅游环境知识，创新与提高环境教育的内容、形式和效率，积极提升游客的环境认知，有效培育游客保护旅游环境的愉悦感、自豪感、满足感等环境态度，采用多种激励举措和法律法规约束手段，驱动游客践行和实施环境负责任行为。

二、坚持绿色发展，促进旅游环境保护及优化

绿色发展是在传统的旅游发展理念基础上，从生态环境容量和资源环境承载力约束的综合视角出发，构建的新型旅游发展模式，其不仅包括旅游资源的绿色开发、旅游产品的绿色生产，还包括旅游者的绿色旅游过程、环境监测与治理效果增强、绿色科技条件改善以及绿色旅游观念推广等重要内容。

首先，推进技术创新在旅游业绿色发展中的应用。加快旅游产业绿色创新发展，提升旅游产业绿色发展效率，通过技术创新、产品创新、模式创新以及体制创新等方式和手段降低旅游产业发展中的资源消耗、改善旅游环境质量。具体而言，加快科学技术在旅游产业中的应用、扩散与渗透，通过对绿色技术的研发、生产和市场推广，形成适用于旅游需求的绿色产品、绿色技术和绿色设备等，推动旅游科技进步，例如，加快发展基于 VR 技术的虚拟旅游、借助低空飞行设备的低空旅游等，从而促进旅游环境友好型转变、旅游产业发展效率提升，实现旅游资源可持续开发与旅游业绿色发展。

其次，探索差异化的旅游产业绿色发展模式。改革开放四十多年来，中国旅游业在规模发展、市场扩张与经济高速增长的同时，也伴随产业集聚的过程，集聚水平不断提高，但产业集聚发展在促进产业发展规模效益提升的同时也产生了资源消耗、环境污染等外部性影响。因此，各地区应结合产业集聚发展的现实状况，探索适应自身发展需求的绿色旅游发展模式，同时注重区域协同发展。例如，东部地区旅游产业集聚水平较高，应充分发挥产业集聚带来的技术外部性和资金外部性，释放产业集聚对绿色发展的正向影响，并重视利用知识溢出、区域合作等效应对中西部地区绿色发展的带动作用。中西部地区旅游产业集聚水平相对较低，通过加强引导、打造多元化旅游发展模式，综合提升旅游产业集聚水平和创新能力，促进旅游经济增长由粗放型向集约型转变，采用人才扶持、资金支持、技术保障等相关政策促进中西部地区旅游产业绿色发展能力的提升，实现旅游资源开发与产业发展的生态化与可持续化。

三、挖掘承载潜力，促进旅游资源可持续开发

旅游环境是旅游经济增长质量提升的重要保障。把握旅游环境承载潜

力和变化趋势，促进旅游环境复合系统有序、协同与良性发展，是实现旅游资源可持续开发、旅游环境可持续承载和旅游经济高质量增长的根本条件。首先，树立高度的风险意识和预警意识。建立健全规范化的旅游环境监测系统与预警管理系统（张广海等，2008），依据旅游目的地发展的实际情况建立一套旅游环境承载力监测指标标准，一旦监测数据超过预期的指标标准值，则表示旅游活动超出了该旅游地环境承载力的允许范围，通过预警管理系统反馈给旅游地监测部门，及时采取紧急措施，使旅游活动保持在旅游环境承载力范围之内。

其次，旅游企业经营管理者应重视旅游环境承载力的调控。运用科学手段进行规划和设计，根据在线购票监测、大数据分析技术等确定合理的游客容量。在黄金周与节假日期间，采用区域分区、时段分流等手段调节和控制游客规模，减少环境承载的压力。应充分发挥市场的宏观调节作用，利用价格杠杆调控因旅游的季节性特点所产生的环境压力，通过旅游景观设计、经济政策等手段实现对旅游淡旺季时期游客分布状况的有效调控。例如，通过开辟新的旅游线路，吸引、滞留游客，延缓游客进入主要旅游地的时间，从而达到控制游客数量的目的（杨松艳，2012）。通过提高或降低景区、食宿与交通等相关旅游费用以刺激或抑制游客的旅游需求及游客数量，有效缓解旅游活动在旅游旺季的过度集中所造成的旅游生态环境破坏问题以及旅游淡季的资源闲置与浪费。总体而言，采用多种措施最大限度地挖掘景区、城市与区域旅游环境承载潜力，高度重视旅游环境保护与旅游环境质量提升，促使旅游资源掠夺性开发向可持续协调性开发的转变。

第五节　本章小结

本章结合前文关于中国旅游经济增长质量水平状况、空间格局演化、空间效应的测度与评价，针对如何实现中国旅游经济增长质量的空间优化、均衡发展和整体提升，提出了具体实施路径和对策建议。应充分发挥我国各省份旅游经济增长的空间关联与溢出效应，通过优势互补、功能识别、关联互动与协调推进促进旅游经济增长质量的整体提升；不断加快旅游产业创新驱动与效率提升，注重旅游产业科学技术与旅游人力资源资本的有效投入与创新产出，通过提高旅游产业效率，优化旅游经济增长子系统；借助要素重置与内外协调等多种方式提高旅游产业结构的合理化、高级化及整体结构优化；注重旅游环境承载力的提升，倡导生态文明意识，坚持绿色发展方式，充分挖掘旅游承载潜力，进而为我国旅游经济可持续增长提供有效保障。

参 考 文 献

中文部分

[1] G. L. 克拉克，M. P. 费尔德曼，M. S. 格特勒，等 . 2005. 牛津经济地理学手册 [M]. 刘卫东，等译 . 北京：商务印书馆 .

[2] 安虎森 . 2015. 新区域经济学 [M]. 大连：东北财经大学出版社 .

[3] 保继刚 . 2014. 中西方视角谈旅游研究与理论建构 [J]. 旅游学刊，29（2）：9 – 10.

[4] 保罗 · 克鲁格曼，吴启霞，安虎森 . 2006. 收益递增与经济地理 [J]. 延边大学学报（社会科学版），39（1）：50 – 57.

[5] 保罗 · 萨缪尔森，威廉 · 诺德豪斯 . 1999. 经济学：第 16 版 [M]. 萧琛，等译 . 北京：华夏出版社 .

[6] 毕建新，黄培林，李建清 . 2012. 基于协同理论的高校协作服务模式探索：以东南大学为例 [J]. 中国高校科技，2012（4）：14 – 15.

[7] 毕其格，宝音，李百岁 . 2007. 内蒙古人口结构与区域经济耦合的关联分析 [J]. 地理研究，26（5）：995 – 1004.

[8] 卞显红 . 2008. 基于旅游产业集群视角的城市旅游增长极形成机制分析 [J]. 商业研究，（1）：203 – 206.

[9] 蔡碧凡，陶卓民，方叶林 . 2016. 中国大陆入境旅游与国内旅游经济时空差异研究 [J]. 中国人口 · 资源与环境，（A1）：297 – 300.

[10] 蔡昉 . 2013. 中国经济增长如何转向全要素生产率驱动型 [J]. 中国社会科学，（1）：56 – 71.

[11] 蔡跃洲，付一夫 . 2017. 全要素生产率增长中的技术效应与结构效应：基于中国宏观和产业数据的测算及分解 [J]. 经济研究，（1）：72 – 88.

[12] 曹芳东，黄震方，周玮，等. 2013. 转型期城市旅游经济时空变异及其异质性模拟：以泛长三角地区为例 [J]. 旅游学刊，28(11)：24－31.

[13] 曹光杰. 1999. 中国生态环境问题分析 [J]. 临沂师专学报，21(3)：26－29.

[14] 曹静，周亚林. 2018. 人工智能对经济的影响研究进展 [J]. 经济学动态，(1)：103－115.

[15] 曹新. 1996. 产业结构与经济增长 [J]. 经济学家，(6)：93－95.

[16] 常建新，姚慧琴，毛颖. 2011. 基于 DEA-Malmquist 指数的西部地区全要素生产率实证分析 [J]. 贵州财经学院学报，(5)：81－86.

[17] 钞小静，惠康. 2009. 中国经济增长质量的测度 [J]. 数量经济技术经济研究，(6)：75－86.

[18] 钞小静，任保平. 2012. 资源环境约束下的中国经济增长质量研究 [J]. 中国人口·资源与环境，22 (4)：102－107.

[19] 陈栋生. 2005. 论区域协调发展 [J]. 工业技术经济，24 (2)：2－6.

[20] 陈刚强，李映辉. 2017. 技术溢出、空间差异与旅游业增长趋同 [J]. 旅游学刊，32 (3)：85－94.

[21] 陈玲玲，严伟，陆鑫. 2011. 基于生态足迹模型的南京市旅游可持续发展评估及对策研究 [J]. 生态经济，(12)：157－161.

[22] 陈强. 2013. 高级计量经济学及 Stata 应用 [M]. 北京：高等教育出版社.

[23] 陈淑兰，刘立平，付景保. 2011. 河南省旅游产业结构优化升级研究：基于文化创意视角 [J]. 经济地理，31 (8)：1392－1396.

[24] 陈太政，李锋，乔家君. 2013. 旅游产业高级化与旅游经济增长关系研究 [J]. 经济地理，33 (5)：182－187.

[25] 陈文. 1999. 效率的计量经济学分析 [J]. 中国卫生经济，(9)：56－58.

[26] 陈晓玲，李小庆. 2013. 中国省级政府效率研究：基于空间面板数据分析 [J]. 财贸研究，04：118－125.

[27] 陈阳，逯进. 2018. 城市化、人口迁移与社会福利耦合系统

的自组织演化［J］. 现代财经（天津财经大学学报），（1）：13－25.

［28］陈智慧. 2003. 旅游产业结构优化实证分析［D］. 乌鲁木齐：新疆农业大学.

［29］陈祖龙. 2018. R&D 投入对旅游经济增长的空间计量分析［J］. 旅游研究，（1）：83－94.

［30］成小平，张升. 2013. 内蒙古工业集聚度变动趋势及影响因素研究：基于12个地级市面板数据的实证分析［J］. 内蒙古师大学报（自然汉文版），42（4）：453－457.

［31］褚英敏，李素喜，刘金平. 2014. 基于锡尔系数及改进生态足迹的河北省旅游环境承载力研究［J］. 陕西师范大学学报（自科版），（4）：91－95.

［32］崔凤军，杨永慎. 1997. 泰山旅游环境承载力及其时空分异特征与利用强度研究［J］. 地理研究，16（4）：47－55.

［33］代海涛. 2015. 吉林省旅游产业发展现状及对策分析［J］. 商业经济，（1）：71－72.

［34］戴科伟，钱谊，张益民，等. 2007. 基于生态足迹的自然保护区可持续发展研究：以鹞落坪国家级自然保护区为例［J］. 南京师大学报（自然科学版），30（2）：115－121.

［35］戴学军，丁登山，林辰. 2002. 可持续旅游下旅游环境容量的量测问题探讨［J］. 人文地理，17（6）：33－35.

［36］邓聚龙. 2005. 灰色系统基本方法［M］. 武汉：华中科技大学出版社.

［37］董成森. 2009. 森林型风景区旅游环境承载力研究：以武陵源风景区为例［J］. 经济地理，29（1）：160－164.

［38］董亚娟. 2008. 基于人力资本视角的浙江区域经济差异统计研究［D］. 杭州：浙江工商大学.

［39］杜通平，黄萍，赖斌，等. 2005. 发展四川生态旅游的思路［J］. 软科学，19（4）：67－69.

［40］樊欢欢，李嫣怡，陈胜可. 2011. EViews 统计分析与应用［M］. 北京：机械工业出版社.

［41］樊杰. 1996. 中国农村工业化的经济分析及省际发展水平差异［J］. 地理学报，（5）：398－407.

[42] 方叶林，黄震方，涂玮.2013. 社会网络视角下长三角城市旅游经济空间差异［J］. 热带地理，33（2）：212－218.

[43] 方叶林，黄震方，余凤龙，等.2013. 省际旅游资源相对效率的演化分析［J］. 地理科学，33（11）：1354－1361.

[44] 方有为.2007. 陕西省宁东森林公园发展 SWOT 分析与旅游资源质量等级评价［D］. 陕西：西北农林科技大学.

[45] 方远平，谢蔓，毕斗斗，等.2014. 中国入境旅游的空间关联特征及其影响因素探析：基于地理加权回归的视角［J］. 旅游科学，28（3）：22－35.

[46] 冯邦彦，李红锦.2006. 区域经济增长理论演变及其最新进展［J］. 经济论坛，（6）：12－13.

[47] 弗里茨·马克卢普.2007. 美国的知识生产与分配［M］. 北京：中国人民大学出版社.

[48] 付宏，毛蕴诗，宋来胜.2013. 创新对产业结构高级化影响的实证研究：基于 2000－2011 年的省际面板数据［J］. 中国工业经济，（9）：56－68.

[49] 付向阳，黄涛珍.2015. 内蒙古旅游经济影响因素的灰色关联分析［J］. 统计与决策，（3）：142－145.

[50] 傅元海，叶祥松，王展祥.2016. 制造业结构变迁与经济增长效率提高［J］. 经济研究，（8）：86－100.

[51] 高培勇，杜创，刘霞辉，等.2019. 高质量发展背景下的现代化经济体系建设：一个逻辑框架［J］. 经济研究，（4）：4－17.

[52] 高维忠.2016. 城市化影响区域旅游经济增长的机理与特征：基于社会交换理论与中国 2001－2013 年的经验分析［J］. 旅游研究，8（1）：38－44.

[53] 高兴亮，殷为华.2015. 基于引力模型的山东省城市经济联系格局演变［J］. 中国人口·资源与环境，25（177）：458－461.

[54] 龚辉文.1998. 论森林旅游与环境维护［J］. 中南林业调查规划，17（3）：35－38.

[55] 龚艳，郭峥嵘.2014. 江苏旅游业发展效率及对策研究：基于超效率 DEA 和 Malmquist 指数分析［J］. 华东经济管理，28（4）：7－17.

[56] 龚艳，张阳，唐承财.2016. 长江经济带旅游业效率测度及影响

因素研究［J］. 华东经济管理，30（9）：66－74.
［57］谷国锋 . 2015. 区域经济发展的动力系统研究［M］. 长春：东北师范大学出版社 .
［58］顾乃华 . 2006. 我国服务业、工业增长效率对比及其政策内涵［J］. 财贸经济，26（7）：3－9.
［59］关伟，孟庆娜，张梦飞，等 . 2018. 基于 DEA 模型的辽宁沿海经济带城市旅游效率研究［J］. 资源开发与市场，（3）：439－444.
［60］关伟，许淑婷 . 2015. 中国能源生态效率的空间格局与空间效应［J］. 地理学报，70（6）：980－992.
［61］郭二艳 . 2015. 基于 PSR 模型的“河南”地区旅游经济和生态环境的关系分析［J］. 西南师范大学学报（自然科学版），40（9）：61－65.
［62］郭建科，王绍博，李博，等 . 2016. 哈大高铁对东北城市旅游经济联系的空间［J］. 地理科学，36（4）：521－529.
［63］郭军华 . 2010. 中国经济增长与生态足迹的实证分析［J］. 统计与决策，（10）：100－103.
［64］郭莎莎，陈明星，刘慧 . 2018. 城镇化与资源环境的耦合过程与解耦分析：以北京为例［J］. 地理研究，37（8）：1599－1608.
［65］郭为，何媛媛 . 2008. 旅游产业的区域集聚、收敛与就业差异：基于分省面板的说明［J］. 旅游学刊，23（3）：29－36.
［66］郭文 . 2016. 空间的生产与分析：旅游空间实践和研究的新视角［J］. 旅游学刊，31（8）：29－39.
［67］郭晓东，周江，周恬羽 . 2011. 甘肃省旅游产业集群的构建与发展［J］. 干旱区资源与环境，25（2）：190－194.
［68］哈罗德·L. 瓦格尔 . 2003. 旅游经济学：金融分析指南［M］. 宋瑞，林红，译 . 北京：中信出版社 .
［69］韩伯棠，潘秀珍，王冬，等 . 2016. 多维邻近与区域知识溢出：基于 2000－2014 年中国高技术产业面板数据实证分析［J］. 工业经济论坛，（5）：510－523.
［70］韩春鲜 . 2009. 基于旅游资源优势度差异的新疆旅游经济发展空间分析［J］. 经济地理，29（5）：871－875.
［71］韩炜宏，杨洁，杨新吉勒图 . 2015. 区域解构视角下的内蒙古旅

游产业分析［J］. 市场周刊：理论研究，(1)：24－26.

［72］韩燕雄，朱景发，马超平，等 . 2014. 经济学基础（第 2 版）［M］. 北京：北京交通大学出版社 .

［73］郝玉柱，褚婷婷 . 2017. 京津冀口岸发展协同度研究［J］. 经济纵横，2017（12）：107－116.

［74］贺丹 . 2012. 基于生态经济的产业结构优化研究［D］. 武汉：武汉理工大学 .

［75］洪文艺 . 2016. 旅游产业集群：区域旅游发展升级新模式：以江西省为例［J］. 企业经济，(1)：155－159.

［76］侯立春，林振山，琚胜利，等 . 2017. 环鄱阳湖旅游圈旅游经济联系与区域发展策略［J］. 长江流域资源与环境，26（4）：508－518.

［77］侯明帅 . 2017. 新常态下海南省旅游产业结构优化研究［J］. 智库时代，(15)：38－39，45.

［78］胡鞍钢 . 2003. 未来经济增长取决于全要素生产率提高［J］. 政策，(1)：29－30.

［79］胡健，董春诗 . 2013. 产业集聚测度方法适用条件考辩［J］. 统计与信息论坛，28（1）：27－31.

［80］胡庆龙 . 2009. 人力资本积累与黄山市旅游经济增长的关系研究：一个基于新古典理论的分析框架［J］. 黄山学院学报，11（1）：53－56.

［81］胡文海，孙建平，余菲菲 . 2015. 安徽省区域旅游经济发展的时空格局演变［J］. 地理研究，34（9）：1795－1806.

［82］胡湘兰 . 2005. 论“大湘南”旅游圈的构建［D］. 湘潭：湘潭大学 .

［83］胡亚光 . 2017. 基于 DEA 扩展模型的江西旅游产业效率研究［J］. 江西社会科学，37（3）：73－83.

［84］胡悦，刘群芳，陈国鹰 . 2018. 京津冀技术创新、产业结构与生态环境耦合研究［J］. 资源开发与市场，(9).

［85］黄晖，金凤君 . 2011. 技术要素集聚对我国区域经济增长差异的影响［J］. 经济地理，31（8）：1341.

［86］黄继忠 . 2002. 对产业结构优化理论中一个新命题的论证［J］. 经济管理，(4)：11－16.

[87] 黄莉芳，杨向阳．2015．中国城市旅游业的投入产出效率［J］．城市问题，(3)：54－61．

[88] 黄秀娟．2009．中国旅游产业经济增长的因素贡献分析［J］．技术经济，28（7)：67－72．

[89] 黄雪莹，张辉，厉新建．2014．长三角地区旅游空间结构演进研究：2001－2012［J］．华东经济管理，28（1)：69－73．

[90] 黄震方，袁林旺，葛军连．2008．海滨型旅游地环境承载力评价研究：以江苏海滨湿地生态旅游地为例［J］．地理科学，28（4)：578－584．

[91] 惠康，钞小静．2010．经济增长质量研究：一个文献述评［J］．求索，(2)：5－23．

[92] 吉生保，席艳玲，李凡．2011．中国餐饮旅游行业的经营绩效及收敛趋势：基于上市公司面板数据的 SORM-BCC 超效率模型［J］．山西财经大学学报，33（11)：63－72．

[93] 季琼．2015．我国服务产业国际化问题研究［M］．北京：中国商务出版社．

[94] 贾宁，金玲．2009．基于生态足迹模型的甘肃省旅游环境承载力研究［J］．干旱区地理（汉文版），32（1)：125－129．

[95] 简新华，于波．2001．可持续发展与产业结构优化［J］．中国人口・资源与环境，(1)：31－34．

[96] 江璐璐，师谦友．2013．安徽省空间经济联系及省会经济辐射力分析［J］．地域研究与开发，32（6)：39－43．

[97] 姜磊，柏玲，吴玉鸣．2017．中国省份经济、资源与环境协调分析：兼论三系统耦合公式及其扩展形式［J］．自然资源学报，32（5)：788－799．

[98] 蒋冠，霍强．2015．中国－东盟自由贸易区贸易创造效应及贸易潜力：基于引力模型面板数据的实证分析［J］．当代经济管理，37（2)：60－67．

[99] 焦鹏飞，张凤荣，李灿，等．2014．基于引力模型的县域中心村空间布局分析：以山西省长治县为例［J］．资源科学，36（1)：45－54．

[100] 金碚．2018．关于“高质量发展”的经济学研究［J］．中国工业经济，(4)：5－18．

[101] 金准，廖斌.2016. 全球旅游分工新体系和中国旅游业定位［J］. 经济管理，(4)：149 - 158.

[102] 卡马耶夫（В. Д. Камаев）. 1983. 经济增长的速度和质量［M］. 陈华山译. 武汉：湖北人民出版社.

[103] 康梅.2006. 投资增长模式下经济增长因素分解与经济增长质量［J］. 数量经济技术经济研究，(2)：153 - 160.

[104] 康晓娟，杨冬民.2010. 基于泰尔指数法的中国能源消费区域差异分析［J］. 资源科学，32 (3)：485 - 490.

[105] 雷汝林，杜远生.2002. 旅游经济与城市经济协调发展的探讨［J］. 中国地质大学学报（社会科学版），2 (2)：44 - 46.

[106] 李冰晶.2017. "十三五"期间海南省旅游产业发展研究［J］. 改革与战略，33 (7)：133 - 135.

[107] 李偲，海米提·依米提，熊黑钢.2007. 喀纳斯风景区旅游环境承载力研究［J］. 干旱区地理，30 (3)：450 - 454.

[108] 李春茂，胡笃冰.2000. 生态旅游环境容量的确定与量测［J］. 林业建设，(5)：21 - 25.

[109] 李发昇，张维.2011. 人力资本对经济增长的作用机理［J］. 天津师范大学学报（社科版），(2)：53 - 56.

[110] 李锋，陈太政，辛欣.2013. 旅游产业融合与旅游产业结构演化关系研究：以西安旅游产业为例［J］. 旅游学刊，28 (1)：69 - 76.

[111] 李锋.2011. 基于协调发展度的城市旅游环境质量测评研究：以开封市和洛阳市为例［J］. 地域研究与开发，30 (1)：90 - 94.

[112] 李锋.2013. 旅游经济脆弱性：概念界定、形成机理及框架分析［J］. 华东经济管理，(3)：76 - 81.

[113] 李光勤，胡志高，曹建华.2018. 制度变迁与旅游经济增长：基于双重差分方法的"局改委"政策评估［J］. 旅游学刊，33 (1)：13 - 24.

[114] 李航.2011. 旅游经济发展对我国经济的影响研究［J］. 现代经济信息，(17)：8.

[115] 李鹤，张平宇.2008. 东北地区矿业城市经济系统脆弱性分析［J］. 煤炭学报，33 (1)：116 - 120.

[116] 李红锦.2007. 区域经济增长理论述评［J］. 生产力研究，

(7)：138 - 139.

[117] 李金铠 . 2009. 自然资源与经济增长：对主流增长理论逻辑、认识和论证的反思 [J]. 经济学动态，(9)：32 - 35.

[118] 李金荣，张向前 . 2013. ECFA 框架下闽台旅游业合作研究 [J]. 华东经济管理，27 (8)：17 - 20，82.

[119] 李丽，景普秋 . 2013. 山西煤炭产业与旅游业的冲突及融合发展研究 [J]. 经济问题，(11)：121 - 124.

[120] 李秋雨，黄悦，刘继生，等 . 2015. 广东省旅游业依赖度与经济增长关系的空间态势 [J]. 经济地理，35 (5)：85 - 191.

[121] 李秋雨，朱麟奇，刘继生 . 2017. 中国入境旅游的经济增长效应与空间差异性研究 [J]. 地理科学，37 (10)：1552 - 1559.

[122] 李汝资，刘耀彬，谢德金 . 2017. 中国产业结构变迁中的经济效率演进及影响因素 [J]. 地理学报，72 (12)：2179 - 2198.

[123] 李瑞，郭谦，贺跻，等 . 2014. 环渤海地区城市旅游业发展效率时空特征及其演化阶段：以三大城市群为例 [J]. 地理科学进展，33 (6)：773 - 785.

[124] 李姝姝，邢夫敏，章玲玲 . 2017. 旅游产业集聚对区域旅游业效率的影响研究要要要基于中国省际面板数据的实证分析 [J]. 世界地理研究，26 (3)：134 - 146.

[125] 李天元 . 2013. 旅游学概论 [M]. 天津：南开大学出版社 .

[126] 李兴绪，牟怡楠 . 2004. 旅游产业对云南经济增长的贡献分析 [J]. 城市问题，(3)：43 - 45.

[127] 李杨，蔡春林 . 2008. 中国服务贸易发展影响因素的实证分析 [J]. 国际贸易问题，(5)：75 - 79.

[128] 李宜聪，张捷，刘泽华，等 . 2016. 自然灾害型危机事件后国内旅游客源市场恢复研究：以九寨沟景区为例 [J]. 旅游学刊，31 (6)：104 - 112.

[129] 李月 . 2014. 中国金融发展与经济增长的关系研究 [D]. 长春：吉林大学 .

[130] 李玥，王继军，刘普灵，等 . 2018. 退耕还林工程与农业生态经济社会系统协同性研究：以安塞县为例 [J]. 自然资源学报，33 (7)：1179 - 1190.

[131] 李云鹏 . 2017. 旅游场景驱动的大数据应用 [J]. 旅游学刊，

32 (9): 4 – 6.

[132] 李云霞 . 2017. 论旅游购物供给侧的结构优化 [J]. 云南社会科学,(6): 69 – 72.

[133] 梁流涛,杨建涛 . 2012. 中国旅游业技术效率及其分解的时空格局:基于 DEA 模型的研究 [J]. 地理研究,31 (8): 1422 – 1430.

[134] 梁明珠,易婷婷 . 2012. 广东省城市旅游效率评价与区域差异研究 [J]. 经济地理,32 (10): 158 – 164.

[135] 林刚,龙雄彪 . 2000. 桂林旅游业对国民经济贡献的测算 [J]. 旅游论坛,11 (3): 16 – 17.

[136] 林光平,龙志和,吴梅 . 2006. 中国地区经济 σ – 收敛的空间计量实证分析 [J]. 数量经济技术经济研究,(4): 14 – 21, 69.

[137] 林琼利 . 2018. 供给侧改革视角下我国乡村旅游产业结构提升研究 [J]. 农业经济,(2): 43 – 44.

[138] 刘滨谊,张国忠 . 2006. 生态脆弱地区旅游开发的环境影响及其对策:以新疆四地州旅游战略规划为例 [J]. 中国沙漠,26 (1): 101 – 105.

[139] 刘冰,曾国军,彭青 . 2013. 社会网络视角下旅游线路研究:以新疆为例 [J]. 旅游学刊,28 (11): 101 – 109.

[140] 刘炳献,孙巧耘 . 2015. 基于游客个人空间的温泉区旅游容量研究:以珠海御温泉度假村为例 [J]. 广州大学学报 (社会科学版),14 (6): 55 – 61.

[141] 刘长全 . 2009. 不完全竞争框架下的产业集聚理论:新经济地理理论研究综述 [J]. 世界经济情况,(12): 75 – 82.

[142] 刘承俊 . 2017. 京津冀地区产业结构与生态环境耦合协调研究 [D]. 天津:天津财经大学 .

[143] 刘春济,冯学钢,高静 . 2014. 中国旅游产业结构变迁对旅游经济增长的影响 [J]. 旅游学刊,29 (8): 37 – 49.

[144] 刘存斌 . 2012. 生态旅游发展的产业效率与区域效应分析 [D]. 兰州:兰州大学 .

[145] 刘法建,张捷,陈冬冬 . 2010. 中国入境旅游流网络结构特征及动因研究 [J]. 地理学报,65 (8): 1013 – 1024.

[146] 刘法建,章锦河,陈冬冬 . 2009. 社会网络分析在旅游研究中

的应用［J］. 旅游论坛，2（2）：172－177.

［147］刘改芳，杨威 . 2013. 基于 DEA 的文化旅游业投资效率模型及实证分析［J］. 旅游学刊，28（1）：77－84.

［148］刘宏盈 . 2012. 广东入境旅游流西向扩散距离衰减规律研究［J］. 经济地理，32（11）：162－165，170.

［149］刘华军，刘传明，孙亚男 . 2015. 中国能源消费的空间关联网络结构特征及其效应研究［J］. 中国工业经济，（5）：83－95.

［150］刘画洁 . 2012. 环境问题的根源反思与法律因应：以产业结构为视角［J］. 江西社会科学，（8）：164－170.

［151］刘欢，左其亭 . 2014. 基于洛伦茨曲线和基尼系数的郑州市用水结构分析［J］. 资源科学，36（10）：2012－2019.

［152］刘纪远，刘文超，匡文慧，等 . 2016. 基于主体功能区规划的中国城乡建设用地扩张时空特征遥感分析［J］. 地理学报，71（3）：355－369.

［153］刘佳，杜亚楠，张广海 . 2014. 沿海地区旅游业、城镇化与区域经济增长研究［J］. 商业研究，56（8）：155－161.

［154］刘佳，杜亚楠 . 2013. 沿海地区旅游产业结构水平测度分析［J］. 商业研究，（7）：61－67.

［155］刘佳，杜亚楠 . 2014. 沿海地区旅游产业结构优化与经济增长关系［J］. 经济问题探索，（4）：74－80.

［156］刘佳，李莹莹 . 2017. 我国旅游环境承载力研究进展与展望：基于文献计量与社会网络分析［J］. 中国海洋大学学报（社会科学版），（4）：34－43.

［157］刘佳，刘宁 . 浒苔绿潮影响下滨海旅游环境价值损失及影响因素：以青岛市海水浴场为例［J］. 资源科学，2018（2）：392－403.

［158］刘佳，陆菊，刘宁 . 2015. 基于 DEA-Malmquist 模型的中国沿海地区旅游产业效率时空演化、影响因素与形成机理［J］. 资源科学，37（12）：2381－2393.

［159］刘佳，王娟，陆菊 . 2017. 中国旅游经济增长综合测度及其时空分异特征［J］. 首都经济贸易大学学报，19（3）：54－63.

［160］刘佳，于水仙 . 2013. 山东省旅游环境承载力与旅游经济增长动态关系研究［J］. 中国海洋大学学报（社会科学版），（4）：

58 - 63.

[161] 刘佳，张广海 . 2011. 我国滨海旅游功能区建设布局及其发展对策 [J]. 社会科学家，26 (9)：122 - 126.

[162] 刘佳，张俊飞 . 2017. 中国沿海地区旅游消费增长影响因素研究：基于结构方程模型的实证分析 [J]. 无锡商业职业技术学院学报，17 (3)：46 - 52.

[163] 刘佳，赵金金，张广海 . 2012. 中国滨海旅游产业结构及集群效应定量分析 [J]. 山西财经大学学报，(2)：66 - 75.

[164] 刘佳，赵金金，张广海 . 2013. 中国旅游产业集聚与旅游经济增长关系的空间计量分析 [J]. 经济地理，33 (4)：186 - 192.

[165] 刘佳，赵金金 . 2013. 沿海城市旅游发展与地区经济增长关系研究：基于空间动态面板数据模型 [J]. 经济问题探索，23 (3)：210 - 219，226.

[166] 刘佳，赵金金 . 2013. 中国旅游能源消耗与旅游经济增长的关联机制研究：基于空间面板数据模型 [J]. 云南地理环境研究，25 (5)：1 - 7.

[167] 刘佳，周长晓 . 2015. 结构调整、承载力提升能促进旅游经济增长吗?：以东部沿海三大经济区为例 [J]. 首都经济贸易大学学报，17 (5)：56 - 65.

[168] 刘佳 . 2007. 基于可持续发展的山东半岛城市群旅游环境承载力研究 [D]. 青岛：中国海洋大学 .

[169] 刘佳 . 2018. 中国沿海地区旅游产业结构与旅游产业集聚关联机理研究 [M]. 北京：经济科学出版社 .

[170] 刘建国，刘宇 . 2015. 2006 - 2013 年杭州城市旅游全要素生产率格局及影响因素 [J]. 经济地理，35 (7)：190 - 197.

[171] 刘军 . 2004. 社会网络分析导论 [M]. 北京：社会科学文献出版社 .

[172] 刘雷，张华 . 2015. 山东省城市化效率与经济发展水平的时空耦合关系 [J]. 经济地理，35 (8)：75 - 82.

[173] 刘瑞明，李林，亢延锟，等 . 2018. 景点评选、政府公共服务供给与地区旅游经济发展 [J]. 中国工业经济，(2)：118 - 136.

[174] 刘少和.2008. 旅游转型研究综述及我国旅游转型发展的探讨[J]. 旅游论坛，1（3）：322－331.

[175] 刘少湃，田纪鹏，陆林.2016. 上海迪士尼在建景区客源市场空间结构预测：旅游引力模型的修正及应用［J］. 地理学报，71（2）：304－321.

[176] 刘生龙.2014. 中国跨省人口迁移的影响因素分析［J］. 数量经济技术经济研究.（4）：83－98.

[177] 刘思峰.2014. 灰色系统理论及其应用［M］.7版. 北京：科学出版社.

[178] 刘伟，李绍荣.2002. 产业结构与经济增长［J］. 中国工业经济，（5）：14－21.

[179] 刘伟，张立元.2018. 资源配置、产业结构与全要素生产率：基于真实经济周期模型的分析［J］. 经济理论与经济管理，（9）：5－22.

[180] 刘文革，周文召，仲深，李峰.2014. 金融发展中的政府干预、资本化进程与经济增长质量［J］. 经济学家，（3）64－73.

[181] 刘肖梅，胡继连.2006. 山东省生态旅游资源可持续开发问题研究［J］. 生态经济，（5）：157－159.

[182] 刘耀彬，宋学锋.2005. 城市化与生态环境的耦合度及其预测模型研究［J］. 中国矿业大学学报，34（1）：91－96.

[183] 刘赢时，田银华，罗迎.2018. 产业结构升级、能源效率与绿色全要素生产率［J］. 财经理论与实践，（1）：118－126.

[184] 刘玉，张川，唐秀美，蒲石，唐林楠.2017. 基于偏离份额模型的北京市四大功能区产业增长分析［J］. 经济地理，37（8）：122－128.

[185] 柳思维，周洪洋.2016. 人口城镇化、土地城镇化对流通业产出效率影响的空间计量分析［J］. 经济地理，36（12）：51－59.

[186] 卢福财.2013. 产业经济学［M］. 上海：复旦大学出版社.

[187] 鲁迪格·多恩布什，斯坦利·费希尔，理查德·斯塔兹.1998. 宏观经济学第7版英文版［M］. 沈阳：东北财经大学出版社.

[188] 鲁小波，陈晓颖.2015. 基于点－轴理论的辽宁旅游发展空间

战略构建［J］. 干旱区资源与环境，29（7）：203－208.

［189］鲁小波，郭迪. 2014. 2001－2010年中国区域旅游效率评估［J］. 地域研究与开发，33（5）：82－87.

［190］陆静超. 2004. 经济增长理论的沿革与创新：评新古典增长理论与新增长理论［J］. 哈尔滨工业大学学报（社会科学版），6（5）：94－98.

［191］逯苗苗，孙涛. 2017. 我国雾霾污染空间关联性及其驱动因素分析：基于社会网络分析方法［J］. 宏观质量研究，5（4）：66－75.

［192］罗伯特·J. 巴罗，夏威尔·萨拉－伊－马丁. 2010. 经济增长［M］. 上海：格致出版社.

［193］罗富民. 2009. 区域旅游合作与旅游经济增长：基于旅游经济特性的理论与实证研究［J］. 改革与战略，25（4）：125－128.

［194］罗高飞. 1996. 走出无烟产业的误区："绿色时代"与"绿色旅游"浅议［J］. 旅游科学，10（3）：9－12.

［195］罗明义. 2004. 旅游经济学［M］. 天津：南开大学出版社.

［196］罗明义. 2009. 论中国特色旅游经济理论的形成与发展［J］. 云南财经大学学报，（1）：3－9.

［197］罗明义. 2010. 旅游经济分析理论、方法、案例［M］. 昆明：云南大学出版社.

［198］罗文斌，谭荣. 2012. 城市旅游与城市发展协调关系的定量评价［J］. 地理研究，31（6）：1103－1110.

［199］罗志刚. 2008. 全国城镇体系、主体功能区与"国家空间系统"［J］. 城市规划学刊，（3）：1－10.

［200］麻学锋，刘雨婧. 2015. 我国旅游上市公司相对效率评价及其动态研究［J］. 吉首大学学报（社会科学版），36（6）：15－23.

［201］麻学锋，马红鸽. 2010. 区域性旅游业内部结构优化的综合评价研究：基于张家界数据的实证［J］. 统计与信息论坛，25（3）：86－91.

［202］麻学锋. 2009. 区域旅游产业结构优化评价体系建构：基于张家界数据的实证研究［J］. 山西大同大学学报（社会科学版），

23 (3): 63 -67.

[203] 麻学锋. 2010. 张家界旅游业发展、区域经济增长及产业结构升级 [J]. 旅游学刊, 25 (11): 20 -25.

[204] 马海良, 黄德春, 张继国, 等. 2012. 中国近年来水资源利用效率的省际差异: 技术进步还是技术效率 [J]. 资源科学, 34 (5): 794 -801.

[205] 马晓龙. 2009. 基于绩效差异的中国主要城市旅游发展阶段演化 [J]. 旅游学刊, 24 (6): 25 -30.

[206] 马勇, 刘军. 2016. 绿色发展背景下旅游生态效率的核心价值及提升策略 [J]. 旅游学刊, 31 (9): 1 -3.

[207] 毛先如, 熊黑钢, 朱跃晨. 2016. 北京市各区县旅游环境质量综合评价与分析 [J]. 地域研究与开发, 35 (1): 91 -95.

[208] 蒙吉军, 周平, 艾木入拉, 等. 2011. 鄂尔多斯主体功能区划分及其土地可持续利用模式分析 [J]. 资源科学, 33 (9): 1674 -1683.

[209] 宁凌. 2016. 基于海洋生态系统的中国海洋综合管理研究 [M]. 北京: 中国经济出版社.

[210] 潘建民, 李肇荣, 黄进. 2003. 旅游业对广西国民经济的贡献率研究 [M]. 北京: 社会科学文献出版社.

[211] 潘竟虎, 尹君. 2011. 基于 DEA -ESDA 的甘肃省城乡统筹发展效率评价及其空间差异分析 [J]. 经济地理, 31 (9): 1439 -1444.

[212] 潘文卿, 吴天颖, 胡晓. 2017. 中国技术进步方向的空间扩散效应 [J]. 中国工业经济, (4): 17 -33.

[213] 庞闻, 马耀峰, 杨敏. 2011. 城市旅游经济与生态环境系统耦合协调度比较研究: 以上海、西安为例 [J]. 统计与信息论坛, 26 (12): 44 -48.

[214] 彭红松, 陆林, 路幸福, 等. 2014. 基于社会网络方法的跨界旅游客流网络结构研究: 以泸沽湖为例 [J]. 地理科学, 34 (9): 1041 -1050.

[215] 彭建, 郭思远, 裴亚楠, 张松. 大陆居民对北京雾霾的旅游影响感知和态度研究 [J]. 中国人口·资源与环境 [J]. 2016, 26 (10): 168 -176.

［216］皮埃尔－菲利普·库姆斯，等．2011．经济地理学：区域和国家一体化［M］．北京：中国人民大学出版社．

［217］祁苑玲．2017．云南旅游业转型升级政策研究［J］．云南行政学院学报，19（6）：158－163．

［218］秦永红．1998．旅游文化与现代旅游经济［J］．西南民族学院学报（哲学社会科学版），（19）：135－139．

［219］覃伟芳，廖瑞斌．2015．环境规制、产业效率与产业集聚［J］．现代财经（天津财经大学学报），35（3）：14－26．

［220］全华，杨竹莘．2002．生态旅游区环境变化与可持续旅游发展：以张家界为例［J］．中国人口·资源与环境，12（3）：95－98．

［221］冉鑫．2017．中国旅游经济空间特征分析与类型划分［J］．特区经济，（3）：104－107．

［222］任保平．2012．经济增长质量：理论阐释、基本命题与伦理原则［J］．学术月刊，（2）：63－70．

［223］任保平．2013．经济增长质量：经济增长理论框架的扩展［J］．经济学动态，（11）：45－51．

［224］任毅，刘婉琪，赵珂，赵健江．2017．中国旅游上市公司经营效率的测度与评价：基于混合 DEA 模型的实证分析［J］．旅游学刊，32（7）：27－36．

［225］申鹏鹏，周年兴，张允翔，等．2018．基于 DEA-Malmquist 指数二次分解模型的江苏省旅游产业效率时空演变及影响因素［J］．长江流域资源与环境，27（1）：53－62．

［226］沈坤荣．1998．中国经济增长绩效分析［J］．经济理论与经济管理，（1）：28－33．

［227］生延超，周玉姣，黄寅，等．2014．中国旅游经济增长周期的测度与评价［J］．人文地理，（5）：113－120．

［228］生延超．2012．旅游产业结构优化对区域旅游经济增长贡献的演变［J］．旅游学刊，27（10）：11－19．

［229］石双．2018．收入与风险偏好：贫富差距变化预期的调节作用［D］．武汉：武汉大学．

［230］史丹，王俊杰．2016．基于生态足迹的中国生态压力与生态效率测度与评价［J］．中国工业经济，（5）：5－21．

[231] 史清琪. 1996. 技术进步是经济增长方式转变的核心 [J]. 科技与经济画报，(2)：15.

[232] 舒小林，柴用栋，高应蓓，等. 2014. 旅游产业（虚拟）集群的空间结构研究：以贵州省为例 [J]. 经济地理，34 (10)：185 - 192.

[233] 舒小林，王叶. 2015. 贵州旅游产业集群的空间结构研究 [J]. 贵阳学院学报（社会科学版），10 (3)：45 - 51.

[234] 宋涛. 2002. 调整产业结构的理论研究 [J]. 当代经济研究，(11)：11 - 16.

[235] 宋英杰. 2013. 交通基础设施的经济集聚效应：基于新经济地理理论的分析 [D]. 济南：山东大学.

[236] 苏东水. 2000. 产业经济学 [M] 北京：高等教育出版社.

[237] 苏建军，孙根年. 2017. 中国旅游投资与旅游经济发展的时空演变与差异分析 [J]. 干旱区资源与环境，(1)：185 - 191.

[238] 苏艳蓉，王春，吴师法，等. 2008. “无烟产业”真的“无烟”? [J]. 资源节约与环保，24 (1)：55 - 58.

[239] 粟娟. 2011. 规模递增、技术进步与西部民族地区旅游经济增长 [J]. 华东经济管理，25 (9)：45 - 49.

[240] 孙道玮，俞穆清，田卫，等. 2002. 生态旅游环境承载力研究：以净月潭国家森林公园为例 [J]. 东北师大学报（自然科学），34 (1)：66 - 71.

[241] 孙盼盼，夏杰长. 2016. 地方政府的环境构建行为与旅游产业潜在增长：来自中国省际层面的实证认识 [J]. 财贸经济，(3)：148 - 161.

[242] 孙盼盼，夏杰长. 2017. 中国省际旅游产业效率的空间格局与空间效应：基于质量产出的视角 [J]. 经济与管理研究，38：(10)：61 - 70.

[243] 孙晓，彭万臣，李英. 2017. 黑龙江省旅游产业发展与经济增长相关性研究 [J]. 西南师范大学学报（自然科学版），42 (10)：84 - 89.

[244] 孙钰霞. 2007. 基于“农家乐”的旅游产业集聚与区域经济增长：以成都市龙泉驿区为例 [J]. 安徽农业科学，35 (5)：1509 - 1511.

[245] 谭伟，张建升 .2010. 中国主要旅游公司运营动态效率探析 [J]. 经济与管理，24 (6)：30 –33.

[246] 汤姿，石长波，张娜 .2018. 黑龙江省旅游经济与生态环境时空耦合研究：基于“坚持人与自然和谐共生”的视角 [J]. 商业研究，(1)：1 –9.

[247] 唐静 .2009. 生态旅游经济异化的生态反思 [J]. 中国人口·资源与环境，19 (1)：94 –98.

[248] 唐留雄 .2003. 中国国际旅游业地域非均衡增长研究 [J]. 经济问题，(11)：69 –71.

[249] 陶长琪，杨海文 .2014. 空间计量模型选择及其模拟分析 [J]. 统计研究，31 (8)：88 –96.

[250] 陶卓民，薛献伟，管晶晶 .2010. 基于数据包络分析的中国旅游业发展效率特征 [J]. 地理学报，65 (8)：1004 –1012.

[251] 田纪鹏 .2012. 国际大都市旅游产业结构多目标优化模型构建与实证研究：基于优化上海旅游产业结构的视角 [J]. 上海经济研究，(11)：100 –111.

[252] 田里 .2016. 旅游经济学 [M]. 3 版 . 北京：高等教育出版社 .

[253] 万年青，马忠玉 .2010. 环境容量约束下的宁夏产业发展路径 [J]. 环境保护，(4)：44 –46.

[254] 汪涛，饶海斌，王丽娟 .2016. Panel Data 单位根和协整分析 [J]. 统计研究，19 (5)：53 –57.

[255] 王爱民，陈苏 .2011. 培育旅游市场主体的思考 [J]. 企业经济，(2)：143 –146.

[256] 王安德 .2017. 深入学习贯彻党的十九大精神加快生态山东美丽山东建设 [J]. 环境保护，45 (22)：40 –43.

[257] 王迪云 .2007. 论湖南旅游与环境保护协调发展 [J]. 经济地理，27 (3)：172 –175.

[258] 王虹，胡胜德 .2017. 基于 Tobit 模型的“一带一路”旅游产业效率投资影响因素及策略研究 [J]. 中国软科学，(12)：62 –70.

[259] 王洪桥，袁家冬，孟祥君 .2014. 东北三省旅游经济差异的时空特征分析 [J]. 地理科学，34 (2)：163 –169.

[260] 王洪庆 .2016. 人力资本视角下环境规制对经济增长的门槛效

应研究 [J]. 中国软科学, (6): 52 -61.

[261] 王辉, 林建国, 姜斌. 2006. 大连市旅游与环境协调发展度分析 [J]. 海洋环境科学, 25 (1): 84 -87.

[262] 王慧英. 2014. 基于管理与环境视角的中国旅游效率研究 [J]. 旅游科学, 28 (5).

[263] 王积业. 2000. 关于提高经济增长质量的宏观思考 [J]. 宏观经济研究, (1): 11 -17.

[264] 王建军, 王新涛. 2008. 省份主体功能区划的理论基础与方法 [J]. 地域研究与开发, (2): 15 -19.

[265] 王坤, 黄震方, 陶玉国, 等. 2013. 区域城市旅游效率的空间特征及溢出效应分析: 以长三角为例 [J]. 经济地理, 33 (44): 161 -167.

[266] 王雷震, 张帆, 李春光. 2006. 旅游对区域经济发展贡献度定量测度方法及其应用 [J]. 系统工程理论与实践, 26 (5): 54 -62.

[267] 王磊, 徐涛. 2008. 我国产业结构高度化判别及国际比较 [J]. 技术经济与管理研究, (6): 112 -114.

[268] 王琦, 李金叶, 何昭丽. 2018. 新疆旅游业碳排放测算与脱钩关系研究 [J]. 生态经济, (1): 25 -30.

[269] 王淑新, 何红, 李双, 杜建括. 2019. 中国旅游足迹家族研究进展 [J]. 自然资源学报, 34 (2): 424 -436.

[270] 王松茂, 邓峰, 瓦哈甫·哈力克. 2016. 新疆旅游产业全要素生产率的时空演变 [J]. 经济地理, 36 (5): 202 -207.

[271] 王晓燕, 王晨. 2007. 北京颐和园旅游环境容量分析 [J]. 河北师范大学学报 (自然科学版), 31 (3): 403 -408.

[272] 王永明, 马耀峰, 王美霞. 2012. 中国入境游客多城市旅游空间网络结构 [J]. 地理科学进展, 31 (4): 518 -526.

[273] 王兆峰, 霍菲菲, 徐赛. 2018. 湘鄂渝黔旅游产业与旅游环境耦合协调度演化特征研究 [J]. 经济地理: 1 -15.

[274] 王兆峰. 2009. 基于产业集群的旅游产业结构升级优化研究 [D]. 长沙: 中南大学.

[275] 王中华. 2015. 旅游经济和生态环境协调性的“双参”评价研究: 以徐州市为例 [J]. 西南师范大学学报 (自然科学版),

40（11）：49－54.

［276］魏后凯.2003. 市场竞争、经济绩效与产业集中对中国制造业集中与市场结构的实证研究［M］. 北京：经济管理出版社.

［277］魏敏，李书昊.2018. 新常态下中国经济增长质量的评价体系构建与测度［J］. 经济学家，（4）：19－26.

［278］魏权龄.1988. 评价相对有效性的DEA方法［M］. 北京：中国人民大学出版社.

［279］文先明，钱秋兰，熊鹰.2015. 人口年龄结构变化对我国城镇化发展的影响［J］. 经济地理，35（8）：83－88.

［280］文要武.1995. 经济增长理论的新发展［J］. 南开经济研究，（5）：26－31.

［281］翁钢民，杨秀平，李慧盈.2015. 国内外旅游环境承载力研究的发展历程与展望［J］. 生态经济，31（8）：129－132.

［282］吴长顺.2001. 营销学［M］. 北京：经济管理出版社.

［283］吴殿廷，宋金平，孙久文.2003. 区域经济学［M］. 北京：科学出版社.

［284］吴净，李好好.2003. 对旅游可持续发展的探讨［J］. 北方经贸，（1）：116－117.

［285］吴开军.2019. 旅游大数据研究热点及特征探析：基于国外文献的分析［J］. 统计与信息论坛，34（4）：105－113.

［286］吴普.2014. 离岸岛屿目的地旅游交通能耗与CO_2排放测算：以海口市为例［J］. 旅游学刊，29（8）：110－116.

［287］吴旺延，魏明亮.2013. 产业结构对经济增长效率促进的实证对比研究：以陕西省和浙江省为例［J］. 西安电子科技大学学报（社会科学版），（1）：62－66.

［288］吴文恒，徐泽伟，杨新军.2012. 功能分区视角下的西安市发展空间分异［J］. 地理研究，31（12）：2173－2184.

［289］吴玉鸣.2006. 空间计量经济模型在省份研发与创新中的应用研究［J］. 数量经济技术经济研究，23（5）：74－85.

［290］吴玉鸣.2014. 旅游经济增长及其溢出效应的空间面板计量经济分析［J］. 旅游学刊，29（2）：16－24.

［291］吴中堂，刘建徽，袁俊.2016. 大陆居民赴台湾自由行旅游流网络分析及演化研究［J］. 旅游学刊，31（10）：113－121.

[292] 武义青，窦丽琛 . 2016. 提高全要素生产率的路径选择［J］. 前线，(10)：71 – 73.

[293] 武义青 . 1995. 经济增长质量的度量方法及其应用［J］. 管理现代化，(5)：32 – 34.

[294] 夏杰长，裴文靖 . 2018. 政策实效与产业效率损失：基于中国旅游产业的实证研究［J］. 中国社会科学院研究生院学报，(4)：41 – 49.

[295] 夏赞才，龚艳青，罗文斌 . 2016. 中国旅游经济增长与城乡收入差距的变异关系［J］. 资源科学，38 (4)：599 – 608.

[296] 小罗伯特·E. 卢卡斯 . 2003. 经济发展讲座［M］. 南京：江苏人民出版社 .

[297] 肖平，明庆忠 . 2008. 经济与环境的相互作用：可持续性转变的经济维［J］. 云南师范大学学报（哲学社会科学版），40 (3)：36 – 42.

[298] 邢秀凤 . 2015. 区域环境容量、产业结构与经济发展质量关系研究：以山东济南和青岛两市为例［J］. 生态经济（中文版），31 (7)：65 – 69.

[299] 熊俊 . 2005. 经济增长因素分析模型：对索洛模型的一个扩展［J］. 数量经济技术经济研究，22 (8)：25 – 34.

[300] 熊琳，张平宇，谭俊涛，等 . 2017. 东北三省人口结构与经济发展的时空耦合特征［J］. 中国科学院大学学报，34 (3)：342 – 350.

[301] 熊鹰，杨雪白 . 2014. 城市山岳型旅游地旅游资源空间承载力分析：以岳麓山风景区为例［J］. 中国人口·资源与环境，(A1)：301 – 304.

[302] 熊云明，李松志 . 2017. 基于竞争力的江西旅游强省建设评价研究［J］. 西南师范大学学报（自然科学版），42 (8)：74 – 79.

[303] 胥爱欢 . 2012. 全要素生产率、政府干预行为与产业结构变迁：理论模型与经验研究［J］. 金融教学与研究，(6)：50 – 56.

[304] 徐建华 . 2010. 地理建模方法［M］. 北京：科学出版社 .

[305] 徐睿 . 2009. 遏制与崛起：美国全面遏制中国经济发展问题之研究［M］. 广州：中山大学出版社 .

[306] 徐升艳，陈杰，赵刚 . 2018. 土地出让市场化如何促进经济增

长［J］. 中国工业经济，(3)：44－61.

［307］徐伟，戴其文，把多勋，等 . 2010. 中国农村居民一日游现状与出游目的空间自相关分析［J］. 旅游学刊，25（10）：43－49.

［308］徐文雄，胡辉伦，汪清蓉 . 2011. 低碳经济背景下绿道建设对于旅游发展的影响：以从化为例［J］. 特区经济，(4)：74－176.

［309］徐秀美，郑言 . 2017. 基于旅游生态足迹的拉萨乡村旅游地生态补偿标准：以次角林村为例［J］. 经济地理，37（4）：218－224.

［310］徐知渊，吕昌河 . 2017. 长三角城市旅游产业竞争力综合比较研究：基于 AHP 法与 BP 人工神经网络模型［J］. 中国人口·资源与环境，27（S1）：237－240.

［311］许陈生 . 2007. 我国旅游上市公司的股权结构与技术效率［J］. 旅游学刊，22（10）：34－39.

［312］许虹 . 2000. 四川省旅游经济分析与预测［J］. 经济地理，(6)：121－124.

［313］许丽君，汪建敏 . 2017. 全域旅游视角下宁夏旅游带动战略研究［J］. 宁夏社会科学，(6)：91－95.

［314］许露元，李红 . 2015. 城市空间经济联系变化的网络特征及机理：以珠三角及北部湾地区为例［J］. 城市问题，(5)：20－26.

［315］许宪春，任雪，常子豪 . 2019. 大数据与绿色发展［J］. 中国工业经济，(4)：5－22.

［316］许学强，周一星，宁越敏 . 2003. 城市地理学［M］. 北京：高等教育出版社.

［317］许月卿，贾秀丽 . 2005. 近 20 年来中国区域经济发展差异的测定与评价［J］. 经济地理，25（5）：600－603.

［318］薛白 . 2009. 基于产业结构优化的经济增长方式转变：作用机理及其测度［J］. 管理科学，22（5）：112－120.

［319］薛亮，苏惠敏 . 2007. 陕西区域旅游资源群开发潜力分析与评价研究［J］. 干旱区资源与环境，21（7）：32－36.

［320］亚当·斯密 . 1999. 国民财富的性质和原因的研究［M］. 孙

羽，译．北京：中国社会出版社．
[321] 闫静静，张满林．2013. 辽宁省旅游资源与旅游经济发展的空间错位分析 [J]. 经济研究参考，(23)：58 – 62.
[322] 闫颖，张广海，王琼．2017. 世界遗产地旅游产业结构演进及其对旅游经济的贡献：以山东省曲阜市为例 [J]. 地域研究与开发，36 (4)：105 – 109.
[323] 杨春梅，赵宝福．2014. 基于数据包络分析的中国冰雪旅游业效率分析 [J]. 干旱区资源与环境，28 (1)：169 – 174.
[324] 杨凤林，陈金贤．1996. 经济增长理论及其发展 [J]. 经济科学，30 (1)：71 – 75.
[325] 杨公朴．产业经济学 [M]. 上海：复旦大学出版社，2005.
[326] 杨桂华，李鹏．2005. 旅游生态足迹：测度旅游可持续发展的新方法 [J]. 生态学报，25 (6)：1475 – 1480.
[327] 杨建明．2010. 中国旅游业发展生态负荷空间差异综合评价 [J]. 地理研究，29 (5)：830 – 840.
[328] 杨建文，周冯琦，胡晓鹏．2004. 产业经济学 [M]. 上海：学林出版社．
[329] 杨立勋，马斌斌．2014. 西北五省区旅游竞争力测度与评价 [J]. 西安财经学院学报，27 (4)：86 – 90.
[330] 杨林泉，郭山．2003. 基于模糊线性规划测度模型的旅游环境承载力实证分析 [J]. 云南地理环境研究，15 (3)：23 – 27.
[331] 杨敏．2006. 青海旅游产业的发展潜力评估 [J]. 统计与决策，(14)：102 – 104.
[332] 杨荣海，曾伟．2008. 基于 DEA 方法的云南旅游业效率研究 [J]. 云南财经大学学报，24 (1)：88 – 92.
[333] 杨松艳．2012. 海岛旅游环境承载力及其预警研究 [D]. 青岛：中国海洋大学．
[334] 杨天英，李许卡，郭达．2017. 不同旅游资源对区域旅游经济增长的影响研究：基于中国省际面板数据分析 [J]. 生态经济（中文版)，33 (6)：105 – 109.
[335] 杨天英，李许卡，曾瑶．2017. 我国旅游经济增长方式及省际差异实证研究：基于省际面板数据 [J]. 经济体制改革，(4)：64 – 69.

[336] 杨望，郭玲玲，武春友.2016. 中国副省级城市入境旅游发展差异动态研究［J］. 资源开发与市场，32（6）：745－748.

[337] 杨文凤，杜莉，朱桂丽.2015. 基于产业演进的西藏产业发展路径分析［J］. 农业现代化研究，36（5）：741－747.

[338] 杨小凯，张永生.2003. 新兴古典经济学与超边际分析［M］. 北京：社会科学文献出版社.

[339] 杨新刚，张守文，夏永久，等.2017. 安徽省县域“人口－经济－空间－环境”城镇化耦合协调性分析［J］. 地理与地理信息科学，33（2）：81－86.

[340] 杨兴柱，查艳艳，陆林.2016. 旅游地聚居空间演化过程、驱动机制和社会效应研究进展［J］. 旅游学刊，31（8）：40－51.

[341] 姚治国，陈田.2016. 旅游生态效率研究进展［J］. 旅游科学，30（6）：74－91.

[342] 叶初升，李慧.2015. 增长质量是经济新常态的新向度［J］. 新疆师范大学学报（哲学社会科学版），（4）：8－13.

[343] 于斌斌.2015. 产业结构调整与生产率提升的经济增长效应：基于中国城市动态空间面板模型的分析［J］. 中国工业经济，（12）：83－98.

[344] 于洪雁，李秋雨，梅林，等.2015. 社会网络视角下黑龙江省城市旅游经济联系的空间结构和空间发展模式研究［J］. 地理科学，35（11）：1429－1436.

[345] 于秋阳，冯学钢，范堃.2009. 基于DEA模型的长三角旅游业效率差异的评价与对策研究［J］. 经济论坛，（22）：59－63.

[346] 于婷婷，宋玉祥，阿荣，等.2018. 东北地区人口结构与经济发展耦合关系研究［J］. 地理科学，38（1）：114－121.

[347] 于伟，张鹏.2015. 我国省域旅游经济发展差异演变和解释：结构和影响因素的双重考察［J］. 干旱区资源与环境，29（10）：192－196.

[348] 余凤龙，黄震方，曹芳东.2013. 制度变迁对中国旅游经济增长的贡献：基于市场化进程的视角［J］. 旅游学刊，28（7）：13－21.

[349] 余泳泽，刘冉，杨晓章.2016. 我国产业结构升级对全要素生产率的影响研究［J］. 产经评论，7（4）：45－58.

[350] 袁虹，吴丽. 2005. 中国旅游业发展灰色关联动态分析 [J]. 云南地理环境研究，18 (1)：43 – 47.

[351] 袁晓玲，张宝山，杨万平. 2008. 动态偏离 – 份额分析法在区域经济中的应用 [J]. 经济经纬，(1)：55 – 58.

[352] 袁志超，史建平. 2008. 生态旅游资源吸引力研究：以河北省为例 [J]. 生产力研究，(20)：61 – 62，80.

[353] 原梅生，郭梅军. 2002. 论旅游经济、休闲产业与产业结构调整 [J]. 产业论坛，(5)：228 – 235.

[354] 原毅军，谢荣辉. 2014. 环境规制的产业结构调整效应研究：基于中国省际面板数据的实证检验 [J]. 中国工业经济，(8)：57 – 69.

[355] 曾国平，彭艳，曹跃群. 2015. 产业结构调整与全要素生产率增长实证分析 [J]. 重庆大学学报（社会科学版），21 (6)：77 – 85.

[356] 查建平，贺腊梅，舒皓羽. 2017. 中国旅游经济增长源泉分解及其时空演化特征 [J]. 长江流域资源与环境，26 (12)：1981 – 1990.

[357] 查建平，钱醒豹，赵倩倩. 2018. 中国旅游全要素生产率及其分解研究 [J]. 资源科学，40 (12)：2461 – 2474.

[358] 查建平. 2019. 改革开放 40 年中国旅游产业效率演变及规律 [J]. 旅游学刊，34 (1)：5 – 6.

[359] 张帆，王雷震，李春光，等. 2003. 旅游对区域经济发展贡献度研究 [M]. 北京：中国商业出版社.

[360] 张广海，刘佳，王蕾，等. 2008. 山东半岛城市群旅游环境承载力综合评价研究 [J]. 地理科学进展，27 (3)：74 – 79.

[361] 张广海，刘佳. 2008. 旅游环境承载力研究进展 [J]. 生态经济，(5)：81 – 83.

[362] 张广海，刘真真，王新越. 2013. 中国沿海区域旅游化与生态环境耦合度分析及预测 [J]. 生态环境学报，(5)：792 – 800.

[363] 张海峰，白永平，王保宏，等. 2008. 青海省产业结构变化及其生态环境效应 [J]. 经济地理，(5)：748 – 751.

[364] 张海涛，张念祥，王丹，张会然. 2018. 大数据背景下智库情报的服务创新：基于协同理论视角 [J]. 现代情报，38 (9)：

57 –63.

[365] 张海燕，王忠云 . 2010. 基于技术进步的民族文化旅游创意产业发展研究 [J]. 贵州民族研究 (6): 85 –90.

[366] 张海洋，金则杨 . 2017. 中国工业 TFP 的新产品动能变化研究 [J]. 经济研究，9: 72 –85.

[367] 张洪，张洁，潘辉 . 2013. 安徽省国际旅游产业结构分析 [J]. 商业研究，55 (1): 74 –79.

[368] 张慧霞，刘斯文 . 2006. 中部地区区域旅游合作 [J]. 经济地理，(7): 714 –720.

[369] 张岚 . 2011. 我国东中西部旅游经济效应比较研究 [J]. 辽宁经济管理干部学院学报，(2): 4 –5.

[370] 张攀，杨进，周星 . 2014. 中国旅游业发展与区域经济增长：254 个地级市的面板数据 [J]. 经济管理，(6): 116 –126.

[371] 张文江 . 2014. 中国当代管理学的开拓者：访著名管理学家周三多 [J]. 管理观察，(21): 5.

[372] 张信东，宋鹏，秦旭艳 . 2008. 旅游经济增长点分析：基于“黄金周”效应的实证 [J]. 旅游学刊，23 (10): 16 –22.

[373] 张学波，陈思宇，廖聪，等 . 2016. 京津冀地区经济发展的空间溢出效应 [J]. 地理研究，35 (9): 1753 –1766.

[374] 张学威 . 2010. 全要素生产率和产业结构优化的关系：基于 1978 –2008 年安徽省和长三角地区面板数据的实证分析 [J]. 中国软科学，(A2): 207 –215.

[375] 张亚明，党春梅，唐朝生，等 . 2016. 生态位视域下京津冀区域旅游发展协调度研究 [J]. 生态经济，32 (7): 148 –152, 223.

[376] 张妍妍，李君轶，杨敏 . 2014. 基于旅游数字足迹的西安旅游流网络结构研究 [J]. 人文地理，29 (4): 111 –118.

[377] 张艺 . 2016. 旅游区位论视角下的广州历史文化旅游资源开发策略探论 [J]. 广州大学学报 (社会科学版)，15 (7): 62 –65.

[378] 张翼，何有良 . 2010. 产业结构变迁、要素重置与中国经济增长 [J]. 经济经纬，(3): 28 –31.

[379] 张佑印，顾静，黄河清 . 2012. 中国区域旅游产业结构变化的

空间差异分析［J］. 经济地理，32（4）：155－159.

［380］赵爱民，陆恒芹，吴晓伟. 2017. 供给侧改革下安徽省旅游产业转型升级研究［J］. 商业经济研究，（15）：170－172.

［381］赵传松，任建兰. 2018. 全域旅游视角下中国旅游业与区域发展耦合协调及预测研究［J］. 经济问题探索，（3）：66－74.

［382］赵春雨. 2012. 生产率增长、要素重置与中国经济增长质量研究［D］. 西安：西北大学.

［383］赵海涵，张晓磊. 2018. 云南省旅游收入影响因素分析及产业对策研究：基于主成分回归模型［J］. 学术探索，（3）：104－109.

［384］赵磊. 2013. 中国旅游全要素生产率差异与收敛实证研究［J］. 旅游学刊，28（11）：12－23.

［385］赵磊. 2019. 改革开放40年中国旅游导向型经济增长假说研究的学术演变［J］. 旅游学刊，34（1）：6－8.

［386］赵黎明，焦珊珊，姚治国. 2018. 中国旅游经济发展的分布动态演进［J］. 干旱区资源与环境，（1）：181－188.

［387］赵宁. 2012. 中国经济增长质量提升的制度创新研究［D］. 武汉：武汉大学，23.

［388］赵珊珊，刘玲. 2008. 基于旅游生态足迹模型的山东省旅游可持续发展评价［J］. 环境科学与管理，33（9）：142－145.

［389］郑加梅. 2018. 环境规制产业结构调整效应与作用机制分析［J］. 财贸研究，（3）：21－29.

［390］郑若谷，干春晖，余典范. 2010. 中国产业结构变迁对经济增长和波动的影响研究［C］. 大连：中国产业组织前沿论坛.

［391］郑耀星，储德平. 2004. 区域旅游规划、开发与管理［M］. 北京：高等教育出版社.

［392］钟洁，覃建雄，蔡新良. 2014. 四川民族地区旅游资源开发与生态安全保障机制研究［J］. 民族学刊，5（4）：53－58.

［393］钟敬秋，韩增林，李冰心. 2016. 基于GM－GIS耦合模型的旅游产业效率时序评价及空间关联格局分析：以东北三省36个市（区、州）为例［J］. 资源开发与市场，32（7）：863－868.

［394］钟士恩，张捷，尹力杰，等. 2014. 从旅游业发展质量看中国旅游现象与问题：兼探讨“游赏理念”的学科意义［J］. 人文

地理，(6)：125 －132.

[395] 钟学义，等.2001. 增长方式转变与增长质量提高 [M]. 北京：经济管理出版社.

[396] 周成，冯学钢，唐睿.2016. 区域经济－生态环境－旅游产业耦合协调发展分析与预测：以长江经济带沿线各省市为例 [J]. 经济地理，36 (3)：186 －193.

[397] 周林，杨云龙，刘伟.1987. 用产业政策推进发展与改革：关于设计现阶段我国产业政策的研究报告 [J]. 经济研究，(3)：16 －24.

[398] 周振东.2001. 旅游业不是“无烟工业”：对旅游与环境关系的再认识 [J]. 财经问题研究，(10)：50 －53.

[399] 朱承亮，岳宏志，严汉平，等.2009. 基于随机前沿生产函数的我国区域旅游产业效率研究 [J]. 旅游学刊，24 (12)：18 －22.

[400] 朱冬芳，陆林，虞虎.2012. 基于旅游经济网络视角的长江三角洲都市圈旅游地角色 [J]. 经济地理，32 (4)：149 －154，135.

[401] 朱高儒，董玉祥.2009. 基于公里网格评价法的市域主体功能区划与调整：以广州市为例 [J]. 经济地理，29 (7)：1097 －1102.

[402] 朱美光.2007. 空间知识溢出与中国区域经济协调发展 [M]. 郑州：郑州大学出版社.

[403] 朱伟.2015. 旅游经济学 [M]. 武汉：华中科技大学出版社.

[404] 邹树梅.1998. 现代旅游经济学 [M]. 青岛：青岛出版社.

[405] 左冰，保继刚.2008. 1992 －2005 年中国旅游业全要素生产率及省际差异 [J]. 地理学报，63 (4)：417 －427.

外文部分

[1] Alipour H, Kilic H. 2005. An institutional appraisal of tourism development and planning: the case of the Turkish Republic of North Cyprus (TRNC) [J]. Tourism Management, 26 (1): 79 －94.

[2] Anselin L, Griffith D A. 2010. Do spatial effects really matter in regression analysis? [J]. Papers in Regional Science, 65 (1): 11 －34.

[3] Anselin L. 1988. Spatial econometrics: methods and models [M]. Dordrecht: Kluwer Academic Publishers.

[4] Anselin L. 1995. Local indicators of spatial association [J]. Geographical Analysis, 27 (2): 93 - 115.

[5] Antonakakis N, Dragouni M, Filis G. 2015. How strong is the linkage between tourism and economic growth in Europe [J]. Economic Modelling, 44: 142 - 155.

[6] Arrow K. 1962. The economic implication of learning by doing [J]. Review of Economic Studies, 29 (3): 155 - 173.

[7] Ashrafi A, Seow H-V, Lee L S, et al. 2013. The efficiency of the hotel industry in Singapore [J]. Tourism Management, (37): 31 - 34.

[8] Baker D A, Crompton J L. 2000. Quality, satisfaction and behavioral intentions [J]. Annals of Tourism Research, 27 (3): 785 - 804.

[9] Balaguer J , Cantavella-Jorda M. 2002 . Tourism as a long-run economic growth factor: the Spanish case [J]. Applied Economics, 34 (7): 877 - 884.

[10] Baldwin R E, Martin P, Ottaviano G I P. 2001. Global income divergence, trade, and industrialization: the geography of growth take-offs [J]. Journal of Economic Growth, 6 (1): 5 - 37.

[11] Baldwin R E, Martin P. 2004. Chapter 60 Agglomeration and regional growth [J]. Handbook of Regional & Urban Economics, 4 (4): 2671 - 2711.

[12] Baldwin R, Forslid R, Martin P, et al. 2003. Economic geography and public policy [M]. Princeton: Princeton University Press.

[13] Becken S, Simmons D G, Frampton C. 2003. Energy use with different travel choices [J]. Tourism Management, (24): 267 - 277.

[14] Becken S. 2002. Analysing international tourist flows to estimate energy use associated with air travel [J]. Journal of Sustainable Tourism, (10): 114 - 131.

[15] Bhatt B, Sachan M. 2004. Fire wood consumption pattern of different tribal communities in northeast India [J]. Energy Policy, (32):

1 -6.

[16] Blancas F J, Oyola M L, Gonzǘlez M, et al. 2017. A dynamic sustainable tourism evaluation using multiple benchmarks [J]. Journal of Cleaner Production, 174.

[17] Boucher S, Cullen M, Calitz A. 2018. Factors influencing cultural event tourism in Nelson Mandela Bay, South Africa [J]. Journal of Tourism & Cultural Change, (1): 1 -13.

[18] Briedenhann J, Wickens E. 2004. Tourism routes as a tool for the economic development of rural areas-vibrant hope or impossible dream [J]. Tourism Management, 25 (1): 71 -79.

[19] Britton S G. 1980. The spatial organization of tourism in a neo-colonial economy: a Fiji case study [J]. Pacific Viewpoint, 21 (2): 144 -165.

[20] Buhalis D, Law R. 2008. Progress in information technology and tourism management: 20 years on and 10 years after the internet—the state of tourism research [J]. Tourism management, 29 (4): 609 -623.

[21] Camisǿn C, Monfort-Mir V M. 2012. Measuring innovation in tourism from the Schumpeterian and the dynamic-capabilities perspectives [J]. Tourism management, 33 (4): 776 -789.

[22] Canavan B. 2016. Tourism culture: nexus, characteristic, context and sustainability [J]. Tourism Management, 53: 229 -243.

[23] Castellani V, Sala S. 2012. Carrying capacity of tourism system: assessment of environmental and management constraints towards sustainability [J]. Visions for Global Tourism Industry, 295 -316.

[24] Causevic S, Lynch P. 2013. Political (in) stability and its influence on tourism development [J]. Tourism Management, (34): 145 -157.

[25] Chenery H B, Clark P G. 1959. Interindustry economics [M]. New York: John Wiley and Sons.

[26] Cheng X L, Zhu Y W. 2013. Tourism spatial structure of South Anhui international tourism and culture demonstration zone based on the framework of point axis theory [J]. Scientia Geographica Sinica, 33 (9): 1082 -1088.

[27] Clark C. 1951. The conditions of economic progress [M]. London: Macmillan and Co. Ltd.

[28] Conceicao P, Ferreira P M. 2000. The young person's guide to the theil index: suggestive intuitive interpretations and exploring analytical applications [J]. SSRN Electronic Journal.

[29] Cooper C, Fleteher J, Gilbert D, et al. 1993. Tourism: principles and practice [M]. London: Pitman Publishing.

[30] Crampon L J. 1996. Gravitational model approach to travel market analysis [J]. Journal of Marketing, 30 (2): 27 -31.

[31] Croes R, Ridderstaat J, Niekerk M V. 2018. Connecting quality of life, tourism specialization, and economic growth in small island destinations: the case of Malta [J]. Tourism Management, 65: 212 -223.

[32] Dogru T, Bulut U. 2018. Is tourism an engine for economic recovery? Theory and empirical evidence [J]. Tourism Management, 67: 425 -434.

[33] Dogru T, Sirakaya-Turk E. 2017. Engines of tourism's growth: an examination of efficacy of shift-share regression analysis in South Carolina [J]. Tourism Management, 58: 205 -214.

[34] Domar E D. 1946. Capital expansion, rate of growth, and employment [J]. Econometrica, 14 (2): 137 -147.

[35] Dowrick S, Gemmell N. 1991. Industrialisation, catching up and economic growth: a comparative study across the world's capitalist economies [J]. Economic Journal, 101 (405): 263 -275.

[36] Englmann F C, Walz U. 1995. Industrial centers and regional growth in the presence of local inputs [J]. Journal of Regional Science, 35 (1): 3 -27.

[37] Francois P. 1950. Economic space: theory and applications [J]. Quarterly Journal of Economics, 64 (1): 89 -104.

[38] Frechtling D C. 2010. The tourism satellite account: a primer [J]. annals of Tourism Research, 37 (1): 136 -153.

[39] Gabarda-Mallorquí A, Garcia X, Ribas A. 2017. Mass tourism and water efficiency in the hotel industry: a case study [J]. Interna-

tional Journal of Hospitality Management, 61: 82 - 93.

[40] Gallo J L, Ertur C. 2000. Exploratory spatial data analysis of the distribution of regional per capita GDP in Europe, 1980 - 1995 [C]// LATEC, Laboratoire d'Analyse et des Techniques Economiques, CNRS UMR 5118. Université de Bourgogne.

[41] Garrigós Simón F J, Narangajavana Y, Palacios Marqués D. 2004. Carrying capacity in the tourism industry: a case study of Hengistbury Head. [J]. Tourism Management, 25 (2): 275 - 283.

[42] Gooroochurn N, Sugiyarto G. 2005. Competitiveness indicators in the travel and tourism industry [J]. Tourism Economics, 11 (1): 25 - 43.

[43] Gugushvili T, Salukvadze G, Salukvadze J. 2017. Fragmented development: tourism-driven economic changes in Kazbegi, Georgia [J]. Annals of Agrarian Science, 15 (1): 49 - 54.

[44] Gössling S. 2002. Global environmental consequences of tourism [J]. Global Environmental Change, 12 (4): 283 - 302.

[45] Guo Z, Robinson D, Hite D. 2017. Economic impact of Mississippi and Alabama Gulf Coast tourism on the regional economy [J]. Ocean & Coastal Management, 145: 52 - 61.

[46] H Yinghua, Mesak H I, Hsu M K, et al. 2012. Dynamic efficiency assessment of the Chinese hotel industry [J]. Journal of Business Research, (65): 59 - 67.

[47] Hansen G D, Prescott E C. 2002. Malthus to Solow [J]. Staff Report, 92 (4): 1205 - 1217.

[48] Harrod R F. 1939. An essay in dynamic theory [J]. Economic Journal, 70 (278): 14 - 33.

[49] Hausman J A, Taylor W E. 1981. Panel data and unobservable individual effects [J]. Econometrica: Journal of the Econometric Society, 49 (6): 1377 - 1398.

[50] Hausman J A. 1978. Specification tests in econometrics [J]. Econometrica: Journal of the Econometric Society, 46 (6): 1251 - 1271.

[51] Henry E W, Deane B. 1997. The contribution of tourism to the econ-

omy of Ireland in 1990 and 1995 [J]. Tourism Management, 18 (8): 535 -553.

[52] Herrero-Prieto L C. 2017. Evaluating the efficiency of cultural travel destinations: a DEA approach [M]//Ateca-Amestoy V M, Ginsburgh V, Mazza I, et al. Enhancing participation in the arts in the EU. Berlin: Springer International Publishing, 237 -247.

[53] Hills T L, Lundgren J. 1977. The impact of tourism in the Caribbean: a methodological study [J]. Annals of Tourism Research, 4 (5): 248 -267.

[54] Hirschman A O. 1958. The strategy of economic development [M]// The strategy of economic development. Yale University Press, 1331 - 1424.

[55] Hunter C. 1994. Sustainable tourism and touristic ecological development: the limits of acceptable change system [J]. Tourism Recreation Research, 19 (2): 51 -55.

[56] Hunter C. 2002. Sustainable tourism and the ecological footprint [J]. Environment, Development and Sustainability, 4 (1): 7 -20.

[57] Ioannides D, Debbage K G. 1998. The economic geography of the tourist industry [M]. New York: Routledge.

[58] Jocelyn Lapierre, Duane Hayes. 1994. The tourism satellite account, national income and expenditure accounts, quarter estimates [M]. Second Quarter.

[59] Jurado E N, Tejada T M, Almeida G F, et al. 2012. Carrying capacity assessment for tourist destinations. Methodology for the creation of synthetic indicators applied in a coastal area [J]. Tourism Management, 33 (6): 1337 -1346.

[60] Kaldor N. 1978. Further essays on applied economics [M]. Holmes & Meier.

[61] Konan D E. 2010. Limits to growth: tourism and regional labor migration [J]. Economic Modelling, 28 (1): 473 -481.

[62] Krugman P, Venables A J. 1995. Globalization and the inequality of nations [J]. The Quarterly Journal of Economics, 110 (4): 857 -880.

[63] Krugman P. 1991. Increasing returns and economic geography [J]. Journal of Political Economy, 99 (3): 483 -499.

[64] Kubo Y. Scale Economies. 1995. Regional externalities and the possibility of uneven development [J]. Journal of Regional Science, 35 (1): 29 -42.

[65] Kuznets S. 1998. Economic growth of nations: total output and production structure [M]. Journal of Applied Statistics, 25 (4): 489 -515.

[66] Lee C C, Chang C P. 2008. Tourism development and economic growth: a closer look at panels [J]. Tourism Management, 29 (1): 180 -192.

[67] Lee C K, Han S H. 2002. Estimating the use and preservation values of national parks tourism resources using a contingent valuation method [J]. Tourism Management, 23 (5): 531 -540.

[68] Lee J W, Brahmasrene T. 2013. Investigating the influence of tourism on economic growth and carbon emissions: evidence from panel analysis of the European Union [J]. Tourism Management, 38 (13): 69 -76.

[69] Leiper N. 2008. Why 'the tourism industry' is misleading as a generic expression: the case for the plural variation, 'tourism industries' [J]. Tourism Management, 29 (2): 237 -251.

[70] Liang C Y. 2009. Industrial structure changes and the measurement of total factor productivity growth: the Krugman-Kim-Lau-Young Hypothesis revisited [J]. Academic Economic Papers, 37 (3): 305 -338.

[71] Lin T B, Sung Y W. 1984. Tourism and economic diversification in Hong Kong [J]. Annals of Tourism Research, 11 (2): 231 -247.

[72] Liu Y, Li X, Zhou M, et al. 2005. Study on tourist carrying capacity based on matter element analysis [J]. 生态经济：英文版, (2): 23 -27.

[73] Lucas R E. 1989. On the mechanics of economic development [J]. Journal of Monetary Economics, 22 (1): 3 -42.

[74] Malik M I, Bhat M S. 2015. Sustainability of tourism development in

Kashmir—is paradise lost? [J]. Tourism Management Perspectives, 16: 11 -21.

[75] Malmquist S. 1953. Index numbers and indifference surfaces [J]. Trabajos De Estadistica, 4 (2): 209 -242.

[76] Martin P, Ottaviano G I P. 2001. Growth and agglomeration [J]. International Economic Review, 42 (4): 947 -968.

[77] Martínez R F, González R, Xosé A. 2006. Occupancy level and productivity in rural tourism establishments: the case of Galicia, Spain [J]. Tourism Economics, 12 (2): 279 -289.

[78] Medina L F, Gómez I G, Marrero S M. 2012. Measuring efficiency of sun & beach tourism destinations [J]. Annals of Tourism Research, 39 (2): 1248 -1251.

[79] Meyer G C. 1976. The role of tourism-recreation in regional economic development: a case study of Northern Minnesota [D]. Minnesota: University of Minnesota.

[80] Mihalič T. Environmental management of a tourist destination: a factor of tourism competitiveness [J]. Tourism management, 2000, 21 (1): 65 -78.

[81] Moran P A. 1950. Notes on continuous stochastic phenomena [J]. Biometrika, 37 (1/2): 17 -23.

[82] Myrdal G. 1957. Economic theory and underdeveloped regions [C]// APS April Meeting. APS April Meeting Abstracts, 417 -424.

[83] Oh C O. 2005. The contribution of tourism development to economic growth in the Korean economy [J]. Tourism Management, 26 (1): 39 -44.

[84] Oukil A, Channouf N, Al-Zaidi A. 2016. Performance evaluation of the hotel industry in an emerging tourism destination: the case of Oman [J]. Journal of Hospitality & Tourism Management, 29: 60 -68.

[85] Peneder M. 2003. Structural change and aggregate growth [J]. Structural Change & Economic Dynamics, (14): 1 -57.

[86] Perrigot R, Cliquet G, Piot-Lepetit I. 2009. Plural form chain and efficiency: insights from the French hotel chains and the DEA meth-

odology [J]. European Management Journal, (27): 268 -280.

[87] Prato T. 2009. Fuzzy adaptive management of social and ecological carrying capacities for protected areas [J]. Journal of Environmental Management, 90 (8): 2551 -2557.

[88] Pratt S. 2015. The economic impact of tourism in SIDS [J]. Annals of Tourism Research, 52 (5): 148 -160.

[89] Rees W, Wackernagel M. 1996. Urban ecological footprints: why cities cannot be sustainable—and why they are a key to sustainability [J]. Environmental Impact Assessment Review, 16 (4 -6): 223 -248.

[90] Rodenburg E E. 1980. The effects of scale in economic development: tourism in Bali [J]. Annals of Tourism Research, 7 (2): 177 -196.

[91] Romer P M. 1986. Increasing returns and long-run growth [J]. Journal of Political Economy, 94 (5): 1002 -1037.

[92] Salerno F, Viviano G, Manfredi E C, et al. 2013. Multiple carrying capacities from a management-oriented perspective to operationalize sustainable tourism in protected areas [J]. Journal of Environmental Management, 128 (20): 116 -125.

[93] Saveriades A. 2000. Establishing the social tourism carrying capacity for the tourist resorts of the east coast of the Republic of Cyprus [J]. Tourism Management, 21 (2): 147 -156.

[94] Schéou B, Southon A, Dieke P U C. 2013. Ambiguities and difficulties in partnership relations: the case of 'fair tourism' in Western Africa [J]. Current Issues in Tourism, 16 (7 -8): 753 -772.

[95] Simpson P, Wall G. 1999. Consequences of resort development: a comparative study [J]. Tourism Management, 20 (3): 283 -296.

[96] Smith A. 1776. An inquiry into the nature and causes of the wealth of nations: volume one [M]. London: Printed for W. Strahan; and T. Cadell.

[97] Sokhanvar A, Çiftçioğlu S, Javid E. 2018. Another look at tourism-

economic development nexus [J]. Tourism Management Perspectives, 26: 97 -106.

[98] Solow R M. 1956. A Contribution to the theory of economic growth [J]. Quarterly Journal of Economics, 70 (1): 65 -94.

[99] Stefănica M, Butnaru G I. 2015. Research on tourists' perception of the relationship between tourism and environment [J]. Procedia Economics & Finance, 20: 595 -600.

[100] Stenvinkel P, Ketteler M, Johnson R J, et al. 2005. Tourism impact, distribution and development: the spatial structure of tourism in the Western Cape province of South Africa [J]. Development Southern Africa, 22 (2): 163 -185.

[101] Stiglitz J. 2004. The post Washington Consensus [R]. Initiative for Policy Dialogue.

[102] Syrquin M, Chenery H. 1989. Three decades of industrialization [J]. World Bank Economic Review, 3 (2): 145 -181.

[103] Tang Z. 2015. An integrated approach to evaluating the coupling coordination between tourism and the environment [J]. Tourism Managemen, 46: 11 -19.

[104] Tao M, Tao H, Zhang H Z. 2015. Tourism spatial spillover effects and urban economic growth [J]. Journal of Business Research, 68 (1): 74 -80.

[105] Taylor S A, Baker T L. 1994. An assessment of the relationship between service quality and customer satisfaction in the formation of consumers' purchase intentions [J]. Journal of Retailing, 70 (2): 163 -178.

[106] Teas R K. 1993. Expectations, performance evaluation, and consumers' perceptions of quality [J]. Journal of Marketing, 57 (4): 15 -34.

[107] Tisdell C, Wen J. 1991. Foreign tourism as an element in PR China's economic development strategy [J]. Tourism Management, 12 (1): 55 -67.

[108] Turner B L, Kasperson R E, Matson P A, et al. 2003. A framework for vulnerability analysis in sustainability science [J]. Pro-

ceedings of the National Academy of Sciences, 100 (14): 8074 - 8079.

[109] Uysal M, Chen J S, Williams D R. 2000. Increasing state market share through a regional positioning. [J]. Tourism Management, 21 (1): 89 - 96.

[110] Uzawa H. 1965. Optimum technical change in an aggregative model of economic growth [J]. International Economic Review, 6 (1): 18 - 31.

[111] Wall G, Wright C. 1977. The environmental impact of outdoor recreation [M]. Ontario: University of Waterloo.

[112] Wang D G, Niu Y, Qian J. 2018. Evolution and optimization of China's urban tourism spatial structure: a high speed rail perspective [J]. Tourism Management, 64: 218 - 232.

[113] Wasserman S, Faust K. 1994. Social network analysis: methods and applications [M]. London: Cambridge University Press.

[114] Williamson I D. 1956. Planktonic evidence for irregular flow through the Irish Sea and North Channel in the autumn of 1954 [J]. Journal of the Marine Biological Association of the United Kingdom, 35 (3): 461 - 466.

[115] World Tourism Organization, PNUMA. 1992. Guidelines: development of national parks and protected areas for tourism [J]. International Journal of Urban & Regional Research, 26 (3): 589 - 590.

[116] Wozniak D, Macneill T. 2018. The economic, social, and environmental impacts of cruise tourism [J]. Tourism Management, 66: 387 - 404.

[117] Yanchen B O, Xin L I, Feng X. 1999. Spatial data analysis and spatial models [J]. Geographical Research, 33 (9): 1279 - 1288.

后　记

本书是国家社科基金后期资助项目“中国旅游经济增长质量及其空间分析”（项目号：17FGL005）的重要研究成果。这里对全国哲学社会科学工作办公室的资助表示感谢。

本书的顺利完成要十分感谢笔者所在学校及学院的大力支持，中国海洋大学文科处、中国海洋大学管理学院、教育部人文社会科学重点研究基地中国海洋大学海洋发展研究院等，为本书的顺利完成提供了重要的研究平台和学术环境。

本书的完成还要特别感谢中国海洋大学张广海教授、陕西师范大学孙根年教授、厦门大学魏敏教授等，他们在本书撰写和书稿完善过程中都给予了很多的指导、建议和帮助。本书在撰写过程中也得到了中国海洋大学管理学院权锡鉴教授、韩立民教授、王淼教授、高强教授等的鼓励和帮助，在此表示诚挚的感谢！

本书在资料收集和整理过程中，我的研究生王娟、张雨苗、李莹莹、张洪香、张俊飞、贾楠、宋秋月、刘宁、安珂珂、亓颖、王焕真、李晨、周长晓、陆菊、奚一丹、杜亚楠、韩欢乐、张佳佳、付正本等参与和承担了相关基础性工作，也形成了一系列相关学术论文，在此表示感谢。最后，本书在撰写过程中参阅了大量的国内外文献和相关资料，在此向各位作者表示诚挚的感谢。

经济科学出版社对本书的出版给予了大力支持，在此深表谢忱。

刘　佳

二〇二〇年六月于青岛

图书在版编目（CIP）数据

中国旅游经济增长质量及其空间分析/刘佳著.
—北京：经济科学出版社，2020.8
国家社科基金后期资助项目
ISBN 978-7-5218-1741-6

Ⅰ.①中… Ⅱ.①刘… Ⅲ.①旅游经济-经济增长质量-研究-中国 Ⅳ.①F592.3

中国版本图书馆 CIP 数据核字（2020）第 137536 号

责任编辑：程辛宁
责任校对：郑淑艳
责任印制：邱 天

中国旅游经济增长质量及其空间分析
刘 佳 著
经济科学出版社出版、发行 新华书店经销
社址：北京市海淀区阜成路甲 28 号 邮编：100142
总编部电话：010-88191217 发行部电话：010-88191522
网址：www.esp.com.cn
电子邮箱：esp@esp.com.cn
天猫网店：经济科学出版社旗舰店
网址：http://jjkxcbs.tmall.com
固安华明印业有限公司印装
710×1000 16 开 20 印张 350000 字
2020 年 8 月第 1 版 2020 年 8 月第 1 次印刷
ISBN 978-7-5218-1741-6 定价：86.00 元
（图书出现印装问题，本社负责调换。电话：010-88191510）